中国地方志“一体两翼”工程

中国年鉴发展报告

2017

主　编　冀祥德
副主编　杨军仕　刘永强

方志出版社
Publishing House of Local Records

图书在版编目（CIP）数据

中国年鉴发展报告.2017/ 冀祥德主编. -- 北京：方志出版社，2017.11

ISBN 978-7-5144-2664-9

Ⅰ.①中… Ⅱ.①冀… Ⅲ.①年鉴－研究报告－中国－2017 Ⅳ.① Z52

中国版本图书馆 CIP 数据核字（2017）第 281450 号

中国年鉴发展报告（2017）

主　　编：冀祥德

副 主 编：杨军仕　刘永强

责任编辑：张　昊

封面设计：战盈彤

出 版 人：冀祥德

出 版 者：方志出版社

地址　北京市朝阳区潘家园东里 9 号（国家方志馆 4 层）

邮编　100021

网址　http://www.fzph.org

发　　行：方志出版社图书经销中心

电话　（010）67110500

经　　销：各地新华书店

排　　版：北京纺印图文设计制作有限公司

印　　刷：北京中科印刷有限公司

开　　本：700 × 1000　　1/16

印　　张：26.25

字　　数：471 千字

版　　次：2017 年 11 月第 1 版　　2017 年 12 月第 1 次印刷

ISBN 978-7-5144-2664-9　　**定价**：78.00 元

《中国年鉴发展报告（2017）》编委会

序　一

地方志是传承中华文明、发掘历史智慧的重要载体。持续不断地编修地方志是中华民族的优秀文化传统，历史悠久，源远流长。在中华传统文化中，地方志具有独特的魅力，是最具有民族特征的标志性传统文化形式之一。同时，地方志所记载的内容纵贯古今，横陈百科，以真实资料和生动事实，激发人们热爱祖国、热爱家乡的情怀，成为新时期弘扬社会主义核心价值观最宝贵的思想源泉之一，在存史、资政、育人方面起着不可替代的积极作用，在展现中华文化的独特创造、价值观念、鲜明特色，展示中国历史底蕴深厚、各民族多元一体、文化多样和谐的文明大国形象，以及对于提升国家文化软实力方面具有不可替代的重要作用。

新中国成立后，特别是改革开放以来，在党中央、国务院正确领导和关怀支持下，在全国各省市县党委领导、政府主持下，经过各地各级地方志机构广大地方志工作者的不懈努力，新方志事业取得了巨大成就。

党的十八大以来，党和国家领导人高度重视地方志工作。习近平总书记就传承弘扬中华传统文化发表了一系列重要讲话，强调“要高度重视修史修志”并作出了一系列重要指示，为全国地方志事业指明了发展方向，提供了根本遵循。李克强总理提出“修志问道，以启未来”，并希望地方志工作者“继续发扬方志人精神，志存高远，力学笃行，直笔著信史，彰善引风气，为当代提供资政辅治之参考，为后世留下堪存堪鉴之记述”，并对地方志工作多次作出重要批示。刘延东副总理也就地方志工作发表重要讲话，并作出批示。习近平总书记系列重要讲话、李克强总理的重要批示、刘延东副总理的重要讲话和批示高屋建瓴，高瞻远瞩，充分肯定了地方志工作的重要作用，既表明党和国家对地方志工作的重视与关心爱护，同时又向地方志工作提出了新任务、新要求。

在中央领导同志的直接关心和爱护下，近年来地方志事业蓬勃发展，蒸蒸日上，形成了以修志编鉴为主业，理论研究、开发利用、信息化建设、方志馆建设、旧志整理等工作协调开展的事业格局，拓展了方志文化的内涵，在各地经济社会发展中发挥了独特作用。

为深入贯彻党和国家领导人关于地方志工作的重要指示精神，落实《全国地方志事业发展规划纲要（2015—2020年）》（以下简称《规划纲要》）有关进一步繁荣地方志文化、服务经济社会发展大局的要求，完成《规划纲要》提出的“做好《中国地情报告》《中国方志发展报告》《中国年鉴发展报告》编纂工作”的具体任务，中国地方志指导小组办公室启动了以《中国地情报告》为“一体”，以《中国方志发展报告》《中国年鉴发展报告》为“两翼”的“一体两翼”工程，其根本目的在于推动地方志事业健康可持续发展，繁荣方志文化，发挥地方志资源在推动经济社会发展和文化建设中的重要作用，推动地方志事业在国家“四个全面”战略布局中做出更大贡献。该项文化工程的实施，具有充分的必要性和重大现实意义。

首先，实施中国地方志“一体两翼”工程是贯彻落实党和国家全面推进深化改革、全面推进依法治国等重大战略部署的必然要求。地方志是全面系统地记述一定行政区域自然、政治、经济、文化和社会的历史与现状的资料性文献，蕴涵着极为丰富的治理经验和历史智慧，可为治国理政、推动国家治理体系和治理能力现代化提供重要的参考和借鉴。实施中国地方志“一体两翼”工程，是地方志工作者立足自身优势，以创新思维、勇于开拓的精神参与现代国家治理体系建设的积极尝试。

其次，实施中国地方志“一体两翼”工程是地方志事业健康、可持续发展的必然要求。修志致用，如何在新形势下更好地开发利用地方志文化资源，在服务经济社会发展方面发挥更大作用、作出更大贡献，是地方志工作者面临的重大时代课题。该工程系列图书的问世将直接有利于推动新方志事业总结经验、探索规律，进一步提升广大方志工作者思想认识，有力促进和繁荣方志文化建设。实施中国地方志“一体两翼”工程，是地方志工作者不断突破自我，展示自身价值的重要举措。

再次，实施中国地方志“一体两翼”工程是丰富和拓展中国社会科学院智库群的必然要求。《中共中央关于全面深化改革若干重大问题的决定》提出了“加强中国特色新型智库建设，建立健全决策咨询制度”的要求。中国地方志指导小组办公室理应紧抓机遇，参与其中，通过实施中国地方志“一体两翼”工程，在重视质量和创新的前提下，提供更多具有前瞻性、对策性的研究报告，为各方面决策服务。

中国地方志“一体两翼”工程系列报告由中国地方志指导小组办公室主持编纂，组织方志界和科研院校的专家学者，就方志资源开发利用和志鉴编修等地方志事业发展的重大实践和理论问题进行研究，并向社会发布。在研究过程中，课题组着力以方法创新提升研究质量。一方面，课题组坚持马克思主义唯物史观，综合运用史学、政治学、社会学、文献学等学科研究方法，将地方志事业置于跨学科的学术视野之下，对新时期地方志事业发展进行全方位研究，改变以往传统修志工作中对于志书年鉴研究、开发以及利用不足的状况。通过对大量志书的研读、分析课题组得出了客观、公正以及经得起实践和时间检验的结论，这项工作必将填补方志发展史上的一项空白。中国地方志“一体两翼”工程系列报告系统分析上一年度中全国各地地情概况、志鉴编修状况，以及地方志资源开发利用等方面工作开展情况，针对全国以及某一区域地方志事业发展状况和热点问题进行年度性的分析与研讨，以专业化的角度、专家学者的视野，开展系统性回顾、理论性分析和前瞻性预测，努力实现“一个定位、一个品牌、一个平台、一个模式、一个论坛”的“五位一体”总体设计。一个定位，即定位为年度资政类研究报告，旨在为政府决策咨询提供资政信息。一个品牌，即创立全国方志报告类图书品牌，培育形成为国内有影响力的品牌。一个平台，即组建各报告课题组，由方志界和中国社会科学院有关研究院所、其他科研单位研究人员组成报告撰写队伍，为培养研究型方志专家提供平台。一个模式，即由各课题组与方志出版社相关编辑部组成编、印、发一体的报告编纂出版的工作模式。一个论坛，即以中国地方志“一体两翼”工程系列报告为基础，每年举办一次中国地情论坛。

我相信，随着中国地方志“一体两翼”工程的实施与推动，地方志事业发展必将迈上一个新台阶，步入一个更高层次。地方志事业发展的成果将为弘扬优秀传统文化、服务经济社会发展作出更大贡献，为激发民族自豪感和自信心，实现中华民族伟大复兴的中国梦发挥更大作用！

中国社会科学院院长
中国地方志指导小组组长

2017 年 12 月

序　二

年鉴编纂在我国至今已经走过了100多年的历史。年鉴诞生于欧洲，其来源可追溯到具有悠久历史的古历书。鸦片战争后，西方列强为便于其经济文化侵略，年鉴开始被引入中国。1852年，上海英文报刊North-China Herald(《北华捷报》)开始编纂英文版《上海年鉴》,到1863年共编纂10部，其中1854年英文版《上海年鉴》是我国目前可见到的最早的一部年鉴。清末，为了学习国外先进的经验，达到救亡图存的目的，我国一些仁人志士也开始编译出版外国年鉴，其中比较有代表性的是1909—1911年编译出版的《新译世界统计年鉴》《世界教育统计年鉴》《欧美教育统计年鉴》。民国时期，年鉴编纂得到重视,取得了初步发展。据不完全统计,到中华人民共和国成立前,全国共编纂出版年鉴200多种,其中影响比较大的有《世界年鉴》《中国年鉴》《中国经济年鉴》《申报年鉴》《上海市年鉴》等。这些年鉴成为民国经济社会的真实写照，为后世留存了翔实的史料。1949—1978年，年鉴事业暂时处于低迷阶段，全国编纂出版的年鉴只有10余种。

在长期的编纂中，年鉴从内容到形式不断充实和发展，逐渐成为适合反映中国国情的文化载体，并在改革开放后出现了前所未有的发展局面。1978年，邓小平同志提出“编辑出版年鉴，很有必要，这是国家的需要，四化建设的需要”,此后年鉴如雨后春笋般涌现。1983年,随着《广州经济年鉴》《黑龙江经济年鉴》《辽宁经济统计年鉴》《河南年鉴》的出版，地方年鉴异军突起。至20世纪80年代末，在《中国百科年鉴》《中国出版年鉴》《世界经济年鉴》的带动下，全国出版的年鉴达500多种。同时，经过中国地方志指导小组办公室的指导和各省（区、市）地方志工作机构的推动，地方综合年鉴编纂事业大力发展，中央直属单位主办的综合性年鉴、专业性年鉴也不断问世，年鉴编纂机构逐步完善，队伍逐步加强。进入21世纪，大批专业年鉴相继出版，年鉴种类和数量均呈现快速增长的态势，进一步充实和丰富了年鉴家园，形成了广泛性和多样化的局面。

2006年5月，国务院《地方志工作条例》颁布施行，明确将地方综合年鉴纳入地方志工作范畴，年鉴工作走上了法治化轨道。2015年8月，国务院办公厅印发《全国地方志事业发展规划纲要（2015-2020年）》，进一步明确"到2020年，做到地方综合年鉴由地方志工作机构组织编纂，一年一鉴，公开出版，实现省、市、县三级综合年鉴全覆盖"，为从依法编鉴转变到依法治鉴指明了方向。截至2015年底，我国已编纂出版32种、770多部省级综合年鉴，330多种、4350多部地市级综合年鉴，2300多种、1万多部县区级年鉴，以及包括军事、武警年鉴在内的近3000种各级各类专业年鉴，一些地区还编纂出版乡镇（街道）、村（社区）年鉴。其中，北京、上海、安徽、湖北、广东等省（市）实现地方综合年鉴编纂出版全覆盖，有的地方配套编纂出版综合年鉴英文版和简本。一些地区还配合国家和地方发展战略，编纂出版区域性年鉴，如创办《珠江三角洲城市群年鉴》《长江三角洲年鉴》《武汉城市圈年鉴》等经济区域年鉴，形成了从中央到地方，从综合年鉴到专业年鉴的系统化网络格局。此外，我国香港、澳门及台湾地区也出版了大量的年鉴。

而今，中国地方志指导小组办公室首次以编纂《中国年鉴发展报告》的方式，组织年鉴界具有较高理论素养和丰富实践经验的年鉴工作者及专家学者，就年鉴事业发展的重大理论和实践问题进行系统研究，并定期向社会发布，将填补年鉴发展史上的一项空白。这是一部以年鉴为记述主体、由一系列研究报告组成的具有鲜明年度特点的报告类图书。在研究过程中，课题组立足于牢牢把握全国年鉴事业重要发展机遇，置身于服务经济社会发展，系统回顾年鉴发展的历史，客观反映年鉴事业的发展状况，全面分析年鉴事业取得的成绩、面临的问题，重点反映相应年度年鉴事业发展的特点和亮点，深入探索年鉴事业的发展趋势，深刻阐释年鉴事业的发展轨迹，堪称一部权威的年度性重要文献。

《中国年鉴发展报告》体现了系统性、指导性和创新性。报告通过对年鉴发展历程的梳理总结，展现年鉴编纂过程中的点点滴滴，也描绘了年鉴事业的整体蓝图，由点到面，着眼于局部，又兼具全局角度、时代高度。它既有对过去的总结，又有对现状的分析，更有对未来的探索，提供了全面、权威的信息资料，凝结着有关部门和广大年鉴工作者的智慧。这对于了解年鉴编纂的基本情况，指导各地各部门年鉴工作，提高年鉴编纂质量和管理水平，拓宽年鉴资源开发利用渠道和途径，推进各地各部门实现决策科学化、管理科学化，都具有非常重要的意义。同时，年鉴编纂经过多年的实践，积累了丰富的经验，并逐步形成了年鉴编纂理论。报告强化对年鉴工作的探索和思考，把工作的实践经验上升到理论高度，这也有助于推动年鉴研究的深入，为年鉴学学科的建立打下坚实的基础。

《中国年鉴发展报告》用历史的眼光、精准的语言、宽广的视角，对年鉴事业的进展作了生动的速描，诠释了我国年鉴事业逐步走向成熟的历程，必将成为年鉴文化传播和探索年鉴事业发展规律的重要载体。它记录了正在发生的历史，并不断与时俱进、开拓创新，必将成为引导年鉴事业不断前进的思想源泉。它的出版既是一次探索性尝试，也是一次创新。这种不断创新的追求，为年鉴事业的可持续发展赋予了顽强的生命力，将不断推动我国从年鉴大国向年鉴强国迈进。

是为序。

中国社会科学院副院长
中国地方志指导小组常务副组长 李培林

2017 年 12 月

编辑说明

一、指导思想　以马克思列宁主义、毛泽东思想、邓小平理论、“三个代表”重要思想、科学发展观、习近平新时代中国特色社会主义思想为指导，坚持辩证唯物主义和历史唯物主义立场、观点和方法，继承和发扬我国优秀文化传统，对年鉴事业的发展现状和热点问题进行年度研究，以专业的角度、专家的视野和实证的研究方法，针对年鉴领域现状与发展态势展开分析和预测。

二、断限范围　主要以2015—2016年度年鉴事业发展情况进行分析研究，但因本次报告为首创，以及考虑内容的连贯性、完整性等，故在具体论述时作适当上溯或下延处理。

三、内容要求　全书由一系列研究报告组成。要求报告具有原创性，主题鲜明，具有较高的理论价值和实践意义；在科学实践与调查研究的基础上统计、分析、评价年鉴界的客观情况，并提出具有较强针对性、可行性的对策建议，预测分析未来发展的趋势；既立足重点，同时又站在全国年鉴界的角度分析问题，力争研究视角、思路或方法有所创新。

四、总体结构　全书总体分为七个部分：第一部分为总报告；第二部分为区域报告；第三部分为专题报告；第四部分为探索与创新；第五部分为年鉴成果选介；第六部分为研究与借鉴；第七部分为附录。

五、体例要求　全书大部分报告除了对所研究年鉴的历史和现状作出文字描述外，部分报告积极采用图表等形式对各类问题进行梳理，为读者提供直观明晰的资料。

六、注释方式　为符合通行的学术规范，本书所参考的重要资料，采取随文标出，集中在页下注释的方式，一一注明出处。

七、数字标点　遵循国家标准出版规定，数字书写以GB/T15835—2011《出版物上数字用法》为准；行文使用标点符号以GB/T15834—2011《标点符号用法》为准。

摘　要

中国地方志指导小组办公室首次以编纂《中国年鉴发展报告》的方式，组织年鉴界具有较高理论素养和丰富实践经验的年鉴工作者及专家学者，就年鉴事业发展的重大理论和实践问题进行系统研究，并定期向社会发布。这是一部以年鉴为记述主体、由一系列研究报告组成的具有鲜明年度特点的报告类图书。在研究过程中，课题组立足于牢牢把握年鉴事业重要发展机遇，置身于服务经济社会发展，系统回顾年鉴发展的历史，客观反映年鉴事业的发展状况，全面分析年鉴事业取得的成绩、面临的问题，重点反映相应年度年鉴事业发展的特点和亮点，客观展望年鉴事业发展趋势，深入探索年鉴事业的发展轨迹，堪称一部权威的年度性重要文献。

Abstract

It is the first time for the Office of Chinese Local Chronicles Guidance Group, taking the way of compiling "Report on the development of China's Yearbooks", to organize yearbook workers and experts with high theoretical qualities and fruitful practice experiences to research major theoretical and practical issues on the development of yearbooks, and to release the research to the public regularly. This is a report book with distinctive annual feature, taking the yearbooks as narrative subject, which includes a series of research reports. In the research process, the research team grasps tightly the important chance of yearbooks work development, serving the economic and social development, reviews the history of yearbooks development systematically, reflects the development situation of yearbooks work, analyzes thoroughly the progresses and problems of the yearbooks work, focuses on features and highlights of the yearbooks developments in recent years, predicts the development trend of and explores more in the work. It can be called an authoritative and important annual report.

目录

I　总报告

II　区域报告

III　专题报告

Ⅳ　探索与创新

Ⅴ　年鉴成果选介

Ⅵ 研究与借鉴

Ⅶ 附录

I General Reports

II Regional Reports

Ⅲ Special Reports

Ⅳ　Exploration and Innovation

Ⅴ　Selected Introduction of Yearbooks Achievements

Ⅵ Research and Reference

Ⅶ Appendix

I

总报告

中国年鉴事业发展的回顾与总结

牟国义

提要：近现代以来，西方年鉴在中国的传播发展进程大体上可分为年鉴形态的传入期、年鉴内容的编译期、年鉴编纂的创始期、年鉴事业的发展期四个历史时期，经历了通书性质、政书性质、史料性质、工具书性质、资料性文献性质五次大的嬗变，并在各个阶段呈现出不同的特点。中国年鉴的产生发展，根植于中国历史文献编纂的文化沃土，贯穿了年鉴中国化这一鲜明主题。西方年鉴从传入中国开始，就打上了中国传统文化的深厚烙印，并逐步走上了一条适合中国自身国情的编纂发展道路。年鉴中国化是西方年鉴与中国传统文化交融的产物，是年鉴在中国传播发展的历史选择，也是中国年鉴事业未来发展面临的重大课题。

关键词：年鉴　历史　文化融合　中国化

中国是历史文献资源大国，史书、志书、历书、辞书、类书、政书等各种文献载体编纂有着悠久的历史和深厚的传统。早在北宋时期，成书于庆历元年（1041）的我国第一部有解题的官修目录——《崇文总目》，就著录有"年鉴一卷"（撰人不明），据考证，该书属于阴阳五行类有关时令吉凶方面的书籍。[①] 此后，以"年鉴"为名的著述，还有用年表形式记述明洪武、建文、正统、弘治四朝史实的《明四代年鉴》（佚名）。在古代中国，虽然没有现代年鉴这种书籍形态，但历史文献编纂传统的深厚积淀，

① 牟国义：《宋代〈年鉴〉一书考略》，《江苏地方志》2012年第5期。

为西方年鉴在中国的传播和发展提供了文化沃土，并对此后年鉴的中国化产生了深远影响。

一、中国年鉴发展的历史分期

现代意义上的年鉴起源于西方，19 世纪中叶开始传入中国。近代以来，年鉴在中国大体上经历了四个发展时期。

（一）19 世纪 40 至 50 年代：年鉴形态的传入期

1815 至 1823 年间，英国传教士马礼逊编纂的第一部英汉字典《华英字典》，在澳门陆续出版。其中“Almanac”一词第一次从工具书层面引入中国，当时被译为“通书、时宪书、大皇历”[①]。1836 年 5 月，美国传教士裨治文主编的英文期刊《中国丛报》第 5 卷第 1 期在广州出版，该期书评栏目中使用了“Chinese Almanacs”这一名称。该栏目在介绍中国的定期出版物中说：“如文学、科学和慈善机构、医院、庇护所等等公共机构的年度报告并不为中国人所知，至少，我们也没有发现这样的报告。”[②]《中国丛报》从 1832 年 5 月创办到 1851 年 12 月停刊的 20 年间，先后介绍了马礼逊教育会年度报告、《美国百科全书》《澳大利亚历书》《悉尼指南》《中国海岸航海指南》《扬子江航海指南》《中国商务指南》《英国蓝皮书》《博物通书》，刊载了英法美等国在华贸易各项年度统计数据，特别是介绍和刊登了一些含有“Almanac”字样的西方书籍。从 1841 年 1 月第 10 卷第 1 期起，该刊还逐年编纂刊载中西历结合的“年历”。

这一时期，外国传教士在中国各地先后出版的通书有：1843 年美国人波乃耶在香港出版的《华英和合通书》，1850 年美国人麦嘉缔在宁波出版的《平安通书》，1851 年美国人玛高温在宁波出版的《博物通书》，1852 年英国人奚安门创办的《北华捷报》社在上海出版的《上海年鉴》[③]，1852 年英国人艾约瑟、伟烈亚力在上海出版的《华洋和合通书》（后更名为《中西通书》），1857 年美国人卢公明在福州出版的《西洋中

---

① 〔英〕马礼逊著：《华英字典》第六卷（影印版），河南大象出版社，2008 年 1 月第 1 版，第 21 页。

② 《中国丛报》第 5 卷第 1 期，1836 年 5 月。

③ 周振鹤《〈上海年鉴（1854）〉解题》，收入上海市地方志办公室编：《〈上海年鉴（1854）〉研究》，上海书店 2016 年 6 月。据周振鹤考证，1846 年香港曾出版“Hongkong Almanack and Directory”。笔者认为，按照当时的翻译习惯，“Shanghae Almanac for 1854，and Miscellany”“Hongkong Almanack and Directory”，也可译作“通书”。

华通书》等。这些通书性质的年鉴，普遍包含历法、指南和其他百科知识等内容，且具有逐年编纂、连续出版的特点。

据《美国哈佛大学哈佛燕京图书馆藏晚清民国间新教传教士中文译著目录提要》介绍，《华番和合通书》由美国传教士波乃耶等人编撰，1843年首次在香港出版，此后也在广州、澳门出版，至1853年共连续出版11年，为中国第一本中西对照的年鉴。每年篇幅不等，少则19页，多至92页，内容为中国农历和西方日历对照，中西政治、经济、社会、宗教，以及中国与英法美等国所签订的条约。每期后面通常附有1至3幅地图，如《世界地图》。此书在中国通商口岸流通，是时人了解国际大事的重要工具书。①

（二）19世纪60年代至1911年：年鉴内容的编译期

鸦片战争以后，中国逐渐沦为半殖民地半封建社会。随着西方列强侵略扩张和西学东渐，几乎与西方传教士介绍或主编“通书”同时，近代有识之士围绕救亡启蒙和求富求强的时代主题，开始主动了解西方、学习西学，“师夷之长技以制夷”。19世纪60年代以后，随着国内编译出版机构和各类报刊涌现，中国留学生走出国门，一批近代知识分子将西方和日本出版的各类年鉴以“政学”等名义引进过来进行编译出版，在清末形成了年鉴引进编译的热潮。

这一时期，正是西方年鉴发展的一个重要时期，许多政治类、统计类等大型综合性年鉴都在此时创办，如1869年英国《世界年鉴》、1870年德国《世界年鉴》、1882年日本《统计年鉴》等。国内翻译出版机构从西学书籍中翻译或编译出版了大量作品。据熊月之先生《西学东渐与晚清社会》一书统计，1860—1900年共出西书555种，其中哲学社会科学123种；1900—1911年共出西书1599种，占晚清一百年译书总数的69.8%，其中1902—1904年三年共译社会科学书籍327种，占总数的61%。② 仅江南制造局翻译馆从1871年正式出书起到1909年，共译书160种，其中西方社会科学类书籍20种。③ 在这些翻译或编译的西学书籍中，作为政书类的首要书籍，《列国岁计政要》《光绪二十四五年列国岁计表》《列国岁计比较表》《各国财政大数表》《英国岁

① 张美兰编：《美国哈佛大学哈佛燕京图书馆藏晚清民国间新教传教士中文译著目录提要》，广西师范大学出版社，2013年5月版，第586页。

② 熊月之：《西学东渐与晚清社会》，上海人民出版社，1995年5月版，第12—14页。

③ 同注②，第500页。

计汇要》《日本岁计政要》《日本现今岁计表》《万国国力比较》《最新万国政鉴》《航海通书》等，在知识界和思想界广泛流传开来，有的书籍甚至成为晚清畅销读物。根据上述翻译书籍的资料来源和连续出版等因素考察，可以研判所用资料大多出自当时各国年鉴。如英国人麦丁富得力 1873 年编辑的《列国岁计政要》，1875 年由美国人林乐知口译、中国人郑昌棪笔述出版。该书原名《万国统计要览》，“首列中国，上编记亚洲各国，中编记欧洲各国，下编记美阿两洲各国，计分皇室、政体、官制、面积、人口、宗教、教育、刑法、赈恤、财政、军备、产业、航海、内地、交通、货币、属地若干类，条例详明，考核精细，讲求时事者必宜读之书也。卷首所载释语、各国货币表、中外度量衡合数表，中日度量衡比较表、中西东纪年表尤便学者。”[①] 该书“按年编辑，由各国驻京公使领事抄录该国颁示之岁单，汇集而成，岁出一部，其月异而岁不同者惟年款、官员迁调、船数、兵数、国债数、户口数，略有小异而已。”[②] 此后，该书多次被编译，一直出版到 1901 年。《最新万国政鉴》五编 51 卷，国民丛书社排印本，日本《太阳报》原译，赵天择、王慕陶编译，原名《世界国势要览》，“为日本《太阳报》社按年编辑，汇集多数之参考书，岁出一部，如财政、外交、军事、农工商业、贸易、交通，月异而岁不同。”[③]《万国国力比较》，1903 年商务印书馆《政学丛书》第一种，英国人默尔化撰，出洋学生编译所译，“系辑当时各国统计报告而成”。《航海通书》也是根据英国海军部《航海年鉴》及天文星象表译编而成，从 1871 年到 1904 年，年出一部。1864 年，以《海关中外贸易年刊》为代表的“年刊系列”，随着西方统计制度的引进，也在中国开始连续编纂。

到清末，年鉴编译达到一个顶峰。1908 年，《东方杂志》第 10 期刊登《各国教育统计表》，据翻译者林万里介绍，该表内容“为日本文部省视学官野尻氏所编，其调查依西历一千九百零五年六年列国政治年鉴。”[④] 宣统年间（1909 至 1911 年），受奉天提学司使卢靖之嘱，奉天学务公所图书科谢荫昌根据日本帝国统计局长伊东佑谷所编《世界统计年鉴》中世界之部，编译出版了《新译世界统计年鉴》《世界教育统计年鉴》;孙世昌根据 1910 年英国开尔剔所编《政家年鉴》中教育统计，编译出版了《欧美教育统计年鉴》。近代知识分子对西方年鉴资料的零星汇集由此步入系统编译并正

---

① 顾燮光等编 :《译书经眼录》卷二，《近代译书目》，北京图书馆出版社 2003 年 10 月版，第 467 页。

② 《列国岁计政要》例言，《丛书集成续编》第 51 册，台湾新文丰出版公司 1989 年 6 月版，第 221 页。

③ 顾燮光等编 :《译书经眼录》卷二，《近代译书目》，第 468 页。

④ 《东方杂志》1908 年第 5 卷第 10 期。

式以“年鉴”之名公开出版的新阶段。卢靖、谢荫昌等人的贡献在中国年鉴发展史上具有开创性的意义。

（三）1912—1949 年：年鉴编纂的创始期

随着西方学说的大量引进，社会调查等科学方法的日益普及，学术研究团体和刊物的广泛兴起，尤其是西方统计理论和方法的引进运用，中国年鉴发展由编译转向编纂，在华夏大地上落地生根。

其实，早在清末预备立宪时期，刊行统计年鉴的设想就在政府层面开始酝酿和尝试。1907 年 10 月，光绪皇帝颁布上谕，令各省设立调查局、各部院设立统计处，按期报送资料，“以备刊行统计年鉴之用”[①]，并在宪政编查馆的组织下，在全国范围内开展了一系列大规模的统计调查活动。随着清朝的迅速瓦解，这一目标未能实现。

根据现有文献记载，目前所知第一部由中国人自己编纂的年鉴是 1912 年左右由江苏银行总经理陈光甫编纂的《江苏年鉴》（未完稿）。[②] 1913 年，上海神州编译社“沿东西各国世界年鉴之例”，编纂出版了《世界年鉴》，“是书资料由编译而成者约居十之七，其由直接调查而来者约居十之三”[③]，堪称第一部由中国人自己编纂的年鉴。1916 年，《江苏省教育会年鉴》第一期正式创刊，这很可能是地方专业年鉴编纂的起始。

从 20 世纪 20 年代起，由于政府和社会各界对统计工作的重视，年鉴编纂在全国各地陆续兴起，种类从全国性年鉴扩展到省级、县级年鉴，从综合性年鉴延伸到专业性年鉴。进入 30 年代，在国民政府的推动下，特别是 1932 年 10 月民国统计法颁布，各类年鉴得到较快发展。省市级综合年鉴扩展到全国十多个省市，全国性、地区性专业年鉴发展势头迅猛。20—30 年代，编辑出版的代表性年鉴主要有：1922 年《银行年鉴》，1924 年《中国年鉴》《江苏政治年鉴》《中国文艺年鉴》《妇女年鉴》《复旦大学甲子年鉴》，1926 年《武进年鉴》《南通教育年鉴》，1927 年《中华影业年鉴》，1928 年《中国劳动年鉴》，1929 年《中国国民党年鉴》，1930 年《湖南政治年鉴》《无锡年鉴》，1931 年《时事年刊》《东北年鉴》《世界年鉴》，1932 年《铨叙年鉴》，1933 年《申报年鉴》《中国教育年鉴》《图书年鉴》《铁道年鉴》，1934 年《广西年鉴》

---

① 令各省设立调查局各部院设立统计处谕，载故宫博物院明清档案部编《清末立宪档案史料》（上册），中华书局，1979 年第 1 版，第 52—53 页。

② 1913 年《世界年鉴》例言，《民国丛书续编》第一编年鉴专辑，第 1 册，上海书店，2012 年 12 月版。

③ 同上书。

《中国经济年鉴》《全国银行年鉴》《中国外交年鉴》,1935 年《上海年鉴》《广州年鉴》《财政年鉴》《交通年鉴》，1936 年《内政年鉴》《世界知识年鉴》《山西造产年鉴》，1937 年《江西年鉴》《湖北年鉴》《儿童年鉴》等。其中,《武进年鉴》《湖南政治年鉴》《申报年鉴》《广西年鉴》《上海年鉴》等一批综合年鉴,《江苏教育会年鉴》《铨叙年鉴》《铁道年鉴》《中国经济年鉴》《全国银行年鉴》《中国外交年鉴》《财政年鉴》等一批专业年鉴开始连续编纂。年鉴发展呈现出范围更加普及、种类明显增多、内容逐步连续、区域更加广泛的局面。抗日战争时期，绝大多数年鉴终止编纂，年鉴种类和数量大大减少。这一时期编纂出版的年鉴主要有 :《实用国民年鉴》《国民政府年鉴》《中国外交年鉴》《福建省统计年鉴》《安徽省统计年鉴》《湖北省统计年鉴》《四川省合作金融年鉴》《云南省合作年鉴》等。抗日战争胜利后，一些专业年鉴和地方年鉴浴火重生，显示出年鉴发展的蓬勃生命力。1945—1949 年，新创办的代表性年鉴主要有 :《陪都工商年鉴》《赣县年鉴》《基隆年鉴》《台湾年鉴》《武汉日报年鉴》《桂林市年鉴》《香港年鉴》《中华年鉴》《国民年鉴》，以及《中国贸易年鉴》《中国美术年鉴》《上海市劳工年鉴》《浙江经济年鉴》《吴县工运年鉴》等。据《民国时期总书目》统计，民国时期共编纂年鉴 280 多种 [①] 。另据有关研究统计，目前国家图书馆共收藏民国时期出版的年鉴类书刊 952 种，其中年刊 479 种、年报 280 种、年鉴 193 种，馆藏民国年鉴 1920 年到 1929 年 32 种，1930 年到 1939 年 94 种，1940 年到 1949 年 55 种。[②]

民国时期，出于殖民扩张的需要，一些国家也开始连续编纂中国年鉴。如，1912 年，英国人伍赫德（H.G.W.Woodhead）主编的英文版《中华年鉴》在英国出版，连续编纂至 1939 年。从 1912 年起，日本东亚同文会开始逐年编纂《中国年鉴》（后更名《新编中国年鉴》《最新中国年鉴》《新中国年鉴》），先后出版七回（1912 年、1917 年、1918 年、1920 年、1927 年、1935 年、1942 年）；1931 年，日本人奥宫正澄编辑、上海日报社发行《中国年鉴》（后更名为《大陆年鉴》）；1943 年，日本设在上海的经济研究所、贸易通信社编纂出版《上海经济年鉴》（普及版）；1944 年，日本中支野田经济研究所在上海编纂出版《上海经济年鉴》（半年鉴）。这一时期，日本人编纂的有关东北地区的年鉴种类和数量尤其巨大。

---

① 《民国丛书续编》编辑委员会:《〈民国丛书续编〉第一辑的历史文化价值》,《民国丛书续编》第一编年鉴专辑，第 1 册，上海书店，2012 年 12 月版。

② 王燕亭、刘崇民 :《从馆藏民国年鉴看我国早期年鉴的发展》,《河南图书馆学刊》2009 年第 6 期。

（四）新中国成立以后至今：年鉴事业的发展期

新中国成立以后，中国年鉴事业发展经历了一个由低谷到高潮、从中断到大踏步前进的过程。

1950—1978 年是年鉴事业发展的低谷期。过去形成的编鉴传统未能赓续，为数众多的年鉴中断了编纂进程，这一时期编辑出版的年鉴屈指可数：50 年代有《开国年鉴》（天津进步出版社）《新沂河年鉴》（苏北导沂整沭工程司令部、政治部）《人民手册》（大公报社）《世界知识年鉴》（世界知识出版社）以及《球类比赛年鉴》《中国摄影年鉴》《中华人民共和国水文年鉴》等 8 种。60 年代有《台风年鉴》《中国体育年鉴》《广东省地面气象年鉴》等 3 种。"文化大革命"前后，先后翻译出版阿尔巴尼亚共和国、苏联、民主德国、南斯拉夫等国《统计年鉴》，以及《家畜卫生年鉴》《联合国裁军年鉴》《科学年鉴》《粮农组织贸易年鉴》等 8 种国外年鉴。[①]

1979—2005 年是年鉴事业发展的兴盛期。党的十一届三中全会以后，伴随着改革开放的历史进程，中国年鉴事业突飞猛进，进入了快速发展的新时期。1979 年 10 月，邓小平同志在接见美国不列颠百科全书出版社负责人时，对陪同接见的中国大百科全书出版社的负责人姜椿芳说："编辑出版年鉴，很有必要，这是国家的需要，四化建设的需要。"邓小平同志的重要讲话，对改革开放新时期中国年鉴事业的发展产生了重大而深远的影响。1980 年，《世界经济年鉴》（4 月）、《自然科学年鉴》（6 月）、《中国历史学年鉴》（6 月）、《中国百科年鉴》（8 月）、《中国出版年鉴》（12 月）5 种年鉴先后编纂出版，这些专业年鉴开风气之先，成为新时期中国年鉴事业发展的领头羊。以此为标志，在一批专业年鉴特别是《中国百科年鉴》的影响带动下，经过中国地方志指导小组办公室（以下简称中指办）和各省地方志办公室的引导和推动，中国地方综合年鉴编纂事业发展驶入了快车道。以江苏为例，1983—1990 年，全省地方综合年鉴发展到 16 种，其中地级市年鉴 3 种、县区级年鉴 13 种；1991—1995 年底，全省新增市、县（市区）综合年鉴 16 种，总数发展到 32 种；1996—2005 年十年间，全省新增地方综合年鉴 61 种，其中地级市 6 种、县区级 55 种，全省所有地级市于 1999 年实现综合年鉴编纂全覆盖，其中 5 个地级市实现所辖县区综合年鉴全覆盖，地方综

---

① 肖东发：《年鉴学》，方志出版社 2014 年 4 月版，第 53—54 页。

合年鉴发展到93种。据不完全统计，到2005年底，全国年鉴发展到2000种[①]，中国一跃成为年鉴编纂数量最多的国家。

2006年至今是中国年鉴事业发展的繁荣期。2006年5月18日，国务院《地方志工作条例》（国务院令第467号）颁布实施，为年鉴事业发展注入了新的生机与活力，标志着中国年鉴事业步入了依法编纂的法治化轨道。2015年8月25日，国务院办公厅印发《全国地方志事业发展规划纲要（2015—2020年）》（国办发〔2015〕64号），年鉴事业从依法编鉴上升到依法治鉴的高度和层面，"处于全面发展、转型发展与繁荣发展的时期"[②]。在党中央、国务院和各级党委、政府的高度重视下，全国各级地方志工作机构认真贯彻落实文化强国建设的战略部署，积极适应社会主义文化建设大繁荣大发展的新形势新要求，依法履行统筹规划、组织协调、督促指导年鉴工作职责，不断完善"一纳入、八到位"的工作机制，年鉴管理体制逐步理顺，工作指导力度不断加强，全国年鉴事业发展呈现出兴旺发达的崭新局面。据最新统计，截至2015年8月，全国共编纂出版1900多种、1.5万多部地方综合年鉴，1000多种、7000多部专业年鉴。[③]

二、年鉴传播发展的阶段特点

中国年鉴的产生和发展与其所处的社会背景、面临的时代主题息息相关。一百多年来，年鉴在中国的传播发展呈现出不同的阶段特点。

（一）清末民初时期

当外国传教士以"通书"形式将西方年鉴引进中国的时候，近代中国知识分子对这种书籍形态显然还缺乏理性认识。据黄河清《近现代辞源》考证，1879年，杨勋所著的《英字指南》（卷五）中，将"Year Book"译作"每年之书"。"年鉴"一词作为书名出现在后，1899年才在《清议报》中出现。[④] 但救亡图存、变法图强的时代潮流，

---

① 孙关龙：《年鉴与地方志比较研究》，《年鉴信息与研究》2008年第6期。

② 冀祥德：《论依法治志》，《中国地方志》2016年第5期。

③ 国务院办公厅《关于印发全国地方志事业发展规划纲要（2015—2020年）的通知》（国办发〔2015〕64号），2015年8月25日。

④ 此处得到周振鹤先生《〈上海年鉴（1854）〉解题》一文指点和提示，参见黄河清编著：《近现代辞源》，上海辞书出版社2010年版，第551页。另据笔者爬梳，早在1897年康有为编纂的《日本书目志》卷五政治门中，已经载录《日本政治年鉴》《日本帝国统计年鉴》等4部年鉴。

已使近代知识分子开始主动关注包括年鉴在内的西学书籍。这些书籍的大量编译引入，打开了近代中国知识分子借鉴、吸收西方先进思想和科学方法的大门。清末民初，人们对年鉴内容的关注甚于对年鉴形态的关注，经世致用、变法图强成为年鉴编译时期最鲜明的特点。

较早注意并开始引用国外年鉴资料的是近代启蒙思想家魏源。1852 年，他将 1843 年成书的 50 卷《海国图志》增补为 100 卷，共引用西书 7 种，其中征引《平安通书》11 处，第 100 卷《地球天文合论五》全由《平安通书》内容构成。① 作为中国近代史上第一部系统介绍世界知识、具有强烈政治倾向的著作，魏源在《海国图志》一书的序中明确指出："是书何以作？曰：为以夷攻夷而作，为以夷款夷而作，为师夷长技以制夷而作。"② 这表现了魏源强烈的忧患意识和爱国情怀。1875 年，根据英国人麦丁富得力编辑的《万国统计要览》，由美国人林乐知口译、中国人郑昌棪笔述的《列国岁计政要》，被编译再版，先后有江南制造局本、富强斋丛书本、军政丛书本、西学大成本、慎记书庄本、海上译社本等多种版本问世，深受海内人士的欢迎。为配合维新派变法图强的主张，1896 年，著名政治家、思想家梁启超在《时务报》上刊登《西学书目表》，称《列国岁计政要》"此种书甚要"③，并在《读西书法》中评价该书："述欧洲各国疆域、户口、官制、教门、学校、国用、商务、兵力等事。……西人此类之书，岁岁皆有，或官撰、或私述，不一而足。若能自癸酉至今，每年译成一书，岂不甚善？"④ 当时，《列国岁计政要》一书被普遍认为是"通今最要之书""讲求时事者必宜读之书""言西政者极要之书"，"海内志士谈西学者，……奉为至宝。"⑤ 1909 年，谢荫昌编译的《新译世界统计年鉴》在沈阳出版，时任奉天提学司使的卢靖在序言中写道："假吾国士夫治事之暇，案置此册，流览而借鉴之，庶几能免于弱昧乱亡，且进而求夫所以兼攻取侮之策。是则印译此书者之所以祷祀而求者也。"⑥ 年鉴编译被赋予了救亡图强的浓重色彩。

---

① 熊月之：《1842—1860 年西学在中国的传播》，《历史研究》1994 年第 4 期。

② 魏源：《海国图志》，原序，光绪二年魏光焘平庆泾固道署重刊本。

③ 梁启超：《西学书目表》卷中"西政诸书"，载〔清〕甘鹏云：《质学丛书初集》第 9 册，光绪二十三年武昌质学会据原刻本等刊。

④ 梁启超：《读西学书法》，载〔清〕甘鹏云：《质学丛书初集》第 10 册，光绪二十三年武昌质学会据原刻本等刊。

⑤ 《知新报》，1897（24）：4；顾燮光：《译书经眼录》；赵惟熙：《西学书目答问》。

⑥ 卢靖：《新译世界统计年鉴》序，载许维民主编：《中国年鉴史料》，北京志鉴书刊研究院编，2003 年 10 月印刷，第 5 页。

（二）民国时期

1911 年爆发的辛亥革命“开启了中国前所未有的社会变革”①。赓续近代以来仁人志士的西学编译传统，年鉴编纂正式登上了中国文献历史舞台。民国时期，尽管许多年鉴均为多年合卷本，且编纂出版时断时续，但 280 多种年鉴的创办，对以后中国年鉴的大发展产生了广泛、深远的影响。

民国时期，中国年鉴编纂呈现出以下鲜明的特征。

一是编纂主旨的鉴戒性。受中国传统史学观念和西方现代统计思想的影响，从 1913 年上海神州编译社编纂《世界年鉴》开始，无论是政府主办的年鉴还是报馆、书局编辑的年鉴，都十分强调年鉴的镜鉴、资政、资治作用，几乎所有的决策者、组织者、参与者都将以史为镜、经世致用、鉴往知来当作年鉴编纂的主旨。1913 年《世界年鉴》“社序”坦言：“民国规模方兴未已，苟于知己知彼之学了无容心，则对内对外胥失道之正轨矣。此民国元年世界年鉴志所由作也。”② 章太炎当时的题跋是：“时乎时乎不再来”。1924 年，江苏省省长韩国钧在《江苏政治年鉴》序言中阐述其编辑缘由：“民国肇始，步趋欧美，制度张弛，蔚然云兴”，“辑政治年鉴，盖以存十一年省政之实录，为将来设施之准绳”，“俾阅是编者得以考镜焉”③。1930 年，无锡县政府主持编纂的我国较早的一部县级年鉴《无锡年鉴》第一回出版，司法院院长王宠惠题词为“鉴往知来，灿然在目”，监察院院长赵戴文题词“前事不忘，后事之师。来日方长，永鉴在兹”，文字学家胡朴安题词“鉴往知来”，无锡县商会主席钱基厚题词“与鉴于水，宁鉴于人”，唐奇题词“各县政治所资为借镜”。1936 年 4 月出版的《内政年鉴》开宗明义：“年鉴者，……以供现代之研究，而备后来之取鉴者也”，“盖所以表政事、垂鉴戒、法至善也。”④ 同年 12 月出版的《湖南年鉴》，编辑宗旨更加明确：“鉴，镜也。鉴之照物无遁形，能自见其美恶，以为法戒，故曰戒也。湖南年鉴之作，其意亦即在是。”⑤ 年鉴编纂宗旨的鉴戒性，体现了时人对年鉴功能作用的深刻认识。

二是编纂主体的官方性。民国时期，年鉴编纂大多由政府部门主导，具有强烈的“官

---

① 胡锦涛：《在纪念辛亥革命 100 周年大会上的讲话》，2011 年 10 月 9 日。
② 1913 年《世界年鉴》，社序，《民国丛书续编》第一编年鉴专辑，第 1 册，上海书店，2012 年 12 月版。
③ 1924 年《江苏政治年鉴》，韩国钧序，《近代中国史料丛刊》三编，第 53 辑，台湾文海出版社 1989 年版。
④ 1936 年《内政年鉴》，陶履谦序，《民国丛书续编》第一编年鉴专辑，第 30 册，上海书店，2012 年 12 月版。
⑤ 1936 年《湖南年鉴》，何健序，《民国丛书续编》第一编年鉴专辑，第 86 册，上海书店，2012 年 12 月版。

书”色彩，政府主持编纂的各类年鉴是这一时期年鉴编纂的主流。除为数不多的全国性综合年鉴，如商务印书馆出版的《中国年鉴》、申报出版的《申报年鉴》等，多由报馆、书局编辑外，省级及以下的综合年鉴几乎全部由政府部门主持编纂，如《江苏政治年鉴》《湖南政治年鉴》《东北年鉴》《上海年鉴》《广西年鉴》《广东年鉴》《江西年鉴》《武进年鉴》《无锡年鉴》《成都市政年鉴》《广州年鉴》《桂林年鉴》《基隆年鉴》《三门年鉴》《赣县年鉴》等。大量由各种协会、学会名义编纂的年鉴，也具有官方背景，如当时著名的《中国教育年鉴》《中国外交年鉴》《中国经济年鉴》《财政年鉴》《内政年鉴》《交通年鉴》《司法年鉴》《中国金融年鉴》《中国保险年鉴》《中国贸易年鉴》《盐务年鉴》《铨叙年鉴》《铁道年鉴》《航业年鉴》等全国性专业年鉴，《浙江司法年鉴》《江苏省公路局年鉴》《河南教育年鉴》《广东经济年鉴》等省级专业性年鉴，《南通年鉴》《无锡县公安局年鉴》《吴县工运年鉴》等县级专业性年鉴。1932年10月，国民政府颁布统计法，明确规定从中央到地方都应编纂统计年鉴。到40年代中后期，“各省市方面编印全省市之统计年鉴或统计提要者，计有江苏、浙江、福建、江西、湖南、湖北、广东、广西、陕西、安徽、河南、甘肃、绥远、南京、上海、北平、天津及重庆等省市。”①

三是编纂内容的权威性。民国时期的各级各类年鉴编纂，十分重视统计资料、社会调查等一手资料的运用，并注重参考各种图书报刊资料，尤其是重视与各方面专家学者的合作，许多综合或专业年鉴都列表注明年鉴内容材料提供专家或撰稿学者的姓名。1913年创办的《世界年鉴》其资料“由直接调查而来者约居十之三”，1924年阮湘主编的《中国年鉴》“参考图籍不下百数十种”。1934年，《申报年鉴》为求内容更加精审，对资料和内容进行了重大的改编调整，其中第一个方面的重大改编调整，就是与“各专家及各界之合作”。各界专家“或慨任专篇之编撰，或指示改进之要点，或赐以不易获得之材料”，“二百万字之蕴蓄，实为全国学者专家群策群力之所致”②。到1935年，供给《申报年鉴》材料的各方专家、特约撰稿人分别达21人、24人，如蔡元培、胡焕庸、薛暮桥等。同年，《财政年鉴》的编纂协纂皆由财政部长遴选部内外各专家担任。1935年，桂中枢主编的英文版《中国年鉴》由上海商务印书馆出版，该年鉴特约国内权威专家50余人，通力合作而成。实业部经济年鉴编纂委员会主办

① 《统计事业》，行政院新闻局印行，1947年12月，第23页。

② 1934年《申报年鉴》，张梓生“改编经过”，《民国丛书续编》第一编专刊，第4册，上海书店2012年12月版。

的《中国经济年鉴》，从创办之日起就定位为“学术著作性质”，被誉为“学术独立之先声”。专家合编、取材精确成为当时许多年鉴的广告宣传口号。

四是编纂领域的广泛性。民国时期，年鉴发展势头迅猛，编纂范围和领域极为广泛。从行政区域来讲，年鉴编纂已经扩展到东北、江苏、上海、湖南、湖北、江西、广西、广东、浙江、绥远、河南、河北、山西和重庆、成都、青岛、广州、桂林等省市，以及武进、无锡、南通、新都、金山、三门、黄岩、赣县、桐乡、吴县等县份和台湾、香港地区；从涉及的行业领域、专业学科来讲，涵盖了经济、财政、贸易、工商、盐务、交通、航业、内政、民政、铨叙、外交、司法、教育、卫生、体育、统计等部门，劳工、铁道、公路、电话、医师、工运、煤矿、公安、市政等领域，以及文艺、美术等学科。许多学生会、留学生协会、大学乃至中学的年度报告、毕业纪念册均冠以“年鉴”之名。如1923年《环球中国学生会年鉴》、1924年《复旦大学甲子年鉴》、1926年《财商学院年鉴》、1927年《留德学会年鉴》、1929年《东北大学年鉴》、1931年《大夏年鉴》、1932年《崇本年鉴》等。值得注意的是，这一时期在各种专业与综合年鉴编纂的影响下，各种华侨年鉴陆续兴起，如1935年菲律宾华侨年鉴社出版的《菲律宾华侨年鉴》，1938年11月南洋商报社出版的《南洋年鉴》（第一回），1946年中国国民外交协会驻美办事处出版的《美国华侨年鉴》等，并在国内传播。企业年鉴也开始出现。1947年12月，张季直先生事业史编纂处组织人员编纂完成《大生纺织公司年鉴（1895—1947）》（稿本）。为适应广大英文读者的需求，1935年，商务印书馆在上海推出了《中国年鉴》英文版。

（三）改革开放新时期

新中国成立以来特别是党的十一届三中全会以来，伴随改革开放和现代化建设的进程，中国年鉴事业方兴未艾、蓬勃发展，呈现出新的时代特征。

一是从自发编鉴到依法治鉴：年鉴管理方式转变。改革开放30多年来，中国年鉴事业发展经历了自发编鉴、组织编鉴到依法编鉴、依法治鉴的过程。20世纪80年代，由于各级地方工作机构很不健全，体制上存在先天不足，加之许多年鉴编纂归属其他系统，年鉴编纂一度处于自发编纂、管理松散的状况。进入90年代，随着一些地方首轮修志任务结束，年鉴编纂提到了地方志机构的组织推动层面。1994年10月，中国地方志指导小组（以下简称中指组）在浙江萧山市召开全国地方年鉴工作座谈会，提出编纂地方年鉴是新编地方志工作的重要组成部分，要进一步加强对地方年鉴工作的领导。在这次会议上，与会代表建议尽快制定《地方志工作条例》。年鉴工作得到一定程度上的加强，年鉴编纂在数量上快速增长。2006 年 5 月 18 日，国务院《地方志工作条例》颁布实施，从行政规章的层面正式将地方综合年鉴纳入了地方志工作范畴，赋予了地方志工作机构统筹规划、组织协调、督促指导地方综合年鉴的职能，并对组织编纂地方综合年鉴作出了具体规定，全国年鉴编纂和年鉴工作从此走上了法治化的轨道，年鉴事业呈现出欣欣向荣的局面。2015 年 8 月 25 日，国务院办公厅印发《全国地方志事业发展规划纲要（2015—2020 年）》，“标志着地方志治理体系与治理能力从依法修志向依法治志的现代转型”，地方志“向依法识志、依法修志、依法研志、依法用志、依法管志、依法存志和依法传志”[①] 发展。年鉴事业发展呈现出空前繁荣的局面。

二是从一本书编纂到事业全面发展：年鉴发展路径转轨。长期以来，年鉴编纂一直停留在“一本书”的认识层面上，编纂成果单一，组织管理缺位，指导能力较弱，服务意识不强，工作网络不健全，年鉴编纂在较长一个时期内都被当作一项任务去对待，没有摆脱工作化的痕迹。2006 年颁布的《地方志工作条例》，从行政法规层面上明确了地方志的定位，丰富和拓展了年鉴工作的职能。为适应经济社会发展的需要，各地开始从经济社会发展和文化建设的大格局、大背景中去寻找定位，年鉴成果不断丰富，工作机制逐步完善，管理方式和手段不断转变，资政意识、服务经济社会发展的意识显著增强。2015 年，国务院办公厅出台《全国地方志事业发展规划纲要（2015—2020 年）》，对依法推动年鉴事业的全面、协调发展进行了顶层设计，对年鉴编修体系、理论研究和学科建设体系、质量保障体系、资源开发利用体系、工作保障体系“五位一体”的年鉴事业发展综合体系作出了长远规划和部署，年鉴事业协调发展的格局初步形成。

三是从纸质化到网络化：年鉴传播方式转型。年鉴在中国传播发展的一百多年时间里，信息的传播方式、接收方式和利用方式经历了深刻的变革。纸质媒体时代，传播手段的单一性、信息资源的稀缺性决定了纸质年鉴的重要价值。进入电子媒体时代后，信息传播的渠道和方式逐步多样化，信息的及时性、密集性大大增强，电子版年鉴应运而生，年鉴出版的时效性、信息资料归集的广泛性受到普遍重视。随着信息技术发展日新月异，以数字化、网络化、智能化为特征的信息化浪潮蓬勃兴起，经济社

① 冀祥德：《论依法治志》，《中国地方志》2016 年第 5 期。

会数字化、网络化转型步伐加快，“信息化进入全面渗透、跨界融合、加速创新、引领发展的新阶段。”[①] 在网信时代和大数据、“互联网 +”的背景下，资讯的海量性、受众的选择性、信息的交互性、资源的共享性对年鉴的编纂方式、内容方式、传播方式、作用方式提出了新的更高的要求，年鉴事业发展面临良好的发展机遇和严峻挑战。顺应时代需求的变化，加快年鉴的数字化、网络化、智能化转型，提升年鉴数字资源的深度开发和运用能力，推进年鉴数字资源与新一代信息技术的跨界融合，成为年鉴事业全面发展、创新发展、跨越发展面临的崭新课题。

三、年鉴中国化的实践与探索

传入不是照单全收，发展不会原地踏步。回顾中国年鉴产生发展历程，从社会发展对年鉴的功能需求角度不难发现这样一条清晰的线索：近代以来，中国年鉴大体经历了通书性质、政书性质、史料性质、工具书性质、资料性文献性质五次大的嬗变，从中贯穿了一个鲜明的主题，即年鉴中国化主题。西方年鉴从近代传入中国开始，就打上了中国传统文化的深厚烙印，并逐步走上了一条适合中国自身国情的编纂发展道路。“年鉴在中国的流行，是典型的文化融合事件。”[②] 年鉴中国化是西方年鉴与中国传统文化交融的产物，是年鉴在中国传播发展的历史选择。

最早由西方传教士引入的年鉴概念和所创办的年鉴以“通书”面目出现，这是年鉴中国化的开端和起点，也是近代中国年鉴传播史上一个重要的文化现象。“通书”既表达了“ Almanac”一词的原意，更契合了中国本土源远流长的历法文化传统。当时，由波乃耶、麦嘉缔、玛高温、艾约瑟、庞台物、卢公明等一批西方传教士主导编纂的系列“通书”，虽然出发点是为了传教和传播实用知识以及供在华侨民了解中国，阅读对象也主要限于在沪或在华的传教士、外国商人、外交使团人员等特殊人群范围，但在近代中国尚未有定期出版物概念的背景下，“Almanac”与“通书”的对译和接轨，某种意义上考虑到了中国民间传统的知识传播方式和广大士民的接受程度，反映了中西文化的融合和西方对中国本土文化的认同。

年鉴功用被中国人所认识，始于 19 世纪 50 年代。从魏源编纂《海国图志》起，

① 中共中央办公厅、国务院办公厅：《国家信息化发展战略纲要》。

② 程洁：《“年鉴中国化”是更大的课题》，上海社科院《社会科学报》总第 1517 期第 8 版，2016 年 7 月 14 日。

西方年鉴类特别是统计方面的书籍经过翻译或改编源源不断地被引入中国。一大批知识分子开始主动、自觉地参与西方年鉴内容编译工作，参考国外年鉴编译的各类书籍以“政要”“政鉴”“岁计录要”“统计表”等各种形式出现。不过，当时这批“睁眼看世界”的知识分子，或许从一开始就并未注意或者意识到年鉴这种新的书籍形态，面对“三千年未有之变局”，吸引他们眼光的是作为了解西方、学习西学的年鉴这类最新书籍内容，人们更多的是从知识、思想和制度的层面把它当作救亡启蒙的政书去看待。年鉴政书化是近代年鉴中国化在功用性质上的一次大的转型。19 世纪晚期，《列国岁计政要》不断被编译再版，有识之士均视为“言西政者极要之书”，“谈西政者所宜观”之书。梁启超的《西学书目表》将其列为“西政诸书”，《上海制造局译印图书目录》《江南制造局译书提要》《东西学书录》等均列入“政治类”，《西学书目答问》则列为“政治学”。1897 年，与当时宣传维新变法的《时务报》不分伯仲的《知新报》，发表徐勤《丁酉列国岁计政要序》，这样总结编译西学中政治类书籍的重要性：“今之译西学者众矣，条例夥繁，靡可缕数，综其宗类，约有四焉：曰政，曰教，曰艺，曰俗。……欲易新法、强中国、开民智，而为今日之急用者，则莫西政矣”，“西人之学，最重图表，技艺测算多用图学，政学商务多用表学。《列国政要》之书，表学也。”① 1907 年，出洋考察大臣载泽译撰的《日本统计释例提要》在《政治官报》上发表，考察团认为：“统计学实为政治家实验之学，非此则无以知国之虚实，政治中必赖统计而后明。法国 1620 年设统计局，而后泰西各国次第设立，1853 年设万国统计会，日本明治十五年刊行统计年鉴”。② 西方统计思想被统治阶层所接受，现代性质的年鉴在 20 世纪初进入了统治阶级高层的视野。这一时期，编译者对“岁计”和政学的重视，为后来中国年鉴的创办和兴起打下了坚实的思想根基，对年鉴的属性功能和编纂体式产生了广泛的影响。

1913 年《世界年鉴》创刊，在中国年鉴发展史上具有标志性意义，年鉴中国化由此开启了一个崭新的里程。受英国人伍赫德编辑出版英文《中华年鉴》、日本东亚同文会编纂出版日文《中国年鉴》的刺激和影响，上海神州编译社有感于年鉴“莫不有造于国家”，1913—1914 年连续两年编纂出版《世界年鉴》。该书编纂借鉴当时世界各国年鉴的做法，一方面“沿东西各国世界年鉴之例”，另一方面又结合中国实际，

① 《知新报》，光绪二十三年（1897）6 月 11 日。

② 张晓：《近代汉译西学书目提要明末至 1919》，北京大学出版社 2012 年 9 月版，第 84 页。

在分类和编排上“自运匠心”，以便比较、以资考鉴，篇幅范围大大超过同期英国的《世界年鉴》和其他国家年鉴。袁世凯题词“遐搜博采，政学之渊，文明进步，盖考兹编”，赵秉钧称其“为吾国空前之作”，熊希龄称赞该书“有功于政治、社会、历史者大”。也正是从这时候起，在清末以来对年鉴功用认识的基础上，中国年鉴的源流问题、属性功能等问题在更深的层面上引起了编纂者们的思考和关注，而且这些思想认识逐步转化成为现实编纂成果，年鉴扮演了“高文典册”的史乘角色，被赋予了存史、资政的历史使命。

梳理民国时期年鉴文献，一个重要的现象尤为引人注目，即年鉴的倡导者、编纂者在洞悉西方年鉴发展历史的同时，总是将年鉴编纂与中国古代史书的编纂、传统史学的发展联系在一起，从中国古代文献发展脉络中去探寻年鉴与史书的渊源关系。早在民国初年，熊希龄就提出“三通九考”通史、“纪事本末”年史，“实开我国年鉴之先例”①。20 世纪 30 年代，伴随各类年鉴的蓬勃兴起，以及国内精英阶层、社会名流的广泛参与，年鉴中国化形成了丰硕的思想理论成果和编纂成果。在看待西方年鉴性质问题上，有人认为是“纪年之书”“蓝皮之册”，②“今日各国之所谓年鉴，亦即史之属”③。在中国年鉴渊源问题上，有人认为“在昔周官大司徒之职，岁终则令教官正治而致事，正治者处其文书，致事者上其计簿，殆即今之年鉴所由昉”④，“杜典郑志，与马端临之文献通考，以典章制度专勒成书，尤与近日年鉴之制相近。年鉴之表用旁行斜上之记录，以贯穿错综繁赜之事绩，亦属司马子长遗意。”⑤ 在年鉴与史志关系问题上，有人认为年鉴即“吾人身观而亲历之最近史料”，“名曰年鉴，实近于史”，“年鉴之体例，类于合典志考而为一之史乘，史之最新者也。”⑥ 1930 年创办的第一回《无锡年鉴》，被称为“梁溪史乘”，“修史之资料”，“功同史乘，益比志书”⑦；1931 年创刊的《时事年刊》，编纂者认为其“可供永久参考，可作现代史读”⑧；1937 年出版的《江

① 1914 年《世界年鉴》，熊希龄序言，《民国丛书续编》第一编年鉴专辑，第 1 册、第 3 册，上海书店 2012 年 12 月版。

② 无锡县政府、无锡市政筹备处编辑：《第一回无锡年鉴》，孙祖基序，上海华丰印刷铸字所印刷，1930 年 4 月出版。

③ 1937 年《江西年鉴》，萧纯锦序，《民国丛书续编》第一编年鉴专辑，第 88 册，上海书店 2012 年 12 月版。

④ 1936 年《内政年鉴》，陶履谦序。

⑤ 1937 年《江西年鉴》，萧纯锦序。

⑥ 1934 年《第一次中国教育年鉴》，汪兆铭、戴传贤序，上海开明书店 1934 年 5 月初版。

⑦ 无锡县政府、无锡市政筹备处编辑：《第一回无锡年鉴》，题跋。

⑧ 李迪俊主编：《第一期时事年刊（民国 19—民国 20 年）》，李迪俊序，南京时事月报社编辑，1931 年 11 月初版。

西年鉴》，“谓之为史或为方志之一格”，“不仅可为他年修志之取材，而年鉴本身，固不啻为一部有生命之活动史料也”[①]。20 世纪 40 年代，这些思想进一步继承和发展。正是在史书观念的指导下，年鉴编纂在体裁体例、内容分类、资料选择、编纂手法上都有许多“创格”，凡记其事，必穷原竟委，追溯其起因，详志其过程，预测其结果，原原本本，始末俱备，既注重事实叙述，又统计调查资料运用，《世界年鉴》《中国年鉴》《时事年刊》《申报年鉴》《中国教育年鉴》《中国经济年鉴》等就是其编纂的代表。民国时期，人们对年鉴的理性认识尽管尚不系统，一些认识和观点甚至还有失偏颇，但清醒的现实认知、自觉的历史情怀、丰富的编纂实践表明，中国年鉴发展并非西方年鉴的照抄照搬、简单移植，中国年鉴编纂并未割断文献历史、抛弃史学传统，而是已经根植于中华大地，从历史文明的肥沃土壤中吸收了充沛的营养，融入了传统史志文化基因，打上了中国史学文化的深厚烙印。这一时期，虽然出版了一些面向不同人群的年鉴类畅销读物，但毕竟不是年鉴编纂的主流，中国主流年鉴从一开始就走上了一条不同于西方的编纂道路，即年鉴存史、资政的中国化道路。

改革开放以来，在对年鉴中国化发展历程和西方年鉴发展历史和现状缺乏全面、深入认知的背景下，中国年鉴编纂带有浓厚的资料性工具书色彩。20 世纪 80 年代初，以《中国百科年鉴》为代表的一批工具书年鉴的诞生，对全国年鉴特别是地方综合年鉴的发展起到了重要的引领和推动作用。以条目体编纂年鉴的做法，也为全国地方综合年鉴竞相效仿。年鉴界普遍强调年鉴的工具书性质，认同“资料性工具书”的概念。按照工具书特别是辞书类工具书的范式和要求去编纂年鉴，主导年鉴编纂理论和操作实践。

2006 年国务院《地方志工作条例》颁布实施，在“资料性工具书”认知的基础上，第一次在官方层面明确了地方综合年鉴“年度资料性文献”的属性和定位。“年度资料性文献”的定位，内涵更加丰富，范围更加广泛，包容性、延展性更强。这一认识和定位，赓续了近代以来特别是 20 世纪以来中国年鉴编译编纂的优良传统，继承和发展了近百年来年鉴的编纂思想，体现了对年鉴发展规律的科学认识，彰显了年鉴在经济社会发展中的重要地位和作用。2015 年 12 月 29 日，李克强总理对全国地方志系统先进模范座谈会作出重要批示：“方志流传绵延千载，贵在史识，重在致用”，要“为当代提供资政辅治之参考，为后世留下堪存堪鉴之记述”。“年鉴中国化”在中国特色

① 1937 年《江西年鉴》，萧纯锦序，《民国丛书续编》第一编年鉴专辑，第 88 册，上海书店 2012 年 12 月版。

社会主义的实践中开启了新的发展征程。

文脉需要传承，融合促进发展。“年鉴中国化”是中国年鉴事业未来发展面临的重大课题。打造中国风格、中国特色、中国气派的年鉴，中国年鉴事业的创新发展、跨越发展任重而道远。

科学规划，扬帆起航：中国年鉴事业发展迎来新春天[①]

——2015—2016年中国年鉴事业发展形势与未来任务

杨军仕

提要：以《全国地方志事业发展规划纲要（2015—2020年）》颁布为契机，全国年鉴事业发展掀起新高潮，年鉴事业顶层设计逐步强化，年鉴编纂向基层延伸，年鉴质量保障措施更加有力，队伍培训形式趋于多样化，开发利用成果初显，年鉴编纂模式多样化。年鉴事业发展存在的困难和问题也比较突出，年鉴事业发展不平衡现象突出，地方综合年鉴编纂工作体制没有彻底理顺，年鉴编纂机构、人员、经费不到位，部分地区尚未编纂地方综合年鉴或地方综合年鉴不能公开出版，年鉴质量仍有待提高，年鉴领军人才缺乏，年鉴资源开发利用工作比较滞后。机遇大于挑战。全国年鉴事业作为地方志事业的重要组成部分，正迎来千载难逢的发展黄金期，应乘势而上，科学谋划，完成规划纲要提出的一系列艰巨的工作任务。

关键词：年鉴事业　发展形势　顶层设计　对策建议

① 本文参考并引用了中国社会科学院副院长、中指组常务副组长李培林，中指组秘书长，中指办党组书记、主任冀祥德在工作调研或年鉴会议上的讲话，在此表示感谢。

2015—2016 年是中国年鉴事业发展史上的重要节点。国务院办公厅印发《全国地方志事业发展规划纲要（2015—2020 年）》（以下简称《规划纲要》），首次在国家层面对地方志包括年鉴事业发展进行全面规划。中指办采取有力措施，扛起引领年鉴事业发展的大旗。地方各级地方志工作机构加强对年鉴工作的领导和指导，年鉴数量、编纂质量、队伍素质等不断提高。年鉴事业发展既迎来机遇，也面临挑战，总体来看，出现了令人振奋的崭新气象，应乘势而上，科学谋划，实现新的跨越。

一、年鉴事业发展的探索与创新

2015 至 2016 年，全国各级地方志工作机构、年鉴编纂单位和广大年鉴工作者积极谋划，主动作为，年鉴创办、编纂质量、队伍建设、开发利用、理论探讨等方面又有新进展，亮点频现。

（一）科学谋划，加强全国年鉴事业顶层设计

中指办紧紧围绕《规划纲要》的贯彻落实，认真分析研判全国年鉴事业的发展态势，2016 年 7 月 15 日，在山西省太原市召开第一次全国年鉴工作会议，中国社会科学院副院长、中指组常务副组长李培林出席会议并作题为《统一思想，凝心聚力，深入贯彻落实〈规划纲要〉，努力实现年鉴事业发展新跨越》的讲话。会议要求各级地方志工作机构要科学谋划，多管齐下，扎实推进，确保如期完成《规划纲要》提出的年鉴工作任务；要继续加大宣传力度，逐步在全社会培育浓厚的年鉴意识，使年鉴编纂成为一个时代的文化自觉；要大力推动依法治鉴，狠抓“一纳入、八到位”落实，督促如期完成年鉴工作任务，尤其是省、市、县三级综合年鉴全覆盖的任务；要始终坚持创新理念，以创新思维来考虑问题、解决问题，创新工作模式、管理方式、工作手段；统一思想，凝心聚力，努力实现年鉴事业发展新跨越。同时，召开中国地方志学会年鉴研究会成立大会，搭建年鉴界人才聚集的平台。会上，中指组副秘书长兼办公室副主任、中国地方志学会年鉴研究会常务副会长冀祥德提出“举旗、誓师、团结、奋进”的工作总要求，成立了省级年鉴部、地市级年鉴部、县区级年鉴部、部委年鉴部、地方专业年鉴部等工作部门。

2016 年 12 月底，中指组印发中指办负责起草的《全国年鉴事业发展规划（2016—2020 年）》，对《规划纲要》进行深化和细化，为年鉴事业发展指出更为明确的方向。

（二）年鉴数量种类继续增加，年鉴编纂向基层延伸

2015年，按照《地方志工作条例》规定和《规划纲要》要求，省、市、县三级地方志工作机构继续争取创办地方综合年鉴；解放军师以上单位，武警部队各总队、各机动师普遍开展年鉴编纂工作；行业、部门、企业、高校创办年鉴的积极性不断提高。据不完全统计，截至2016年底，全国编纂各级各类年鉴5000多种（不含香港、澳门、台湾地区）。其中，省级综合年鉴32种（不含《天津区县年鉴》《云南小康年鉴》），地市级综合年鉴近350种，县区级综合年鉴2300多种，军事年鉴320多种，武警及全国性专业年鉴1000多种，地方专业年鉴1300多种。此外，北京、黑龙江、江苏、山东、湖北、广东等省（市）的一些乡镇村和社区开始编纂本级年鉴，尤其是广东省深圳市、东莞市，乡镇和社区年鉴的编纂在逐渐铺开。比如，江苏省泰州市高港区永安洲镇在全省率先编纂乡镇年鉴，张家港市永联村在全省率先编纂村级年鉴；深圳市举行街道年鉴编纂培训活动，在13个街道启动街道年鉴编纂试点工作，初步形成市、区、街道三级年鉴编纂格局；东莞市在继续推进镇（街道）年鉴编纂的同时，编纂出版全国第一部村级年鉴——《巷头年鉴》。一些地方继续编纂区域性年鉴，如广州市地方志办公室牵头编纂出版《珠江三角洲城市群年鉴》。

我国编纂出版的年鉴，不仅数量众多，种类也丰富多样，有反映全国和地方基本情况的全国性综合年鉴、地方综合年鉴，有反映某一方面、某一领域基本情况的行业年鉴、部门年鉴、军事年鉴、武警年鉴、企事业单位年鉴、学科年鉴。就学校年鉴来讲，编纂有高校年鉴，如《北京大学年鉴》《北京理工大学年鉴》《大连理工大学年鉴》，还有中小学年鉴，如《天津南开中学年鉴》。除传统的年鉴中文版外，一些年鉴的英文版继续编纂出版，如《上海年鉴》《江苏年鉴》英文版，一些地区开始创办英文版，如广东省地方志办公室编纂《广东年鉴》英文版，海南省地方志办公室编纂《海南年鉴》英文版，四川省地方志工作办公室编纂《四川年鉴》英文版，广州市地方志办公室编纂《广州年鉴》英文版，深圳市史志办公室编纂《深圳年鉴》英文版，成都市地方志办公室编纂《成都年鉴》英文版。新疆维吾尔自治区等民族自治地区继续用少数民族语言出版年鉴，如新疆维吾尔自治区地方志编委会编纂出版《新疆年鉴》维吾尔文字版。为适应群众生活需要，一些地区还编纂与老百姓生活息息相关的年鉴，如北京市地方志办公室编纂《北京市民生活年鉴》。

（三）年鉴质量保障措施更加有力，质量第一原则不断强化

年鉴数量的增长固然可喜，但质量的提升更为关键。没有质量作为基础的数量增长，只会是一串毫无意义的数字，不仅会损毁年鉴事业发展的根基，更会流毒当代、贻误子孙。中指办在抓年鉴质量方面主要采取了两项措施：一是2015年上半年启动中国年鉴精品工程试点。通过各省级地方志工作机构推荐，组织专家评审，区别不同区域和类型，选取山西省地方志办公室、山东省地方史志办公室、广东年鉴社、南京市地方志办公室、拉萨市志编纂办公室、温州市地方志办公室、驻马店市地方史志办公室、北京市海淀区党史地方志办公室、吉林省延吉市地方志编委会、四川省威远县史志办公室等10家单位为首批中国年鉴精品工程试点单位，作为年鉴编纂探索和创新的试验田；召开多次研讨会议，对各试点单位编纂的年鉴进行研究，精雕细琢。二是开展全国地方志优秀成果（年鉴类）评审工作。2015年上半年，各地各部门按照中指组通知要求完成了初评推荐工作。2016年6月，中指办经过复评、终审，共评审出400多部优秀年鉴。7月，中指组印发《关于对全国地方志优秀成果（年鉴类）的通报表扬》，并在第一次全国年鉴工作会议上对全国地方志优秀成果（年鉴类）单位进行通报表扬。开展这次优秀年鉴成果评审，既是强化精品意识、打造精品年鉴的关键一环，也是努力实现年鉴编纂从量到质的转型升级的重要举措。

各地区、各部门地方志工作机构和年鉴编纂单位都深知年鉴质量建设的重要性和艰巨性，运用各种方式、采取多种措施狠抓年鉴质量，这些措施既有推进年鉴编纂规范化建设、开展年鉴质量评比、组织年鉴审读、严格三审三校、优化栏目结构、增加年鉴特色、提高稿件质量、增强时效性等常规手段，如吉林省制定《吉林省年鉴编纂出版审查验收办法》，福建省抓好《福建省地方综合年鉴编纂规范（试行）》《福建省地方综合年鉴行文规范（试行）》《地方综合年鉴出版规范（试行）》等规范的制订，青海省印发《青海年鉴大事记内容收录标准（试行）》《青海年鉴照片选录要求（试行）》等年鉴编纂规范性文件；江苏省开展第三届江苏省年鉴奖评选和全省年鉴优秀框架和条目评选活动，贵州、青海开展年鉴质量评比活动；北京市组织开展区县年鉴互审工作，上海市继续组织业内专家开展区县年鉴、专业年鉴审读工作，广东省年鉴评议审读工作有序展开，重庆市全年重点抽查评审验收了一批区县综合年鉴及部门、行业、企业年鉴；山东省在《山东年鉴（2015）》编纂过程中，采取“提早做好充分准备、运用灵活的组稿手段、采取多种形式的编校方法、实施合理的工作流程”的手段，区分层次、

梯次推进、压茬进行，加快编校节奏，缩短出版周期，6月出版发行，比2014年又提前了1个月；《广东年鉴（2015）》突出对社会热点和实用性资料的记载；《宁夏年鉴》严格审校等。也有开展年鉴编纂试点、实施年鉴精品工程、分级审定年鉴等新的做法，如福建抓地方综合年鉴试点工作；广西制定《广西年鉴精品工程实施方案》，确定《柳州年鉴》《阳朔年鉴》和《鱼峰年鉴》为第一期广西年鉴精品工程项目；贵州省建立年鉴审查验收制度，按照分级管理的原则，市州地方志办公室组织对县级综合年鉴审查验收，省地方办公室组织对市州级综合年鉴的审查验收；青海省印发《关于启动市州地方综合年鉴审定工作的通知》，启动实施市州级年鉴审定工作，同时就启动县级综合年鉴审定工作提出明确要求。总体来看，在中指组及其办公室的倡导推动下，通过各地、各部门的不懈努力，年鉴的框架更为科学，资料更加翔实，表现形式更为丰富多样，编辑校对更加严谨，时效性不断增强，社会的认可度不断提升。

（四）队伍培训形式趋于多样化，培训内容更注重实用性

针对年鉴编纂实践性强、年鉴编纂与各学科发展没有充分对接、年鉴编纂人员知识结构不够多元等特点，中指办在队伍培训方面作了尝试。2015年9月16日，中指办在银川市举办全国地方综合年鉴编纂高级研修班，邀请中指组副秘书长兼办公室副主任冀祥德及中国社会科学院、方志界、年鉴界的专家，以学术的视野，从法律、政治、经济、社会等方面对《广州年鉴》《厦门年鉴》稿进行解剖，找出其中不规范的内容，解决年鉴编纂人员经常遇到的知识盲点；请中国知网的研发人员介绍社会各界利用年鉴资料的情况，从用鉴的角度拓宽年鉴编纂人员的视野，使编鉴和用鉴衔接起来，更大程度地提升年鉴编纂的科学性。2016年8月，在山东日照市举办第一期全国年鉴主编培训班，聘请专家讲授年鉴基本理论问题，地方综合年鉴法治栏目设计、内容记述及条目编写，精品年鉴标准、国外年鉴的框架设计、资料搜集和内容编写。

各地继续坚持必要的常规培训，如北京、河北、内蒙古、江苏、浙江、福建、湖北、贵州等省（区、市）举办年鉴业务人员培训班，讲授年鉴编纂的基本理论和基础知识。此外，还开拓思路，注重培训的针对性，如北京市为各区县和委办局开展一对一有针对性的培训；吉林省对《梅河口年鉴（2015）》《延吉年鉴（2016）》《珲春年鉴（2016）》等年鉴进行"一对一"印前辅导；山东省召开全省年鉴工作座谈会，用近半年时间开展全省史志系统学习优秀年鉴活动，发动全省史志机构认真学习32种优秀年鉴，撰写82篇理论文章并进行了总结交流，树立了学习标杆、收获了理论成果、创新了工

作理念、拓宽了编纂思路、锻炼了编辑队伍、培养了后备人才。北京、青海等地还组织编纂培训手册。如北京市组织编纂了《北京市年鉴编纂参考手册》，分通用版、区县专用版和区县模板分册，涵盖年鉴基础知识、编纂知识、法规规范等，有利于撰稿人快速掌握年鉴的基本知识和规范。北京、吉林、江苏、新疆生产建设兵团开通年鉴QQ群或年鉴工作微信群，促进编辑、组稿人员、撰稿人员相互交流学习。

（五）年鉴资源开发利用意识增强，开发利用成果多样

2015年6月，中指办在北京举办专业技术人才知识更新工程2015年全国地方综合年鉴资源开发利用高级研修班，这在全国地方志系统还是第一次。举办研修班的主要目的，不仅仅是培训开发利用队伍，更重要的是提升对年鉴开发利用工作的认识，提升开发利用水平。研修班邀请中指组副秘书长兼办公室副主任冀祥德、中国知网总经理王明亮以及中国社会科学院近代史所、北京大学新闻传播学院的专家分别围绕志书年鉴编纂出版中的法律问题、年鉴的大数据建设、年鉴信息资源开发利用、口述史料与方志资料的收集整理等内容授课，并组织参观中国知网数字出版基地。北京、江苏、浙江、山东、湖北、广东、广州、深圳等地分别介绍年鉴资源开发利用工作经验并进行研讨交流。

各地区不断研究新办法，探索新方式，推动年鉴工作与现实服务接轨，取得了一定的成绩。主要表现在：一是提炼地方综合年鉴资料，出版年鉴简本，如北京市地方志办公室编纂《北京年鉴》简本，广东省地方志办公室编纂《广东年鉴》简本，深圳市史志办公室编纂《深圳年鉴》简本，重庆市地方志办公室编纂《重庆年鉴》简本。如《北京年鉴简本（2015）》围绕展现北京市新的功能定位这个主题，以《北京年鉴》为资料来源，主要收录各行业、各领域年度发展的整体情况、重要事件、重点数据、典型事例等资料价值相对较高的内容，大量使用统计图表，增强简本的资料性和可读性。二是选取地方综合年鉴资料，编写地情手册、地情概览或实用指南等地情资料书籍，如山东省地方史志办公室编纂《山东省情概览》，湖北省地方志办公室编纂《简明湖北省情手册》中、英文版，大连市史志办公室编纂《数字看大连》，河南省地方史志办公室及全省17个省辖（管）市、60个县（市、区）开展大事月报编辑工作；广西壮族自治区地方志办公室编纂作为《广西年鉴》姊妹书的《广西图鉴》，共收集各行各业取得新发展、新成就、新面貌的图片1000多张。三是运用信息技术，建立年鉴资料数字库，上传到地情网站，方便社会公众使用，如福建省地方志编委会、山东省

地方史志办公室在《福建年鉴》《山东年鉴》编纂中使用二维码技术，山东省、广东省等省份推动年鉴资料进入地情网站，黑龙江省黑河市志办与黑河电视台合作编辑《黑河年鉴》音像版。四是推动年鉴服务社会大众和中心工作。如吉林省地方志编委会《吉林年鉴》编辑部与新文化报社联合开展了2016年度“感动吉林”十大人物评选活动，并根据活动情况和评选结果，组织编纂出版了《“感动吉林”人物评选年鉴（2016）》；海南省地方志办公室完成《海南年鉴》英文简本创刊号（2015卷）的编纂出版，并在2016年博鳌亚洲论坛举办期间发行，受到读者欢迎。五是对历代年鉴进行整理。如上海市地方志办公室整理《上海年鉴（1854）》，并利用年鉴对上海开埠初期的气候水文、外人社会、洋行分布及风俗等的记录，组织专家研究，并与整理成果一起，出版一函二书，即《上海年鉴（1854）》（原文重印）、《〈上海年鉴（1854）〉研究》。

（六）积极探索年鉴编纂模式，解决年鉴编纂中遇到的难题

不少地区针对年鉴编纂中出现的稿源匮乏、编辑人员不足等问题，大胆创新，采取了新的办法。北京市的部分年鉴编纂单位开发年鉴编纂平台，首次尝试编辑制作区县综合年鉴参考模板，并逐步开展按季度报送稿件工作。山西省地方志办公室加强与高校合作，将《山西年鉴》编辑部确立为山西大学研究生实习基地，吸纳研究生参与年鉴编辑和提升编辑水平；聘请专家、学者组成年鉴的评审团队，对年鉴进行出版前的评审。福建省地方志编委会探索《福建年鉴》部分编纂业务服务外包模式，解决部分篇章组稿难问题。这些做法有的仍在试验阶段，有的比如外聘专家参与年鉴编纂已经证明是行之有效的，可以在有条件的地区进行推广。

二、年鉴事业发展遇到的困难与问题

如果以贯彻落实好《规划纲要》的标准来衡量，从年鉴事业全面、协调、可持续发展的角度来观察，把年鉴事业放在我国改革发展大局中来考量，可以发现，当前年鉴事业发展中还存在不少困难和问题。这些困难和问题的大部分不是新近出现的，而是长期存在的痼疾。

一是年鉴事业发展不平衡现象突出。从地域来讲，总体来看，东部地区年鉴事业发展好于中部，中部又强于西部，经济发达地区优于贫困地区。从行政层级来看，省级好于地市级，地市级优于县区级。当然，就全国来看，地域和上下层级的区别也不

是绝对的，一些中西部地区、贫困地区和县区，由于领导重视，当地文化氛围浓厚，年鉴工作无论是编纂质量还是理论研究都走在全国前列。

二是地方综合年鉴编纂工作体制没有彻底理顺。《地方志工作条例》和《规划纲要》规定，地方综合年鉴由地方志工作机构组织编纂。2015 年，《黑龙江年鉴》《西藏年鉴》按照规定分别移交黑龙江省地方志办公室、西藏自治区地方志办公室组织编纂，《辽宁年鉴》《天津年鉴》初步确定由本级地方志工作机构负责管理，但省级综合年鉴中仍有《浙江年鉴》《云南年鉴》，市、县级综合年鉴中有少数年鉴由其他机构负责编纂。

三是年鉴编纂机构、人员、经费不到位。这是各级地方志工作机构、年鉴编纂单位普遍遇到的困难。中央各部门和省级年鉴编纂单位人员普遍不足，不能适应年鉴事业全面发展的要求。少数地市级和部分县区级年鉴的编纂，存在机构、人员和经费都短缺的情况，尤其是一些县区，还出现年鉴编纂无机构、无人员、无经费的极端情况。有的地区虽然有经费、有机构，但人员不稳定，同样给年鉴编纂造成负面影响。如黑龙江省部分县区年鉴工作由本级政府办承担，机构不健全，人员不稳定，导致年鉴工作无法开展。云南省各级地方志工作机构负责年鉴编纂的人员普遍不够，有的县区仅有 1 名工作人员且与政府办合署办公，工作无法开展。西藏自治区 7 地（市）地方志办公室有的与党史办合署办公，且职数不足，个别地区仅 1 人在岗工作；各县均未设立常设机构，没有固定人员从事年鉴工作。青海省市（州）级地方志工作机构人员编制人员不足，甚至有个别地区到现在仍然无专门机构、无专职人员；从县一级来看，编制、人员、经费等基本保障更不理想，尚有一些县（市、区、行委）处于无机构、无人员的状态。

四是部分地区尚未编纂地方综合年鉴或地方综合年鉴不能公开出版。截至 2016 年底，全国还有个别地市和部分县区没有开始编纂本级综合年鉴。如河北省一些县市的年鉴工作经费没有列入财政预算，尤其是财政比较困难的县，由于经费不足，存在多年一鉴、非正式出版等问题；个别地方稿件编纂完成后，由于没有经费而中途搁置，连内部出版也做不到。内蒙古自治区部分盟市、县（市、旗、区）年鉴不能定期出版，有一些县（市、旗、区）至今未出版过年鉴。湖南省不少的县市区没有编纂出版年鉴，已经编纂出版年鉴的，由于经费缺乏，大部分无法公开出版。陕西省各县区地方志办公室与党史办、档案局二合一、三合一的情况非常普遍，加之人员、经费的限制，县区综合年鉴大多不能实现连续、公开出版。甘肃省有的县区虽已开展年鉴编写工作，但没有按照一年一鉴的要求，只是把几个年度的资料汇合在一起，编编停停，两三年才出一卷；有的县（市、区）计划等第二轮志书编完后，再来编纂年鉴。

五是年鉴质量仍有待提高。经过年鉴人近40年的努力，年鉴质量有较大提高，编纂出版了一些高质量的年鉴，但大多数年鉴的质量，与使用者的期待和年鉴界的目标仍存在差距，与年鉴功能的发挥不相适应。主要表现在：编纂理念和思路因循守旧，创新意识不强或不愿创新；框架设计不合理，领属关系不当、栏目编排混乱、上下层次不清等问题较为突出；辑录的资料尚未完全跟上时代、社会发展变化的步伐，广大群众越来越关心的、涉及群众切身利益的教育、就业、就医、住房、养老、生态环保等有关内容却反映不够，缺少体现时代特征和社会生活新貌的内容，体现不出年度特点和地方特色；行文中工作总结、工作报告痕迹较重，空话套话大话多；重文字叙述，轻图表使用的现象仍然存在；内容中概念的表述、标题的拟定、图表的使用等方面不够规范。

六是年鉴领军人才缺乏。据不完全统计，全国专职和兼职年鉴编纂人员有2万人左右，应当说是一支数量可观的队伍。但这支队伍中的大多数人没有经过全面系统的专业教育培训，对年鉴的基本理论、编纂理论和应用理论掌握不深，仅了解一些必要的编辑知识和年鉴编纂要求，具备一定的编纂工作经验。其中市、县两级年鉴编纂人员，既编修志书，又编纂年鉴，年鉴业务素质更有待提升。就年鉴队伍建设而言，大面积提升年鉴队伍的业务素质固然重要，但更为紧迫的是造就一批具有深厚理论功底、丰富编纂经验、多学科多领域知识并且为年鉴界广泛认可的领军人才。这样的年鉴领军人物在年鉴界极为缺乏，导致年鉴的发展形不成强大潮流，削弱了年鉴理论研究和学科建设、质量建设、队伍建设的基础。

七是年鉴资源开发利用工作比较滞后。近些年来，虽然年鉴资源开发利用工作取得了一些成绩，但总体仍相对薄弱，主要表现为：部分地区对开发利用的重要性认识不到位，缺乏危机意识，重编纂出版，轻开发利用；开发利用形式比较简单，侧重于地情资料书籍编纂，数字化、网络化建设落后，年鉴资源得不到充分利用；人员和资金不足，教育培训滞后，开发利用工作得不到有力保障；年鉴内容的深度和广度不够，资料价值不高，影响了年鉴资源的开发利用价值。

三、年鉴事业的发展机遇与主要任务

当前，全国年鉴事业作为地方志事业的重要组成部分，迎来了千载难逢的发展机遇。全国各级地方志工作机构、年鉴编纂单位和广大年鉴工作者应发扬成绩，克服困难，以昂扬的姿态完成时代赋予的神圣使命。

党的十八大以来，党中央、国务院高度重视地方志工作，党和国家领导人就地方志工作作出一系列重要指示、重要批示。习近平总书记对地方志一直抱有浓厚的兴趣，注重通过地方志了解一个地方的历史和基本情况。有关新闻报道和资料显示，他在福建、浙江、上海担任领导职务时，经常调阅地方志，尤其是任福建宁德地委书记时，就地方志和地方志工作发表了既有深刻内涵又富有前瞻性的长篇讲话。2014年2月，他在北京首都博物馆考察时，强调要高度重视修史修志，把历史智慧告诉人们；2015年7月在主持中央政治局第25次集体学习时，强调地方志要与档案、党史、社科院等部门一起，发挥在中国人民抗日战争研究中的作用。习近平总书记从传承优秀历史文化、汲取宝贵历史智慧和经验的角度来看待地方志，无疑为各级领导干部树立了榜样。

李克强总理非常熟悉地方志，在各地调研期间不断谈及地方志，并在2014年、2015年两年中，三次对地方志工作作出重要批示。2014年4月，他在批示中提出“修志问道，以启未来”的地方志发展新定位，希望地方志能在探寻社会发展规律、发掘历史智慧中发挥作用；2015年12月，他又作出批示，希望地方志工作者“直笔著信史，彰善引风气”“为当代提供资政辅治之参考，为后世留下勘存勘鉴之记述”。李克强总理的批示，不仅对地方志工作者寄予厚望，赋予重托，更为地方志事业发展指明了前进方向。

刘延东副总理就地方志工作多次发表重要讲话、作出重要批示，要求各级党委政府要贯彻落实好习近平总书记、李克强总理的重要指示、重要批示精神，同时对地方志工作提出具体要求。她指出，地方各级政府要进一步明确管理和发展地方志事业的重要职责，将地方志工作纳入各地经济社会发展规划之中，切实做到认识到位、领导到位、机构到位、编制到位、经费到位、设施到位、规划到位、工作到位，即“一纳入、八到位”；希望地方志工作者要写好新中国的历史，写好改革开放的历史，写好全面建成小康社会的历史。将这个伟大的时代客观、全面地载入史册，告之后人，传之久远。

在短短三年多的时间里，中央领导同志如此关心关怀关注地方志工作，连续对地方志工作作出指示、发表讲话，这在新中国地方志发展史上是不多见的，为地方志事业的快速发展提供了政治上、思想上、方向上的坚强保障。

正是在党中央、国务院的关心重视下，2015年8月，国务院办公厅印发《规划纲要》，这是继《地方志工作条例》颁布施行之后，国家又一次对地方志事业发展作出重大战略部署。这也是我国第一份规划年鉴事业发展的文件，在年鉴发展史上具有里程碑意义。《规划纲要》对当前和今后一个时期全国年鉴事业发展作出了顶层设计和统筹安排，提出了明晰的任务书、时间表、路线图，标志着年鉴事业从此走上以科学规划引领科学发展的道路。

《规划纲要》结合全国年鉴事业发展实际，立足改革发展全局尤其是着眼 2020 年全面建成小康社会的目标，提出了到 2020 年需要完成的主要任务：

（一）到 2020 年，做到地方综合年鉴由地方志工作机构组织编纂，一年一鉴，公开出版，实现省、市、县三级综合年鉴全覆盖。

（二）重视军事、武警年鉴工作，加强对已开展和准备开展年鉴编纂工作的行业、部门、单位等的业务指导和管理。

（三）制定年鉴理论和年鉴学学科建设规划，建立和完善年鉴理论研究学术规范，力争到 2020 年形成较为成熟的年鉴学学科体系。

（四）建立年鉴专家库，选拔、培养一批年鉴领军人才。

（五）建立年鉴质量保障体系和评价体系，按照国家有关规定申报设立年鉴成果评比奖励项目，逐步将年鉴纳入国家及地方有关图书奖评比。

（六）加快年鉴信息化建设步伐，逐步建立年鉴全文数据库。

（七）加强对年鉴资源的深加工，更好地服务经济社会发展，贴近人民群众需要，发挥年鉴资源在地方公共文化服务中的重要作用。

（八）采用多种形式，加强与香港、澳门和台湾地区以及国外的高等院校、科研机构、档案机构与图书馆等单位的学术交流与合作，推介一批高质量年鉴成果。

以上任务相辅相成，共同构成年鉴事业的整体。在年鉴事业发展中，应以年鉴编纂为中心，协同推进各项工作，而不可有所偏废。

四、进一步推动年鉴事业科学发展的对策建议

《规划纲要》提出了到 2020 年必须完成的一系列艰巨繁重的年鉴工作任务。如期完成这些任务，要科学谋划，多管齐下，扎实推进，既要立足当前，又要放眼长远。

一是要加大宣传力度，让各级党委政府、各有关部门及相关社会人士充分认识年鉴的重要性。年鉴具有服务政治、辅助科研、宣传地情、保存文献的独特功能，在经

济社会发展和社会主义文化强国建设中发挥着不可替代的重要作用。俗话讲，酒香也怕巷子深。年鉴工作者不能仅仅埋头于年鉴编纂，封闭起来开展研究，要利用在报刊、电视、网络开辟专栏或撰写文章的方式，开办学习讲座、开展知识竞赛的手段，大力宣传年鉴的发展历史、文化价值和社会价值；采取向有关领导干部和社会人士、向地方“两会”代表赠送年鉴及相关开发利用成果的形式，争取领导干部了解年鉴，社会各界知晓年鉴，逐步在全社会培育浓厚的年鉴意识，使年鉴编纂成为一个时代的文化自觉，从而为年鉴事业发展营造出良好的外部环境。实践证明，各级领导干部在认识的基础上重视了，社会各界在了解的基础上熟悉了，年鉴事业发展才会有好的土壤，才能在广度和深度上拓展延伸。

二是大力推动依法治鉴，真正落实地方各级政府对年鉴工作的主体责任。《规划纲要》明确提出要坚持依法治志的原则，这是首次将“依法治志”写入国务院文件，具有非常重要的意义。“依法治志”的“志”,在外延上涵盖了年鉴,对于年鉴工作来讲，就是“依法治鉴”。这个“法”，既包括我国宪法、法律、行政法规等根本法、基本法，也包括《地方志工作条例》和《规划纲要》等,还有地方性法规规章。《地方志工作条例》明确规定，县级以上人民政府应当加强对本行政区域地方志工作的领导，地方志工作所需经费列入本级财政预算。按照“法定职责必须为”的要求，年鉴工作作为地方政府的一项“法定职责”，约束性非常强，不是想做或不想做的工作，而是必须完成好的法定工作职责。《规划纲要》又强调，国家地方志工作机构依法统筹规划、组织协调、督促指导全国地方志工作；省、市、县级地方志工作机构依法履行组织、指导、督促和检查地方志工作职责。所以，各级地方志工作机构尤其是市、县两级地方志工作机构要紧紧扣住这些规定，注重运用法治思维、法治方式来思考谋划《规划纲要》的贯彻落实，要以《地方志工作条例》《规划纲要》和地方性法规规章为依据，让主管领导明白当地党委、政府应当担负的年鉴工作责任，努力争得他们的关心和重视；要争取人大、政府法制部门和政府督察部门的支持和配合，定期开展执法监督检查或行政督察，解决一些地区的推诿拖延和不作为、不愿为的问题。不少地区的实践充分证明，只有大力推动依法治鉴，敢于动真格，勇于亮剑，地方政府和有关部门才能重视，“一纳入、八到位”才能真正落实，年鉴工作才会有强有力的组织保障和后勤保障。

三是建设中国年鉴精品工程体系，大力提升年鉴质量。年鉴质量建设是一项系统工程，涉及组织机构、队伍状况、经费支撑、理论研究、规范化建设、创新理念培育等多个方面。年鉴质量的提高也不是一蹴而就的，是一个比较漫长的渐进过程。当前，中指办提出并大力推动中国年鉴精品工程，是提升年鉴质量的一个强有力的举措。该工程分省、市、县、乡、村不同层次，地方综合年鉴和各类专业年鉴不同种类，东部、中部、西部以及发达地区、贫困地区、边疆地区、民族地区等不同区域，集中全国年鉴专家队伍，着力打造有代表性的年鉴精品，使年鉴编纂有目标、有导向，能在一个较短的时间内大范围提升年鉴编纂水平。以中国年鉴精品工程为核心，各省（区、市）和有关部门，集中专家力量，实施本地区、本部门年鉴精品工程，在全国建立全覆盖的年鉴精品网络。目前，福建省地方志编委会和广西壮族自治区地方志办公室正在推进年鉴精品工程试点，并取得了阶段性成果，各地区各部门应协力跟进，将年鉴精品工程锻造为一种响当当的品牌。

四是发挥以中国地方志学会年鉴研究会为主导的年鉴社会团体的阵地作用，繁荣年鉴理论研究，培育年鉴人才。年鉴编纂水平的提高、年鉴工作的开展和年鉴事业的发展，都需要科学的理论支撑。回顾总结近 40 年的年鉴发展史，可以发现理论研究和实践不能很好地相伴相行，大多数情况是理论落后于实践，这不利于年鉴事业的科学发展，应大力深化年鉴理论研究。要发挥中国地方志学会年鉴研究会及地方各级年鉴社会团体的作用，积极组织省、市、县三级综合年鉴和各类专业年鉴编纂研讨活动；加强与有关学科交流合作，开展年鉴发展史、年鉴编纂、年鉴应用、年鉴管理等理论问题研究，推动编写《年鉴大辞典》《年鉴百科全书》等年鉴类工具书和全国年鉴学通用教材；依托中国地方志学会年鉴研究会，设立专项课题，编辑出版《中国年鉴研究》期刊。通过理论研究和学术研讨，锻炼撰稿队伍、编辑队伍，培养一批高端人才，建设一支高素质的年鉴编纂、研究队伍，造就一批年鉴理论研究专家和学术带头人。

五是不断开拓创新，大力提升年鉴资源开发利用水平。年鉴涵盖了各地的自然、政治、经济、文化、社会等各方面的信息资料，一个地区或一个部门年鉴的累加，无疑是一座巨大的国情信息和地情信息资源宝库，亟须我们投入必要的人力、物力和财力，大力发掘、充分利用，努力将其转化为巨大的经济财富、文化财富和社会财富，也只有如此，年鉴事业才能持续焕发出蓬勃生机。各地各部门在继续沿用以往各种开发利用方式的同时，要大力提升工作水平。可以考虑整合一个地区的年鉴信息资料，编纂出有深度的行业部门发展报告，或者是地域发展报告，为行业部门发展服务，为党委政府决策服务；可以利用年鉴辑录的文献资料和记录的数据资料，建立各类专题资料库、数据库和图片库，在智库建设中发挥作用；可以配合国家和地方发展战略，编纂出版区域性年鉴；可以探索“互联网 +”发展趋势下的年鉴信息化工作，加快建设年鉴资源数据库，发挥好数据库的使用价值，为社会各界提供更加开放便捷的查阅、咨询服务；可以积极与党政机关、科研机构、高等院校等进行合作，拓展年鉴的使用范围，及时转化各项研究成果。

Ⅱ

区域报告

北京市年鉴发展报告

北京市地方志办公室

提要：北京市的年鉴创始于20世纪初，兴起于20世纪90年代。2010年提出了建设大年鉴工作格局的目标，2012年实现市、区两级地方综合年鉴全覆盖。至2016年年底，初步形成了以专业年鉴为主、覆盖比较全面的年鉴体系，累计编纂出版各类年鉴300余种。2015年和2016年，北京市地方志办通过培训、互审等指导工作，推动全市年鉴继续提升质量、扩大专业年鉴种类。针对存在的问题，下一步将全面落实《全国地方志事业发展规划纲要（2015—2020年）》，制定年鉴发展规划，坚持建设大年鉴工作格局，积极打造精品年鉴。

关键词：北京市年鉴　综合年鉴　大年鉴工作格局

一、发展概况

20世纪初北京市开始编纂年鉴，以教育类为主。改革开放后，随着全国年鉴事业的复兴，《北京统计年鉴》的前身于1978年开始编纂出版，成为北京市新编年鉴之始。1988年，《北京房山年鉴》创刊，成为北京市地方综合年鉴之始。随着1990年《北京年鉴》的创刊和首轮修志的结束，北京市各级各类年鉴开始不断涌现并蓬勃发展。

2010年12月，北京市年鉴工作会议暨《北京年鉴》创刊二十周年纪念大会召开，时任市地方志编委会主任、市长郭金龙出席会议。会议全面总结了北京市年鉴工作的丰硕成果和发展经验，分析了年鉴工作面临的新情况，提出了提高编纂质量、推动本市年鉴事业持续健康发展的意见，包括依法开展年鉴编纂工作、进一步提高年鉴的编纂质量、加强理论学习和研究、积极构筑大年鉴工作格局。大年鉴工作格局的含义包括：一是地方志编委会及其办公室不仅负责编纂《北京年鉴》，还要切实承担起对区县和市属各部门、单位编纂年鉴的指导和服务工作。二是凡是以市和区县行政区域名称冠名的年鉴，创刊时应报市或区县地方志工作机构审查验收。未以行政区域名称冠名，但公开出版的年鉴应报市或区县地方志工作机构备案。三是各年鉴编纂单位要站在全市的高度找准年鉴的定位，妥善解决与其他年鉴的衔接问题。四是加强全市各级各类年鉴之间的交流与合作。会后，北京市地方志办公室（以下简称"北京市地方志办"）积极落实会议要求，于2013年新成立了年鉴指导处，加大全市年鉴指导力度。督促区县开展地方综合年鉴编纂工作，至2012年，北京市实现区县地方综合年鉴全覆盖；制定并实施了两年一次的年鉴评比计划，并于2012年、2014年分别组织了第一次年鉴编校质量评比和第一次年鉴综合质量评比活动；每年组织多次集中培训，提高编辑人员业务水平；开展区县综合年鉴互审工作，提高区县综合年鉴编纂质量、培养锻炼编辑队伍。通过以上工作的开展，北京市各级各类年鉴的编纂质量得到了提高，一支具有丰富编纂实践经验和一定理论水平的队伍初步形成。

经过三十余年的发展，北京市初步形成了以专业年鉴为主、覆盖比较全面的年鉴体系。据不完全统计，截至2016年年末，北京市累计编纂出版各类年鉴300余种，其中有市、区两级综合年鉴17种，市属委办局编纂的市级专业年鉴60种，市属国有企业编纂的企业年鉴20种，各类统计年鉴41种，在京高校校级年鉴40种，其他各级各类年鉴100余种，还有确认停刊的年鉴30余种。全部年鉴中，做到一年一鉴的有150余种，公开出版的约100种。这些年鉴中的绝大多数由政府部门组织编纂，但也有民间团体自己组织编纂的《北京市西城区集邮协会年鉴》（原名为2001年创刊的《宣武集邮年鉴》），还有企业编纂完全市场化运作的《北京汽车后市场年鉴》，充分体现了北京市年鉴事业的多样化。在数量大幅度增加的同时，北京市的年鉴工作始终坚持质量第一的原则，注重年鉴内容，多数年鉴以单一性条目为主，全面细致地反映年度内的发展变化情况。理论研究方面，段柄仁、赵庚奇、运子微等发表多篇年鉴方面的论文，在年鉴理论界具有一定的影响。

二、2015 年和 2016 年发展概况

2015 年和 2016 年，在北京市委、市政府和编委会的正确领导下，在市地方志办全体干部的共同努力下，北京市地方志系统深入学习贯彻党的十八大及十八届三中、四中、五中、六中全会，习近平总书记系列重要讲话，李克强总理、刘延东副总理重要批示、讲话，以及中共北京市委十一届十次、十一次、十二次全会精神，以落实中指组提出的“一纳入、八到位”为主线，全面贯彻落实《全国地方志事业发展规划纲要（2015—2020 年）》提出的目标和要求，坚持依法治鉴，持续推进年鉴工作。

（一）地方综合年鉴编纂出版情况

截至 2016 年，北京市共有市、区两级地方综合年鉴 17 种，包括《北京年鉴》和 16 个区地方综合年鉴，实现了市、区两级地方综合年鉴全覆盖、一年一鉴的目标，但有 2 部区县地方综合年鉴未实现公开出版。

2015 卷《北京年鉴》积极适应时代发展需要，进行了改版，主要包括：增加行政区划图、城区交通图和京津冀地图，并在详细目录前增设总目；调整 12 个栏目的设置，特别是增设了“京津冀协同发展”栏目，扩充提升了“环境保护”栏目；从突出综合性的角度，对“银行 · 证券 · 保险”等栏目只刊登概括性内容，增加综合性条目数量，全书刊载条目约 4000 条、文字约 120 万字，文字量较往年减少 20 万字；增加随文图，改为图文混排方式，全书随文图约 200 张；弱化商业色彩，规范彩版文字内容，优化排版形式，大幅压缩数量，全书彩版共 152 面，较上年减少近 50%；在保留传统特色的基础上，结合北京市的地位和特点，借鉴当前主流设计元素，对封面、封底、书脊和内文版式进行了重新设计，理念上更加突出首都特色和工具书特点。印制发行量为 2500 册，同时在京网上刊登全文，供社会各界免费检索使用。2016 卷《北京年鉴》根据经济社会发展情况，进一步微调了年鉴框架，修订《图片入刊要求》，进一步提高编校质量，在年内顺利完成了出版。

首次编辑出版了 2015 卷《北京年鉴》简本。简本共 11 万字，围绕展现北京市新的功能定位这个主题，以《北京年鉴》为资料来源，主要收录各行业、各领域年度发展的整体情况、重要事件、重点数据、典型事例等资料价值相对较高的内容，设概览、政治、经济、文化和社会五大板块，大量使用统计图表。简本为 48 开，套色印刷，印制 2000 册，免费发放至市委市政府各部门。在中关村华侨华人创业大会上发放给

各界来宾600册，起到了很好的宣传效果。2016卷《北京年鉴》简本继续编纂发行。启动2016卷《北京年鉴》英文版的编辑工作。

2015年和2016年，16部区县地方综合年鉴多数也在年内完成出版，根据区情变化适当调整栏目设置，字数从60万字至150万字不等，其中《北京平谷年鉴》《北京延庆年鉴》为内部出版，其他均为公开出版。《北京怀柔年鉴》2016卷为该年鉴公开出版的首卷。2015年，《北京东城年鉴》《北京通州年鉴》改版为图文混排、全彩印刷，增加随文图和表格。《北京朝阳年鉴》开展了对已出版年鉴的勘误工作，专门制作900套电子书发放给区“两会”代表。《北京石景山年鉴》彩插部分增设“数字石景山”，把“金融”升格为一级目，补充补白、附录和索引等要素，编印《年鉴编纂参考手册》。2016年，《北京房山年鉴》由大编结构改为小编结构，将原有的4个栏目调整为35个栏目，取消一级类目。因为密云县改为密云区，《密云年鉴》更名为《北京密云年鉴》。

（二）专业年鉴编纂出版情况

本市各级各类专业年鉴继续开展编纂工作，年内编纂出版百余种，少数年鉴采用图文混排形式，约半数为内部出版。

2015—2016年，《中关村年鉴》《北京信息化年鉴》继续改进年鉴编纂平台，《中关村年鉴》推动年鉴资料季度报送。《北京教育年鉴》《北京经济技术开发区年鉴》等积极开展互联网年鉴建设探索。

2015年，北京市旅游委、北京市工商局、北京市城管综合执法局正式启动编纂工作，北京市发展改革委启动年鉴编纂前期调研和筹备工作。2016年，《北京旅游年鉴（2012）》《北京工商行政管理年鉴（2015）》《北京城管年鉴（2015）》《北京发展改革年鉴（2016）》《北京市昌平区滨河幼儿园年鉴（2016）》创刊出版，均为内部出版。其中，《北京市昌平区滨河幼儿园年鉴（2016）》为北京市首部幼儿园年鉴。

2016年12月15日至16日，由北京大学、中指办、北京市教委、北京市地方志办、中国地方志学会年鉴研究会主办，北京大学党委办公室校长办公室、北京教育志编纂委员会办公室、中指办年鉴处、北京地方志学会高校志鉴研究会承办的中国高校年鉴发展与现状论坛暨纪念中国新编高校年鉴30年研讨会在北京大学召开。会议主题为“以史为鉴继往开来”，主要包括论坛开幕式、大会学术报告、分组研讨、学术总结、闭幕式、参观等内容。来自全国各高校年鉴编纂部门和部分省市教科院、教育年鉴编辑部的近百人参加了论坛。论坛上，与会专家人员围绕高校年鉴的定位与发展、高校年鉴的体例、高校年鉴编纂务实、高校年鉴信息化、高校年鉴的质量等问题，进行了充分交流与深入研讨，分享经验，提出了建设性意见和建议。会议还征集到年鉴论文 35 篇。

（三）年鉴指导工作开展情况

市和区县地方志工作机构，依据《地方志工作条例》和《北京市实施〈地方志工作条例〉办法》，分别对区县综合年鉴、市级专业年鉴，以及区县专业年鉴等进行指导，主要围绕组织培训、开展年鉴互审和制作区县地方综合年鉴条目模板展开。同时，充分利用北京年鉴工作交流 QQ 群等方式，与单位年鉴编纂人员保持密切联系，及时解答问题，提供所需。

2016 年 3 月，北京市地方志办组织开展了北京市第二届年鉴编校质量评比活动，共收到参评年鉴 53 部，其中区县综合年鉴 16 部、专业类年鉴 24 部、教育类年鉴 7 部、统计类年鉴 6 部，区县综合年鉴全部报名参评。历经报名、自查、评委初评、复评、结果反馈、专家复审、公示 7 个阶段，至 11 月评比活动结束，最终评选出特等奖年鉴 1 部、一等奖年鉴 32 部、二等奖年鉴 11 部、三等奖年鉴 9 部。

围绕年鉴编纂单位人员业务需求和当前年鉴工作发展趋势，2015 年和 2016 年，北京市地方志办共组织全市性年鉴编纂业务培训 13 次 21 讲，累计有 1100 余人次参加。培训内容涵盖当前新闻宣传理论热点、大数据和“互联网 +”与年鉴创新发展、年鉴编纂规范、编校质量差错认定、年鉴应用、数字出版物设计等问题，邀请高等院校教授、出版社资深编辑、科技企业专家、年鉴业务专家等进行讲授。在培训过程中，发放培训调查问卷，并根据问卷情况及时调整培训内容，以提高培训的针对性。培训结束后，通过年鉴工作 QQ 群及时上传培训课件，方便更多年鉴编纂单位人员学习。通过全市性的培训，各年鉴编纂单位越来越意识到培训的重要性，越来越多的年鉴编纂单位在召开组稿会时开始邀请业务方面的专家进行培训，或者单独组织培训会。据不完全统计，全市各级各类年鉴编纂单位共召开各类组撰稿人员培训、编辑人员业务培训等会议八十余次，参加人员超过五千人次。通过各种类型的培训，撰稿人员和编辑人员的业务能力得到了加强，眼界得到了开阔，所撰写和编辑的稿件水平也得到了提高。

北京市地方志办结合 2014 年初次开展互审的经验和 2015 年、2016 年实际情况，继续组织开展年鉴互审工作。选取《北京信息化年鉴》《北京农村年鉴》《北京海淀年鉴》《北京房山年鉴》作为互审对象，将整部年鉴的稿件分栏目，交由 16 个区志办和部分专业年鉴编纂单位的业务人员对稿件进行详细修改，并在此基础上提出整体性的修改意见。稿件修改完成后，及时召开互审交流会，各审稿人员围绕修改情况逐一进行了探讨。通过年鉴互审工作的开展，提高了参与互审年鉴的编辑质量，编辑队伍提高了对专业知识的认识，业务能力得到了锻炼。

针对区县地方综合年鉴内容相似的情况，北京市地方志办借鉴东营史志办《年鉴撰稿人手册》的经验，组织部分区县核心业务人员开展了区县地方综合年鉴条目模板的制作工作。结合北京市各区特点和部门设置情况，在制定分栏目编写方案的基础上，精心选择了5个区能力较强的业务骨干参与编写。在初步编写完成的基础上，北京市地方志办相关人员进行统稿，并解决其中存在的交叉重复、不规范不统一等问题，完成了最终条目模板的制作。为了方便各区使用，在《北京市年鉴编纂参考手册（2015）》的基础上，北京市地方志办还编印《北京市年鉴编纂参考手册（区县条目模板分册）》。分册下发后，得到各区年鉴编纂人员的好评，认为有利于提高年鉴组稿效率、规范年鉴内容、提高年鉴的质量。

根据中指办全国地方志系统年鉴质量评比推荐工作的有关要求，2015年北京市地方志办还在上年度全市年鉴综合质量评比的基础上，精心挑选推荐了25部年鉴，并认真总结各部年鉴的特点和优长、填写推荐表。推荐年鉴中，专业年鉴推荐数量为全国各省（区、市）最多，充分体现了北京市年鉴种类以专业年鉴为主的特点。2016年7月，在中指组《关于对全国优秀地方志成果（年鉴类）的通报表扬》中，北京市共12部年鉴（不含军事、武警类年鉴）获表彰，其中《北京海淀年鉴（2014）》《北京统计年鉴（2014）》《中关村国家自主创新示范区年鉴（2014）》获特等年鉴、1部年鉴获一等年鉴、4部年鉴获二等年鉴、4部年鉴获三等年鉴。

（四）年鉴理论研究开展情况

年鉴理论研究较上年有所提升。《中国地方志》《北京地方志》《东城史志》和《朝阳方志》刊登与年鉴相关的文章23篇，涉及编纂工作中存在的问题、年鉴发展趋势、年鉴标题制作、年鉴信息化建设、年鉴使用情况、年鉴工作体会等内容。

2015年北京市地方志课题立项中有一项年鉴课题，为《大陆与台湾出版类专业年鉴比较研究》，主责单位为中国传媒大学。完成结项的2014年北京地方志课题中，涉及年鉴的课题有一项，为《〈北京海淀年鉴〉发展与利用研究》。课题组在利用网络、问卷开展《北京海淀年鉴》发展与利用调查的基础上，系统分析了取得的成绩和存在的问题与困难，并对未来的工作提出了建议，具有很强的针对性和可操作性。

北京市地方志办通过开展全国省级、副省级年鉴和北京区县年鉴在中国知网文章中被引证情况的统计与分析研究，初步摸清了年鉴使用情况，形成《从部分地方综合年鉴在中国知网的引证情况看年鉴编纂工作》一文，并将初步研究成果在2015年的全国地方综合年鉴编纂高级研修班上进行了交流，并发表在2016年《中国地方志》杂志第9期。

三、年鉴工作中存在的问题和发展方向

当前，北京市的年鉴工作面临较大的发展机遇，但也存在着一定的困难和问题，主要有：一是存在部分地区和部门对年鉴工作重要性认识不足、重视程度不够的情况。二是年鉴质量参差不齐，缺少品牌年鉴。三是作为北京市主体的专业年鉴，管理缺少必要的法规依据，管理体系尚未健全。四是开发利用工作滞后，提供年鉴利用的手段单一。五是编辑人员业务水平亟待提高，年鉴队伍建设迫切需要加强。

针对当前年鉴工作的实际和存在的问题，北京市要全面贯彻落实《全国地方志事业规划纲要（2015—2020年）》和全国第一次年鉴工作会议精神，统一思想，提高认识，科学谋划，开拓创新，努力开创北京市年鉴事业发展的新局面。一是落实《全国地方志事业规划纲要（2015—2020年）》中“两个全面”的要求，加快实现两级地方综合年鉴一年一鉴、公开出版的目标。二是研究制定北京市年鉴事业发展规划，进一步明确北京市年鉴事业发展的指导思想、目标任务等。三是坚持构建大年鉴工作格局的目标，逐步丰富和完善北京市的年鉴工作体系，明确任务和措施，继续加强对全市各级各类年鉴的指导，健全管理制度，加强培训和交流，通过多种有效措施全方位促进年鉴编纂质量的提高。四是努力营造更好的研究氛围，积极开展理论研究和信息化建设，提高年鉴开发利用水平。五是结合北京的年鉴编纂实际，进一步推动年鉴创新发展，努力打造北京市的精品年鉴。

河北省年鉴发展报告

河北省地方志办公室

提要：本报告简述了河北省年鉴的发展过程，详述了省级年鉴的创办对市、县、区年鉴工作的开展起到的带头和推动作用以及全省年鉴工作开展以来取得的经验、存在的问题和下一步工作计划。

关键词：河北省　综合年鉴　河北年鉴　存在问题

一、河北省年鉴事业发展历程

河北省的年鉴事业起步于1988年。当时，河北省地方志办公室（以下简称“河北省志办”）着手为省级年鉴的创办做准备，派人到河南、湖北、湖南、安徽、山东学习办年鉴的经验，并于当年11月向全国年鉴研究中心申请加入年鉴学会，订阅《年鉴通讯》等刊物。1989年11月，省地方志编纂委员会向省政府报送《关于编辑出版〈河北年鉴〉的报告》，报告的中心是承接省志下限1988年，从1989年开始编辑出版综合年鉴——《河北年鉴》。《河北年鉴》的具体工作由河北省志办承担，所需经费由省财政预算单独列支，用于年鉴的专项开支，并要求“除省里编辑出版综合年鉴外，凡已完成新修志书的市、县，亦应编辑出版年鉴”。由于当时河北省已出版有《河北统计年鉴》，省领导考虑是否有必要再出版《河北年鉴》。1991年初，经过反复申请及省级领导之间的多次沟通协商，《河北年鉴》的编辑出版得到批准，出版经费得到落实。1992年6月，《河北年鉴》获得国家新闻出版署签发的“期刊登记证”，国内统一刊号

CN13—1152/Z；ISDS中国国家中心签发了国际标准刊号ISSN1004—6674。河北省政府成立《河北年鉴》编纂委员会，由省委常委、常务副省长担任主任；省人大、省政府、省政协、省军区、武警河北总队的领导担任副主任；各部门主要领导担任委员，为年鉴编纂工作提供了组织保障。1992年8月，《河北年鉴》创刊号正式出版。至今，已出版25卷，累计字数达到4000万字以上，图片近万幅，国内外公开发行，为忠实记录改革开放历史进程、为读者提供权威资料信息、为经济社会发展服务、为保存地方历史资料作出重要贡献。

《河北年鉴》的创刊出版，带动了全省年鉴工作的开展。除《秦皇岛市年鉴》于1990年11月出版，全省其他10个设区市纷纷启动年鉴出版工作，均由政府主持，方志机构组织编纂出版。各设区市成立了由市长或主管副市长为主任的编纂委员会，县级年鉴也都成立了相应的编纂委员会。至2010年底，秦皇岛、石家庄、衡水、保定、邢台、沧州、邯郸、廊坊、承德、唐山、张家口11个设区市全都开展综合年鉴编纂工作，全部一年一鉴，公开出版；至2016年底，全省169个县（市、区）有98个已出版或启动综合年鉴，虽然有多年合刊和内部出版的，但覆盖面达58%，其中秦皇岛和承德市实现市、县两级综合年鉴全覆盖。在出版地方综合年鉴的同时，各地各级部门也出版了一大批专业年鉴。

为了促进年鉴事业的健康发展，提高年鉴的编写水平，河北省年鉴学会于1993年12月成立。学会成立后，积极发挥作用，加强对全省年鉴工作的业务指导、信息交流、理论研究，经常举办《河北年鉴》省直厅局撰稿人培训班，在河北省《方志工作简讯》上刊发全省各地年鉴工作信息，较好地发挥了学会的桥梁纽带作用。

国务院2006年颁布《地方志工作条例》（以下简称《条例》）后，河北省2008年颁布《河北省地方志工作规定》（以下简称《规定》），强化了“一纳入、八到位”的贯彻落实。至2016年底，全省省、市、县三级方志机构健全，在编工作人员617人，其中，硕士17人、本科392人、大专232人，另外还有聘用人员300人。

二、2015、2016年河北省年鉴事业发展基本情况

（一）领导重视、建章立制

《条例》和《规定》明确规定“地方志包括地方志书、地方综合年鉴”，编纂地方

综合年鉴是各级政府的一项重要任务和职责，将地方综合年鉴的编纂提升到法律层面，也使年鉴工作得到各级政府和领导的重视。全省各地相继制定和完善地方性法规规章，地方综合年鉴工作逐步进入依法编纂的新阶段。保定市政府印发《保定市地方志工作管理办法》，秦皇岛市人民政府地方志办公室印发《关于加强全市地方志书编纂管理工作的通知》等，为规范各市、县、区年鉴工作，推动年鉴工作的法治化、正规化建设，提高各级年鉴工作质量提供了保障。

河北省地方志编纂委员会制定《河北省地方综合年鉴编纂规范（试行）》，从框架结构、选题及资料、内容表现形式、行文规范和编审五个方面对河北省地方综合年鉴的编纂进行了规范。衡水市地方志办公室制定《衡水市地方志办公室工作手册》，对《衡水年鉴》编纂工作流程和编纂工作标准进行了细化，年鉴编纂工作迈上了新台阶。

2016 年 6 月，河北省人民政府办公厅印发《河北省地方志事业发展规划（2016—2020 年）》，在“主要任务”的第二条明确：“2020 年前，实现省、市、县（市、区）地方综合年鉴全覆盖，争创全国年鉴知名品牌。”鉴于省、市两级已完成一年一鉴、公开出版，在“附件 3”中，附上《河北省县级年鉴启动规划表》。至 2016 年底，全省有邢台、秦皇岛、保定、廊坊、沧州、邯郸也都制定了本地的地方志事业发展规划，对年鉴全覆盖提出具体的时间要求。

（二）健全机构、强化队伍

到 2016 年，河北省志办有《河北年鉴》编辑部和河北年鉴社两个部门负责《河北年鉴》的编辑工作，建立起专职的年鉴编辑队伍。各设区市也都成立年鉴科，有专人负责年鉴的编辑工作。2015—2016 年，各级年鉴编纂部门注重加强人员队伍培训，学习先进经验，采用请进来、走出去的方式学习外地先进经验，或采取集中培训与现场指导、电话指导等相结合的方式进行培训，提高编辑人员和撰稿人员的素质，提高年鉴编纂质量。

廊坊市地方志办公室根据《廊坊年鉴》撰稿人员变动情况，不定期地举办撰稿人员培训班，提高撰稿人员水平；在具体编审中，注重指导撰稿人收集、挖掘条目线索，按年鉴体例编入年鉴；年鉴正式出版后召开由编审人员和撰稿单位组成的研讨会，听取意见建议，整理归纳后写入下一年度编纂方案。

2016 年 1 月 28 日，秦皇岛市方志办为适应新时期地方志工作特点，经市政府同意成立秦皇岛市地方史志专家委员会。该会隶属于秦皇岛市地方志编纂委员会，主要负责全市地方志系统及相关单位自主编纂和指导编纂的志、鉴、地情书籍的篇目论证、书稿评审等工作；负责全市地方志系统外包项目中标单位的资质认定与审核。该会成员由30多名省内外知名史志专家和领导组成。

2016年5月10日，河北省地方志办公室及河北省年鉴学会共同组织的2016年《河北年鉴》省直撰稿人培训会召开。省地方志办公室副主任王蕾主持会议并授课，省地方志办公室主任杨洪进讲话，培训会邀请中指办年鉴处处长杨军仕、《上海年鉴》总纂王继杰授课，省直各部门（单位）的《河北年鉴》撰稿人及省方志全体人员100余人参加培训。

（三）提高规格、强力推进

河北省每年以省政府办公厅的名义印发《河北年鉴》编纂方案的通知，对省直各厅局和设区市撰稿单位提出明确的供稿要求。各设区市成立高规格的年鉴编纂委员会并出台有关年鉴工作的文件和通知。秦皇岛市2015年印发《秦皇岛市人民政府市长办公会议纪要》，大力推进地方志书和年鉴编纂工作的深入开展；保定市每年年初，由市委、市政府"两办"发文部署年鉴编纂工作；邢台市委、市政府办公室联合下发《关于认真做好〈邢台年鉴〉组织编纂工作的通知》，大大提高各级各部门对年鉴编纂工作的重视力度。邢台市政府还将地方志工作写入《政府工作报告》，为做好年鉴编纂工作提供了强有力的依据、支撑和保障；衡水市人民政府办公室2015年印发《关于加强和改进地方志工作的指导意见》《2015年全市地方志工作要点》，市地方志办公室印发《2015年全市地方志工作目标任务分解方案》，对年鉴工作有很大的促进作用；石家庄、廊坊、沧州、承德、唐山等市均以市政府办公室的名义下发年鉴编纂方案的通知，明确任务目标和工作要求，有效推动年鉴工作进展。

（四）督导检查、敦促落后

2009年起，河北省志办联合省督查室对全省地方志工作进行督导检查，并联合省法制办对全省地方志工作进行执法检查。2015年邢台市政府办公室制定实施《邢台市地方志工作量化考核办法》，分别从考核办法出台依据、适用范围、考核组织、考核内容、考核程序、考核结果应用等方面对全市地方志工作做出具体的规定，有效地起到了激励先进、敦促落后的积极作用，为开展好年鉴编纂工作营造了良好氛围；保定市、邢台市分别与市政府督查室组成联合督导组或以市政府督查室的名义督导方志工作进度，取得了良好成效。

2016年7月21—22日，由省方志办副主任王蕾为组长的督导组，到承德、秦皇岛、唐山、廊坊督导调研《河北省地方志事业发展规划（2016—2020年）》贯彻落实情况，督导廊坊、唐山等未启动编纂年鉴的县区积极筹备启动工作。

2016年8月25—30日，省方志办主任杨洪进一行赴邢台、邯郸，衡水、沧州、保定就《河北省地方志事业发展规划（2016—2020年）》贯彻落实情况进行督导调研。

（五）制定计划、倒排工期

为确保年鉴按时出版，2015年，张家口市地方志办公室在《张家口年鉴》编纂过程中，采取“倒排工期”的方法，首先确定年鉴的出版发行时间，倒排资料收集、撰稿要求和稿件报送的最终截止时间。在编辑、总纂、审核、出版等环节上，年鉴编辑部按照时间要求，各自分工把关，妥善安排进度。组织精兵强将，集中时间和精力认真做好稿件的修改工作；在最后成书阶段，同时出三部样书，一部送交主管秘书长审查，一部给各位编辑进行“回头看”，另外一部送到市报社视觉中心共同核对图片，从而节省了时间，确保了《张家口年鉴》按时出版发行。

（六）严格审核，严把质量

《河北年鉴》严格按照责任编辑、执行主编、主编的编辑流程，层层审稿、层层把关，努力提高年鉴质量，2015年、2016年卷质量明显提高。《张家口年鉴》在稿件撰写阶段，要求对口负责的编辑必须与年鉴撰稿人员保持联系，提供样本，核对数据，现场指导，确保稿件质量。稿件审阅阶段，要求各位编辑对收到的入鉴资料，逐字逐句进行修改。同时确定每个星期五为编务例会，专门对一周以来有疑问的入鉴资料进行讨论，并与供稿单位沟通协商，确保内容真实准确。年鉴出版阶段，要求各位编辑在第一次样稿排好后，按照各自分工校对自己编辑的稿件。没有差错后再采取互换的方式进行校对，对一些共性问题，如版式设计、篇眉字号、名单排列、图表排列、数字用法、彩版编排等，必须经编务会集体讨论后再做修改。“三校”结束后，采取交叉捉错的方法，力求把差错率降到最低，使年鉴稿件质量得到最大限度的保证。《秦皇岛年鉴》始终坚持质量第一的原则。无论是综合类年鉴，还是各种专业年鉴，都是经过县区初审、市地方志办复审、集中综合会审、征求意见修改等多次审核、校对，严格年鉴内容、质量的把关，力争发行一册保证一册质量。廊坊市地方志办公室为规范年鉴编纂流程、明确各环节职责，2016 年初制定了《廊坊年鉴编纂规程》。

三、年鉴工作中存在的问题

（一）全省年鉴发展不平衡

有一部分县（市、区）由于第二轮修志任务较重，还没有启动年鉴编纂工作。还有个别地方，由于领导重视不够、县党史办编有《中共 ×× 年鉴》无法协调等原因，至今仍没有启动综合年鉴编纂工作。

（二）年鉴质量问题

年鉴质量参差不齐。个别基层单位对年鉴编纂工作不重视，导致编纂积极性不高、供稿不及时、稿件质量不高等。年鉴编纂不规范，尤其是县（市、区）级年鉴，多为兼职人员，专业素质不高，年鉴编纂质量有待提高。

（三）机构、队伍问题

全省地方志机构普遍存在规格低、人员少的现象。个别设区市地方志办公室为志鉴混用人员且人员编制少；县（市、区）方志机构有的只有 1 人且为兼职；有的为聘用人员且年龄结构不合理、人员素质不高、队伍不稳定。

（四）经费问题

经费保障尚有困难。目前，一些县市的年鉴工作经费没有列入财政预算，尤其是财政比较困难的县，由于经费不足，存在多年合刊、不能连续及非正式出版等问题。个别地方稿件编纂完成后，由于没有经费而中途搁置，连内部出版也做不到。

四、下一步工作计划

一是科学制定任务目标。要求各设区市制定具体目标任务及工作安排，对已开展年鉴工作的地区，要求建立长效机制，强化机构建设，提高编纂质量，实现一年一鉴，公开出版；对没有启动年鉴工作的县（市、区）都要制定详细的时间规划表。保定市委、市政府“两办”印发《关于进一步做好第二轮地方志工作的通知》，明确规定还没有编纂本级综合年鉴的县（市、区），要于2016年启动本级综合年鉴的编纂工作。确有困难的，要积极创造条件，启动时间不得晚于2017年。廊坊市地方志办公室以全市2018年实现“一年一鉴”为总体目标，督导未启动年鉴编纂的县（区）提早谋划、调配人员、备足经费，以保证在2018年实现“一年一鉴”全覆盖。

二是加强年鉴编纂工作检查。为完成一年一鉴，公开出版，实现省、市、县三级综合年鉴全覆盖的总体目标任务，省、市两级要分别组成督导组进行督导检查。必要时联合法制办、政府督查室建立专题督导检查小组，重点指导督促进度相对较慢的县（市、区），以引起各县（市、区）政府主要领导和主管领导的重视。

三是推动年鉴工作创新，树立年鉴精品意识。要改进工作方式，各级地方志工作机构的编辑人员要更多地深入基层参编单位，指导撰稿人，扩宽资料收集范围，更多地收集有价值的年鉴资料；更多地深入社会，及时了解当地政治、经济、文化、社会等各方面的发展动态，关注社会热点、焦点问题和新生事物，更多地获取第一手资料。创新编纂形式，及时根据地情和社会各领域发展变化，调整篇目设置与编纂形式。深化记述内容，突出年鉴的资料性、价值性、实用性，编纂出更多的精品年鉴，更好地发挥资政教化与存史服务的作用。

四是强化人才队伍建设。加强对各级地方志工作机构编辑人员的专业知识培训，加强与兄弟省市年鉴编辑队伍的交流学习。通过组织县区优秀地方志办公室主任轮流讲课、聘请专业院校教授讲座、县区（部门）人员相互交流学习等形式，进一步提升编纂人员的专业知识和综合素质。积极争取领导的支持，力争选派优秀后备人才到专业院校去进修，提升专业水平。积极争取专业院校毕业生到地方志办公室工作，进一步充实地方志队伍。

吉林省年鉴发展报告

■ 吉林省地方志编纂委员会

提要： 经过10年的努力，到2016年，吉林省实现了省、市、县三级年鉴编纂体系。全省70家地方综合年鉴编纂单位只有3个市辖区尚未创刊年鉴，全省年均出版年鉴50部左右。全省专业年鉴编纂出版达到10余部。经过近5年的培训和指导，全省地方综合年鉴的编纂出版质量大为提升，省、市、县共有10多部年鉴先后获得全国性质量评比的一、二、三等奖。吉林省方志委在全省年鉴业务指导工作中的创新举措受到全国同行的关注以及中指办的肯定。

关键词： 吉林省　年鉴　成功经验　存在问题　事业展望

一、吉林省年鉴事业的发展历程

2006年以前，吉林省的年鉴事业整体来说处于低谷时期，虽然省级年鉴连年出版、9部地市级年鉴中也有5部坚持连续出版，但县级年鉴多数没有启动，创刊于1986年前后的几部年鉴基本处于停刊状态。2006年，国务院颁布《地方志工作条例》，明确指出地方综合年鉴属于地方志，地方综合年鉴的编纂也同样适用条例。从此，吉林省地方综合年鉴编纂工作走上"依法编纂"的道路。

（一）吉林省地方综合年鉴编纂的法规不断完善

在国务院颁布《地方志工作条例》不久，《吉林省地方志工作条例》于2006年

12 月 1 日经吉林省第十届人民代表大会常务委员会第三十次会议通过，2007 年 1 月 1 日起施行。两个条例的实施为吉林省年鉴编纂工作提供了有力的保障。吉林省方志委与省政府办公厅协调，于 2007 年 11 月以省政府办公厅的名义向全省各级人民政府印发了《关于做好县（市）综合年鉴编纂工作的通知》，对全省各县（市）如何做好地方综合年鉴的编纂工作提出了具体要求。之后，全省各县（市）陆续启动地方综合年鉴的编纂工作。2011 年至今，吉林省方志委先后制定《吉林省地方综合年鉴编纂规范（试行）》《吉林省年鉴编纂出版审查验收办法》《吉林省地方综合年鉴编纂出版流程》等规范性文件。吉林省的年鉴编纂工作得以规范，基本做到了编纂过程有章可循。

（二）地方综合年鉴及各类专业年鉴蓬勃发展

2006 年之前，9 个地市（州）的地方综合年鉴工作均已启动，但其中 4 个市（州）不能保证每年一卷连续出版；60 个县（市、区）中，只有 16 个开展地方综合年鉴编纂工作，其中能够做到连续编纂的不足半数。经过吉林省方志委持续不断的推动，从 2008 年起，各级地方志工作机构基本完成第二轮修志任务，年鉴工作纷纷重新谋划、重新启动。到 2016 年年底，全省 9 个地市（州）和长白山保护开发区、60 个县（市、区）全部启动地方综合年鉴编纂工作。到 2016 年年底，全省有 57 个市、县创刊了地方综合年鉴，只有 3 个市辖区尚未出版首部年鉴。近三年，吉林省地方综合年鉴的出版数量年均 50 部。吉林省形成了省、市、县三级年鉴工作体系，地方综合年鉴编纂进入常态化发展轨道，为 2020 年实现《全国地方志事业发展规划纲要（2015—2020 年）》有关要求打下了坚实的基础。

近三年，吉林省的各级各类专业年鉴也取得长足的发展。据不完全统计，全省企业、部门、高校及行业等各类专业年鉴创刊数量 30 部左右，其中能够连续编纂出版的约有 10 部。《第一汽车年鉴》《吉林统计年鉴》《吉林大学年鉴》《吉林油田年鉴》《通钢年鉴》《吉林金融年鉴》《吉林食品药品监管年鉴》《吉林机构编制年鉴》《吉林工业和信息化年鉴》《吉林卫生年鉴》《白山军事年鉴》等相继创刊。

（三）年鉴质量不断提高

吉林省方志委始终把提高年鉴质量放在首位。在《吉林年鉴》编纂过程中，除必要的主编审稿、三次校对等环节外，在出版之前还建立专家组终审制度，并设置“印前纠错”环节，最大限度地提高年鉴质量。在注重文字质量的同时，加大了《吉林年鉴》

的信息容量，2015卷共收录条目2745个，比2006卷增加近300个。吉林省方志委不仅重视《吉林年鉴》的质量，而且对全省各级地方综合年鉴的质量也有严格的规范要求。省方志委从2008年起，加强对下业务指导，通过培训、指导、交流等多种途径和手段，不断地将打造精品年鉴的理念灌输到全省年鉴编纂人员的头脑中。从近几年的情况看，这种努力取得了应有的成果。

从2011年起，吉林省方志委开展全省地方志系统出版物质量评估工作，此项工作每年进行一次，在评估中对全省出版的志书、年鉴及地情图书进行分类定等。在评估中，年鉴类的优秀等次比例在逐年提升，说明全省年鉴整体质量正在逐年提高。

（四）年鉴编纂理论研究日趋活跃

借助吉林省地方志学会，省方志委在全省范围开展了多次年鉴编纂理论研究及论文评奖活动。全省年鉴编纂理论研究氛围日益浓厚，年鉴编纂人员的业务理论研究积极性不断提高，在各级各类理论刊物上发表的论文数量逐年增加。从2011年开始，吉林省地方志学会连续6年举办学术年会，出版论文集6部，其中年鉴理论研究专集1部。全省多人次在国家级和省级刊物上发表研究论文。

（五）年鉴编纂机构和队伍建设不断推进

近几年，随着全省年鉴工作的开展，年鉴编纂机构和队伍建设也得到加强。两个条例颁布之后，吉林省方志委着手与省编办协调，在全省各级政府中设立地方志工作机构。到目前为止，除了省一级具备完善的机构和队伍外，9个市（州）均已建立独立的地方志工作机构，设立了专门的年鉴编纂部门。60个县（市、区）均成立了年鉴编纂委员会，安排人员承担年鉴工作。在国务院办公厅发布《全国地方志事业发展规划纲要（2015—2020年）》后，吉林省制定《吉林省地方志事业发展规划（2016—2020年）》，其中对全省地方志机构和队伍的建设提出了明确的要求。

二、2015年、2016年吉林省年鉴事业发展基本情况

2015年，吉林省办理书号的各级地方综合年鉴约有50部。9个市（州）和长白山保护开发区已经出版综合年鉴，《吉林省食品药品监督管理年鉴》创刊，未创刊年鉴的市辖区减少到7个。市级和县级年鉴质量稳步提高。在全国性年鉴编纂出版质量

评比活动中，《吉林年鉴》获得省级年鉴组综合一等奖以及框架设计、条目编写和装帧设计3个一等奖。《延边年鉴》获得地州区县年鉴组综合一等奖、框架设计一等奖、条目编写和装帧设计2个二等奖；《舒兰年鉴》《长春年鉴》《白城年鉴》《桦甸年鉴》等也获得不同奖项。

2016年，全省办理书号的各级地方综合年鉴约有50部。《长岭年鉴》《长春市双阳年鉴》和《吉林公安年鉴》创刊。未创刊年鉴的市辖区减少到3个。

年内，编纂出版《吉林年鉴（2016）》，拟定《吉林年鉴（2017）》编纂大纲。12月，举办《吉林年鉴（2017）》撰稿人培训班，为全省撰稿人讲解怎样为《吉林年鉴》提供合格稿件。举办吉林省年鉴业务交流培训班，全省60多家地方综合年鉴编单位参与年鉴质量点评，140多人参会，15家单位在会上点评年鉴质量。制定并印发了《吉林省地方综合年鉴编纂出版流程》，这是全省范围的第三个年鉴规范性文件。全年在“QQ年鉴问答”中解决全省年鉴工作者在编纂实践中遇到的实际问题20余个。

2016年，吉林省方志委年鉴指导处继续对市县年鉴进行“一对一”指导。《延吉年鉴（2016）》和《珲春年鉴（2016）》在印刷之前得到省方志委年鉴指导处的具体指导，编纂质量有大幅提升。《延吉年鉴》试点工作进展较为顺利。市级和县级年鉴质量稳步提高。在全国地方志优秀成果评审中，吉林省有10部年鉴受到通报表扬：《吉林年鉴（2014）》为省级一等年鉴；《延边年鉴（2014）》和《长春年鉴（2014）》分别为市级一二等年鉴；《梅河口年鉴（2014）》和《延吉年鉴（2014）》均为县级一等年鉴；《公主岭年鉴（2014）》《前郭年鉴（2011）》和《白山市江源年鉴（2014）》分别为县级二等年鉴；《吉林统计年鉴（2014）》为二等专业年鉴；《白山军事年鉴（2014）》为三等军事年鉴。

三、吉林省年鉴工作的主要经验

（一）为提升年鉴质量的经验做法

《吉林年鉴》是由吉林省政府办公厅主管、吉林省地方志编纂委员会主办的综合性年刊。从1987年创刊至今，《吉林年鉴》已连续出版30卷。曾经获得“中国年鉴奖”、全国地方志系统年鉴质量评比特等奖，还四次获全国年鉴质量评比综合一等奖、单项评比多个一等奖。

为进一步提升年鉴编纂质量,《吉林年鉴》制定实施《吉林年鉴编辑出版流程》和《编纂人员岗位责任制》两个规范文件。以“压缩体量，扩大容量，提高质量”为年鉴编纂方针，编纂质量逐年提高，受到国内同行的赞扬。不断增加入鉴内容的深度和广度，各部类所占比重日趋合理，对宣传彩页的管理更加到位。《吉林年鉴》的编纂经验在2011年、2012年的全国性年鉴理论研讨会、省级年鉴研讨会上进行大会交流。

入鉴内容不断丰富。近年来,《吉林年鉴》在编纂工作中坚持创新理念，从稿件组织方式、内容补充、构架结构等方面进行了很多有益的尝试和探索，在保证主体资料连续性的基础上，每年都有新的变化。逐年完善四级结构，近两年增加“工信产业结构调整”“财政审计”“改革进程”等近20个栏目;增加对“农民工”“网络购物”“餐饮服务企业”“电子商务”“现代物流业”的记述。

年鉴采编手段更新。为提高工作效率、减少出版差错、优化工作流程,从2010年起，省地方志编纂委员会加大对《吉林年鉴》编辑部的投入，先后购买黑马校对软件、引进北大方正期刊采编平台,《吉林年鉴》的编排工作从此走上数字化轨道，实现采、编、排、校的自动化和电子化，实行“无纸化办公”，节约了办公开支，减少了稿件差错，节省了人力。从2012卷起,《吉林年鉴》的排版工作由编辑部人员承担，不再外委。以上举措走在了全国的前列。为了增加与撰稿人之间的沟通，拓宽撰稿人之间的交流渠道，2011年3月编辑部开通了“吉林年鉴QQ群”，现在入群的撰稿人有120名。

“感动吉林”年度人物评选成为年鉴的品牌栏目。从2003年开始，吉林年鉴编辑部与当地的都市报《新文化报》合作开展“感动吉林”年度人物评选活动。每年一次，已形成规律，到2015年已坚持13年。《吉林年鉴》在卷首用彩色页面介绍10名“感动人物”的先进事迹。从2007年开始,主办单位将“感动吉林”人物推荐给“感动中国”评选委员会。2015年,推荐的张宝艳、秦艳友（创办寻亲网站）当选“感动中国”人物。吉林年鉴编辑部编辑出版了汇集感动人物事迹和评选经过的《“感动吉林”人物榜》《“感动吉林”人物评选纪实（2003—2013）》《“感动吉林”人物评选年鉴（2014）》。2016年，吉林省方志委联合《新文化报》开展“感动吉林”人物评选活动。与新文化报社共同承担“感动吉林”2015年度人物评选及颁奖工作，策划、编辑、出版了《“感动吉林”人物评选年鉴（2015）》。

（二）年鉴业务指导推出创新举措

为了有效地开展对全省年鉴业务的指导工作，吉林省方志委年鉴指导处的基本思路是“以创新求实效”，从指导思路、指导方法和指导模式三个方面进行了有益的探索和尝试。

业务指导思路创新。吉林省方志委在思路上有所创新，对年鉴业务指导制订了长远规划：利用3年的时间对全省年鉴编纂单位进行普遍的培训；此后逐年开展业务交流活动，提升全省年鉴工作者的业务素质。

业务指导方法创新。吉林省方志委除了采取讲课这个传统方法之外，还以全新的方法使培训更有效果。2009年采用的是“实战演练”的方式，针对年鉴编纂中条目编写这一重要业务环节，由年鉴指导处编写《年鉴条目编写演练教材》，采用分组研究的办法，对教材中100多个典型条目进行修改，每组由一名指定的省内业务专家进行总体把握。2010年，全省年鉴业务指导采用的是“审读·借鉴外地年鉴”的办法，由省方志委挑选近百部全国优秀年鉴，参会人员在指定的时间和场所中完成翻阅、审读，之后分别畅谈个人的审读体会和所得，从中找出本部年鉴的优点和缺点。2012—2015年，业务指导采用的是“年鉴质量交叉点评”的办法，即指定编纂单位登台点评兄弟单位的年鉴。在每年一次的全省年鉴业务交流会议上，采用各地交叉点评年鉴质量的办法，通过PPT课件现场播放，直观地、全方位地评价年鉴的质量。这种业务交流方式在全国属于首创，受到全省年鉴界人士的一致好评。5年中，全省有85家年鉴编纂单位登台点评兄弟单位的年鉴，共有1000余人次参加业务交流。

业务指导模式创新。近5年，吉林省方志委在年鉴业务指导方面形成独有的模式：自我充电—登门送课—印前辅导。吉林省方志委年鉴指导处已连续7年开展处内人员“学习借鉴周”活动。利用年初2—3月中一周的时间，全员分散进行学习业务。在自我“充电”的基础上，采用“登门授课”的方法，走进基层送课上门。请指导对象提出最想听的题目，年鉴指导处的同志们按需备课。2011—2015年，每年选取两个市授课，已对10个市（州）进行了上门业务指导，有500余人次接受面对面的培训。

除此之外，从2014年起，吉林省方志委对市县级年鉴进行“一对一”指导。年鉴编纂基础较好、具有提升年鉴质量的强烈愿望、能够按印前审稿意见修改到位的地方综合年鉴编纂单位可向省方志委申请全程“一对一”指导。省方志委的目的在于通过重点打造，帮助基础较好的年鉴进一步提高质量，达到全国同类年鉴的上等水平。目前，经重点指导的年鉴，质量均有大幅提升，在全省年鉴评估和全国年鉴评审中获得佳绩。

为贯彻“以创新求实效”的业务指导理念，2015 年吉林省方志委年鉴指导处依托吉林省地方志学会 QQ 群，开设“QQ 年鉴问答”。一方面，在群里引发全省同行的关注和讨论，形成良好的年鉴研讨氛围；另一方面，商讨解决年鉴编辑过程中遇到的难题，达到相互交流、互为补充、共同提高的目的。

吉林省方志委加强行政推动和业务指导，引领全省年鉴工作走向新的阶段，先后印发 3 个年鉴工作规范性文件，用以指导全省年鉴的编纂并规范出版行为。为表彰先进、激发全省年鉴工作者的工作热情，2013 年，吉林省方志委对 2007 年以后全省市（州）、县（市、区）年鉴工作先进单位进行表彰，吉林市地方志办公室等 5 家单位获得“市（州）年鉴工作先进单位”称号；长春市宽城区地方志办公室等 19 家单位获得“县（市、区）年鉴工作先进单位”称号。

四、吉林省年鉴工作存在的主要问题

（一）质量方面

《吉林年鉴》存在三方面的问题：一是入鉴信息尚未完全跟上经济社会发展的步伐，与社会现状还有差距。二是自主采编信息量不足。《吉林年鉴》近几年注重内容自主采编，年鉴内容因此有所增加，但还需在供稿单位提供的稿件之外，拓展稿源，直接从传媒或互联网上选编有价值的入鉴信息，或向社会各界专家约稿，增加自主采编的信息量。三是《吉林年鉴》的装帧设计相对保守，未能充分展现吉林省的地域特色。

就市（州）、县（市、区）年鉴而言，存在的质量问题比较多，主要表现在以下几个方面：个别县级年鉴因受经费、人员不足所限，未能逐年连续出版；地方特色不鲜明，存在框架结构设计雷同、千鉴一面的问题；部分年鉴框架设计不合理，领属关系不当、逻辑混乱、层次不清等问题较为突出；年鉴表述不规范，有的年鉴封面和书名页上的内容、要素不统一，有的年鉴正文中存在多方面的不规范；条目编辑不到位，“来稿照登”现象仍然存在，空话、套话、废话还存在于稿件中；条目要素不全，没有站在第三者的客观立场上记述，仍存在口号和总结式语言；正文图、表过少或使用不规范；少数年鉴排版不够规范，版式上存在没有对位排版、留白过大等问题；个别年鉴未做索引，或索引量过少，或与目录雷同。

（二）编纂机构方面

《吉林年鉴》的主管单位是吉林省政府办公厅，主办单位是吉林省方志委。吉林省方志委年鉴指导处在年鉴编纂以外的工作任务比较繁重。该部门承担《吉林年鉴》编纂工作的同时，还有面向全省各市（州）、县（市、区）进行年鉴业务指导的任务，人手不足，精力有限。另外，《吉林年鉴》的办刊者为参公身份，而期刊出版单位应该是文化企业，两者不免产生矛盾。

就市（州）、县（市、区）而言，全省9个市（州）设有专门的年鉴编纂科室，机构较为健全，但专职编纂年鉴的人员不足，只有2—3人。此外，全省县（市、区）中，有13家为方志办与档案局合署办公，有23家为档案局或政府办的内设部门。专职年鉴编纂人员少，多数兼做修志、档案、党史等工作。近年有的设有年鉴科，但人员一般只有1—2人。

（三）编纂经费方面

全省市（州）、县（市、区）及部分开发区73家编鉴单位中，有68家年鉴出版经费有保障，其中38家为财政拨款、6家列入财政预算、10家已落实“一纳入、八到位”政策、14家上级部门承诺保障经费；有5家经费尚未落实，不能创刊；有9家单位虽为财政拨款，但未能保证每年及时到位，导致不能逐年连续出版，有的仅能两年或几年出版一部合订本。

在吉林省三级地方综合年鉴中，县级年鉴目前做到一年一卷的不到三分之二，一些县级年鉴编纂单位还没有实现一年一卷、连续编纂和公开出版。2015年年鉴的出版率为50.7%，而2014年为65%。如果按照年鉴自身的出版要求来衡量，各级年鉴应该在年度内面世，但真正在年度内印制成册的年鉴在全省范围内少而又少。

（四）队伍建设方面

一是人员年龄偏大；二是专业人员极少；三是人员数量不足；四是工作热情不高，尤其是参公管理的编纂单位；五是年鉴工作者的发展空间不大。

五、吉林省年鉴事业展望

未来五年，吉林省年鉴事业的总体规划和主要任务有以下几个方面。

（一）推动、督促地方综合年鉴编纂

到2018年，尚未创刊年鉴的长春市南关区和辽源市西安区、龙山区要出版首卷年鉴；已经创刊年鉴的县（市、区）要在2018年之前做到一年一卷、公开出版；到2020年，实现省、市、县地方综合年鉴一年一卷、连续编纂并公开出版。

（二）深化年鉴质量建设

从2016年起，每年举办一次全省年鉴业务交流培训班，以创新的方式开展全省年鉴编纂操作层面的业务培训，切实提高全省各级各类年鉴编纂人员的业务水平和年鉴的编纂质量。

（三）推动年鉴理论研究

每年组织全省年鉴工作者参加省地方志学会主办的理论研讨活动，引导年鉴工作者深入开展年鉴理论研究。重视年鉴人才的选拔和培养，对在公开刊物上发表专业论文的作者予以奖励。把业绩突出的年鉴人才纳入“吉林省年鉴专家库”，组建“年鉴讲师团”，对全省年鉴工作者进行业务指导，切实提高编鉴能力。

（四）提高年鉴资源开发利用水平

从2016年起，省方志委在与新文化报社合作开展“感动吉林”年度人物评选活动的基础上，每年出版一部《“感动吉林”人物评选年鉴》，记述此项活动的过程、人物的感人事迹，同时弘扬社会正能量，提升方志文化的社会影响力。

未来五年，吉林省将以《全国地方志事业发展规划纲要（2015—2020年）》为抓手，在已有的年鉴工作基础上，从人才队伍建设、业务能力建设、年鉴质量建设等方面入手，努力破解年鉴工作中的难题，弘扬“修志问道、直笔著史”的方志人精神，以创新的思维谋划年鉴工作，以实干的作风编纂年鉴，相信“十三五”规划的目标一定会实现。

上海市年鉴发展报告

上海市地方志办公室

提要：本报告回顾上海地区年鉴的缘起、发展状况。上海是中国年鉴的发源地，也是国内年鉴重镇。重点记述2015年、2016年上海地区年鉴事业的概貌和特点，在全国省、自治区、直辖市中率先实现地方综合年鉴全覆盖。同时剖析存在的不足并提出努力方向。

关键词：上海年鉴 《上海年鉴编纂手册》《上海年鉴（1854）》（英文版）

作为近代中西文化交融的前沿阵地，上海的年鉴发展源于19世纪中叶。据查，中国内地的第一本年鉴应是《上海年鉴（1852）》（《Shanghai Almanac for 1852, and Commercial Guide》），该系列年鉴由北华捷报馆编，1852—1863年有10卷（其中1859年、1862年两卷未见），全版英文。近年来，上海市地方志办公室组织整理其中的1854年卷，为中国内地所存最早的年鉴。又据《上海年鉴提要》记载："至1949年解放时，上海已经出版或印行的年鉴达47种之多。其中有27种全国性、国际性年鉴就在上海发轫。"而1924年2月商务印书馆出版的《中国年鉴（第一回）》，是第一部中国人编纂的中文版《中国年鉴》；1935年商务印书馆出版的《The Chinese Year Book 1935—1936》，是完全由中国人编写的第一本英文版《中国年鉴》；申报馆编辑出版的《申报年鉴》，有1933—1936年、1944年五回次，是最早按年度多回次出版的年鉴；上海市通志馆馆长柳亚子主持编纂的民国《上海市年鉴》1935—1937年三回次，之后上海市文献委员会又编纂1946—1948三回次，以地方志书的结构汇集地情资料，奠定了上海史志模式的地方综合年鉴基础。

据不完全统计，目前上海在编年鉴近百种（包括非公开出版），种类齐全。上海市和16个区县（2015年底为15区、1县）均一年一鉴，公开出版。专业年鉴有《上海经济年鉴》《上海文化年鉴》《上海科技年鉴》《上海军事年鉴》等，企业年鉴《宝钢年鉴》《上海石化年鉴》等，高校年鉴有《复旦大学年鉴》《上海交通大学年鉴》等，全国性专业年鉴有《中国外科年鉴》《中国内科年鉴》等。这些年鉴共同组成一个记载和汇集全市年度自然、政治、经济、文化、社会发展等各方面情况的综合资料体系，系统反映了上海的改革开放进程和成果，发挥了“存史、资政、育人”的功能。

一、2015年上海年鉴事业概况

（一）年鉴编纂质量进一步提高

上海各年鉴编辑部结合实际，力求资料更准确丰富、结构更合理科学、行文更简明规范。如《上海年鉴》注重资料的深度和广度，着力反映上海基本地情。设“特记”记述中国（上海）自由贸易试验区建设，刊载“第四次亚信峰会”“谋划和建设具有全球影响力的科技创新中心”“上海‘四新’经济”“上海文化创意产业”“上海交通信息化”“市民共议上海城市总体规划”和“首届‘世界城市日’”专文,收录“上海市第三次经济普查主要数据”“上海市民生活质量情况”“上海中心城的公共中心分析”“在沪外籍人士工作生活状况”“上海居民社区参与情况调查”“上海市民时间利用观念调查”等社会调查。不回避负面事件，设“‘12·31’外滩拥挤踩踏事件经过”作资料链接。与研究部门合作原创地情资料，制作“2009—2014年上海二手房成交价格情况”“2006—2014年上海新建住宅成交价格情况”表格，列举内环内、内中环、中外环、外郊环、郊环外不同区域的老公房、公寓在不同年份的成交价格，以更立体地反映上海房产价格的变化。《上海经济年鉴》尽量以图和表的形式表现数据，使得数据更清晰明了，全书80余万字，图表约有600张，便于比较、综合和分析研究使用。

（二）参加全国年鉴评奖获佳绩

2015年4月，在全国性年鉴编纂出版质量评比中，上海地区得奖年鉴数在全国省（区、市）中排名第二。有《上海年鉴》《浦东年鉴》《奉贤年鉴》3种综合年鉴和《上海文化年鉴》《上海经济年鉴》2 种专业年鉴获特等奖。另有 8 种地方综合年鉴、8 种专业年鉴获一等奖，2 种地方综合年鉴、3 种专业年鉴获二等奖，4 种专业年鉴获三等奖。

（三）年鉴社会影响不断扩大

《上海年鉴》出版后即赠送党政机关、企事业单位、社会团体和研究单位等使用，在市、区（县）及部门网站刊载发布。2004 年，《上海年鉴》在中国上海政府门户网站和上海通网站发布网络版，中文版、英文版、电子版和网络版“四位一体”，各司其职，满足社会各界对地情信息的需求。如中文版、电子版作为市人大、政协大会资料，有助于代表、委员立法监督、参政议政；英文版向驻沪领事馆、上海市国际文化交流基地、上海市外商投资企业协会等单位发放，并在《上海日报》上刊登广告赠送有需求的单位。2012 年起，上海市地方志系统以“地方志公共文化进社区”为主题，配送多种年鉴至全市中心图书馆、社区文化活动中心图书馆。《上海年鉴（2015）》提前至 11 月出版，及时在《解放日报》《新民晚报》《社会科学报》和广播电台、东方网等媒体上宣传，并通过“方志上海”微信公众号发布“上海高度”“外国人在上海工作生活”“上海市民时间利用观念”“打车软件”等社会关心的内容。

（四）年鉴学术研究继续加强

一是召开上海市年鉴学会三届四次理事扩大会议和年会，在年鉴主编研修班上开设《民国上海年鉴的资料价值和体例特点》《年鉴装帧设计与出版规范》讲座。郊区、企业年鉴专业委员会召开专题研讨会，主题分别为“年鉴如何更好地服务读者”“互联网 + 时代下的年鉴编纂”。邀请上海社科院刘鸣、张兆安研究员作“一带一路国家战略与上海对接措施”“当前上海经济形势专题报告”。

二是上海市地方志办公室汇辑市年鉴学会以“年鉴编纂理论与实务”为主题的征文 39 篇，并选录 2013—2014 年上海年鉴工作者已发表论文，出版了《上海年鉴研究论丛（第二辑）》，与之前的第一辑及更早的《上海市年鉴编纂 20 年》组成系列。该论丛由“基础研究”“编纂理论”“编纂实践”“年鉴数字化”“年鉴外文版”“图照装帧”“海外年鉴研究”专辑组成。《上海年鉴》编辑部还撰写了《上海年鉴编纂手册》，服务基层。该手册由“地方志法规”“《上海年鉴》编纂指南”“编辑出版法规”三部分组成，对年鉴作者把握内容、体例、行文均有参考价值，其中“《上海年鉴》黑马检索关键字词一览”是探索利用计算机技术检索年鉴编纂差误的阶段性成果。

三是邀请文献、历史和出版等专家论证，确定国内所存最早年鉴——《上海年鉴（1854）》（英文版）整理方案：既全文影印保持其文献价值，又辅以导读、考证、选译和专题研究等挖掘其资料价值，创新年鉴历史文献的整理工作。

二、2016 年上海年鉴事业概况

（一）精益求精编纂出版年鉴

《上海年鉴（2016）》设 46 个栏目、294 个分目、1743 个条目（包括资料条目 29 条），收录表格 193 张，图片 516 幅，附主题索引、资料索引、表格索引、图片索引，总计 156 万字。全鉴门类齐全，资料系统，数据准确，行文简明，着力反映 2015 年上海的时代特征、地方特色、年度特点。《上海年鉴（2016）》设“中国（上海）自由贸易试验区建设”和“加快建设具有全球影响力的科技创新中心”特记，并在申城速览集中列置科技创新指标板块，以体现上海建设有全球影响力科创中心的特点。刊载“上海创新社会治理、加强基层建设”“上海‘十二五’时期经济社会发展”“上海依法行政纪实”“上海司法体制改革”“上海土地节约集约利用体系建设”“上海‘五位一体’社会养老服务体系建设”和“C919 大型客机研制”专文，设“上海世博会地区”“上海虹桥商务区”“上海国际旅游度假区”专记反映重点地区开发情况。2016 版充实“社会生活”栏目，增加“宗教活动”“岁时习俗”“方言、流行语”“移民社会生活”等内容。社会调查选题广泛深入，有“自然资源和生态环境状况”“人口调控政策实施情况”“外来人口社会管理与公共服务情况”“外来农民工生活情况”“集中居住农民生活情况”“市民股市投资信心调查”“商务环境调查”“市民居家养老意愿调查”“市民慈善意愿调查”等，记录百姓生活。“图录上海”“闸北老街区”“申城老洋房”等图片专辑留存城市记忆。

（二）再接再厉获得全国年鉴评比佳绩

2016 年 8 月，第一次全国年鉴工作会议在山西太原召开，会上 12 部上海地区年鉴获通报表扬，其中 2 部年鉴［《浦东年鉴（2014）》《奉贤年鉴（2014）》］获特等奖，6 部年鉴［《静安年鉴（2014）》《黄浦年鉴（2014）》《嘉定年鉴（2013）》《上海文化年鉴（2013）》《上海科技年鉴（2014）》《上海经济年鉴（2014）》］获一等奖，3 部年鉴［《宝钢年鉴（2013）》《复旦大学年鉴（2012）》《上海金融年鉴（2013）》] 获二等奖，1 部年鉴 [《上海军事年鉴（2013）》] 获三等奖。

（三）开发利用年鉴资源

2016 年 6 月，《上海年鉴（1854）》（英文版）整理出版暨《上海年鉴》创刊 20 周年学术研讨会在上海图书馆召开，会议由上海市地方志办公室、上海图书馆、上海书店出版社联合主办，周振鹤、熊月之、周育民、朱华等专家学者围绕“文化融合之路——早期年鉴编纂及其文献价值”主题展开讨论。《上海年鉴（1854）》整理成果由一函二书组成，一册《上海年鉴（1854）》系原文重印，印旧如旧，一册《〈上海年鉴（1854）〉研究》汇集相关研究文章 8 篇。会上举行《上海年鉴（1854）》重版揭幕仪式。北华捷报馆编纂的全英文版《上海年鉴（1854）》源于上海图书馆 2010 年收购的“罗氏藏书”。据周振鹤考证，该书为目前境内所存最早的年鉴，该系列中最早的 1852 年版，是已知境内最早的年鉴。因此，即使把 1864 年《海关中外贸易年刊》视作年鉴，中国内地的年鉴编纂历史也推前十余年。而中文“年鉴”最早见于国内书名，迟至 1909 年 7 月奉天（今沈阳）学务公所谢荫昌编译的《新译世界统计年鉴》，中国年鉴早期编纂史得以厘清。《上海年鉴（1854）》具有珍贵的史料和文献价值，与会学者阐述了对当时上海的气候水文、外人社会、洋行分布及风俗等专题研究成果，以及与同时期年鉴的异同比较。《文汇学人》《东方早报》《上海滩》和看看新闻网等媒体刊发系列报道。

三、上海年鉴事业存在的问题及推进工作的保障措施

上海地区的年鉴事业虽然取得了众多成绩，但仍然存在不少问题，主要表现在以下几个方面。

一是年鉴发展不够平衡。市、区（县）年鉴编纂条件较有保证，专业年鉴编辑人手、经费、条件存在一定的困难，影响了编纂质量和开发利用的进一步提高。

二是年鉴质量不够理想。总体而言，在资料系统性、行文简洁性等方面存在不足。据 2014 年《上海年鉴》读者调查，对《上海年鉴》资料准确度评价：较准确 76.1%，一般 21.58%，不准确 2.32%。但在网络平台和图书馆渠道获得的样本中，评价为一般和不准确的也占到相当比例。其中，网络平台选择一般的有 25.93%，不准

确的也有 9.26%，图书馆渠道选择一般的达 36.67%。《上海年鉴》需加强的板块：经济为 46.21%，社会为 45.57%，文化为 42.3%，历史为 38.87%，政治为 24%，自然为 21.58%。可见在资料实用性方面还有提高空间。

三是年鉴影响力不够广泛。绝大多数年鉴临近年底成书，少数甚至跨年度出版。传播渠道狭窄，社会知晓度不高。

上海地区年鉴力求“可信、可用、可读”，逐步成为上海这座城市的可靠地情资料文献。为此，我们需要不断推进上海地区年鉴工作的保障措施。

一是坚持和健全党委领导、政府主持、地方志工作机构组织实施、社会组织和力量积极参与的工作体制。

二是建立和健全与《地方志工作条例》配套的制度体系，确保机构、人员、经费到位，加强年鉴人才队伍建设。

三是培育和形成“质量第一”的共识：（1）以真实为原则丰富内容。首先做好地情资料的考证工作，力求内容的准确性，适当增加一次文献的比重。其次拓展记述广度和深度，要项不缺、要素齐全、要事不漏，既记载成绩又记载失误，既反映显绩又反映潜绩，既体现经济实力又展示文化魅力，既是资料的科学集成又是亲切的乡土记录。（2）以合理为原则调整篇目。首先分类兼顾事物科学属性和实际分工，根据实际情况谋篇布局。其次紧贴改革开放状况，及时调整结构，特别是善于运用合适体裁记述新事物。（3）以简明为原则规范记述。首先行文朴实流畅，不说空话，少说套话，去除冗文衍字。其次规范记述，遵守国家语言文字、标点符号、数字、计量单位、人名地名等相关规定。

2016 年 12 月《上海市地方志事业发展规划纲要（2016—2020 年）》发布，年鉴工作主要任务是：创新年鉴编纂工作。鼓励探索创新，优化体例结构，突出内容特色，拓展形式载体，扩大应用范围，服务社会发展。提高市、区县综合年鉴的时效性、权威性、影响力。加强业务指导和质量管理，支持行业、部门年鉴编纂工作，打造品牌年鉴。

上海市到2020年全面完成地方综合年鉴编纂任务统计表

表1

类型	序号	年鉴名称	编纂单位	工作进展情况			
				是否启动编纂	是否一年一鉴	是否公开出版	实施公开出版时间
省级年鉴	1	上海年鉴	上海市地方志办公室	是	是	是	1996
县区级年鉴	1	浦东年鉴	浦东新区地方志办公室	是	是	是	1994
	2	黄浦年鉴	黄浦区地方志办公室	是	是	是	1999
	3	徐汇年鉴	徐汇区地方志办公室	是	是	是	2002
	4	长宁年鉴	长宁区地方志办公室	是	是	是	2001
	5	静安年鉴	静安区地方志办公室	是	是	是	1999
	6	普陀年鉴	普陀区地方志办公室	是	是	是	1995
	7	虹口年鉴	虹口区地方志办公室	是	是	是	1997
	8	杨浦年鉴	杨浦区地方志办公室	是	是	是	1996
	9	闵行年鉴	闵行区地方志办公室	是	是	是	1986
	10	宝山年鉴	宝山区地方志办公室	是	是	是	1990
	11	嘉定年鉴	嘉定区地方志办公室	是	是	是	1991
	12	金山年鉴	金山区地方志办公室	是	是	是	1991
	13	松江年鉴	松江区地方志办公室	是	是	是	1990
	14	青浦年鉴	青浦区地方志办公室	是	是	是	1994
	15	奉贤年鉴	奉贤区地方志办公室	是	是	是	2000
	16	崇明年鉴	崇明区地方志办公室	是	是	是	1989

江苏省年鉴发展报告

江苏省地方志办公室

提要：江苏年鉴编纂始于民国初年，大规模的年鉴编纂事业起步于20世纪80年代初。经历30多年发展，截至2016年底，全省在编纂省、市、县三级综合年鉴100部，在编乡镇、村年鉴3部，在编各级各类专业年鉴200多种（包括各级统计年鉴）。《江苏年鉴》同时出版英文版。江苏年鉴工作以提高编纂质量为根本，坚持创新引领，加强管理和指导，年鉴事业发展走在全国前列，整体质量名列前茅；但是也存在诸如少数市辖区没有编纂年鉴、少数年鉴质量还不够高、编纂队伍建设还有待进一步加强等问题。

关键词：江苏省　年鉴　编纂质量　创新发展

一、发展历程概况

江苏是我国年鉴编纂历史最早的地区之一。据1913年上海神州编译社出版的《世界年鉴》记载，1912年左右，江苏银行总经理陈光甫曾编纂《江苏年鉴》（未完稿）。民国时期，江苏也是我国年鉴编纂种类和数量最多的地区之一，20世纪20年代先后编纂出版《江苏教育会年鉴》《江苏政治年鉴》《南通教育年鉴》《武进年鉴》，30年代编纂出版《无锡年鉴》《江苏省公路局年鉴》《无锡县公安局年鉴》，40年代编纂出版《吴县工运年鉴》《大生纺织公司年鉴（1895—1947）》（稿本）等。1949年以后年鉴编纂暂时中断，改革开放以后重新兴起。江苏大规模的年鉴编纂事业起步于20世纪80年代初，几乎与我国的改革开放事业同步。30 多年来，江苏年鉴的发展历程，大致经过了 4 个时期。

（一）改革开放初期，伴随着社会经济的不断发展，年鉴应运而生，并逐步发展壮大

1983 年，我省第一部市级地方综合年鉴《苏州年鉴》（内部资料）创刊；1985 年，全省第一部区级年鉴南京市《玄武年鉴》（内部资料）创刊；1986 年，全省第一部县级年鉴《吴县年鉴》（内部资料）创刊，同年《江苏年鉴》前身《江苏经济年鉴》创刊。到 1990 年底，全省综合年鉴共有 17 部，其中省级年鉴 1 部、市级年鉴 3 部、县级年鉴 6 部、区级年鉴 7 部。在综合年鉴发展的同时，专业年鉴特别是统计年鉴的编纂也开始兴起。

（二）进入 90 年代，年鉴在“两个文明”建设中的作用日益显现，迎来快速发展的时期

1993 年，江苏省地方志办公室（以下简称“江苏省志办”）提出，编纂综合年鉴是地方志工作的重要组成部分，省辖市和经济条件较好的县（市、区），可每年编纂出版一部年鉴，经济条件比较困难的地方，可以考虑一届政府任内编写出版一部年鉴。1997 年 2 月，省政府召开全省地方志第三次工作会议，提出要努力做好省、市、县三级年鉴的编纂工作。1998 年 2 月，省政府批准的省志办机构改革方案明确规定，省志办除负责对《江苏年鉴》杂志社的管理外，负有对市、县综合年鉴的编纂工作进行业务指导的职责。1999 年 1 月，省地方志编纂委员会专门下发《关于加强市、县地方综合年鉴管理工作的意见（试行）》。至 1999 年，综合年鉴增加至 61 种，其中 13 个省辖市全部编纂年鉴，实现市级年鉴全覆盖。综合年鉴数量快速增长，专业年鉴的数量和种类也不断增加，尤其是统计年鉴，各市、县（市、区）都有编纂。

（三）进入新世纪，随着《江苏省 2001—2010 年文化大省建设纲要》的实施和《地方志工作条例》的颁布，年鉴呈现繁荣发展的局面

2001 年，省委、省政府印发《江苏省 2001—2010 年文化大省建设纲要》，把文化建设纳入经济与社会发展全局，综合年鉴迎来新的发展机遇。2006 年，国务院《地方志工作条例》以及 2008 年江苏省实施办法颁布后，江苏省加大了推进市县年鉴全

覆盖的力度。至2009年，江苏在全国率先实现市、县（市）年鉴全覆盖，并逐步推动市辖区年鉴的编纂。截至2015年底，全省在编综合年鉴100部（含《苏州工业园区年鉴》），市、县（市、区）两级综合年鉴覆盖率90%。所有在编的省、市、县三级年鉴，全部实现一年一鉴，除个别外都是公开出版。2012年，《江苏年鉴》同时出版英文版。

在编纂省、市、县三级综合年鉴的同时，江苏省逐步推动有条件的乡镇、村年鉴以及专业年鉴的编纂。2014年，泰州市高港区永安洲镇编纂出版了江苏第一部乡镇年鉴。此外，全省还有各级各类专业年鉴200多种（包括各级统计年鉴）。

二、主要做法和经验

江苏年鉴工作走在全国前列，年鉴的整体质量在全国名列前茅，主要做法和经验是如下。

（一）坚持正确的政治方向和存真求实的原则，是推进年鉴工作持续健康发展的灵魂所在

年鉴是对当地经济社会发展年度情况的全面反映，是增强社会主义意识形态吸引力和凝聚力的重要载体。因此，必须始终坚持高举中国特色社会主义伟大旗帜，以邓小平理论、“三个代表”重要思想、科学发展观为指导，深刻领会党的十八大和十八届三中、四中、五中全会精神，全面贯彻落实习近平总书记系列重要讲话精神，始终坚持正确的政治方向，体现社会主义核心价值体系，坚持为党为国为民立言。在编纂工作中，必须坚持存真求实的工作原则，忠实于历史，忠实于事实，围绕党委政府的工作大局，体现党委政府的工作要求。只有客观准确地记述全省各地建设中国特色社会主义的伟大实践，才能够留下经得起历史检验的精品年鉴。

（二）各级党委政府重视和关心，是推进年鉴工作持续健康发展的有力保障

江苏省始终坚持“党委领导、政府主持”的领导体制，年鉴编纂工作得到各级党委、政府的重视。历任省长和分管副省长经常过问地方志（年鉴）工作，为地方志（年鉴）工作批示或到省志办视察指导工作。《江苏年鉴》每年由省长作序，图片和重要

篇目由省政府办公厅主审，编纂出版经费列入财政预算。截至 2015 年底，全省各地都建立起由政府主要领导担任主任的年鉴（地方志）编纂委员会，及时协调解决年鉴工作中的一些重大问题。许多地方还把年鉴工作纳入国民经济社会发展规划和年度目标考核内容。省政府及办公厅、省地方志编纂委员会先后多次下发文件，对做好年鉴工作提出明确要求。2008 年 12 月，省政府召开全省第一次年鉴工作会议。从 2010 年起，江苏省年鉴奖由省政府发文通报表彰。2015 年省政府召开常务会议，专题研究地方志机构编制问题，解决少数地方年鉴编纂无机构和没有开展编纂年鉴的问题。同年 12 月，省政府办公厅印发《江苏省贯彻〈全国地方志事业发展规划纲要（2015—2020 年）〉实施方案》，提出要进一步做好地方综合年鉴工作，江苏省年鉴事业进入了一个新的发展时期。

（三）坚持质量第一的原则，是推进年鉴工作持续健康发展的关键环节

质量是年鉴的生命，关乎年鉴事业发展的根本。在年鉴编纂实践中，广大年鉴工作者坚持质量第一的原则。江苏省志办以开展质量评比为重要抓手，促进全省年鉴整体质量不断提高。1994 年全省地方志优秀成果评奖，首次把综合年鉴列入评奖范围。2010 年开展首届江苏省年鉴奖评比，评比结果由省政府办公厅通报表扬。2011 年开展首届综合年鉴框架设计和条目质量评比，评比结果由省志办通报表扬。评比活动结束后，还召开总结点评会，对参评年鉴进行分析点评。两项评比活动均为每两年开展一次，对于提高各地编纂积极性，树立质量意识起到了良好的推动作用。此外，有些市县也采取不同的方法提高年鉴质量。例如，《南京年鉴》实行政府审批制度，建立编辑工作责任制，从制度建设入手保证年鉴质量；《扬州年鉴》通过不断创新，提升年鉴质量，树立品牌形象；《张家港年鉴》率先推出“悬赏捉差错活动”，被评为中国年鉴界年度十件大事之一。在全国地方志系统第一、第二届年鉴优秀成果奖评比中，江苏特等奖年鉴获奖数占全国的 1/3，特等奖、一等奖获奖总数占全国的 1/5，整体质量在全国处于领先地位。

（四）加强年鉴编纂管理指导，是推进年鉴工作水平不断提升的重要手段

自全省开展年鉴编纂工作以后，省地方志编纂委员会及其办公室还专门制定有关综合年鉴的管理办法、编纂规范等方面的文件，加强对全省年鉴工作的管理和指导。

例如，1999年1月，省地方志编纂委员会下发《关于加强市、县地方综合年鉴管理工作的意见（试行）》，对综合年鉴的领导机构和工作班子、编纂时限、经费和发行、送审手续等作出具体规定。2008年12月，以省政府令颁布《江苏省〈地方志工作条例〉实施办法》，规定综合年鉴的审查、出版、报送的具体要求。2009年1月，江苏省志办印发《江苏省地方综合年鉴管理办法》，进一步明确省志办是全省综合年鉴的管理和指导机构，对年鉴的主管主办和编纂机构、经费和人员保障、质量要求和审查办法、年鉴工作年报制度、质量评比和表彰奖励等作出具体规定。2010年，江苏省志办专门成立年鉴工作处，进一步加强对全省年鉴的管理和指导。2012年12月，江苏省志办印发《江苏省地方综合年鉴编纂规范（试行）》，对年鉴的体例、框架、内容、表述、出版等作出具体规定。

（五）坚持创新引领发展，是推进年鉴编纂常编常新的重要抓手

江苏省志办结合年鉴业务培训、评比点评、理论研讨，坚持创新引领发展，推动年鉴事业科学发展、创新发展。江苏省志办先后于2011年、2014年通过分类分级等形式，专题举办全省综合年鉴2011卷大纲创新研讨会、全省综合年鉴大纲创新研讨会，围绕年鉴大纲创新意义、创新思路、创新目标、创新方法、创新误区展开研讨交流，并结合各地年鉴大纲，就如何突出时代特色、年度特点、地方特色以及年鉴自身特色展开讨论，收到良好效果。同时编印《市、县（市、区）综合年鉴大纲选编（2011）》，供各地交流借鉴。针对全省综合年鉴编纂面广量大，以及编纂过程中不断出现的新情况新问题，江苏省志办创新工作方法，加强点上指导，以点带面，增强指导的针对性和有效性。2014年，首先选择南通市、南京市栖霞区、太仓市、金湖县4个单位进行点上指导，以期达到研究方法、探索规律，把握质量、推出精品，总结经验、提供借鉴的目的。这是江苏年鉴工作方法的一个创新，得到基层单位的好评。

（六）建设一支高素质的编纂队伍，是推进年鉴工作持续健康发展的坚实基础

高素质的队伍是年鉴工作持续发展的基础。全省综合年鉴健康发展的过程，也是年鉴编纂队伍建设不断加强的过程。30多年来，各地围绕队伍建设做了大量卓有成效的工作，年鉴编纂人员从无到有、从少到多，逐渐形成和锻炼出一支老中青相结合、专兼职相结合的专业队伍。江苏省志办通过加强业务培训，不断提高编纂人员能力水

平。自全省年鉴工作开展以来，江苏省志办定期或者不定期举办培训班。尤其是2006年以来，每年都举办1—2次培训班。从2011年开始，主要结合江苏省年鉴奖评比、综合年鉴框架设计和条目质量评比总结点评会，以及《江苏年鉴》组稿会，对主编和编辑人员进行业务培训。据不完全统计，2006—2015年10年中，江苏省志办共举办各类培训班15次，累计培训2000余人次。培训班上，印发《年鉴质量规范参考资料》《年鉴工作参考资料》《图书编辑校对实用手册》等。各市、县（市、区）也不定期对各单位、各部门供稿人员进行业务培训，省志办还派人进行授课辅导。南京、盐城、苏州、徐州等市，还采用对当年已出版的辖县、区年鉴或者大纲进行分析点评的方式，对编纂人员进行业务培训。

三、2015-2016年发展概况

2015—2016年，在省委、省政府和省地方志编委会的领导下，全省地方志系统认真学习党的十八大与十八届三中、四中、五中全会精神和习近平总书记系列重要讲话精神，全面贯彻落实《全国地方志事业发展规划纲要（2015—2020年）》，坚持依法治鉴，不断推进年鉴工作高位、高水平运行，年鉴质量不断提升。

（一）年鉴编纂出版情况

截至2016年底，全省在编综合年鉴100部（含《苏州工业园区年鉴》），其中省级综合年鉴1部、市级年鉴13部、区县年鉴86部（含《苏州工业园区年鉴》）。除2部年鉴未公开出版外，其余全部公开出版。《江苏年鉴》同时出版英文版。《江苏年鉴》2015卷、2016卷以创新为导向，编纂质量进一步提升，主要表现在以下几个方面。

一是科学设计，着力提高年鉴记述的权威性。江苏是全国经济大省，为全面反映全省经济状况，设立《经济结构》栏目，反映全省产业结构、所有制结构、消费结构等宏观经济情况。重视权威性资料的收集和选用，在各单位供稿基础上，大量采集各单位的公报、年报、报告、白皮书、蓝皮书、情况通报等权威性资料，并将其中有价值的内容编入年鉴，以增强内容的权威性和可信度，2015卷共著录引用文献资料50份。

二是深入记述，着力提高年鉴文献价值。《江苏年鉴》注重综合性内容记述，强调资料的延续性和稳定性，大力充实综述、概况等内容，努力保证资料的全面性、真实性、准确性，力求全面客观地反映全省经济社会发展现状；注重一次文献资料的收集和选用，重视基础数据的采集和资料信息的完善，大量引用分析报告、调研报告等资料。图表资料是年鉴资料的重要组成部分，例如，《江苏年鉴》2015 卷收录图片 646 幅，表格（名录）235 张（份）。此外囿于年鉴体例，一些内容无法展开，《江苏年鉴》在相关条目下新设“延伸阅读”，以扩展条目内容的信息量。2015 卷设置“延伸阅读”80 条，内容涵盖法规文件解读、典型案例介绍、典型经验介绍等各方面。

三是精心提炼，着力提高年鉴的地方特色和年度印记。2015 卷图片专题栏目设“江苏要闻”“2014 年终・盘点”“国家公祭南京 12・13”“第二届夏季青年奥林匹克运动会”“运河记忆”“鱼米之乡 美好江苏”6 个专题，共选用图片 293 幅。特载栏目重点记述和反映南京大屠杀死难者国家公祭、江苏省党的群众路线教育实践活动、南京青奥会、大运河（江苏段）申遗等年度大事。

（二）年鉴指导工作开展情况

2015—2016 年，江苏省志办结合全省年鉴编纂工作实际情况，以提高年鉴编辑人员业务能力和提升全省年鉴整体质量水平为主要任务，分片举办业务人员培训班，召开年鉴优秀成果奖评选活动总结点评会，组织开展综合年鉴框架设计和条目质量评比活动，举办年鉴编纂理论研讨会等。

1. 举办第三届江苏省年鉴奖评选活动总结点评会。第三届江苏省年鉴奖评选活动于 2015 年 2 月结束，省政府办公厅发文通报表彰。为分析总结此次评选活动全省年鉴总体质量情况，明确以后年鉴编纂工作努力方向，4 月召开了总结点评会，各省辖市、县（市、区）地方志办公室以及部分省级专业年鉴代表 140 余人参加会议。

2. 举办苏南、苏中、苏北三片年鉴编纂培训班。为进一步提升年鉴编辑人员的业务水平，根据各地年鉴编纂工作的实际以及市县的要求，2015 年 4—5 月，江苏省志办先后在江阴、南通、铜山举办培训班，各省辖市志办年鉴处长，县（市、区）志办年鉴主编等 170 多人参加培训。培训班由省志办分管年鉴的副主任、年鉴处负责人授课，主要内容有年鉴框架设计创新、年鉴记述内容的价值取向、年鉴编纂基本规范、年鉴编辑中的若干问题等。

3. 开展年鉴框架设计和条目质量评比及点评会。此项评比活动每逢单年举办一次，2015 年是第二次，范围是 2015 年卷综合年鉴，内容是整体框架设计以及特色（创新、规范）栏目以及条目。经组织专家初审和省志办复审，最终评选出整体框架一、二、三等奖 37 个，特色（创新、规范）栏目一、二、三等奖 57 个，条目一、二、三奖81个。对于获奖的单位，省志办发文通报表扬。2016年3月23—24日，召开总结点评会，邀请有关专家对2015年度的年鉴框架设计和综述性条目质量进行分析点评。会议还进行了业务培训和讲座。与会代表就年鉴编纂创新展开讨论，各市代表交流当地年鉴编纂特色和创新情况，并就创新思路、创新方法发表独到见解。

4. 召开全省乡镇年鉴编纂工作座谈会。2015年8月，国务院办公厅印发的《全国地方志事业发展规划纲要（2015—2020年）》和江苏省的实施方案，拓展了地方志工作机构的职能范围，提出要加强对已开展和准备开展志鉴编纂工作的行业、部门、单位等的业务指导和管理。为了探索全省乡镇年鉴编纂的新路子，稳步推进全省乡镇年鉴编纂试点工作，2016年4月21日，省地方志办公室在泰州市高港区召开全省乡镇年鉴编纂工作座谈会。截至2016年底，全省在编乡镇年鉴2部，在编村级年鉴1部。

（三）年鉴理论研究开展情况

2015年12月，江苏省年鉴理论编纂研讨会在太仓召开，近80位年鉴工作者参加会议。研讨会的主题是“互联网背景下年鉴编纂的创新与发展”，共收到论文56篇，编印成《江苏省年鉴编纂理论研讨会论文汇编》，在会上交流使用。研讨会主要围绕年鉴框架设计创新、年鉴记述内容和方法创新、年鉴版式与装帧设计创新、年鉴资源开发利用创新、年鉴编纂组织模式创新等方面展开研讨。会后，推荐5篇论文陆续刊登在《江苏地方志》杂志上。

四、存在问题及发展方向

截至2015年底，全省还有部分市辖区没有地方志工作机构，11个市辖区没有编纂年鉴，少数年鉴的编纂质量还有待进一步提升，年鉴资源开发利用的水平还有待进一步提高，编纂队伍建设还有待进一步加强。

（一）建立健全机构，实现三级年鉴全面覆盖

针对19个市辖区没有地方志工作机构，其中11个尚未编纂年鉴的情况，2015年10月省政府召开第70次常务会议，专题研究落实部分市辖区设置地方志工作机构问题。随后，江苏省编办与省志办联合下发《关于规范和加强市辖区地方志工作机构设置的意见》，明确要求尚未设置地方志工作机构的19个市辖区要在2016年6月底

前设置机构，拨付编制，专人负责。省志办将积极推动11个尚未编纂年鉴的市辖区在2016年底前启动编纂工作，实现全省省、市、县（市、区）三级年鉴全覆盖。

（二）加大创新力度，提升年鉴编纂整体质量

针对少数年鉴编纂质量提升较慢，与质量较高的年鉴之间差距较大的情况，江苏省志办计划采取“定点辅导”“开小灶”的方法,加大对质量落后地区年鉴的指导力度。同时，要促进这些地方树立精品意识，使这些地方的年鉴质量逐年有所提高，从而提升全省年鉴质量整体水平。

（三）坚持编以致用，提高资源开发利用水平

针对长期以来年鉴编纂“重编轻用”的状况，2015年10月，省政府第70次常务会议审议通过“江苏省地方志信息化建设及资源开发利用项目”建设计划。江苏将在全省地方志资源数字化处理的基础上，通过以“一库一网二平台三系统”为核心的建设工作，推动全省地方志信息化建设。计划到2017年底，实现省、市、县（市、区）年鉴数据标准规范建设、智能检索和共享共用，进一步提高开发利用水平，充分发挥年鉴资源在服务全省经济社会发展中的作用。

（四）切实加强年鉴编纂队伍建设

总体上看，通过多年的年鉴工作实践，全省年鉴编纂队伍基本能够满足实际工作需要，但是也存在少数地方编辑力量不够，尤其是专业人员不足；部分地方以聘用老同志为主，在职编辑缺乏；部分人员专业知识缺乏，理论研究不够等问题。为此，江苏省志办将继续加强年鉴编纂队伍建设。一是继续加大培训力度，提高培训质量。二是加强对基础理论知识的培训以及年鉴编纂理论的研究，提高编纂队伍的理论素养。三是做到培训形式多层次、多样化，满足不同对象的需要。总之，需要通过不同途径、不同方法和形式，提高年鉴编纂人员的各方面素质和水平，打牢全省年鉴工作持续发展的基础。

山东省年鉴发展报告

■ 山东省地方史志办公室

提要：山东省年鉴工作伴随着改革开放的步伐兴起，年鉴事业从无到有，由小到大，由弱到强。从 20 世纪 80 年代中期创办开始，大致经历了起步探索、渐趋成熟到创新发展提高几个阶段。截至 2016 年底，全省各级各类年鉴发展到 250 多种，成为全国年鉴编纂出版数量较多的省份之一。近年来，山东省史志办认真贯彻落实《山东省地方志事业发展规划纲要（2016—2020 年）》，计划到 2018 年实现县级综合年鉴“一年一鉴、公开出版”全覆盖。同时，本报告还指出了全省年鉴工作存在的五个方面主要问题，提出了合理的意见和建议。

关键词：山东省　年鉴　基本情况　发展特点

一、山东省年鉴事业发展历程

山东省年鉴工作伴随着改革开放的步伐兴起，从无到有，由小到大，由弱到强。从 20 世纪 80 年代中期创办开始，山东省年鉴事业至今大致经历了起步探索、渐趋成熟到创新发展提高几个阶段。

1986 年 5 月 10 日，山东省地方史志编纂委员会向省委、省政府上报《关于编辑出版〈山东年鉴〉的报告》，得到了省委、省政府的批准同意。1986 年 6 月 11 日，山东省人民政府办公厅向各市人民政府、各行署、省直各部门等有关单位转发该报告。在各级、各部门的关心支持下，经过各方面共同努力，全省第一部省级综合性大型年刊《山东年鉴》1987卷，于1988年4月由山东人民出版社正式出版发行。时任山东省省长姜春云为1987卷作序，充分体现了省委、省政府领导对创办、编纂年鉴的关心、重视和支持。1993年经国家新闻出版总署批准，取得国内统一连续出版物号，即以年刊形式存在，更便于组稿、出版、发行等工作。从1992年起，《山东年鉴》由省人民政府主办、省地方史志编纂委员会承办，之后改由山东省人民政府办公厅主管，山东省地方史志办公室（以下简称“山东省史志办”）主办、承编，每年出版一卷，现已连续出版30卷。

全省首部市级综合年鉴《淄博年鉴》于1987年创刊，此后《青岛年鉴》《济南年鉴》《烟台年鉴》分别于1988年、1989年、1990年创刊，至2003年《济宁年鉴》创刊，全省17市综合年鉴编纂实现“一年一鉴”全覆盖。1987年，《曲阜年鉴》《成武年鉴》创刊，是山东创刊较早的两部县级综合年鉴。此后，部分县级年鉴、部门年鉴和企业年鉴也相继创办，全省年鉴事业进入了初创起步探索时期。

进入20世纪90年代，随着全国的“年鉴热”，山东省年鉴事业蓬勃发展。为了促进年鉴事业健康发展，1994年5月成立全省性的年鉴社团组织——山东省年鉴学会，各专业年鉴委员会也相继成立。学会成立后，加强对年鉴工作的业务指导和信息交流，组织举办每年一次的全省年鉴学会年会、两年一次的全省优秀年鉴评奖活动及年鉴优秀论文评比和业务理论研讨等活动，较好地发挥了学会的桥梁纽带作用。经过十几年发展，全省年鉴的数量和种类迅速增加。截至1999年底，全省已出版各级各类年鉴80多种，17个市（地）中有16个市（地）出版综合年鉴，县级综合年鉴出版30多种，同时一些部门、企业也编纂出版专业年鉴。

进入新世纪，全省各级各类年鉴在发挥传统优势的同时，积极在体例框架、资料内容、编辑出版和内部管理等方面进行总结、创新和提升。2005年9月29日，山东省十届人大常委会第十六次会议通过《山东省地方史志工作条例》，自2005年12月1日起施行。2006年5月18日，国务院《地方志工作条例》颁布实施。2015年8月25日，国务院办公厅印发《全国地方志事业发展规划纲要（2015—2020年）》（以下简称《规划纲要》）。同年10月20日，山东省政府办公厅印发《山东省地方史志事业发展规划纲要（2016—2020年）》（以下简称《山东规划纲要》），是全国规划纲要出台后第一个由省级政府办公厅印发的史志事业发展规划纲要。全省各地深入学习贯彻两个条例和规划纲要，牢固树立法治观念，提高依法办鉴、依法编鉴的自觉性，加大年鉴改革创新力度，提高编纂质量，全面、真实、客观地反映了新时期各项事业改革和发展的历史，为党政机关、社会各界以及广大读者提供有效服务，为编修志书积累宝贵的资料，在宣传展示山东、弘扬齐鲁文化、促进地方经济社会发展等方面发挥了重要的作用。

截至 2016 年底，全省各级各类年鉴发展到 250 多种，其中，省级综合年鉴 1 种，市级综合年鉴 17 种，县级综合年鉴 110 种，专业年鉴 120 多种，成为全国年鉴编纂出版数量较多的省份之一。年鉴编纂质量稳步提高，涌现出一批在全国具有一定影响的年鉴品牌，全省的年鉴工作进入了数量与质量同步提高的新阶段。

纵观全省年鉴事业 30 年发展历程，之所以能够取得科学发展的良好局面，最关键的是坚持了三个原则：一是坚持政府办鉴原则。省、市、县三级地方综合年鉴均由同级政府主办、史志工作机构承编，是山东省年鉴工作的一个突出特点。目前，山东省各级综合年鉴均采用由同级政府主要领导或分管领导任主审、政府分管领导或史志机构主要负责人任主编的模式。实践证明，这一模式，有利于加强对年鉴工作的领导，有利于加强对年鉴业务工作的指导和联系，有利于年鉴编纂质量的提高，尤其是有利于志鉴互补，使志鉴资源合理运用，形成以志促鉴、以鉴补志的良性循环和可持续发展局面。二是坚持依法管鉴原则。国家、省两个条例和规划纲要都将地方综合年鉴纳入依法管理的范围，重申修志编鉴工作是各级政府的“官职”“官责”，强化史志部门对修志编鉴工作的管理、服务和督导职能，为做好地方史志工作提供了有力的法律保障。山东省为建立健全年鉴工作管理机制，使年鉴工作逐步走上法治化、规范化轨道，做到依法办鉴、依法管鉴，促进全省年鉴事业有序发展，依据国务院《地方志工作条例》《山东省地方史志工作条例》及有关政策、法规，山东省地方史志编委会于 2008 年 9 月印发《山东省年鉴编纂业务管理办法（试行）》，对年鉴的管理原则和范畴、编纂资格、编纂质量及奖励与处罚等作了明确具体的规定，是对两个条例精神的具体和深化，具有较强的可操作性。三是坚持质量第一原则。30 年来，山东省年鉴工作始终认真贯彻“质量第一”的原则，坚持高起点、高标准、高质量，把精品意识贯穿到年鉴工作的全过程和各个环节，严格把好质量关，全面、系统、翔实地记录了山东经济社会发展进步的轨迹。从 2006 年开始，每两年组织一次山东省优秀年鉴评比活动，调动各级各类年鉴编纂人员提高编纂质量的积极性。

二、2015 年、2016 年山东省年鉴事业发展基本情况

2015 年、2016 年，全省年鉴工作以国务院《地方志工作条例》和《山东省地方史志工作条例》为总抓手，深入贯彻《规划纲要》和《山东规划纲要》，认真落实《地方综合年鉴编纂出版规定（试行）》和《山东省年鉴编纂业务管理办法（试行）》，按照改革创新、提速增效的工作思路，推动全省年鉴事业科学发展。

（一）《山东年鉴》2015 卷、2016 卷编纂工作

《山东年鉴（2015）》把提速增效放在重要位置来抓，通过优化栏目设置，注重稿件内容提炼，突出重点内容和地方特色，严格控制篇幅，采取更加灵活的组稿手段和编校方式，压茬推进的合理流程和严格的审校环节，加快编校节奏，首次实现 6 月底出版。

2015 卷年鉴的主要特点：一是出版时间比上年又提前一个多月，是全国出版最早的省级综合年鉴，年鉴的时效性和实用性得到更加充分的体现。二是继续刊载党和国家领导人在山东考察的图片专版。三是设置党的群众路线教育实践活动专记。四是增加省政府专题（座谈）会议内容，详细记载郭树清省长主持召开的十五次专题（座谈）会议的情况。五是收录郭树清省长和中国社会科学院副院长、中指组常务副组长李培林对山东省史志工作的重要批示。六是收录蓝黄“两区”（即山东半岛蓝色经济区、黄河三角洲高效生态经济区）和“一圈一带”（即省会城市群经济圈、西部经济隆起带）经济发展指标，用数字形式展示省委、省政府重大决策部署的落实情况。七是设置甲午年祭孔大典图片专版，记录缅怀中华先贤孔子、传承弘扬优秀传统文化仪式盛况。八是使用 7 个二维码，收录视频和一次文献资料，创新年鉴的形式，丰富年鉴的内容，形象直观地展示有关工作。九是在全省概况栏目增加全省深化改革、精神文明建设、生态文明建设的内容，突出对重点工作的记述。十是市县概况部分按照“强市弱县”的办法，压缩内容，提高特色条目的内涵，增强年鉴的时代特征。十一是遵循“科学性、可行性、平衡性”的原则，对年鉴框架结构进行局部调整，由上年的 24 个栏目调整为 27 个栏目。十二是内文插入代表栏目特色、具有重要现实意义和存史价值的随文图片 92 幅，运用表格示意图 80 个，图文并茂。

《山东年鉴（2016）》于 6 月 29 日出版发行，继续保持全国领先。该卷年鉴突

出“改革创新，提速增效，服务现实”的工作理念，全面客观地反映2015年度全省政治、经济、文化、社会、生态等各方面的发展变化。主要有以下特点：一是收录国务院总理李克强对地方志工作的重要批示，彰显党中央、国务院对地方志工作的高度重视。二是继续刊载党和国家领导人在山东的图片专版，体现党和国家对山东各项事业发展的关怀。三是设置第二十二届国际历史科学大会和国际教育信息化大会专版，收录国家主席习近平致两个大会的贺信，以图片的形式反映当今影响最大的历史学国际盛会和以“信息技术与未来教育变革”为主题的首届国际教育信息化大会在山东召开的盛况。四是设置省领导活动图片专版，收录42名省领导2015年度围绕省委、省政府的中心工作调研活动照片。五是增设组织机构和负责人专栏，收录省委、省人大常委会、省政府、省政协、省纪委、省法院、省检察院领导成员及其组成部门、直属机构、事业单位机构名称及其副厅级以上领导名单，各民主党派、人民团体机构名称及其副职以上领导名单。六是增设辉煌“十二五”专版，用条形图的方式形象直观地反映山东省“十二五”期间的发展变化。七是山东省史志办被确定为首批全国年鉴工作暨中国年鉴精品工程试点单位，本卷年鉴被纳入中国年鉴精品工程。八是使用10个二维码，收录视频和一次文献资料，丰富年鉴的内容，形象直观地展示有关工作。九是遵循“科学性、可行性、平衡性”的原则，对年鉴框架结构进行调整，由上年的27个栏目调整为32个栏目。十是内文插入代表栏目特色、具有重要现实意义和存史价值的随文图片140幅，运用表格示意图110个，图文并茂。

（二）市县综合年鉴编纂工作

截至2016年底，山东省17个地级市均编纂出版综合年鉴，做到当年编纂，当年出版。其中，《淄博年鉴》已连续出版30卷，是山东省创办最早的市级综合年鉴；《青岛年鉴》《济南年鉴》《烟台年鉴》已分别连续出版29卷、28卷和27卷。近年来，随着年鉴提速增效的要求，特别是2012年中指组印发《地方综合年鉴编纂出版管理规定（试行）》后，全省各地认真贯彻落实规定精神，早动手、早准备，加快年鉴编纂工作节奏，年鉴出版时间均提前1—2个月。《东营年鉴》《青岛年鉴》《济南年鉴》《淄博年鉴》《德州年鉴》《菏泽年鉴》《莱芜年鉴》《泰安年鉴》等市级综合年鉴均做到了9月份之前出版。

截至2016年底，全省共编纂出版县级综合年鉴65部。《河口年鉴》《齐河年鉴》

《沂水年鉴》《利津年鉴》《德城年鉴》《夏津年鉴》《黄岛年鉴》《五莲年鉴》等县级年鉴加快编纂出版进度，成绩显著。

（三）专业年鉴编纂工作

据不完全统计，截至2016年底，山东省共编纂出版各级各类专业年鉴80多部，其中年内新创刊4部。《山东商务年鉴》2015卷于6月出版、2016卷5月出版，是省内最早出版的专业年鉴。2015—2016年，省史志办年鉴工作处应省委统战部、省商务厅、山东交通学院、省卫生计生委、省食品药品监管局、省国土资源厅、省水利厅、省政府办公厅等单位邀请，派员进行年鉴业务知识培训，加强对专业年鉴编纂工作的指导。

《山东地方史志年鉴》是山东省史志办编纂的专业性年鉴，2015卷为创刊号。该年鉴主要反映全省地方史志工作的发展现状，展示全省史志系统的精神风貌，为社会各界了解山东史志工作提供系统权威的信息，2015年12月由中国文史出版社出版。《山东地方史志年鉴（2016）》共设14个栏目，全书64.5万字，全面客观地记载2015年全省史志工作的基本情况和取得的丰硕成果，2016年11月由中国文史出版社出版。

（四）开展全省史志系统学习优秀年鉴活动

2015年，山东省从6月开始，用近半年时间，发动全省史志机构认真学习32种全国优秀年鉴。各市高度重视本次活动，年鉴业务人员积极参与、学习广泛、扎实研究，撰写82篇理论文章，在11月上旬东营举办的全省史志系统学习优秀年鉴活动总结交流会上，8位文章作者作汇报交流。这次学习优秀年鉴活动，树立学习标杆，创新工作理念，拓宽编纂思路，解决年鉴编纂过程中遇到的新情况、新问题，调动全省年鉴工作者理论学习的积极性，提升年鉴编纂人员的业务素质，有力推进了全省年鉴工作，在全国尚属首创。

（五）加强业务培训工作

2015年8月24—29日，山东省史志办在济南举办全省精品志书编修培训班。中指组常务副组长李培林出席开班式并讲话，山东省人民政府办公厅党组成员、省史志办主任刘爱军出席开班式并作动员讲话，中指组副秘书长兼办公室副主任冀祥德为学员上第一课。新疆、西藏、青海、云南、内蒙古五个省（区）55 名史志工作者，部分市、县（市、区）史志办分管业务的主任、主编及部分省志承编单位和省直专业年鉴的业务人员共 170 余人参加。培训班上，知名年鉴专家王晓杰、哈幸凌分别以年鉴框架及装帧设计、年鉴条目编写为题进行专题授课和讲解。

2016 年 8 月 22—26 日，山东省精品志书编修培训班在济南开班。中指组副秘书长兼办公室副主任冀祥德，山东省人民政府办公厅党组成员、省地方史志办公室主任刘爱军出席开班仪式并讲话，冀祥德以《依法治志的目标及其实现路径》为题，为学员们上了第一课。新疆、西藏、青海、云南、内蒙古五省（区）52 名史志工作者，部分市、县（市、区）史志办分管业务的主任、主编及部分省志承编单位、省直专业年鉴的业务人员共 170 余人参加。培训班上，中指办副主任刘玉宏、邱新立，方志处处长陈旭莅临指导并授课，知名年鉴专家张恒彬、哈幸凌分别以《年鉴编纂的创新与发展》《年鉴条目内容的选择与编写》为题进行专题授课和讲解。

2014 年 11 月 24—25 日，山东省史志办组织召开《山东年鉴》2015 卷市县组稿培训会议，中指办年鉴处处长杨军仕到会授课，各市史志办分管副主任、年鉴科（处）长，部分县（市、区）年鉴业务人员 80 多人参加会议。12 月 3 日，召开《山东年鉴》2015 卷省直部门组稿培训会议，邀请广东年鉴社社长莫秀吉到会授课，省直年鉴撰稿人共 130 余人参加会议。两次会议分别传达《山东年鉴》2015 卷组稿方案精神，总结工作，部署任务，组织交流，开展业务培训，提高编纂人员的业务能力。

2015 年 11 月 11—12 日，全省史志系统学习优秀年鉴活动总结暨《山东年鉴》2016 卷市县组稿培训会议在东营市召开，会议总结全省史志系统学习优秀年鉴活动，部署《山东年鉴》2016 卷市县供稿工作。会上邀请中指办年鉴处处长杨军仕以《全国年鉴事业发展回顾与展望》为题进行授课，安徽省地方志办公室副主任王守亚在编辑的境界、编辑基本功、稿件编辑等方面进行详细讲解，专家授课实用性强，开阔视野，对年鉴编纂具有很强的指导意义。12 月 2 日，《山东年鉴》2016 卷省直部门组稿会议在济南召开。会议深入贯彻《山东规划纲要》精神，总结《山东年鉴》2015 卷编纂情况，部署《山东年鉴》2016 卷供稿工作，同时对撰稿人员进行培训。

2015 年 1 月和 12 月，淄博市史志办通过召开全市年鉴工作会议和举办全市地方史志业务培训班，累计对全市数百名年鉴撰稿人进行业务培训，为年鉴编纂质量的持续稳定提高奠定坚实基础。

2016年10月20日，青岛市史志办召开年鉴编纂业务研讨会。12月28日，召开区市年鉴工作座谈会，围绕年鉴工作的管理方法、工作流程、编纂规范、审核校对、设计印刷和出版发行等几个方面进行业务培训。

2016年3月25日，东明县史志办举办《东明年鉴》编纂人员学习班，全县130余名年鉴供稿人参加学习。6月15日，平阴县史志办举办《平阴年鉴》撰稿人员培训班，就年鉴基本知识、写作要求、行文规则及注意事项对撰稿人员进行专题培训和辅导。12月9日，郓城县史志办开展年鉴业务学习系列活动之年鉴编纂“讲学评”，学习研讨全国特等县区级综合年鉴。

三、取得的主要成绩和年度发展特点

（一）出版时间提前，年鉴的时效性充分体现

《山东年鉴》2015卷首次实现6月底出版，2016卷6月29日出版，是全国出版最早的省级综合年鉴。东营市史志办多措并举，在提高年鉴编纂质量、加快编纂出版速度上下功夫，《东营年鉴》2015卷实现6月底出版，2016卷7月出版，是全省出版最早的市级综合年鉴。《青岛年鉴》《济南年鉴》《淄博年鉴》《德州年鉴》《菏泽年鉴》《莱芜年鉴》《泰安年鉴》等市级年鉴做了8月、9月出版。《河口年鉴》2015卷于6月中旬出版，《沂水年鉴》2016卷、《齐河年鉴》2016卷5月份出版，是全省出版最早的县级综合年鉴。《利津年鉴》《德城年鉴》《乐陵年鉴》《五莲年鉴》《夏津年鉴》《黄岛年鉴》等县级年鉴做到7月、8月出版，全省综合年鉴出版时间普遍提前1—2个月，年鉴的时效性和实用性得到更加充分的体现。

（二）牢固树立精品意识，全方位提升编纂质量

《山东年鉴》坚持“改革创新、提速增效”的工作理念，通过优化栏目设置，注重稿件内容提炼，突出重点内容和地方特色，加快编校节奏，2015年首次实现6月底出版。2015年12月，山东省史志办被中指办确定为首批全国年鉴工作试点单位。

《济南年鉴》坚持精编精校，努力提高文字质量。结合不断变化的实际，慎重

调整年鉴的整体设计、栏目框架结构和类目内容。贴近实际，反映时事，彩页制作以宣传公益类内容为主。《青岛年鉴》依据城市定位和年度特点，适时调整框架结构。在特色展现方面，彰显青岛作为山东半岛蓝色经济区核心区的龙头城市，在加快建设全国蓝色经济领军城市进程中取得的显著成就，充分体现青岛市科学发展、跨越发展的时代风貌。《淄博年鉴》在编纂出版过程中，牢固树立精品意识，提升品牌影响力；牢固树立服务意识，突出年度资料性文献的本质属性；牢固树立发展意识，不断推动全市年鉴工作迈上新台阶。《枣庄年鉴》在保持年鉴信息连续和一级栏目相对稳定的基础上，进一步创新年鉴编纂方式，全面提升编纂质量。2015 年 11 月，《枣庄年鉴（2014）》在“2015 年军队出版社图书印制军优产品”评奖活动中获优等图书奖。截至 2016 年，《枣庄年鉴》累计获得国家级荣誉 3 项（次），省级荣誉 22 项（次）。东营市年鉴编纂出版速度趋快，为现实服务的时效性明显提高。各县区年鉴学习外地优秀年鉴，结合实际，改进年鉴编纂工作，编纂质量有新的提高。泰安市年鉴工作围绕“出精品、求创新、早出版”的总体思路，着力抓好《泰安年鉴》和《泰安年鉴·袖珍本》编纂出版工作。威海市注重年鉴提质增速，坚持打造精品、常编常新的理念，提升资料内涵，加快编纂速度。临沂市加大年鉴编纂所需投入，致力于年鉴编纂的常编常新，不断探索年鉴框架设置与装帧设计等方面的新举措，全力打造年鉴精品工程。

在 2015 年度山东省优秀史志成果评选中，《青岛年鉴（2015）》《东营年鉴（2015）》《枣庄年鉴（2015）》《日照年鉴（2015）》《威海年鉴（2015）》《莱芜年鉴（2015）》《烟台年鉴（2015）》《滨州年鉴（2015）》8 部市级综合年鉴和《垦利年鉴（2015）》《曲阜年鉴（2015）》《滕州年鉴（2015）》《德城年鉴（2015）》《乳山年鉴（2015）》《成武年鉴（2015）》《巨野年鉴（2015）》《青岛西海岸新区·青岛市黄岛区年鉴（2015）》8 部县级综合年鉴，以及《山东食品药品监督管理年鉴（2015）》《山东社会科学年鉴（2015）》《山东建设年鉴（2015）》《山东商务年鉴（2015）》《山东金融年鉴（2015）》《山东档案年鉴（2015）》6 部专业年鉴，共 22 部年鉴获优秀年鉴，受到省政府办公厅的通报表彰。

在 2016 年度山东省优秀史志成果评选中，《山东年鉴（2016）》《济宁年鉴（2016）》《日照年鉴（2016）》《菏泽年鉴（2016）》《济南年鉴（2016）》《莱芜年鉴（2016）》《泰安年鉴（2016）》《聊城年鉴（2016）》《威海年鉴（2016）》《天桥年鉴（2016）》《招远年鉴（2016）》《诸城年鉴（2016）》《曲阜年鉴（2016）》《乳山年鉴（2016）》《武城年鉴（2016）》《曹县年鉴（2016）》《郓城年鉴（2016）》《崂山年鉴（2016）》《沂水年鉴（2015）》《泗水年鉴（2016）》《东营区年鉴（2016）》《山东地方史志年鉴（2016）》《山东人力资源和社会保障年鉴（2016）》《山东中小企业年鉴（2016）》《山东旅游年鉴（2016）》《山东省农业科学院年鉴（2015）》《山东建设年鉴（2016）》共27部年鉴获优秀年鉴，受到省政府办公厅的通报表彰。

2016年，在中指组组织的全国地方志优秀成果（年鉴类）评审工作中，山东省推荐的40部年鉴有26部获评，获评数量和比例均居全国前列。《山东年鉴（2014）》被评为特等年鉴，是三部特等省级综合年鉴之一。《东营区年鉴（2014）》被评为特等县区级综合年鉴；《东营年鉴（2014）》被评为一等地市级综合年鉴；《青岛年鉴（2014）》《淄博年鉴（2014）》《烟台年鉴（2014）》被评为二等地市级综合年鉴；《乳山年鉴（2014）》《利津年鉴（2014）》《博山年鉴（2014）》被评为一等县区级综合年鉴。

（三）贯彻《规划纲要》，推动县级年鉴编纂工作

山东省史志办认真贯彻落实《规划纲要》和《山东规划纲要》，开展全省县级综合年鉴摸底调查工作。多次与各市史志办沟通交流，及时了解全省县级综合年鉴编纂情况，督促各市制定县级综合年鉴倒排工期表，严格按照《山东规划纲要》确定的时限开展年鉴编纂工作，计划到2018年实现县级综合年鉴一年一鉴全覆盖。

2014年2月，济宁市史志办在全省较早印发《关于实行年鉴编纂一年一鉴正常化的通知》，于2016年全面启动县（市、区）“一年一鉴正常化”工作，确保2017年全部实现“一年一鉴正常化”的任务目标。2016年12月18日，济宁市政府办公室印发《济宁市地方史志事业发展规划纲要（2016—2020年）》（济政办字〔2016〕244号）、《济宁市史志工作“存史、资政、教化”三年行动计划（2016—2018年）》（济政办字〔2016〕245号），明确济宁市于2017年实现“一年一鉴”全覆盖。

2015年12月8日，泰安市政府办公室印发《关于贯彻落实鲁政办发〔2015〕46号文件精神推进地方史志事业发展的通知》，对今后五年全市史志工作作出规划，提出2018年6个县（市、区）实现一年一鉴、公开出版的目标。

2016年3月30日，东营市政府办公室印发《东营市地方史志事业发展规划纲要（2016—2020年）》（东政办发〔2016〕6号），结合东营实际，从总体要求、目标任务、保障措施三个方面，对东营市史志事业的发展做出总体设计。

截至2016年底，全省已有65个县（市、区）实现“一年一鉴、公开出版”的目标。其中，青岛、淄博、东营、莱芜4市实现县级综合年鉴“一年一鉴、公开出版”全覆盖。2017年，济南、枣庄、济宁、威海、日照、临沂、德州、聊城、滨州、菏泽10市将实现县级综合年鉴全覆盖，全覆盖的市达到14个，全省实现“一年一鉴、公开出版”的县（市、区）将达到118个，占全省86%。2018年，全省137个县（市、区）都将达到“一年一鉴、公开出版”。

（四）勇于创新，不断开拓年鉴工作新局面

年鉴编纂除在资料选取、编校质量上实现使用价值外，还需要创新形式，使死的资料变“活”，把静态资料变为动态资料，把潜在的利用价值变为现实的使用价值。《山东年鉴》2014卷首次引入二维码技术，2015卷使用7个二维码，收录视频和一次文献资料，创新年鉴形式，丰富年鉴内容，形象直观地展示有关工作。全省史志工作电视会议等5个视频资料制作成二维码，链接到山东省情网上，首次实现年鉴资料的动态化展示，实现《山东年鉴》传统阅读与互联网阅读的有机融合。2016卷使用10个二维码，收录视频和一次文献资料，丰富年鉴的内容，形象直观地展示有关工作。

《临沂年鉴》探索更加便捷的电子信息服务渠道，推出“智慧临沂”手机客户端，为受众提供更加高效、快捷的年鉴内容等资料的查询服务。本着最大化方便读者阅读的原则，将“大美新”临沂宣传片和沂蒙史志官方微信、“智慧临沂”手机客户端二维码植入年鉴，达到纸质文本与新型电子媒介的协调统一。同时将电子书这一便捷的阅读载体首次引入《临沂年鉴》2016卷的设计中，极大地方便读者阅读。《淄博年鉴》卷首扉页印有“淄博史志”微信公众号二维码和淄博市情网网址，为读者提供更方便的志鉴资料查阅和使用手段。《威海年鉴》自2013卷开始在封底设置地情网站二维码，通过手机扫描可登录网上年鉴库，方便读者进行网上阅读和下载信息。乳山市被列为全国精品年鉴试点市，推出手机版年鉴，《乳山年鉴（2016）》手机电子书正式登陆手机平台。

（五）年鉴资源开发利用成效明显

编鉴重在“读鉴”“用鉴”。近年来，全省史志系统加大年鉴资源的开发利用，挖掘其中查询率高、实用方便的信息资料，编辑出版多部地情资料书籍为现实服务。从

2015年开始，山东省史志办组织编纂《山东省情概览》，与《山东年鉴》同步出版。《山东省情概览（2015）》简要记述2014年全省自然、经济、政治、文化、社会、生态文明等方面发展的基本情况，设特载、十大新闻、省情概况、经济建设、政治建设、文化建设、社会建设、生态文明建设、走遍山东、人物、各市概况、统计资料、附录13个栏目，注重体现年度特征和地域特色，内容通俗易懂，文字简朴生动，有较强的资料性、知识性和可读性。全书32万字，简装32开，全彩印刷。《山东省情概览（2016）》简要记述2015年全省自然、经济、文化、社会等方面发展的基本情况，压缩篇幅和字数，设10个栏目，全书18万字，以内部资料准印证号出版。一册在手，便览省情，是社会各界人士随身携带、简明实用的省情资料口袋书。《山东省情概览》的出版，大大增强为现实服务的能力。

青岛年鉴社在青岛政务网举办以“贯彻落实规划纲要，推进年鉴事业全面发展”为主题的“网络在线问政”活动，通过宣传全国年鉴事业的顶层设计和省市层面的统筹安排，明确以科学规划引领科学发展的道路，推进年鉴工作法治化、制度化和信息化建设，提高年鉴的知晓度、利用率和影响力。

《淄博市情手册》从2013年起已经连续出版四卷。《淄博市情手册（2016）》突出实用性，便于携带阅读；突出服务性，设置四大部分反映市情，符合当前经济社会发展；突出时效性，比2015卷提前5个月出版，时效服务落到实处。

《东营年鉴（2016）》首次为基层单位申办地理标志证明商标提供支持，在“农业”部分收录特产选介“利津大米”，为利津县金河滩特色农副产品协会生产的“利津大米”申办地理标志证明商标奠定基础。《垦利年鉴（2016）》为“垦利黄河滩区小麦”和“垦利大米”成功注册地理标志商标提供资料；为垦利县编制农业发展规划、旅游规划提供相关资料。

《泰安年鉴·袖珍本》从2013年开始已连续编辑出版四卷，2015卷、2016卷分别于4月、3月出版发行。袖珍本年鉴内容资料新、记述简练、方便携带，出版发行后，受到各级领导和部门好评，在省内独具特色。《日照年鉴》袖珍本从2014年起同步编辑出版并在全市“两会”上发放，社会效果显著。

《莱芜市情手册》从2015年开始已连续编辑出版两卷，每年5月出版发行。该书内容丰富，资料翔实，简装48开，是各级各部门各单位和社会各界了解熟悉莱芜市情的简明实用工具书。《济宁市情概览（2016）》于8月15日出版发行，这是济宁市历史上首次出版发行该类综合性年度刊物。其他如《德州年鉴简明手册》《博山区情手册》《东营区手册》《崂山区情概览》《曹县县情手册》等地情资料书均极大地发挥自身的资源优势，为经济文化强省建设作出应有的贡献。

四、存在的主要问题

一是机构人员问题。由于历史遗留等诸多因素，导致史志机构人员编制较少，年鉴编纂人员缺乏、人员老龄化严重，缺乏专业技术人员。

二是学术研究欠缺。史志机构尤其是年鉴编纂部门对学术理论研究重视不够，年鉴编纂人员欠缺学术研究兴趣，缺乏发现问题、分析问题、解决问题的能力。

三是年鉴的职能作用发挥不够，参与文化建设的意识有待提升。作为年度性地方综合文献资料，年鉴“资政、育人”的职能没有完全发挥出来，特别是在辅佐领导决策、助推经济社会发展、服务广大群众等方面很多是被动提供服务，主动服务做得还很不够。

四是年鉴编纂创新能力尚显不足，从内容到形式缺乏变化与亮点。体现在年鉴框架设置和资料征集方面，不同程度存在更新滞后的问题，年鉴资料性有待进一步提高。

五是年鉴的发行面主要集中在同级党委、政府机关事业单位，受众范围小；年鉴资料虽上传到地情网，但推广力度不够，年鉴作用的发挥仍有很大提升空间。

五、未来工作的着力点

（一）坚持改革创新，实现年鉴转型发展

要学习借鉴先进地区优秀年鉴的编纂经验和做法，取人之长，补己之短，切实在年鉴内容收录、资料编排、形式表现上做到科学合理，避免闭门编鉴的状况，让年鉴的效益、功能得到最大限度发挥。

（二）加强编纂业务培训，提高年鉴编纂质量

年鉴编纂的重点和难点多集中市、县两级。要加强对各级年鉴主创人员的培训力度，有计划地组织高级研修班，分别开展不同专题的研讨培训，尤其是对县级编纂人

员的培训，提高年鉴编纂水平。健全完善年鉴编纂培训和交流制度，提升年鉴事业的发展活力。要制定地方综合年鉴质量管理、监督等规定，规范编纂出版流程，完善年鉴质量评议、审查验收制度，严把质量关。

（三）开发利用年鉴资源，推进年鉴信息化建设

建议把年鉴信息化建设纳入重要议事进程，充分利用已有信息基础设施和数据资源，加快年鉴信息化建设步伐，便于资源共享和读鉴用鉴。要大力开发利用年鉴资源，推进年鉴资料数字化、网络化建设。年鉴成果在纸质版基础上积极实现转化，制作年鉴数字化产品，尝试推出网络年鉴，让年鉴以多种形式、多种面貌为社会各界所认知。

（四）加大宣传力度，提升外界对年鉴的知晓率

年鉴资料不仅仅是保存信息、积累资料，更多地还要为社会现实服务，为人民群众查阅了解信息资料服务。有计划地组织开展年鉴进机关、进社区、进学校、进军营等赠书活动，真正让年鉴资料“活”起来；利用史志微信、网络报刊等媒介平台，宣传推介年鉴基本知识，让更多人了解年鉴。

湖北省年鉴发展报告

湖北省地方志办公室

提要：2016年，湖北省三级地方综合年鉴编纂工作以扩面提质为目标，不断创新，基本实现三级地方综合年鉴全覆盖和提质升级；各级各类专业年鉴发展迅速，基本建成全省范围内以地方综合年鉴为主体、专业年鉴为补充的年度省情信息网络体系；围绕大局，服务现实，为湖北经济社会发展提供有效信息，增强年鉴工作发展后劲，不断推进年鉴事业持续、创新发展。

关键词：湖北省　年鉴　规范　创新　成果转化

2016年是湖北省地方志事业发展历程中具有里程碑意义的一年。湖北省地方志办公室（以下简称"湖北省方志办"）在省委、省政府和各级党委政府的领导下，以贯彻落实国务院《地方志工作条例》、《湖北省地方志工作规定》为总抓手，以第二轮三级地方志书、三级地方综合年鉴编纂和地情资料收集开发利用与信息化为主体，秉承"修志问道、直笔著史"的方志人精神，深入学习贯彻落实第五次全国地方志工作会议和《全国地方志事业发展规划纲要（2015—2020年）》（以下简称《规划纲要》）和《湖北省贯彻落实全国地方志事业发展规划纲要（2016—2020年）实施方案》（以下简称《湖北实施方案》），求真务实，锐意进取，各项工作都取得新进展。其中，全省三级地方综合年鉴编纂工作以扩面提质为目标，不断创新，基本实现三级地方综合年鉴的全覆盖和提质升级。

一、湖北省年鉴事业发展历程

湖北省年鉴事业始于20世纪80年代中期。作为地方志工作的重要组成部分，湖北省年鉴事业取得较大发展，为真实记录改革开放历史进程、提供权威信息资料、保存地方历史文献、服务经济社会发展作出重要贡献。《湖北年鉴》自1989年创刊以来已出版28卷，累计字数达5000万字以上，图片逾万幅，国内外发行，受到广大读者用户的瞩目与重视。全省年鉴工作处于全国同行业的前列。至2016年，三级地方综合年鉴已基本实现全覆盖，全省17个市（州）均已编纂出版地方综合年鉴，99个县（市、区）已有97家办有地方综合年鉴，正在筹备启动的仅有2家，率先完成《规划纲要》和《湖北实施方案》要求。各级各类专业年鉴发展迅速，年鉴数量总计达200余家，基本建成全省范围的以地方综合年鉴为主体、专业行业年鉴为补充的年度省情信息网络体系。在历年全国年鉴界年鉴评奖活动中，湖北省年鉴多次获得佳绩。全省各级地方志机构在逐年按时编辑出版地方综合年鉴，不断提高年鉴质量，向社会提供权威的年度省情信息的同时，注重创新发展，拓宽工作领域，延伸服务手段，每年向各级政府门户网站提供大量地情基础信息。湖北省方志办坚持每年编辑出版《湖北年鉴简明省情手册》，服务省"两会"代表和社会读者。近年又编辑出版《湖北概览》（英文版），各地地方志工作机构也利用年鉴资料编辑出版大量图书资料，为宣传湖北，助力湖北实施中部率先崛起发展战略作出有益尝试，为积累地方文化、促进经济社会发展提供了信息服务和智力支持。

二、2015—2016年湖北省年鉴工作发展情况

"十二五"时期，湖北省方志办开拓进取，攻坚克难，年鉴工作主体业务得到全面加强，全省三级地方综合年鉴编纂工作取得新进展。

（一）全面落实"一纳入、八到位"，基本实现全省三级地方综合年鉴全覆盖

湖北省方志办坚持以"一纳入、八到位"为抓手，积极争取各级领导对年鉴工作的重视，采用政府发文、省志办主要负责人带队调研督办以及分类指导等方式，推动全省地方综合年鉴编纂出版工作的均衡发展。截至2016年底，全省17个市（州）均

已编纂出版地方综合年鉴，99 个县（市、区）有 97 家已编纂出版地方综合年鉴，正在启动尚未完成编纂出版工作的有 1 家，未启动地方综合年鉴编纂工作的仅有 1 家城区。全覆盖工作已经基本完成。其中，全省 17 个市（州）已全部做到一年一鉴，85% 的县（市、区）也已做到一年一鉴。同时，全省各级各类专业年鉴发展迅速，基本形成各级地方综合年鉴与各类专业年鉴协调发展、覆盖全省的年鉴工作格局。经过努力，湖北省已圆满完成《湖北省地方志事业发展“十二五”规划》中所提出的“到‘十二五’时期末，实现全省地方综合年鉴编纂出版的规范化、制度化，构建全省完整的三级地方综合年鉴体系”的目标任务。

（二）规范与创新并重，努力打造精品年鉴

湖北省方志办根据中指办制定的《地方综合年鉴编纂出版规定（试行）》精神，结合自身工作实际，制定印发《湖北省地方综合年鉴编纂出版工作规定（试行）》，规范全省市县地方综合年鉴和专业年鉴的编纂出版工作。各级各类年鉴按照中指组和省相关规定要求，加强年鉴编纂出版的规范性工作，全省年鉴质量整体水平不断提高。湖北省方志办坚持打造《湖北年鉴》这个龙头品牌，不断创新年鉴编纂形式和内容，坚持做大做强、长编常新。自 2015 年起，推出由全省地方志系统评定的湖北省十件大事，扩大《湖北年鉴》的影响力。同时，对卷首彩页的设计与排版也进行改革与创新，增强年鉴的可读性和视觉效果。实践证明，《湖北年鉴》在年鉴创新发展方面的一系列探索，符合湖北发展实际，得到省委、省政府的充分肯定，受到业界同行的关注，也推动了其他年鉴的创新发展。《武汉年鉴》在总体设计上处理好继承与创新的关系，稳中求变，不断更新栏目内容，及时记述当年发生的大事，增强年鉴的时效性；另外组织专业的校对队伍，聘请专业的版式设计人员和专业电子排版人员打磨，整体效果凸显；2016 年起采用全彩版印刷，整体效果很好。《十堰年鉴》为突出年鉴资政的功能，新增设“经济发展战略”“领导论坛”“治域方略”“调查与思考”等特色栏目，为十堰地方经济社会发展提供资政服务。《宜昌年鉴》从 2015 年起采用彩色印刷，增强视觉效果和影响力。襄阳市 2016 年申请了年鉴系列丛书号，实现县（市、区）年鉴编纂出版“一年一鉴、公开出版”。专业年鉴如《长江年鉴》《湖北教育年鉴》《湖北发展改革年鉴》《湖北卫生年鉴》《东风公司年鉴》等坚持按年编纂出版，质量不断提升，每年都有新的专业年鉴创刊，全省年鉴的覆盖面和影响力不断扩大。

（三）建立激励机制，提高年鉴撰稿工作质量

为了充分调动撰稿单位和撰稿人的积极性，增强年鉴工作者的质量意识，湖北省方志办出台《〈湖北年鉴〉撰稿先进单位和优秀撰稿人评选表扬办法（试行）》，对《湖北年鉴》撰稿先进单位和优秀撰稿人进行通报表扬，肯定成绩、激励先进，推动年鉴撰稿工作不断迈上新台阶，取得新突破。各市州年鉴和部分专业年鉴也十分注重探索建立年鉴工作的激励机制，例如襄阳市出台年鉴撰稿人10项奖励措施，有效调动了年鉴工作者的积极性，有力推动了年鉴撰稿工作，对保证稿件报送的时间和稿件质量起到了明显的促进作用。

（四）加强年鉴业务培训和理论研讨，建设高素质的年鉴工作队伍

湖北省方志办自《湖北年鉴》办刊以来，一直注重年鉴业务培训和年鉴理论研讨，把建设一支高素质的年鉴撰稿编辑工作队伍作为提高年鉴质量，推动年鉴事业健康持续发展的重要保证。近几年，随着市县年鉴工作的广泛开展，业务培训重点转向加强全省地方综合年鉴特别是提高市县级年鉴的规范性和提高市县年鉴质量。2015年，湖北省方志办联合省年鉴研究会，召开全省第六届县（市、区）年鉴业务培训会，对部分年鉴编纂出版工作不够规范的市县进行年鉴业务知识的培训，重点解决全省年鉴质量参差不齐等问题，取得较好效果。2016年，湖北省方志办召开市（州）地方综合年鉴编纂出版工作会议，强化市县两级地方综合年鉴编纂规范，提高年鉴编纂质量。同时，充分利用省志办两个内部刊物《湖北方志》（双月刊）和《地方志工作》（月刊）的年鉴理论研究专栏，以及湖北方志网这个信息平台，组织撰写论文，开展年鉴学术交流，报道年鉴工作进展，加强年鉴信息沟通，对全省的地方志年鉴工作起到重要的促进作用。

（五）加快年鉴的成果转化，为社会大众服务

湖北省方志办注重年鉴成果的转化和利用，积极拓展年鉴工作新思路。自2006年第一本《湖北年鉴简明省情手册》（以下简称《省情手册》）出版面世起，至今已经连续编辑出版10本。《省情手册》全书为32开本，共20万字，资料均来源于当年出版的《湖北年鉴》，为《湖北年鉴》的副产品。《湖北年鉴》与《省情手册》“一大一小”跟进出版，进一步丰富和完善了年鉴的服务功能，受到读者广泛欢迎。近年来，

《省情手册》的社会影响越来越大，已经作为人大、政协“两会”会议的固定参阅材料，为每年出席省“两会”代表和委员了解熟悉省情提供资料信息服务。此做法在全国年鉴会议上介绍经验，得到中指组和年鉴业界的好评。同时，2015年起，《湖北年鉴》开始编辑出版《湖北省情概览》英文版。2016年编辑出版的中英文版《湖北概览》在“华创会”上广泛发行，为对外宣传湖北、研究湖北，助力湖北实施“走出去”战略提供基本省情资料信息。各地利用年鉴资料，编辑出版一系列具有“短平快”特点的实用读物，如《武汉年鉴实用手册》《黄石年鉴实用手册》《襄阳年鉴简本》《宜昌年鉴简明市情手册》《武昌区情手册》等，在当地市“两会”上向人大代表、政协委员等赠阅，并成为市民用鉴、服务招商提供服务的工具书。

三、当前湖北省年鉴工作存在的主要问题

湖北省年鉴事业正在逐步向前迈进，取得一定的成绩，成果来之不易。但是，还存在着一些问题。

一是年鉴工作发展不平衡。2017年重点解决鄂州1个城区筹备启动年鉴编纂工作问题，省志办将加强指导，督促该地加快行动，全面贯彻落实“一纳入、八到位”，尽早步入编纂阶段。

二是由于受经费和人员等诸多因素限制，全省尚有部分刚开展年鉴编纂工作的地方处在工作衔接过渡时期，年鉴编纂出版还不够规范，未能严格做到逐年编纂和公开出版，任务还很艰巨。

三是全省三级地方综合年鉴的质量亟待提高。《湖北年鉴》对经济社会的新发展、新事物、新趋势反映的还不够全面、准确、丰富，总体框架设计仍需不断适应改进调整；形式上多年没有进行大的改版，仍采用正文黑白印刷方式，落后于大多数省份彩色套印、图文并茂的印刷形式，总体面貌显得有些陈旧。市、县两级地方综合年鉴及其他专业年鉴精品不多，部分年鉴甚至存在一些常识性差错。

四是对全省各级各类年鉴工作尚缺乏有效管理和指导。年鉴业务培训的针对性不够强，效果不明显；全省年鉴备案管理制度亟待建立完善。

五是业务理论研究比较薄弱。近几年来湖北省年鉴研究会组织开展的年鉴理论研讨活动较少，成果不多，学术气氛不够活跃。

四、“十三五”时期湖北省年鉴工作努力方向

2015 年 8 月 25 日，《规划纲要》下发后，按省政府批示要求，湖北省方志办迅速成立贯彻落实《规划纲要》实施方案的起草小组，结合湖北省地方志事业发展实际，拟定文本。经广泛征求意见后，12 月 3 日，省人民政府办公厅印发《湖北实施方案》。这是湖北省政府第一次发文明确全省地方志工作的长远规划，为“十三五”时期全省地方志事业的发展奠定了坚实基础。

“十三五”期间，全省三级地方综合年鉴编纂出版工作的主要任务是：到 2018 年，实现省、市、县地方综合年鉴编纂出版工作全覆盖，做到一年一鉴，公开出版。到 2020 年，形成省、市、县三级地方综合年鉴为主，各级各类专业年鉴为补充的年鉴编纂出版体系。

当前，全省地方综合年鉴编纂出版工作的重点是：努力推进全省三级地方综合年鉴的全覆盖，进一步提升全省年鉴编纂出版质量。湖北拟从以下几个方面着力推进年鉴事业的发展。

一是制定全省年鉴事业发展规划，明确全省年鉴编纂出版工作在“十三五”期间的目标任务。

二是继续打造《湖北年鉴》精品工程。按时保质完成《湖北年鉴》《简明湖北省情手册》编纂出版工作。

三是加强对全省各级各类年鉴工作的指导。督促推进市、县两级地方综合年鉴全覆盖、一年一鉴和公开出版，提高年鉴编纂质量，规范出版要求；积极支持行业、部门年鉴发展，支持有条件的机关、企事业单位编纂出版行业、部门年鉴。

四是强化年鉴质量管理，探索建立和完善年鉴出版备案管理、年鉴资料和稿件征集报送、年鉴编辑、出版工作规范等各项制度，逐步实现省、市、县三级地方综合年鉴编纂出版工作制度化、规范化，全面提高年鉴工作质量。

五是继续做好年鉴的宣传和开发利用工作，围绕大局，服务现实，为经济社会发展提供有效信息。

六是继续开展年鉴工作业务培训和理论研讨，加强年鉴队伍建设，提高业务理论水平，增强年鉴事业发展后劲，不断推进湖北省年鉴事业持续、健康发展。

广东省年鉴发展报告

■ 广东省人民政府地方志办公室

提要：广东省年鉴事业自20世纪20年代草创之后，经历不同的发展阶段，至改革开放后才迅速发展。本报告简要回顾了广东省年鉴事业发展历程和现状，主要发展特点、亮点，以及年鉴工作存在的主要问题，并就打造年鉴强省建设提出三点思路：一是做好年鉴评议审读工作；二是做好乡镇（街道）年鉴编纂推动工作；三是推动年鉴信息化建设和资源开发利用工作。

关键词：广东省　年鉴事业　发展报告

一、广东省年鉴事业发展历程

广东省年鉴事业草创于20世纪20年代。1929年2月由广州市卫生局编纂出版的《卫生年鉴》是已知广东省编纂的第一部专业年鉴。20世纪30年代，广东省年鉴事业逐步发展，全省范围内出版的专业年鉴有《广东商业年鉴（1931年）》、《广州商业年鉴（1932年）》等20多种。1941年《广东年鉴》定稿，1943年5月"钉装成书"，是第一部广东综合年鉴。

中华人民共和国成立后至改革开放前，广东年鉴事业停滞不前。20世纪80年代中期以后，广东省年鉴编纂出版工作逐步开展。2000年以后，随着全省第一轮修志任务的基本完成，广东全省迎来年鉴事业发展的第一个高峰期。特别是2006年5月国务院《地方志工作条例》和2007年省政府《广东省地方志工作规定》公布后，广东省年鉴事业进入快速发展的高峰期，全省县级以上行政区域全部开展综合年鉴编纂工作。据国家图书馆典藏阅读部参考书组2013年统计，中华人民共和国成立以来，中国出版的年鉴总书目资料中，广东省综合年鉴和专业、专科年鉴有236种，居各省（区、市）首位。

至2014年底，全省143个县级以上行政区划全部编纂出版综合年鉴。同时，还编纂出版《珠江三角洲城市群年鉴》《东莞市大朗镇年鉴》《广东建设年鉴》《广东财政年鉴》《广东卫生年鉴》《广东军事年鉴》《中山大学年鉴》《岭南画院年鉴》《广东省防灾减灾年鉴》《广州远洋运输有限公司年鉴》等110多种年鉴，形成省、市、县三级综合年鉴全覆盖和专业年鉴、部门年鉴、公司年鉴、高校年鉴、乡镇年鉴共同发展的良好局面。

在全省综合年鉴中，20世纪80年代创刊的有省级年鉴1种，地级市年鉴5种，县级（市、区）年鉴2种；20世纪90年代创刊的有地级市年鉴12种，县级（市、区）年鉴33种；2001—2005年创刊的有地市级年鉴2种，县级（市、区）年鉴18种；2006—2013年创刊的有地市级年鉴2种，县级（市、区）年鉴68种。其中，广东省级综合年鉴《广东年鉴》创刊于1987年；第一部市级综合年鉴《广州经济年鉴》创刊于1983年，1985年更名为《广州年鉴》；第一部县级综合年鉴《台山年鉴》创刊于1986年；第一部乡镇综合年鉴《东莞市大朗镇年鉴》创刊于2010年。

20世纪80年代创刊的地方综合年鉴多为政策研究室或政府办公室组织编纂出版，其中《广东年鉴》由广东省政府社会经济发展研究中心（1997年更名为省政府发展研究中心）组织编纂出版。20世纪90年代以后创刊的地方综合年鉴，多为地方党委、政府决定编纂，地方政府主管，地方志部门组织编纂。2006年5月国务院《地方志工作条例》公布后，9月5日，省政府召开全省第五次地方志工作会议，率先理顺年鉴管理体制，要求非地方志部门组织编纂的年鉴全部划转地方志工作机构。2012年10月，《珠海年鉴》正式划转珠海市地方志办公室。至此，《广东年鉴》《广州年鉴》《深圳年鉴》等9个非地方志工作机构组织编纂的年鉴全部划转地方志工作机构，广东省地方综合年鉴管理体制全部理顺。至2014年底，全省143个县级以上行政区划综合年鉴全部由地方志工作机构编纂出版。

二、广东省 2015—2016 年年鉴事业发展情况

（一）基本情况

2015 年 2 月 26 日，广东省人民政府地方志办公室（以下简称“广东省地方志办”）向全省各级地方志工作机构、广东年鉴社印发《关于印发 2015 年度全省综合年鉴编纂出版工作计划的通知》，对全省各级综合年鉴编纂、出版进行具体部署。6 月 10 日，省地方志办副主任马建和出席深圳市街道年鉴编纂业务培训班，并作题为《认真贯彻落实第七次全省地方志工作会议精神 推动志鉴编纂工作向基层延伸》的讲话。8 月 21 日，广东省年鉴主编培训会在广州召开。全省各级地方志机构负责人参加会议。省地方志办主任温捷香作题为《依法治鉴创新发展 加快推进年鉴强省建设》的讲话，深圳、清远、佛山南海区分别介绍工作经验，中国学术期刊（光盘版）电子杂志社赵瑞红作《大数据年鉴互联网 +》专题授课。至 2015 年底，全省年鉴编纂发展态势良好：全省共出版省、市、县三级地方综合年鉴 131 种、137 部，其中公开出版 99 种、104 部；出版镇村综合年鉴 6 种；公开出版专业年鉴 38 种，其中省级 16 种、地级市 21 种、县级 1 种；非公开出版专业年鉴 69 种，其中地级市 20 种、县级 49 种。

2016 年 3 月 29 日，广东省地方志办印发《关于印发 2016 年度全省综合年鉴工作计划的通知》，要求全省各地级以上市、顺德区、各县（市、区）地方志工作机构，以及广东年鉴社遵照执行。2016 年 4 月 19 日，《广东年鉴（2015）》英文版正式出版发行。2016 年 9 月 20 日，广东省年鉴主编培训班在广州召开，全省各级地方志机构共 80 多人参加培训。省地方志办副巡视员吕克坚出席会议并作题为《积极作为 稳步推进年鉴强省建设》的讲话，广东年鉴社社长莫秀吉作《年鉴编辑审稿》专题授课。2016 年 11 月 18 日，由广东省地方志办组织的江门、阳江、湛江、茂名 4 市年鉴评议审读会在茂名召开。4 市及市辖县（市、区）地方志工作机构年鉴编辑、业务骨干、年鉴专家和省地方志办年鉴处人员共 40 多人参加会议。省地方志办副巡视员吕克坚出席会议并作讲话，茂名市副市长崔爽到会致辞。至 2016 年 12 月底，全省编纂三级综合年鉴 140 部，其中一年一鉴 139 部，公开出版 137 部，实现“一年一鉴、公开出版、当年出版”目标 113 部。

2015—2016 年，广东省年鉴工作总体成绩显著，主要表现在以下方面。

一是总体质量迈上新台阶。在2015年全国第三届年鉴质量评奖活动中，广东省推荐42部，全国领先。51部年鉴在其他全国年鉴评奖中获奖，《广东年鉴》获地方年鉴综合特等奖，得分在省级年鉴中排名第一。广州、深圳、河源、东莞、中山、湛江、茂名、肇庆、清远、揭阳、云浮11市积极开展年鉴评议审读，提升质量。在2016年7月中指办通报表扬的全国地方志优秀成果中，全省34部年鉴获得表扬，居全国各省（直辖市、自治区）前列。其中《深圳年鉴（2014）》《南海年鉴（2014）》《南山年鉴（2014）》《越秀年鉴（2014）》《广东建设年鉴（2014）》5部获评特等年鉴，占全国获评特等年鉴总数的七分之一。

二是规范化工作取得实效。一年一鉴、公开出版、当年出版的规范化程度逐步提高，至2015年底，全省97%的综合年鉴实现一年一鉴，92%的年鉴实现公开出版，72%的年鉴实现当年出版。佛山、韶关、清远、东莞、中山5市基本实现一年一鉴、公开出版、当年出版。2016年，省地方志办年鉴处初步拟订全省综合年鉴评议审读办法、乡镇（街道）年鉴管理办法，并首次组织粤西4市评议审读现场会。至2016年底，全省综合年鉴基本实现一年一鉴，97.9%的年鉴实现公开出版，80.7%的年鉴实现当年出版。广州、佛山、梅州、东莞、中山、肇庆、清远7市实现一年一鉴、公开出版、当年出版。

三是年鉴工作向基层延伸有新突破。2015年，深圳市启动13条街道年鉴编纂工作，全省首部街道办事处年鉴《坪山新区坪山街道办事处年鉴》、全国首部村级年鉴《巷头年鉴》编纂并进入出版阶段。中山市地方志办组织相关乡镇街道开展年鉴编纂调研工作。2016年，全省出版镇（街道）村年鉴17部，其中深圳市出版街道年鉴6部，东莞市组织编纂的10部镇年鉴全部出版，全国第一部村级年鉴东莞市《巷头年鉴》创刊号首发。

四是专业年鉴发展良好。2015—2016年，《广东建设年鉴》《广东卫生年鉴》《广东国土资源年鉴》《广东科技年鉴》《广东财政年鉴》《广东移动公司年鉴》等继续保持良好发展态势。《云浮石材年鉴》《广东海洋渔业年鉴》《招商局年鉴》等多部年鉴正在筹划之中。

（二）主要发展特点、亮点

一是成立机构加强对年鉴工作的领导。2007年1月，省编办同意省地方志办增设年鉴工作处，编制5人，负责拟定全省综合年鉴编纂工作规划与方案、编纂规范和管理办法；组织、指导、检查和协调全省各级综合年鉴编纂工作；组织培训综合年鉴编纂人员；开展综合年鉴编纂理论研究和对外交流。至2015年底，广州、深圳、汕头、珠海、韶关、河源、东莞、茂名、云浮等市相继成立年鉴工作专门机构，负责全市年鉴管理工作。少数县级地方志工作机构也成立专门的年鉴内设机构。

二是率先实现县级以上行政区域全面开展综合年鉴编纂、年鉴工作全部由地方志工作机构组织编纂的目标。国务院《地方志工作条例》、省政府《广东省地方志工作规定》颁布以后，广东省各级党委政府认真贯彻落实条例、规定，各级地方志工作机构积极作为、主动争取，相继启动年鉴编纂工作。至2013年8月，珠海市香洲区启动年鉴编纂，标志着全省143个县级以上行政区域全部开展年鉴编纂工作。广东省在全国率先实现县级以上行政区域全面开展综合年鉴编纂工作，所有地方综合年鉴全部由地方志工作机构组织编纂的目标。2014年，中指组在第五次全国地方志工作会议、省级地方志机构主任工作会议上对广东省年鉴工作给予充分肯定。

三是推动多种年鉴全面发展和质量提升。在理顺年鉴管理体制、实现全面覆盖的同时，广东省采取多种措施推动年鉴编纂范围不断扩大，年鉴种类不断增加，年鉴质量建设得到较大的提升。通过广泛调研，广东省地方志办将专业年鉴和中心镇（街道）、历史文化名镇及有条件的村（社区）开展年鉴编纂作为年鉴工作发展的重要领域。2010年东莞市在省内首创乡镇年鉴《东莞市大朗镇年鉴》编纂；2015年5月，深圳市一次性启动13部街道年鉴编纂；2015年12月，全国首部村级年鉴《巷头年鉴》（创刊号）在东莞市大朗镇完成出版。据不完全统计，至2015年底，全省除编纂140种综合年鉴外，还编纂出版《广东年鉴（简本）》及英文版、《广州年鉴（简本）》及英文版、《深圳年鉴（袖珍本）》及英文版、《湛江年鉴（简本）》《虎门年鉴》《松湖年鉴》《深圳市坪山新区年鉴》《肇庆高新区年鉴》等乡镇、新区、专业年鉴和《珠江三角洲城市群年鉴》等110多部年鉴。

2010年6月，广东省地方志办开展第一届“广东省年鉴编纂质量奖”评比工作，通过评奖推动全省年鉴质量的提升。此后，全省年鉴质量得到较大提升，在全国历次评比中取得优异成绩。2011年，《广东年鉴》《广州年鉴》《深圳年鉴》《三水年鉴》获全国地方志系统第二届年鉴质量评比特等奖。2014年，在其他全国年鉴编纂出版质量评比中，全省申报51部，获奖50部。其中特等奖7部、一等奖14部，获奖数量与档次均创历届新高，其中《广东年鉴》连续五届获得特等奖。2015年1月，经过全省各级地方志工作机构全面参与、集中推荐、公示等相关程序之后，广东省向全国地方志系统第三届年鉴质量评比活动推荐年鉴 42 部，其中省级年鉴 1 部、地市级年鉴 7 部、县级年鉴 25 部、专业及其他年鉴 9 部，各个层级、门类的年鉴推荐数量均居全国前列。在 2016 年 7 月中指组办公室通报表扬的全国地方志优秀成果中，全省 34 部年鉴获得表扬，居全国各省（直辖市、自治区）前列。

四是抓好制度规范，落实质量建设。2011 年 1 月，广东省地方志办印发全省第一个年鉴规范性文件《广东省地方综合年鉴编纂规范（试行）》，从年鉴编纂机构、编辑机制、框架设计、条目编写、内容编辑等方面加强规范化建设，进一步提升年鉴质量。2015 年 2 月，省政府印发《关于公布省直部门权责清单（第二批）的决定》，明确省地方志办在省级综合年鉴冠名编纂许可、出版许可及相应的行政处罚、行政指导等方面的权责。2015 年 4 月，省委办公厅、省政府办公厅印发《关于加强地方志工作的通知》，明确提出全省综合年鉴工作的发展目标。

2011 年 8 月，广东省地方志办在东莞首次召开以年鉴工作为主题的全省工作会议，明确提出“一年一鉴、公开出版”的规范化要求。2013 年 12 月 28 日，在全省地方志工作会议上，省地方志办再次明确“一年一鉴、公开出版”是全省综合年鉴编纂的规范要求，市县区综合年鉴必须做到。2014 年 3 月 12 日，在全省年鉴主编培训班上，省地方志办首次提出“2014 年做到一年一鉴，2015 年做到公开出版、当年出版”的规范化要求，在全国率先提出综合年鉴一年一鉴、公开出版、当年出版。2015 年 4 月，“一年一鉴、公开出版、当年出版”的规范化要求正式写入省委办公厅、省政府办公厅印发的《关于加强地方志工作的通知》。至 2016 年底，全省绝大部分年鉴达到一年一鉴、公开出版的要求。

五是以训促质，建设好年鉴出版前评议、出版后审读的质量保障机制。从 2009 年开始，广东省地方志办坚持每年组织年鉴主编专题培训班，逐步形成以培训促质量、以评代训的年度培训机制。2011 年开始，加强全省年鉴评议工作，聘请国内知名专家为年鉴评议把脉。2014 年 8 月，首次以年鉴评议为主题召开现场会，向全省各级地方志工作机构提出年鉴评议、审读要求。至 2015 年 7 月，全省组织省内外专家评议（审读）年鉴 30 多部次，印发年鉴评议意见 10 多万字，对提升年鉴质量起到很好的作用。2016 年 9 月 20 日，省地方志办在广州举办年鉴主编培训班，对全省各级地方志机构 80 多名主编和业务骨干进行培训。2016 年 11 月 18 日，省地方志办在茂名组织江门、阳江、湛江、茂名 4 市年鉴编辑、业务骨干和省内年鉴专家，对《茂名年鉴（2015）》《阳江年鉴（2015）》《开平年鉴（2015）》《坡头年鉴（2015）》《湛江年鉴（2016）》（稿）

5 部年鉴进行评议审读。这些制度与措施加强了全省年鉴队伍的培养，提升了年鉴质量意识，为不断提升年鉴质量创造了条件，提供了保障。至 2015 年底，年鉴评议、审读工作已相继在广州、深圳、东莞、中山、茂名、肇庆、清远、揭阳、云浮等地级以上市有序展开。

与此同时，各级地方志工作机构不断加强年鉴质量制度建设。广州市制定《广州市年鉴工作管理办法》，建立评议、全稿评审、审核、表彰等系列工作机制；深圳市制定《深圳市区综合年鉴编纂工作指导与管理办法》，建立审读制度，定期召开年鉴编纂出版质量讲评会；东莞市首创年初评议年鉴篇目、年中评议年鉴稿件的“两会”制度；清远市、肇庆市、云浮市启动全市年鉴的年度评议工作；广州市《萝岗年鉴》从创刊后一直开展年鉴评议，越秀区地方志办坚持邀请专家评议年鉴稿；深圳市南山区制定年鉴编纂技术规范；《英德年鉴》根据编辑过程中遇到的新问题、新情况，不断修订补充《英德年鉴编纂规范细则》。佛冈、兴宁、鼎湖、斗门、金湾等地也出台年鉴编纂系列规范化文件。

（三）存在的主要问题

广东省年鉴工作在取得较大成绩的同时，也存在一些问题与薄弱环节，与年鉴强省和“一年一鉴、公开出版、当年出版”的规范化要求还有较大的差距。主要表现在：少数地区“一纳入、八到位”未能真正落实到位，年鉴编纂机构，尤其县级机构不健全，人员偏少，编纂力量薄弱，机构队伍建设仍待进一步加强；个别地区和部门对地方志不够重视，经费不足，与其有效履行职能、顺利开展工作的要求不相适应；各地年鉴规范化建设水平参差不齐，部分年鉴内容记述、年鉴资源开发利用与经济社会发展需求不相适应；部分年鉴编纂人员质量意识不强，年鉴规范性建设较差，尤其是部分地方年鉴出版时效性差，仍未能实现“一年一鉴、公开出版”。

三、广东省下一阶段年鉴工作的思路

年鉴是地方志事业的重要组成部分，是地方志工作新的增长点及支撑点。2015 年 4 月，省委办公厅、省府办公厅《关于加强地方志工作的通知》明确提出广东省综合年鉴工作的发展目标：落实广东省地方综合年鉴编纂规范要求，建立综合年鉴出版前评议、出版后审读制度，不断提升综合年鉴编纂质量。2016 年要全面实现一年一鉴、公开出版、当年出版，积极推动乡镇（街道）年鉴、部门与行业年鉴的编纂。

站在年鉴事业发展的新起点上，广东省将进一步以《全国地方志事业发展规划纲要（2015—2020 年）》（以下简称《规划纲要》）为指引，以“依法治鉴”为抓手，加快推进依法编鉴、依法用鉴、依法管鉴，全面实现全省综合年鉴规范化编纂出版，扩大年鉴编纂种类，着力提高年鉴编纂和出版质量，坚持编纂与服务并重、质量与时效相统一，加大年鉴资源开发利用力度，充分发挥年鉴作用，为全省实现“三个定位、两个率先”的目标任务提供高水平的省情服务。

（一）以通报督查为抓手，不断加强年鉴规范化建设

“十三五”期间，广东省年鉴工作将坚持精品意识，努力开展年鉴强省建设。一是要求全省县级以上综合年鉴，要按照“一年一鉴、公开出版、当年出版”的目标加强规范化建设，巩固好现有成果，尚未达到规范化要求的地区要加大推动力度，争取早日“达标”。二是要求各地级以上市地方志工作机构，要加强对县市区综合年鉴工作指导，全面落实“综合年鉴出版前评议、出版后审读制度”，进一步提升综合年鉴编纂质量。省地方志办将不断加强年鉴规范化建设检查督促力度，对尚未达到规范化要求的地区进行通报督查。

（二）以年鉴评议审读为抓手，不断提高年鉴编纂质量

质量是年鉴的生命力。2014 年起，广东省地方志办要求各地级以上市每年至少评议一本、审读一本年鉴，各县（市、区）至少每两年开展一次年鉴评议审读工作。2015 年起，省地方志办每年组织评议（审读）5 部综合年鉴，并要求各地级以上市制定五年评议（审读）计划，争取用 5 年时间评议（审读）覆盖全省各级综合年鉴。实践证明，评议（审读）年鉴是提高编纂质量的有效手段。省地方志办将继续开展并不断改进年鉴评议（审读）工作，查找年鉴编纂出版中的薄弱环节和存在问题，并与中国年鉴精品工程有机结合，探索改进措施，加强业务培训，锻炼和培养年鉴编纂人才。

（三）以拓宽年鉴种类为抓手，推动年鉴工作向基层延伸

乡镇（街道）年鉴和部门、单位年鉴是年鉴工作的新领域，是地方志工作向基层发展的重要领域。广东省地方志办将制定基层年鉴管理办法、培训教材，规范乡镇（街

道）年鉴编纂工作；通过互联网等多种形式，加强对基层年鉴编纂人员培训、指导与服务，并组织推动基层年鉴开展评议审读工作，以提高乡镇（街道）年鉴质量，确保编纂质量。同时要大力推动有条件的部门、单位开展年鉴工作。力争到2020年，全省中心镇与历史文化名镇全面开展综合年鉴编纂。

（四）以资源开发利用为抓手，推动年鉴信息化建设

广东省地方志办将进一步推动年鉴的信息化建设，除要求三级综合年鉴在出版后及时在本地地情网站发布外，将适时总结和推广《深圳年鉴》《南海年鉴》信息化试点经验。进一步推动各级地方志工作机构提高年鉴资源开发利用的认识，充分利用“互联网＋年鉴”等有效手段，分析年鉴框架设计、编纂内容、读者群体、阅读习惯等多种因素，为提升年鉴质量创造条件；通过提取分析社会关注度高、借鉴意义大的信息，逐渐整合年鉴信息资源，为党委政府提供决策、咨询报告。同时，充分考虑年轻一代的阅读习惯，借助APP等多种模式，创新年鉴的发布渠道；采用编纂年鉴简本、英文版年鉴、网络年鉴、数字年鉴，跨区域、跨行业编纂出版综合年鉴等多种形式，探索服务社会的便利形式。

香港地区年鉴发展报告

牟国义

提要：香港是中国年鉴出现最早的地区。正式以中文“年鉴”一词作为书名，大约出现在20世纪30年代。20世纪50至80年代，香港年鉴发展比较缓慢。进入20世纪90年代，特别是香港回归以后，香港年鉴的种类和数量逐步增多，并拓展至文学艺术及社会生活等各个领域。

关键词：年鉴　历史　香港

一、早期的年鉴与年报

香港年鉴编纂历史悠久，是中国年鉴出现最早的地区之一。

1843年，美国传教士波乃耶编纂的《华英和合通书》(1844年易名为《华番和合通书》)在香港出版。这是在香港出版的第一部中西文对照的年鉴。从1843年起至1853年，连续出版11年，此后改在广州、澳门出版。该书每年篇幅不等，少则19页，多至92页，内容为中国农历和西方日历对照，中西政治、经济、社会、宗教及中国与英法美等国所签订的条约。每期通常附有1至3幅地图，如《地球全图》《世界地图》。该书在中国通商口岸流通，是时人了解国际大事的重要工具书。之后，《华番和合通书》由另一位美国传教士富文接手，1865年停刊。

据有关专家研究，1846年，《香港年鉴》在香港出版。该书连续出版有1846年、1847年、1848年、1849年等数种，其内容一部分为历书，另一部分为指南（或曰文录）。

历书部分，核心是月历及空白的备忘录，以及气象记录、日月蚀预报、外侨名单、行名录、斤两钱币换算等；文录部分则内容宽泛，主要是与中国当时经商环境有关的各种材料，以及有关中国的历史文化知识等等。[①]

早期的《华英和合通书》《香港年鉴》明显受到西方“Almanac”一类书籍的影响，带有浓厚的历书色彩，并契合了中国本土源远流长的历法传统和民间传统的知识传播方式。随着西方文化的引入，19 世纪末，政府主办的年报在香港开始出现。

1892 年，《香港年报》创办（一说 1946 年创办），[②] 为政府年度出版物。早期只发行英文版本，1971 年出版中译本，由天天日报翻译印刷发行。1971 年《香港年报》由主体章节、图片、附录三部分组成。主体章节部分分综论（十年进展），工业与贸易，财政制度，就业，渔农业和矿业，教育，卫生，土地与住屋，公共秩序，入境管制事务与旅游，公共工程与公用事业，交通，报业、广播与电影业，三军及辅助部队，宗教与风俗，康乐，地理与气候，人口，自然历史，历史，政制与行政共 22 章；图片部分有新总督、1971 年大事、节日、猫街、飓风、春天等内容；附录部分有度量单位、历法、工业及贸易、财政、就业等统计数据和索引等。从 1974 年起，《香港年报》由香港政府中文公事管理局编辑出版。以后改由香港政府新闻处发行，一直延续出版至今。早期的英文版《香港年报》，并没有固定的题名，先后多次更名。1997 年之前，《香港年报》一直以发行年份作为题名。从 1999 年出版的《香港 1998》开始，特区政府新闻处决定以记载内容的年份作为题名。[③] 2003 年起，《香港年报》各章节末尾收录相关政府部门网址。香港政府部门出版的年报系列，还有《香港廉政公署年报》《香港警察年报》《香港惩教署年报》等。

二、现代年鉴编纂

正式以中文“年鉴”一词作为书名，出现在 20 世纪 30 年代。据《港澳大百科全书》记载，1933 年香港华商总会（后改名为中华总商会）编辑出版《香港华商总会年

---

① 周振鹤：《〈上海年鉴（1854）〉解题》，载上海市地方志办公室编：《〈上海年鉴（1854）〉研究》，上海书店 2016 年 6 月版，第 9—12 页。

② 陈乔之主编：《港澳大百科全书》，花城出版社 1993 年 11 月版，第 399 页。

③ 为避免与已发行的《香港 1997》同名，1998 年年报更名为《香港：迈向新纪元》。

鉴》，这是目前所知香港最早出版的年鉴。[①] 该年鉴每年一本，主要记录香港经济概况、物价变动、商业情况，以及该会的会员及会务情况。

20 世纪 40 年代，以《香港年鉴》作为书名，先后出版过两种：一为香港日本商工会议所为侵略需要，于 1941 年编辑的《香港年鉴》（日文版）；一为香港华侨日报社 1948 年编辑出版的《香港年鉴》。

华侨日报社编印的《香港年鉴》是香港年鉴史上最有代表性的年鉴之一，也是香港民办年鉴中编纂出版时间最长的综合年鉴。《香港年鉴》1948 年创刊，随着 1995 年华侨日报停刊，至 1996 年终止，共出版 48 回。其间，1993 年因革新改版及其他原因，未及时出版，中断一年。《香港年鉴》每年的资料来源，除《华侨日报》登载内容之外，广泛搜集香港政府发布的各类统计数据、各界社团保存的有关资料，报社出版部同时注意调查采集，专文内容还聘请有关专家执笔。《香港年鉴》出版时间迅速，除第一回于 1948 年 7 月 1 日出版外，其他各回均在次年 1 月至 4 月出版。

面向广大市民游客，以服务为宗旨，读者定位准确，资料实用性强、信息量大，是《香港年鉴》编纂的显著特点。《香港年鉴》从创办之初起，就定位为"香港指南式的工具书"，第一回开卷即宣传："居民游客，若无此一卷在手，便未免辜负着青山绿水的香港，诚所谓'如入宝山空手回'了！"。[②] 1948 年第一回共分 11 编：一年来的中国、一年来的上海工商业、一年来的香港、土地人口、政治军事、财政金融、工商物价、交通状况、工业劳资、教育文化、社团一览、法例摘要、工商行名录、附录。以后，篇日设置根据读者需求不断调整变化，内容资料逐年完善和增加。1949 年第二回中卷"工业"中各业情况，分为造船业、搪瓷业、糖姜业、制钉业、制针业、制漆、肥皂业、化妆业、印刷业、织布业、纺纱、丝织业、橡胶业、电池业、电筒业 15 业，下卷"工商名录"收录 15 大类 130 个行业工商企业简要情况。1950 年第三回分为上卷香港全貌、中卷日用便览、下卷工商名录。其中，主体部分"香港全貌"包括：大事写真、概述、沿革、土地、人口、土地、政治、财政、金融、商业、工业、矿业、渔业、农业、畜牧、物价、交通、公用、教育、体育、报业、娱乐、保健、福利、大事日志。从 1956 年第九回起，重新将所载材料内容进行详细分类，改为香港全貌、交通指南、法规特辑、学校总览、医疗摘要、人名辞典、日用须知、工商名录八个栏目，其中"人名辞

① 陈乔之主编：《港澳大百科全书》，花城出版社 1993 年 11 月版，第 399 页。
② 《香港年鉴》（第一回）"弁言"，华侨日报编印，1948 年 7 月 1 日出版。

典”收录居港名人数百乃至千人不等。1964 年第十七回第七篇“居民须知”,列举新楼、旧楼、拆迁、补偿、房东、房客及其他种种情形，全部收录最新资料，以便居住有问题时参考。1994 年第四十六回共分 10 篇：香港概况、1993 年的香港、分区风貌、居住备忘、日用参考、港中投资、人名辞典、学校名录、社团名录、工商名录。

《香港年鉴》部分篇目设置和“日用便览”细目比较见表 1、2。

1948—1959 年《香港年鉴》部分篇目设置情况比较表

表 1

卷　名	篇　目　设　置
1948 年（第一回）	一年来的中国，一年来的上海工商业，一年来的香港，土地人口，政治军事，财政金融，工商物价，交通状况，工业劳资，教育文化，社团一览，法例摘要，工商行名录，附录
1949 年（第二回）	一、图照之部（香港明细地图、一年大事写真、名胜古迹集珍、华侨日报、史实） 二、文字之部（卷首、特载、上卷各地现势、中卷香港全貌、下卷日用便览、卷末） 工商行名录
1950 年（第三回）	上卷香港全貌、中卷日用便览、下卷工商名录
1956 年（第九回）	香港全貌、交通指南、法规特辑、学校总览、医疗摘要、人名辞典、日用须知、工商名录
1957 年（第十回）	香港全貌、交通指南、法规特辑、学校实况、社团总览、医疗摘要、郊游介绍、人名辞典、日用须知、工商名录
1958 年（第十一回）	大事写真、香港全貌、法规新辑、交通要览、街道指南、医疗摘要、人名辞典、日用参考、社团调查、学校实况、商业须知、工商名录
1959 年（第十二回）	大事写真、香港全貌、法规新辑、交通要览、街道指南、邮电便览、工业须知、商业须知、日用参考、人名辞典、医疗摘要、学校实况、社团调查、工商名录

1949 年、1950 年、1955 年《香港年鉴》“日用便览”细目比较表

表 2

卷　名	“日用便览”细目
1949 年（第二回）	香港大事日志、法令规章、工商行名录、社团一览、学校一览、医师一览、医院一览、港九街道索引、邮电摘要、广九铁路行车时间表、广九条路价目表、电车线路表、山顶缆车时间表、香港各线巴士行车时间及车费表、九龙新界各线巴士行车时间及车费表、香港油麻地公司小轮时间价目表、香港新界各线小轮开行时间表、天星各线小轮开行时间表、船务公司一览、内河输船一览、的士一览、航空公司一览、九龙巴士分段收费表、世界各线客机开出时间票价表、日用品公价表、1949 年阴阳历对照表、近百年中西历对照表、香港公众假期表、国家社会纪念日、香港风警信号表
1950 年（第三回）	法令规章、地方税例、交通指标、结婚须知、紧急条例、社团一览、学校一览、医师一览、医院一览、邮电须知、飞航时间、火车时间、巴士时间、小轮时间、飓风信号、大厦一览、机关一览、阴阳日历、假期节日
1955 年（第八回）	街道指南、新村指南、街道详图、法令规章、地方税例、处境入境、交通规则、结婚规则、小轮时间、巴士时间、火车时间、电车时间、客机时间、邮电须知、阴阳日历、百年历表、公众假期、大厦一览、机关一览、领事一览、社团一览、学校一览、医师一览、医院一览

报社兴办年鉴，始于20世纪30年代的内地。华侨日报社编印《香港年鉴》，显然是受南京时事月刊社编纂《时事年刊》、上海申报社编纂《申报年鉴》等影响。在华侨日报社创办《香港年鉴》前后，香港华商报社从1947年起，连续编纂出版了《1947年手册》《1948年手册》《1949年手册》。其中，《1949年手册》封面署名"国民年鉴"，由上海国民书局印行，印刷出版达三次之多，深受国内广大读者的欢迎。此外，1948年7月，中国生产促进会香港分会总务组编印发行《香港经济年鉴》。

三、20世纪90年代以后的年鉴发展

20世纪50年代至80年代，香港年鉴缓慢发展。50年代主要有香港世界年鉴社编辑的《世界年鉴》。60年代创办的年鉴主要有1961年由香港经济导报社创办的《香港经济年鉴》，1964年胡炽辉编辑的《香港教育年鉴》，1965年香港沙龙影友协会出版的《摄影沙龙年鉴》（第一本），以及《香港影星年鉴》等。70年代创办的年鉴主要有1970年新界总商会出版的《香港新界工商年鉴》，华侨新闻社翻印的《香港贸易年鉴》（1969—1970卷）等。80年代出版的年鉴主要有港英政府统计处编制的《香港统计年刊》，现代军事出版社出版的《世界船舰年鉴》，香港中华出入口商会编印的《香港出入口贸易年鉴》，香港影业协会编辑的《香港电影年鉴珍藏纪念版》，以及《香港华商年鉴》等。

进入20世纪90年代，特别是香港回归以后，香港年鉴种类和数量逐步增多，并拓展至文学艺术以及社会生活等各个领域。

1995年，香港政府艺术发展局成立。该局以将香港建设成一个充满动力和多元化的文化艺术都市为愿景，以推动艺团发展、提升艺术水平、开拓艺术家的发展空间为目标，拟定了《五年策略计划书》，继续实施资助计划，把推出系列年鉴作为重点资助项目，为艺术工作者及艺团提供支持。在艺术发展局的全力支持下，香港文学艺术类年鉴大踏步发展。1998年，《1997香港文学年鉴》创刊，由香港文学年鉴社编辑出版。《1997香港文学年鉴》内容分为文学团体、文坛风波和创作、活动与奖项、文学园地、评论、反思与前瞻、文学交流活动等七个部分。到2011年1月出版《2006香港文学年鉴》时，篇目则改为香港文学盛会、文学奖项、文学活动纪要、文学作品、文学杂志、文学论文、文学问题讨论、获奖作品选粹和人名索引九个部分。2000年，《香港视觉艺术年鉴》创刊，由香港艺术发展局委约香港中文大学艺术系出版，中英

文双语印行。《香港视觉艺术年鉴》始终坚持“研究”和“记录”作为编纂的两大方向，内容分为“专题论述”和“视艺记事”两大部分，“编集全年本地区艺术家于本地区及海外的视艺活动并结合学者专家的分析论文，一为宏观主观的观察陈述，一为微观客观的数据缕述，两者相互依存，互为补充”（《2010香港视觉艺术年鉴》封面折页，香港中文大学艺术系出版，2011年9月初版）。其中，“专题论述”以邀约的方式收载学者与专家的论文，“视艺记事”记录香港发生或与之相关的视觉艺术活动，大体上分为公众议题、艺术论著、艺术展览、艺术讲座（研讨会）、艺术奖项、艺术拍卖、艺术教育七大类。2000年之后短暂停刊，2003年香港艺术发展局以赞助形式继续支持出版。此后，《香港戏曲年鉴》等也相继出版发行。

1997年香港回归后，《香港年报》也以崭新的面貌呈现在世人面前（内地现在通称的“香港年鉴”，即香港特区政府成立后出版的《香港年报》）。以记述和反映1997年年度现状的1998年年报《香港迈向新纪元》，主体内容分为25章：迈向新纪元，特区的成立，政制和行政，法律制度，经济，财政和金融，工商业，就业，农渔业和矿业，教育，卫生，社会福利，房屋，土地、公共工程和公用事务，运输，机场核心计划，港口发展，公共秩序，旅行和旅游，通讯和大众传播事业，宗教和风俗，康乐、体育和艺术，环境，人口和入境事务，历史。每章由内容提要、引言、款（目）、网址构成。1997年至今，框架结构大体保持稳定。《香港年报》语言风格倾向于公文语体，偏重施政成果的总结与呈现。文字编排采用通栏形式，以字体、字号及字体颜色深浅区分内容结构层次，各篇首页天头善用色块，每年突出一个主色调，如2008年为绿色、2009年为紫色。图片设计大胆，依据各章内容，运用专题图片形式集中编排，极具艺术表现力和视觉冲击力。2008—2010《香港年报》专题图片比较如下。

2008—2010《香港年报》专题图片比较

表3

卷　名	专题数量	专题图片名称
香港 2008	13	2008年纪要、奥运会及残疾人奥运会、选举、葡萄牙贸易、创意产业、展览、慈善活动、文物保育、基础设施、天气、四川地震、推广、地质地貌
香港 2009	12	2009年纪要、东亚运动会、国庆、多元化景点、交易会和展览、教育、流感大流行、文物保育及活化、基础设施、绿色生活、创意产业、表演艺术
香港 2010	12	2010年纪要、中国2010年上海世博会、政制发展、展览会、关爱社会、文物保育、绿色生活、深切悼念马尼拉挟持人质事件遇难者、“香港品牌”注入新动力、创意产业、体育盛事、文化娱乐

这一时期，香港出版的其他年鉴有《香港美容年鉴》《香港交通年鉴》《香港巴士年鉴》《香港收藏年鉴》《民航年鉴》《国际展览设计年鉴》《香港饮食年鉴》《香港地区授勋年鉴》《香港平面广告年鉴》《进口手表年鉴》《游丝年鉴》《国际名茶品评年鉴》《豪宅年鉴》《广告设计年鉴》《国际媒体设计年鉴》《中国影楼摄影专业摄影师年鉴》《国际板式设计年鉴》等。

目前，香港编纂出版的年鉴种类和数量尚缺乏全面、准确的资料统计。就笔者所能见到的年鉴而言，种类已十分广泛，特别是各类民办专业、行业年鉴，贴近市民生活实际，积极与市场接轨，商业化倾向十分明显。总体而言，中国香港地区年鉴编纂历史久远，但年鉴编纂出版市场细小，种类和数量远不及中国台湾和内地。

澳门地区年鉴发展报告

■ 辛国义

提要：澳门地区年鉴编纂有着深厚的历史底蕴和文化渊源。20世纪20年代，葡文《澳门年鉴》开始编纂出版，专业年鉴发展则大约出现在20世纪50年代以后。澳门地区年鉴以专业年鉴为大宗，主要包括经济类、博彩类、表演艺术类三大类型。多语种出版、政府部门委托社团机构出版是澳门地区年鉴发展的特色。

关键词：年鉴　历史　澳门

一、历史渊源

澳门地区的年鉴编纂出版，有着深厚的历史底蕴和文化渊源。中国近代早期年鉴的编纂，从某种意义上来讲是从澳门起步的。

1840年鸦片战争前，澳门是远东地区最大的传教中心，[①] 也是基督教新教传教士活动的重要基地，西方科学文化经澳门传入中国内地。近代中国第一份中文期刊《杂闻篇》、第一份外文报刊《蜜蜂华报》创办于澳门，中国历史上第一部外文辞典《英华辞典》也在澳门出版。19世纪30年代，外国传教士编辑的与年鉴性质类似的历书，以及政府部门编纂的公报，就已经在澳门开始出现。

1832年，英国传教士马礼逊编辑的《英华历书》在澳门东印度公司出版社出版。

① 赵春晨、雷雨田、何大进：《基督教与近代岭南文化》，上海人民出版社2002年8月版，第2页。

据专家研究，这是一本带有年鉴性质的历书，内容包括对历书的基本介绍、1832 年年历、公众节日（华人与穆斯林）、中国的六十甲子、中国的编年体、中国王朝表、中国本朝皇帝年号列表等七个部分。该书一直连续出版到 1855 年之后。①

1836 年 12 月 7 日，葡萄牙政府通过海事暨海外部长，颁令在海外省出版一份政府公报，公报的编辑工作由政府秘书负责。法令同时规定，公报主要用于发布行政命令、官方文件和其他一切与公众利益有关的文章。法令颁布两年后，1838 年 9 月 5 日，葡文《澳门政府宪报》在澳门创办②，由澳葡当局官方发行，是澳葡政府刊登法律、法令、训令和行政命令的定期官方刊物。这份公报后来断断续续，数易其名。1850 年起，在刊头相继标以中文《澳门地扪宪报》《澳门宪报》《澳门政府公报》等。1872 年，部分文字同时刊有中文译文。现今澳门档案馆还藏有 1850—1999 年连续出版的澳门公报。美国传教士波乃耶于 1843 年在香港编纂的《华英和合通书》，也一度在澳门出版。

随着《中英南京条约》的签订，香港割让给英国，广州、厦门、福州、宁波、上海开放通商，中国外贸中心开始北移，外国传教势力向内地渗透。澳门作为东西方文化桥梁的重要地位逐步弱化，曾经的中国近代报刊发源地、文化集散地，在此后的几十年中并未孕育出现代年鉴的果实。

二、《澳门年鉴》沿革

20 世纪初，在《澳门年鉴》正式创办之前，政府年报就已出现。澳门现存最早出版的年报为澳门政府年报，于 1911 年出版。③

澳门最早出版的年鉴是 1921 年葡文《澳门年鉴》，由政府部门编纂出版。由于种种原因，历史上的《澳门年鉴》曾以不同形式，由不同的机构断续编撰和出版。总体上看，《澳门年鉴》的编纂出版可分两个阶段。④

第一阶段：1921—1980 年。这一阶段以葡文出版，其中 1932 至 1937 年又曾以《澳

---

① 周振鹤：《〈上海年鉴（1854）〉解题》，载上海市地方志办公室编：《〈上海年鉴（1854）〉研究》，上海书店，2016 年 6 月，第 13—14 页。

② 吴志良、金国平、汤开建主编：《澳门史新编》第四册，澳门基金会，2008 年 11 月，第 1219 页。1839 年《澳门政府宪报》是否为澳门的第一份政府公报，目前仍然有不同的说法。

③ 王国强编著：《澳门参考书工具书书目：1583—2004》，澳门图书馆暨信息管理协会出版，2005 年，第 30 页。

④ 维基百科：https://zh.wikipedia.org/zh-sg/

门指南》为名出版。主编和出版者先后为澳门政府（1921—1931年）、经济总局（1932—1937年）、经济厅（1938—1955年）、经济统计厅（1956—1961年）、新闻旅游处（1962—1979年）和旅游新闻署（1980年），其间有时为合刊（如1953—1955年），有时中断出版（如1958—1961年）。

这一阶段的《澳门年鉴》主要刊载澳门概况和一般资料、简史、重要法令、工商机构名录、政府机构职员名录、教育、体育、民间团体、慈善机构概况等，但不收录当年的新闻纪事（除1980年外，当时该书以《澳门新闻年鉴》为名发行，也是唯一的一期）。此外，一般也接受商户广告，附于书末。《澳门年鉴》暂停发行后，有关政府机构职员名录的部分，由行政暨公职司于1989年开始以《澳门公共行政年刊》为名出版。澳门回归后，书名改为《澳门特别行政区公共行政》。

20世纪20年代，澳门行政当局还曾编辑出版《澳门行政当局1929年年鉴》。70年代起，澳门日报每隔五年出版一次《澳门手册》，有关专家认为，"实为年鉴的一种"[①]。1984年，香港的富源机构也曾出版过一期同名的《澳门年鉴》，记述1983年澳门的概况。

第二阶段：2002年至今。2002年，澳门特别行政区政府新闻局首次编纂出版《澳门年鉴》，并分别发行中文、葡文和英文版三种版本。其中，葡、英文版本根据中文文本翻译、编辑出版。2006年起正式公开推出《澳门年鉴》电子版。

《澳门年鉴》旨在全面、系统地记录澳门政治、经济和社会文化等方面的发展进程，为海内外机构、研究部门及社会人士了解和研究澳门提供翔实的资料和最新的信息。2002卷《澳门年鉴》分为大事纪要、澳门特别行政区政府施政重点、澳门特别行政区年度回顾、澳门特别行政区概况和附录五部分。"澳门特别行政区年度回顾"主要是特区年内在行政、立法和司法方面工作的记录，注重资料的时效性；"澳门特别行政区概况"内容包括政制和行政、法律和司法制度、对外关系、经济、公共秩序、旅游、教育、文化体育、卫生和社会福利、传媒通讯和信息科技、土地基建房屋和公用事业、运输、地理环境和人口、宗教和风俗、历史等15大类目，注重资料性的汇集。2004卷起，"博彩业"从经济一章析出，独立成章记述。为了丰富《澳门年鉴》的内容及增强图文并茂的阅读效果，从2004卷开始，编纂部门精选澳门8个摄影团体举

① 王国强编著：《澳门参考书工具书书目：1583—2004》，澳门图书馆暨信息管理协会出版，2005年第30页。

办的摄影比赛作品作为内页插图，以增加《澳门年鉴》的视觉享受和审美效果。

2015卷《澳门年鉴》分为澳门特别行政区政府施政重点、大事记要、澳门特别行政区年度综述和附录四部分，中文版539页、约21.6万字，葡文版655页，英文版609页，共收录彩色图片196张。其中，"澳门特别行政区年度综述"主要记录特区2014年在行政、立法和司法方面的工作重点，以及政制和行政、法律和司法制度、对外关系、经济、博彩业、旅游、公共秩序、教育、文化体育、卫生和社会福利、传媒通讯和信息科技、土地基建房屋和公用事业、运输、地理环境和人口、宗教和风俗、历史等16个方面的内容，在强调实用性及时效性的同时，着重数据的系统性和完整性；附录部分则主要载有澳门特区行政、立法、司法领域的主要官员、委员、议员名单，政府部门通讯录，旅游局驻外地旅游代表处，外国驻澳门特区领事机构，澳门特区护照及旅行证件签证待遇，获澳门特区免签证待遇的国家和地区，适用于澳门特区的多边国际公约，澳门特区年度勋章、奖章及奖状颁授名单，澳门特区的主要统计数据表等。《澳门年鉴》引述的数字和资料主要来自特区政府各相关部门和统计暨普查局，其时限绝大部分截至当年年底，但部分内容依据实际情况略有延伸，以尽量强化年鉴的时效性。

与此同时，澳门许多公共机构也纷纷推出各种年报年刊，如2000年出版《澳门沙龙影艺会21周年年刊》《卫生局统计年刊》，2003年出版《教育暨青年局年刊》，2004年出版《消防局体育年刊》，2005年出版《澳门更新互助会年刊》，2007年出版《澳门武术运动年刊》，以及2015年出版的《澳门特别行政区政府文化局2014年报》等。据统计，2000年澳门公共机构出版的年报及工作报告有22种。[①] 这些年报年刊虽未以"年鉴"冠名，但其中一些年报年刊的内容和体例与年鉴大体类似，也可称之为准年鉴性质的出版物。

三、专业年鉴发展

根据目前掌握的资料，澳门地区专业年鉴最早出现在20世纪30年代。据有关专家研究，1932年，澳葡政府统计厅曾出版《统计年鉴》。[②] 20世纪50年代以后，澳门专业年鉴呈现阶段性增长。截至2015年底，编纂范围已涉及工商、旅游、贸易、统计、

① 王国强编著：《澳门参考书工具书书目：1583—2004》，澳门图书馆暨信息管理协会出版，2005年，第31页。

② 同上书，第7页。

贸易、博彩、科技、会展等经济领域，以及体育和演出、舞蹈等表演艺术等领域，主要包括以下三大类型。

（一）经济类年鉴

1951 年，《澳门工商年鉴》第一册由澳门大众报社编辑出版。至 2001 年 7 月，共出版 20 回，是澳门出版时间最长的专业类年鉴。1983 年 8 月出版的第十五回《澳门工商年鉴》，霍英东题词“工商利赖”，内容分为澳门概况，1980 年澳门大事记、1981 年澳门大事记、1980 年世界大事记、1981 年世界大事记，分为行政法例、工商经济、交通邮电、工商社团、文教体育、医疗机构、澳门名人录、日用便览等九篇，全书竖排，756 页。此后编纂出版的《澳门工商年鉴》，逐步演变为机关企业单位名录汇编，编辑内容较为简单。

20 世纪 50 至 90 年代，澳门出版的专业年鉴还有：1952 年，黄浩然主编、澳门精华报出版的《澳门华商年鉴》；1964 年，方宽烈主编的《澳门工业与旅游年鉴》；1984 年，黄汉强主编、澳门华侨报社出版的《澳门经济年鉴》；以及香港富源机构出版的《澳门地产建筑年鉴：1981—1982》，澳门统计暨普查司编辑出版的《统计年鉴》《对外贸易年鉴》等。

在经济类年鉴中，《澳门经济年鉴》最具代表性。1977 年，澳门华侨报社开始筹备出版《澳门经济年鉴》，1979 年正式着手编辑。1984 年 10 月，《1983 澳门经济年鉴》首刊，由黄汉强主编。该刊原设想逐年出版，但从澳门经济发展实际出发，后改为两年刊行一期，1984—1985 年本原订于 1985 年出版，因故延至 1986 年 12 月，内容及刊期也改为《1984—1986 澳门经济年鉴》。两期年鉴均为中文版。1988 年出版一期英文版后停刊。《澳门经济年鉴》采用分类编辑法，基本上以国民经济部门为单元，部门内部的行业分类一般以经营对象、加工原料或产品用途划分。《1983 澳门经济年鉴》由概述、工业、进出口贸易、房地产建筑、旅游业、农业渔业、商业、交通、水电、财政金融、居民生活等 11 章以及附录组成，每章内容包括概况、主要行业、法规三个部分，有关名录和广告编排在各章内容之后。《1984—1986 澳门经济年鉴》根据读者意见，在编排上作了进一步改进，改为按篇编排，分为社会概况、部门经济、经济法规、附录四篇，其中经济法规、工商名录集中编排。《澳门经济年鉴》全书资料源自实地调查、各工商企业提供和政府统计，资料翔实，分类精细，内容丰富，编排合理，被视为工商界实用的工具书、投资者的有益参考书、各阶层人士认识澳门的基本资料。

进入新世纪，澳门经济类年鉴持续发展，如澳门经济文化中心出版的《澳门工商业年鉴》，澳门创新科技中心出版的《澳门创新科技中心年鉴》，以及新近出版《2014—2015 年澳门会展年鉴》等。

（二）博彩类年鉴

澳门有着“东方蒙地卡罗”及“亚洲拉斯维加斯”的美誉，博彩业是澳门最古老的行业之一，也是澳门现时最重要的经济支柱。特区政府成立后，2001 年 8 月，澳门立法会通过开放博彩业的第 16/2001 号法律，即《娱乐场幸运博彩经营法律制度》，博彩业从过去的专营模式改为引入竞争机制，呈现出前所未有的发展势头。据统计暨普查局及博彩监察协调局的数据显示，2003 年澳门博彩税总收入高达 105.8 亿澳门元，较 2002 年的 77.7 亿元上升 36.2%，其在特区政府经常收入中所占的比重则由 2002 年的 70.7% 上升至 2003 年的 75.5%。在澳门的产业结构中，博彩业所占的比重亦由 1999 年的 26.9% 上升至 2002 年的 33.3%。博彩业已名副其实地成为澳门的龙头产业。[①]

随着博彩业的开放和快速发展，澳门博彩类年鉴应运而生，并呈现连续出版的趋势。1999 年后，澳门彩票有限公司相继连续推出系列著名球类博彩年鉴，如《跨世纪英格兰超级联赛年鉴：1999—2000》《英格兰超级联赛年鉴：2000—2001》《英格兰超级联赛年鉴：2002—2003》，《美国职业篮球联赛年鉴：2001—2002》，《西班牙甲组联赛年鉴：01—02》《西班牙甲组联赛年鉴：02—03》《西班牙甲组联赛年鉴：03—04》，《意大利甲组联赛年鉴：01—02》《意大利甲组联赛年鉴：02—03》等。2003 年，《澳门博彩年鉴》创刊，刑治群任编审，澳门博彩年鉴编委会编辑，澳门博彩杂志发行，以后逐年连续出版。《2003 澳门博彩年鉴》翔实记录了“澳门神奇的这一年”，内容分为 2003 澳门博彩业大事记载、本年度博彩学术文荟、博彩业新法例咨询三大部分，全书 238 页。其中“2003 澳门博彩业大事记载”，篇幅占全书 87% 左右，汇集了有关博彩业的大量新闻报道，每条大事记冠以提要，是其编纂特色。

（三）表演艺术类年鉴

澳门回归祖国以后，艺术活动日益活跃，海外交流更加频繁。为了留下澳门艺

① 《2004 澳门年鉴》，第二部分澳门特别行政区概况，第五章博彩业，澳门特区政府新闻局出版，2004 年 10 月。

术发展的客观、全面、权威纪录，系统保存各艺术类型的相关活动资料，同时为澳门及海外艺术家、学者与研究人员和艺术活动及团体持续发展提供有效的资料参考。从2014年起，澳门特区政府文化局策划出版三大板块表演艺术年鉴，面向社团公开征集资料，分别委托"集乐澳门""新生代青年文化会""澳门剧场文化学会"，协助出版《2013澳门音乐年鉴》《2014澳门舞蹈年鉴》《2014澳门剧场年鉴》。

2014年，《2013澳门剧场年鉴》首次策划出版。年鉴由澳门剧场文化学会统筹及制作，莫兆忠担任主编，翔实记录了2013年澳门的各项剧场活动以及年度纪事、出版物及评论等。《2013澳门剧场年鉴》除记录该年度剧场活动外，也收录有关剧场发展的论文及评论文章，年鉴工作小组还特别邀请澳门剧评人撰写2013年值得一记的剧场作品与现象。2015年，《2014澳门舞蹈年鉴》正式出版，由新生代青年文化会统筹及制作，翔实记录2014年澳门舞蹈年度演出、比赛及海外交流、课程及工作坊等资料，并列明本地舞蹈团体及工作室资料及演出之相关舞评，务求让年鉴能更全面呈现及忠实记录澳门舞蹈面貌。上述两种表演艺术年鉴均以中文出版。原计划推出的《澳门音乐年鉴》至今未见其书。

除以上三类专业年鉴之外，2004年，澳门政府卫生局还编辑出版了《澳门癌症登记年鉴》。

近二十年来，特别是澳门回归祖国以来，澳门出版物数量一直呈稳步增长趋势。据统计，2000—2014年15年间，澳门平均每年出版图书590种。[①] 在澳门的出版份额中，年鉴出版尽管占比很小，但对于仅有30多平方公里的面积、60多万人口的澳门来讲，却是不小的数量和不菲的业绩。多语种出版、政府部门委托社团机构出版是澳门地区年鉴发展有别于其他地区的出版特色。在特区政府有关部门的大力推动下，随着澳门经济社会的发展，预计文化艺术类年鉴、博彩旅游类年鉴将持续增长，并在其他各个领域有所拓展和突破。

---

① 《2014年澳门出版业概况》，台湾《"全国新书资讯月刊"》2015年6月号，第32页。

台湾地区年鉴发展报告

牟国义

提要：台湾省是我国年鉴发展起步较晚但发展较快的地区。抗日战争胜利后，由台湾地方政府和报社组织编纂的年鉴开始出现。20 世纪 80 年代特别是 90 年代以后，专业年鉴、行业年鉴发展迅速，种类繁多，数量巨大，遍及经济社会生活各个领域。专业年鉴成长表现尤为突出，综合性年鉴编纂出版仍是短板，一大批专业年鉴以学术性、资料性、实用性见长。

关键词：年鉴　历史　台湾地区

台湾省是我国年鉴发展起步较晚但发展较快的地区。与大陆和港澳地区相比，台湾地区年鉴不仅发展迅速，而且种类繁多、数量巨大，遍及经济社会生活各个领域。在 60 多年的发展进程中，专业年鉴的成长表现尤为突出，一大批专业年鉴以学术性、资料性、实用性见长，为年鉴的未来发展提供了许多值得借鉴的经验和启示。

一、编纂起步较晚，近 30 年发展迅速

台湾地区自主编纂年鉴大约始于 20 世纪 40 年代后期，即台湾光复之后。

在日本殖民统治时期，出于为日本经济发展服务的目的，日本殖民统治者采取“农业台湾、工业日本”的经济掠夺和改造政策，在土地、气象、户口、农业、渔业、林业、糖业、矿业、社会事业等各个领域开展了广泛的统计调查，同时创办并连续出版

了一系列日文年鉴，如1919年《台湾糖业年鉴》、1922年《水产统计年鉴》、1925年《台湾年鉴》、1925年《台湾经济年鉴》、1934年《台湾官绅年鉴》、1937年《台湾会社年鉴》等。据台湾图书馆馆藏统计，《台湾糖业年鉴》分别于1919年、1920年编纂出版两期，《台湾年鉴》从1925年一直连续出版至40年代，《台湾会社年鉴》从1937年一直出版至1941年。

台湾本土年鉴产生于台湾光复以后。抗日战争胜利后，为适应台湾经济文化重建的需要，1946年12月，基隆市政府出版发行《基隆年鉴》。《基隆年鉴》着重“鸟瞰式的报道”和事实介绍，内容分为沿革、土地·气象·人口、行政、党务·团务、自治·民意、建设、财政、产业·经济、教育、社会·社会事业·救济、医药·卫生、治安·消防、日侨·日产、交通·运输·通信、港湾·贸易、附录、旅行指南等部分。这可能是台湾光复后编纂出版的第一部中文年鉴。1947年6月，在台湾新生报社社长李万居的指导、支持下，新生报社丛书编纂委员会主任委员黄玉斋主编的《台湾年鉴》由台湾新生报社出版发行。《台湾年鉴》原计划逐年编纂，后因社长李万居离职，以及时局的变化，未能赓续，“成为绝响”。《台湾年鉴》尽管只出版一期，但在台湾年鉴编纂出版史上具有重要的地位和意义。此后，与《台湾年鉴》同名的年鉴还有1952年台湾公论报社出版的《台湾年鉴》，1991年锦绣出版公司出版的《台湾年鉴》，但均未能持续。1948年，台湾省政府统计处“为提供本省光复后各种设施之全面统计”[①]，着手编纂《台湾统计年鉴》。

1949年5月，退逃台湾的国民党政府颁布“台湾省戒严令”，台湾进入长达38年的“戒严时期”。这一时期，年鉴的编纂出版主要以地方行政主管部门为主。

民办年鉴在台湾开始萌芽。1966年、1967年，柏杨分别编纂文艺年鉴，由其主持的平原出版社出版。1968年，柏杨因“大力水手”漫画案入狱，逐年编纂、连续出版文学年鉴的计划中断，直到1982年出狱后，才又完成文学年鉴，收录1980年一年间的文学资料，分为文学概况、一年文坛大事记、文学活动、文学奖、名录、著作目录、文星陨落七个部分，其“架构成为后来《台湾文学年鉴》编纂的重要参考对象。”[②] 1972年，《“中国邮报”》旗下的美术杂志社出版了一期《美术年鉴》。1977年，台湾第一家经济专业性报纸“经济日报社”在创刊十周年之际，将原来每年社庆之日发行的“纪

① 《台湾统计通讯》，1948年第2卷第7期，第16页。

② 沈俊翔：《论台湾文学年鉴的规范化编辑》，台湾《佛教图书馆馆刊》第46期，2007年12月。

念特刊”加以改编，创办经济年鉴一直连续编纂出版。其他还有 1976 年出版家杂志社出版的出版年鉴。

20 世纪 80 年代，随着台湾当局宣布解严和开放报禁，以及台湾产业的转型升级，台湾地区新闻出版事业得到快速发展。特别是 90 年代以后，台湾地区专业年鉴、行业年鉴编纂呈现出空前繁荣的局面。这一时期，创刊的重要年鉴有：1990 年《雄狮美术》刊行的《台湾美术年鉴》，1991 年台湾印刷与设计杂志社企划编辑、台湾设计家文化事业有限公司出版《台湾创意百科系列年鉴》，1996 年台湾地区文化主管部门委托文讯杂志社编辑的《1996 年台湾文学年鉴》，1998 年起台湾经济主管部门联合财团法人研究单位为推行产业技术知识服务计划而相继推出的系列产业年鉴，2001 年台北艺术大学编辑出版的《台湾文化资产保存年鉴》，2003 年《法鼓山年鉴》，2004 年台北市政府出版的《台北市年鉴》，2005 年台湾文化主管部门与艺术家出版社合作出版的《台湾视觉艺术年鉴》，2008 年台北艺术大学编辑出版的《台湾无形文化资产保存年鉴》等。

截至 1998 年，台湾地区共出版 25 种年鉴。2000 年以后，年鉴种类快速增长。据统计，2000 年台湾共出版年鉴 45 种，2001 年 49 种，2002 年 67 种，2003 年 74 种，2004 年 73 种，2005 年 79 种，2006 年 76 种，2007 年 72 种，2008 年 68 种，2009 年 58 种，2010 年 56 种，2011 年 57 种，2000—2011 年 12 年间共出版 884 卷。[①]

二、综合年鉴发展迟缓，专业年鉴出版居垄断地位

从 20 世纪 40 年代末台湾本土年鉴创始至今，台湾地方综合年鉴发展始终非常缓慢。60 多年来，出版种类屈指可数，仅有 1946 年基隆市政府出版的《基隆年鉴》，1947 年新生报社丛书编纂委员会主任委员黄玉斋主编的《台湾年鉴》，1951 年台湾地区行政主管部门出版的年鉴，1952 年公论报社出版的《台湾年鉴》，1990 年台湾通讯新闻单位出版的《“世界年鉴”》，1991 年锦绣出版公司出版的《台湾年鉴》，2004 年台北市政府出版的《台北市年鉴》等数种。其中，2004 年《台北市年鉴》，是在台北市建城 120 周年之际，由时任台北市市长马英九倡导创办，被称为“台湾第一本城市年鉴，

① 统计数据来源：http://ref.ncl.edu.tw/hypage.cgi?HYPAGE=cbook.htm（台湾图书馆台湾出版参考工具书书目浏览）。年度种类统计数据中，不含年报、白皮书、趋势报告、综论和同书电子光碟，与台湾研究者统计有出入。

为台湾地方政府综合年鉴首创。”[①] 这些综合年鉴，除《台北市年鉴》等目前尚在逐年编纂、连续出版外，其他年鉴均出版一期后便告终止。

与综合年鉴发展形成鲜明对比，台湾地区专业年鉴近几十年来呈现出迅猛发展的态势。20世纪50—80年代，台湾地区专业年鉴主要以地方行政主管部门编纂出版为主，涵盖新闻、出版、教育、科技等领域，由文化名人或资深报社、学术机构编印的年鉴也主要涉及文艺、图书、经济等少数学科，种类和数量相对较少。90年代特别是2000年以后，专业年鉴编纂出版迅速扩大到经济社会生活各个领域，以及各个行业各主要学科门类。

另据台湾“新书资讯网”书目资料库查询年鉴结果，台湾历年出版的年鉴共1678笔，按分类号聚类分析显示：应用科学类577笔，无分类号412笔，艺术类242笔，社会科学类196笔，史地类64笔，总类46笔，科学类43笔，宗教类32笔，文学24笔。[②]这从一个侧面反映了专业年鉴的领域分布情况，也反映了专业年鉴在台湾地区的重视和普及程度。

在林林总总的专业、行业年鉴中，许多是从未涉及过的编纂领域。如，经济类的《电子商务年鉴》《台湾ISP年鉴》《制药产业年鉴》《创业年鉴》；科技类的《天文年鉴》《专利年鉴》《标准年鉴》；房地产类的《典藏名邸年鉴》《豪邸设计年鉴》；统计类的《台北市原住民统计年鉴》《台湾传统市集商情年鉴》；文化类的《台湾文化资产保存年鉴》《台湾无形文化资产保存年鉴》；艺术类的《台湾漫画年鉴》《台湾形象设计年鉴》《台湾传统音乐年鉴》《台湾儿童文学年鉴》；旅游类的《台湾民俗旅游年鉴》《汽车旅馆年鉴》《台湾观光工厂年鉴》《台湾温泉旅游年鉴》；教育类的《留学年鉴》《游学年鉴》《海外大学年鉴》；医疗卫生类的《台湾地区妇幼年鉴》《中草药产业年鉴》；体育类的《职棒年鉴：职棒元年各项纪录》《台湾高尔夫年鉴》；生活类的《经典腕表年鉴》《水族年鉴》《时尚台湾婚纱摄影年鉴》《FG美妆年鉴》；宗教团体类的《法鼓山年鉴》《慈济年鉴》《佛光山开山年鉴》《印心佛法弘法年鉴》等。这些年鉴，适应阅读市场和读者细分的变化，或聚焦某一行业，或指向某一领域，或针对某一群体，大多拥有相对固定的读者群，在特定的范围内具有重要的影响。

---

① 曾淑贤：《从市民的观点呈现台北风貌——〈台北市年鉴（2004）〉编印纪实》，台湾《新书资讯月刊》2005年10月号。

② http://isbn.ncl.edu.tw/NCL_ISBNNet/H30_SearchBooks.php?PHPSESSID=s352eni190hgmunmtli6rkjek0&Pact=DisplayAll

三、系列化编纂主导专业年鉴发展，产业年鉴占据大宗

台湾地区专业年鉴尽管种类数量繁多，涉及领域和范围十分广泛，但就整体而言，不外乎集中在两大领域，即文化艺术领域和产业经济领域。两大领域中，台湾创意百科系列年鉴和台湾产业系列年鉴的持续编纂和稳步发展，在专业年鉴编纂出版的总量中占有重要的位置。

1991 年，第一套《台湾 · 创意百科》系列年鉴在台湾推出。该书由台湾美术设计协会、台湾产品包装协会指导，台湾印刷与设计杂志社企划编辑、台湾设计家文化事业有限公司出版，杨宗魁任总编辑、王士朝担任编辑指导。首次编印的第一套创意百科年鉴，包括广告、设计、包装、插画及专业摄影等 5 本，参选作品以"不错、可以"为刊录原则，共搜录台湾 364 家公司、834 位创作者的 3857 件作品介绍。1995 年第二套增加了形象设计年鉴，全套共 6 本，参选作品提升到"很好、富有新意"才予以刊录，共搜录台湾 392 家公司、783 位创作者的 3099 件作品介绍。1998 年第三套由台湾地区文化主管部门指导，改为仅保留广告、设计、形象和包装等 4 本纯创意性年鉴，同时追求以"优异、令人欣赏"的作品为选录标准，共搜录台湾 229 家公司、1018 位创作者的 2100 件作品介绍。2001 年第四套包括广告创作、商业设计、形象设计、包装设计 4 本。从 1991—2001 年，十年间共推出四套 19 本系列化年鉴，其中广告创作、商业设计、包装设计各 4 本，形象设计 3 本，插画创作、专业摄影各 2 本，总计刊出的设计作品有 11453 件，有简历介绍的设计人 2415 人次，只有名录的设计相关者 1317 人次，提供作品的设计、广告公司 1177 家次，四次共发行 18600 套、88300 单册。[①] 台湾创意百科系列年鉴的出版，对于保存台湾优秀平面设计史料、推广台湾平面设计艺术，具有重要的意义和影响。

为提升台湾产业竞争力，促进产业升级，建构产业信息服务体系，服务业界投资、政府政策拟定和研究机构研发，1989 年 7 月，台湾当局经济管理部门技术处协调 7 家财团法人机构，组织实施"产业技术知识服务计划"（简称 ITIS 计划）。在开展广泛、深入的产业研究，编制大量年度报告的基础上，从 1998 年起，陆续编纂出版系列产

---

① 王士朝:《十年寒窗读设计》，2001《台湾·创意百科》包装设计年鉴，台湾设计家文化事业有限公司，2001 年 9 月 10 日出版，第 10 页。

业年鉴。1998 年出版《特殊钢年鉴》《电子零组件工业年鉴》《金属制品业年鉴》3 种，2004 年出版 7 种，2005 年发展到 25 种。2006 年至今，每年出版产业年鉴 24 种左右，占台湾地区专业年鉴总数的 1/3 乃至 1/2。

2015 年台湾 ITIS 计划出版情况一览表

表 1

序号	年鉴名称	出版单位	出版时间
1	2015 电子材料产业年鉴	工业技术研究院产业经济与趋势研究中心	2015.6
2	2015 电子零组件产业年鉴	工业技术研究院产业经济与趋势研究中心	2015.6
3	2015 特用化学品产业年鉴	工业技术研究院产业经济与趋势研究中心	2015.6
4	2015 石化产业年鉴	工业技术研究院产业经济与趋势研究中心	2015.6
5	2015 机械产业年鉴	工业技术研究院产业经济与趋势研究中心	2015.6
6	2015 汽机车产业年鉴	工业技术研究院产业经济与趋势研究中心	2015.6
7	2015 医疗器材产业年鉴	工业技术研究院产业经济与趋势研究中心	2015.6
8	2015 新型能源产业年鉴	工业技术研究院产业经济与趋势研究中心	2015.6
9	2015 半导体产业年鉴	工业技术研究院产业经济与趋势研究中心	2015.6
10	2015 显示器产业年鉴	工业技术研究院产业经济与趋势研究中心	2015.6
11	2015 通讯产业年鉴	工业技术研究院产业经济与趋势研究中心	2015.6
12	2015 资讯产业年鉴资讯（工业篇）	资讯工业策进会	2015.9
13	2015 资讯产业年鉴（资讯服务及软体篇）	资讯工业策进会	2015.9
14	2015 应用生技产业年鉴	生物技术开发中心	2015.9
15	2015 制药产业年鉴	生物技术开发中心	2015.9
16	2015 金属制品业年鉴（总论篇）	金属工业研究发展中心	2015.8
17	2015 金属制品业年鉴（表面处理篇）	金属工业研究发展中心	2015.8
18	2015 金属制品业年鉴（螺丝螺帽篇）	金属工业研究发展中心	2015.8
19	2015 金属制品业年鉴（水五金篇）	金属工业研究发展中心	2015.8
20	2015 金属制品业年鉴（手工具篇）	金属工业研究发展中心	2015.8
21	2015 金属制品业年鉴（模具篇）	金属工业研究发展中心	2015.8
22	2015 金属制品业年鉴	金属工业研究发展中心	2015.8
23	2015 纺织产业年鉴	纺织产业综合研究所	2015.9
24	2015 食品产业年鉴	食品工业发展研究所	2015.8

资料来源：根据 ITIS 智网资料整理

在台湾 ITIS 计划出版的 20 多种年鉴中，大部分年鉴的内容和名称固定连续，少数在不同年度有所变化，如金属工业研究发展中心 2005 年出版的年鉴为金属制品业年鉴（汽车铝轮圈篇）、金属制品业年鉴（钢结构篇）、金属制品业年鉴（阀制品篇）、金属制品业年鉴（金属模具篇）、金属制品业年鉴（螺丝螺帽篇）、金属制品业年鉴（手工具篇）、金属制品业年鉴，2014 年则出版钢铁年鉴（长条类钢材篇）、钢铁年鉴（平板类钢板片篇）、钢铁年鉴（合金钢材篇）、钢铁年鉴（不锈钢篇）、钢铁年鉴（全球钢铁篇）、钢铁年鉴，2015 年改为出版金属制品业年鉴（总论篇）、金属制品业年鉴（表面处理篇）、金属制品业年鉴（螺丝螺帽篇）、金属制品业年鉴（水五金篇）、金属制品业年鉴（手工具篇）、金属制品业年鉴（模具篇）、金属制品业年鉴。

四、年鉴的资料价值受到高度关注，具有较强的学术性、史料性和实用性

台湾地区年鉴编纂与 20 世纪上半叶大陆早期年鉴编纂一脉相承，在编纂理念、组织模式、编纂手法上既有传承也有发展。整体观察和审视台湾地区 60 多年来的年鉴面貌，注重学术性、史料性、实用性，无疑是其一大鲜明特点。这一点，在许多专业年鉴上表现尤为突出。

近几十年来，年鉴出版物在台湾虽然被归入“参考工具书”或“资料性工具书”范畴，但编纂手法和风格却别开生面，不落窠臼。人们在强调年鉴编纂规范性的同时，并未走入模式化的误区；在注重工具性、实用性的同时，也未削弱资料的史料价值。年鉴编纂已经大大超越了普通工具书的编纂范式，而进入了“史”的层面。年鉴编纂者更多的是从年鉴文献的资料价值角度，把年鉴作为提供当代和后世参考的重要文献史料去对待，更加注重其史料价值、学术价值和实用价值。1947 年出版的《台湾年鉴》，目的是提供“建设参考之资”、“研究台湾、建设台湾参考所必需”，内容“兼及历史之叙述与已往资料之记载”[①]。出版编辑委员会主任委员、“经济日报”发行人王必立认为，“经济年鉴是一部台湾的经济编年史，旨在协助读者掌握台湾经济发展的脉动与建设成果，洞悉其中利弊得失，探寻未来努力方向”。1997 年《台湾文学年鉴》创刊，总策划李瑞腾教授认为，年鉴是一国家或区域其整体或特定领域的社会现象在一个年度的记录，最主要的目的是为未来留下完整的历史资料。但是年鉴不只是资料的罗列，也包含编纂者的角度和观点，具有总结历史经验的意义，“文学年鉴即针对某一个区

① 黄玉斋主编：《台湾年鉴》，李万居序，台湾史料新刊第 15 种，海峡学术出版社，2001 年 3 月初版。

域某一年度的文学表现所做的观察报告。[①]《2001 年台湾文化资产保存年鉴》创刊后，有学者明确提出："年鉴是重要的文献史料，提供给当代及未来世代读者参考。"[②] 正是基于对年鉴的这种认识，台湾地区的年鉴编纂才在工具书家族中独树一帜，获得广泛的好评。

台湾地区年鉴的撰稿人大多由本行业、本领域的专业人士或专家学者构成。新生报社出版的《台湾年鉴》，参与编纂者都是当时台湾文化学术界的一批知识精英，后人评价其"除了其内容的学术价值外，亦为光复后，第一本台籍知识分子'台湾研究'之集体成果"[③]。《2010 资讯工业年鉴》撰稿人为资讯工业策进会产业情报研究所的 24 位专家，同时邀请包含资讯硬体、网路通讯与半导体等领域的多位专业分析人员共同执笔，该书"成为欲了解资讯工业发展历程与市场趋势分析，和欲引用相关资料以作企业决策和学术研究的读者们，最实用的工具书。"[④]

在编纂体裁方面，台湾地区年鉴大多采用章节体或篇（编）章节目、"文章体 + 条目体"综合运用，因鉴制宜，不拘一格，着力表现资料的综合性、内容的研究性特点，体现了形式的灵活性和多样性。黄玉斋主编的《台湾年鉴》采用章节体编排，内容分为总论、地理、历史、法制、财政、交通、教育、研究机构、社会事业、卫生、宗教、文化、金融、农业、林业、水产、糖业、工业、矿业、特产、专卖、贸易、抗日运动等 28 章。时任台大校长陆志鸿称赞"该书取材精博，叙述详尽，诚属台湾宝典。"[⑤] 50 多年后海峡学术出版社重新排版出版，称之"可谓一部台湾历史百科全书之著"，"祈能充实'台湾研究'之学术资料"[⑥]。创办之初，坚持"理论之分析与统计之印证并重"，经过不断地创新完善，2011 卷在结构上调整为本年专题、一般经济、产业部门三编及附录。专题包括"ECFA 后的两岸产业竞合""从文创产业与花博谈台湾的软实力""WTO 十年的回顾与展望"等 13 篇，一般经济分为 14 类，产业部门划分为初级（6 类）、二级（42 类）及三级产业（21 类），全书有导论，一般经济和初级、二级、三级产业各有总论，各篇内容大体分为前言、本年概况、当前问题、趋势与展望 4 节，内容设计独具匠心，结构

① 文讯杂志社编印：《1996 台湾文学年鉴》，李瑞腾序，1997 年 6 月初版。

② 陈信元：《台湾文化资产保存的成绩单——评介〈2001 年台湾文化资产保存年鉴〉》，台湾《新书资讯月刊》2003 年 9 月号。

③ 黄玉斋主编：《台湾年鉴》，出版说明，台湾史料新刊第 15 种，海峡学术出版社，2001 年 3 月初版。

④ 2010 年资讯工业年鉴编纂小组编辑：《2010 资讯工业年鉴》，"编者的话"，财团法人资讯工业策进会产业情报研究所出版，2010 年 6 月。

⑤ 黄玉斋主编：《台湾年鉴》，重刊感言，台湾史料新刊第 15 种，海峡学术出版社，2001 年 3 月初版。

⑥ 黄玉斋主编：《台湾年鉴》，出版说明，台湾史料新刊第 15 种，海峡学术出版社，2001 年 3 月初版。

编排别具一格。《2010资讯工业年鉴》按篇章节编排，从资讯工业总体环境引领读者认识产业整体概况，并以资讯硬体及网路通讯两大产业为研究主轴，分别展开进行深入研究，内容分为资讯工业整体环境、全球主要资讯市场发展现况、台湾资讯工业发展现况、台湾资讯工业未来展望与发展契机共四篇十章，与年度研究报告相类似。

在资料性方面，《台湾文学年鉴》堪称代表。《台湾文学年鉴》自创刊以来，始终坚持“专业的学科年鉴”定位，以记录台湾文学发展的整体表现，“台湾文学发展观察、记录、研究的基础史料”作为编辑宗旨，内容包括创作与研究综述、人物、著作与出版、会议与活动、大事记、名录、索引七大部分。其中，作为主体部分的“创作与研究综述”，涵盖小说、散文、戏剧、古典文学、母语文学创作、儿童文学、原住民文学创作概况，以及古典文学、母语文学、儿童文学、现当代文学、数位文学、原住民文学、台湾对岛外文学和岛外对台湾文学研究概况；“著作与出版”分别以概要、提要、条目等方式呈现。从1996卷至2008卷，“创作与研究综述”在全书中占比一直维持在20%左右，最高29.15%，最低16.00%；“著作与出版”最高45.09%，最低19.38%（见下表）。《2008台湾文学年鉴》“著作与出版”部分，共收录文学新书1130种、报刊作品13189篇、学位论文309篇，总计14628种（篇），索引占全书页码比例达14.67%。因其定位准确、内容完整、资料翔实、信息密集，《台湾文学年鉴》被称为“台湾文学的基础工程”①。

《台湾文学年鉴》“创作与研究综述”和“著作与出版”栏目内容占比统计表

表2

卷号	创作与研究综述	著作与出版
1996	17.76%	38.94%
1997	27.79%	24.32%
1998	21.89%	29.26%
1999	23.11%	31.06%
2000	18.79%	37.39%
2001	18.38%	45.09%
2002	16.00%	39.23%
2003	18.00%	39.40%
2004	25.47%	19.38%
2005	17.44%	36.11%

资料来源：沈俊翔《论台湾文学年鉴的规范化编辑》（台湾《佛教图书馆馆刊》第46期，2007年12月）

① 彭瑞金主编：《2007台湾文学年鉴》，主委序，台湾文学馆出版，2008年12月。

整体而言，台湾地区年鉴发展成绩显著，但综合性年鉴编纂仍是短板，年鉴理论研究也较为薄弱，有关年鉴的研究文章数量稀少，且往往以书评形式出现。未来台湾地区年鉴的发展，预计专业年鉴将继续独领风骚，以产业类、学科类年鉴出版为主体的格局在一段时间内将不会改变。随着阅读市场的越来越分众化，年鉴编纂出版将渗透和拓展到更广泛的领域。

Ⅲ

专题报告

中国部委专业年鉴发展报告

郑维桢

提要：本报告评估中国部委专业年鉴的基本情况，选介部分年鉴创新发展的做法，总结部委专业年鉴数字化、网络化的进展，阐述部委专业年鉴的现实价值。本报告还指出了部委专业年鉴存在的不足及改进方向，展望了部委专业年鉴的发展趋势。

关键词：部委　专业年鉴　数字化　网络化

伴随着我国改革开放的历史进程，从 20 世纪 70 年代末起中国年鉴事业步入蓬勃发展时期。年鉴数量由 1983 年的 28 种发展到现在的 5000 多种，其中部委专业年鉴达 120 多种。这百余种部委专业年鉴大部分由国务院所属各部、委、办、局及直属单位主管。作为全面记录各行各业工作进程的大型史册性工具书，各部委专业年鉴为我国的政治、经济、社会、文化、生态建设发挥了重要作用。国盛则鉴兴，各行各业的每一步坚实步履，都在每一本年鉴里留下了深深的足迹；各行各业的每一项丰硕成果，都在每一册年鉴里烙下不朽的印记。

一、基本情况与年鉴选介

截至 2016 年 12 月，带有“中国”字样的专业年鉴有 170 余种，部委专业年鉴占 120 余种。其发展现状及特点主要有：一是在机制上存在多种形式，编辑部或年鉴社独立经营占总数的 50%，挂靠出版社、杂志社等单位的占 50%；出版形态为公开发行的占86%，内部赠阅的占14%。二是在内容规模上，字数多在100—200万字之间，占43%。彩色插图多为20面以内，占42%，另有35%的专业年鉴视内容多少而定；同步制作光盘版年鉴的占90%。三是在年鉴定价上，100元以下的占5%，100—200元（含）之间的占37%，200—300元之间的占39%，300—500元之间的占14%，500元以上的占5%。四是在年鉴印数上，1000—2000册之间的占40%，2000—5000册之间的占45%，5000册以上的占15%。五是在经费上，由上级单位拨款的占44%，自负盈亏的占56%。六是在机构队伍上，编辑部人数为4—5人的占55%，6—7人的占19%，8—9人的占13%，10人以上的占13%。

部委专业年鉴发展存在新生、整合、不进则退的新格局。在新的时期需要打破常规，创新发展。

（一）首卷本《中国会计年鉴（资产评估卷）》2015年出版问世

中国资产评估行业自诞生20多年以来，在服务经济、服务改革、服务社会的过程中取得了辉煌成就。全面、完整、准确、客观记录资产评估行业的发展历程，既是评估行业发展的需要，也是历史赋予年鉴工作者的光荣使命。中国资产评估协会和中国财政杂志社报请财政部领导批准，自2015年起，以增刊形式编辑出版《中国会计年鉴（资产评估卷）》。该卷编委会主任由财政部部长楼继伟担任，执行编委会主任由财政部部长助理许宏才、中国资产评估协会会长贺邦靖担任。《中国会计年鉴（资产评估卷）》既延续《中国会计年鉴》"全、新、特、深、实"的编写风格，又突出资产评估行业的特色。正文设置重要文选、资产评估工作、地方评估工作、资产评估机构工作、资产评估理论研究工作、资产评估国际交流动态、资产评估大事记、资产评估法规制度及准则、资产评估统计资料九个部分，100余万字，全方位记录上一年度中国资产评估行业发展和改革的基本情况。为突显年鉴的图文并茂，该卷配有"重要图片"和"全国评估行业前百家机构形象展示"彩色插图。2015年11月12日，世界评估组织联合会第七届评估师大会在中国科技会堂召开，会议期间举行首发式。编辑出版《中国会计年鉴（资产评估卷）》是评估行业发展的需要，对资产评估行业的健康发展具有重要意义。首卷本特色鲜明，实用性强，信息量大，是具有历史性、时代性的大型专业年刊，彰显了中国特色的资产评估行业在服务国家经济建设中取得的辉煌成就和发挥的重要作用。

（二）《中国机械工业年鉴》编辑出版系列年鉴成规模

《中国机械工业年鉴》作为我国机械行业唯一一套权威性、实用性的工具书，见证了中国机械工业的辉煌。该年鉴自 1983 年开始筹备，1984 年 10 月出版第一部。30 多年来，机械管理机构几度变迁，而该年鉴始终以“资政、信息、借鉴、窗口、宣传”为己任，记载了改革开放环境下我国机械工业深刻的变化过程和坚实的发展步伐。中国机械工业年鉴系列也取得了长足的进步。自 1998 年开始，逐步增加了《中国电器工业年鉴》《中国工程机械工业年鉴》《中国机床工具工业年鉴》《中国通用机械工业年鉴》《中国机械通用零部件工业年鉴》《中国模具工业年鉴》《中国液压气动密封工业年鉴》《中国农业机械工业年鉴》《中国重型机械工业年鉴》《中国石油石化设备工业年鉴》《中国齿轮工业年鉴》《中国磨料模具工业年鉴》《中国机电产品市场年鉴》《中国塑料机械工业年鉴》及《中国热处理行业年鉴》等系列年鉴。目前品种已累计增加到 17 种，其中每年固定出版的有 10 种。中国机械工业年鉴社也因此成为中国机械工业年鉴出版基地。中国机械工业年鉴系列反映了机械工业战线上万家企业的成果，肩负着宣传成绩、交流信息、积累史料和促进国际经济技术合作与交流的光荣使命，以“集成行业信息，记录企业成长的每一阶段”为出版宗旨。一个年鉴社出版如此众多的年鉴，在年鉴界实属罕见。

（三）《中国税务年鉴》细分专题年鉴、发展多层次年鉴，体现规模效应

一是细分专业年鉴。针对税务稽查工作需要，与国家税务总局稽查局共同编辑出版《中国税务稽查年鉴》。它是继《中国税务年鉴》之后税务系统的第二本年鉴，取得良好的社会效益和经济效益。二是发展多层次年鉴。对年鉴进行纵向多层级拓展开发，积极推动税务年鉴体系建设，为地方税务机关提供专业的年鉴出版服务，形成以《中国税务年鉴》为主、以省级年鉴为辅的多层次税务年鉴体系。目前省级税务年鉴（志书）出版规模已达 13 种，其中 11 种实现每年连续出版，还有多家有意向的省级、市级税务年鉴正在洽谈中，既扩大了年鉴体系影响力，也获得较好的经济效益。

（四）《中国科学技术协会年鉴》建设网络数据库

中国科学技术协会自 2001 年开始按年度编辑出版《中国科学技术协会年鉴》，2014 年建立年鉴网络数据库，旨在将中国科协年鉴的内容进行数字化、网络化、智能化，

方便查询使用，进一步提高使用效率。年鉴网络数据库建设将2001—2013年年鉴的数据进行数字化、结构化，形成具有统一技术标准、统一数据格式的年鉴信息，并在此基础上搭建具备检索功能的中国科协年鉴网络数据库平台，为部委专业年鉴的数字化工作作出表率，起到引领作用。年鉴网络数据库建设主要包括5项内容：一是分析中国科协年鉴的主要组成内容，建立内容标引指标项。分析年鉴发布内容的栏目、子栏目、部门、时间、地点、人物、项目名称、关键词、图题、全文，建立年鉴内容的标引规则。以栏目分类、子栏目分类、年鉴条目的层次结构，展现时间、地点、人物、事件、内容等条目要素，准确表达年鉴数据全部内容。二是分析和建立系统平台的检索功能。分析年鉴使用者的使用需求、检索需求和检索习惯，建立分类导航、快速检索和高级检索相结合的检索功能系统，实现多维度查询导航。结合其他栏目需求分析，形成对整个系统的需求分析及界面模型的设计。三是开发和测试网站系统。根据检索需求和标引项等数据库建设需求进行网站的软件系统开发和测试。采用敏捷开发模式，充分实现软件开发与系统需求的互动沟通，以达到开发结果与系统需求的高度符合。四是录入年鉴内容数据，对每条信息进行人工标引和核查。组建内容与技术长期维护团队，将已经数字化的年鉴数据录入数据库。对入库的数据进行标引和分类，并核查内容的正确性。五是数据库系统开通上线。将系统安装至指定服务器上，实现系统试运行。确认系统运行稳定、数据完整准确后，系统平台正式上线运行，并免费提供一年软件系统服务。中国科协年鉴系统的开发和使用，作为典型经验带动部委专业年鉴的数字化、网络化发展。

（五）《中国法律年鉴》编辑出版英文版

为进一步扩大中国法治建设的对外宣传工作，2003年第一部《中国法律年鉴》英文版问世，内容包括：特载，专文，国家立法、法治政府建设、司法、仲裁工作情况，法律、行政法规，国务院各部、委、局规章和地方性法规、地方政府规章目录，中国对外缔结条约和履约概况，司法解释选载，中央国家机关各部门法治建设，地方法治建设，案例选编，法学各学科发展概况，法学教育与法律图书目录，统计资料，中国法治建设大事记，附录等。在中国法学会的涉外活动中，均会向境外友人赠送最新的《中国法律年鉴》英文版，受到广泛欢迎。同时，每年还会向中国驻外各大使馆赠送《中国法律年鉴》英文版，扩大影响力。《中国法律年鉴》英文版的出版，填补了我国法治建设对外宣传工作的一项空白，向世界展示我国在法治建设方面取得的成就，在宣传我国全面推进依法治国、加快建设社会主义法治国家的最新成就方面发挥了重要作用。此外，自 2009 年起，每年组织撰写《中国法治建设年度报告》中、英文版并向国内外公开发布，这是一部经中央批准，全面反映我国社会主义法治建设全貌的国家级权威报告。

二、部委专业年鉴的数字化、网络化

年鉴作为行业发展重要的基础数据载体，有互联网以及现代高效、便捷的查询检索方式的介入，将大大提升年鉴的实用功能。多媒体的应用，使年鉴脱离了纸质年鉴的约束，实现数字化、全媒体融合发展，最终以全新的姿态、便捷的形式，提供给读者。主要表现在以下方面：一是数字化转换。数字化是出版物发展的重要手段和方向。一些部委专业年鉴已经完成数字化转化，读者可以在线阅读、根据主题词查询、目录查询、分类查询等。二是网络化发展。随着年鉴进入网络时代，网络化发展是年鉴发展的必然趋势。一些部委专业年鉴申请到专项资金，开始建设数据图书馆，开发完成专业数据库。如《中国税务年鉴》在网络数字图书馆项目中已经建成税务年鉴专题数据库，实现在网上阅读、查询等功能。三是全媒体服务。全媒体时代已经到来，信息的获取与传播以及服务的提供已经开始全媒体化。一些部委专业年鉴已建立起年鉴作者微信群，成为编辑和作者的沟通平台，还将相继建设年鉴综合平台，如创建微信发布平台，建立微信公众号，发布年鉴相关消息和撰写基础知识；开发年鉴数据专题产品，《中国税务年鉴》打造网络平台，扩大税务年鉴库，将所有税务年鉴纳入年鉴库等。《中国机械工业年鉴》在开通年鉴网的同时，还开通各个产品的微信号及微博，充分利用新媒体推进年鉴的转型升级，网站和微信等新媒体运作基本跟上了时代的节拍。自 2014 年起，分别在年鉴封底、综合索引、企业广告及专题等处嵌入相应年鉴网、年鉴微信、企业微信或企业网站等二维码，打通纸书、网站和移动终端三者之间的互联互通。可以预见，未来部委专业年鉴将会在网络时代中发展得更加迅猛。

三、部委专业年鉴的现实价值

部委专业年鉴是年鉴事业的重要组成部分。因其能够与关系国民经济的各个行业部门紧密结合，总结行业历史数据，记录行业发展历程，助推行业发展发挥重要作用而受到青睐。

（一）从信息论的角度看，部委专业年鉴是多元化信息源

部委专业年鉴既属于图书中的工具书，又属于连续出版物中的年刊。年鉴有着图书的形式和工具书的性质，相对于各行业的专著、教学用书、翻译书、丛书、汇编、古籍、通俗读物等图书类型而言，其信息内容每年更新，仅此一项就足以使年鉴成为最佳图书信息源。部委专业年鉴与国家经济建设的现实联系最紧密，是高密度、高容量、高效能的知识信息的结晶体。这些结晶体每卷连起来就是对各行业系统而完整的阐述，是当代中国各行业的独特指南。有人将部委专业年鉴称为“集知识、信息、数据、资料于一身”的多元化信息源，可谓一语中的。

（二）从功能作用的角度看，部委专业年鉴可发挥五个方面的作用

一是能提供行业的动态信息，如行业工作大事、行业理论建设动态等。二是能提供行业的重要法规、文献及其线索，如查阅有关重要法规、重要报告及有关政策规定，查阅专文和专题论述，查检有关行业方面的图书、报刊论文资料等。三是能提供逐年可比的统计数据资料。四是能提供实用性指南，如各类组织机构和名录。五是能提供综述、回溯及预测性资料。综述性资料都由熟悉本行业情况的专家在占有大量的事实、文献、数据的基础上，经过归纳、综合、研究之后写出的，可使读者对行业的发展概况有较完整系统的了解。

（三）从使用价值和历史地位看，部委专业年鉴可以发挥六个方面的作用

一是具有导向作用，能为各行业的各级领导进行科学决策提供客观依据。二是具有媒介作用，可发挥横向联系和窗口的作用。无论是我国派团出国访问，还是接待各国来访的代表团，部委专业年鉴可以作为一份重要的交流礼品。三是具有学术价值，可以发挥教育培训和理论研究参考作用。各行各业的理论工作者在确定研究课题、收集资料、发表成果等环节上需要年鉴。作为高密度结晶体，年鉴集多册为一卷，缩一年为一卷，有人称之为“浓缩的图书馆”和案头顾问。有些硕士、博士在答辩时直接引用年鉴的有关资料和数据进行论证，因为年鉴具有权威性，使论文更具有科学性和说服力。四是具有实用价值，可直接为行业工作提供服务。五是具有历史价值，可发

挥传播知识和积累史料的作用。所谓古今的概念总是相对而言，眼下的“今”就是明日的“古”和“史”。年深日久，专业年鉴记载下来的当年最新资料自然变成珍贵的历史资料。六是具有借鉴作用。年鉴之“鉴”具有深义，一有镜之义，二有照之义，三有借鉴之义，年鉴要切实发挥“鉴”的作用，就要讲真话、道实情，既报喜又报忧。

四、部委专业年鉴存在的不足与改进方向

（一）存在不足

经过 30 多年的发展，部委专业年鉴在取得长足发展的同时，也暴露出一些不足，主要表现在以下几个方面。

1. 缺乏年鉴理论指导。一些年鉴的编辑工作是由出版社、杂志社的编辑负责的，而年鉴在编辑加工上与图书、期刊有着很大不同，年鉴编辑需要根据收集整理的内容进行详细的筛选，客观记述。有的年鉴的编辑工作更是由特约作者担任，这些人虽然文字功底扎实，对行业的发展动向明晰，但在年鉴编辑理论上有认识误区，导致其负责的年鉴在编辑内容上产生偏差，表现在对专业年鉴认识上的不足，如专业年鉴是怎样产生的，是怎样发展的，同行业年鉴的编纂情况怎样；专业年鉴的功能是什么，在社会上有什么作用；专业年鉴的性质是什么，它到底是一本什么样的工具书等问题一知半解。这些问题需要在专业年鉴发展过程中经过逐步探讨后，才能有清晰的认识。没有年鉴理论指导与支撑，专业年鉴的发展就会出现问题。

2. 机构和人员不稳定，水平参差不齐。由于工作职责不明确，导致在大家心目中每年的年鉴撰稿任务只不过是一件临时性工作而已，加上人员调整，使得撰稿人大多没有长期打算。由于没有明确的政策规定，一些专业年鉴的编辑部门返聘退休人员，这些老同志虽然兢兢业业、任劳任怨，但由于年龄偏大，精力明显不足。有的编辑部门由于领导关心支持不够，资金不到位，导致编辑人员的待遇、职称等问题无法解决，对稳定专业年鉴的编辑队伍十分不利。此外，撰稿人的水平参差不齐，也限制了年鉴整体质量的提升。

3. 缺乏有关专业年鉴工作的政策性文件。缺乏政策性文件导致专业年鉴工作的社会地位得不到保障，不能有效调动有关单位正常开展年鉴的撰稿工作。有些年鉴的撰写和发行需要采取特殊手段才能完成。

4. 专业年鉴质量良莠不齐。纵观已出版的部委专业年鉴，总体质量是好的。但也存在一些问题，概括来讲，如不够规范、缺乏创新，官书色彩浓厚，内容单薄、形式单一、缺乏实用性，数据不多、统计资料单薄，片面追求装帧豪华大气、形式呆板，缺乏检索功能，时效性欠缺，脱离市场、销量不大等。这些方面都有提升改进的空间。

（二）改进方向

部委专业年鉴要适应社会发展的要求，与时俱进，应当与社会变革同步发展。我们必须重视和强化年鉴的实用性、快捷性、权威性、方便性，更加全面覆盖社会生活发展的新领域，更加全面展示当代社会发展的状况。

1. 增强实用性。一部专业年鉴给人的第一印象应该是信息多，这是年鉴的重要特点。海量的信息，内容覆盖面广，大到整个行业的方针政策，小到具体的专业领域，庞大的信息量使年鉴成为最实用的工具书。年鉴融专文、专题、文件、条目、大事记等多种资料形式于一书，使年鉴的内容丰富多样、博大精深。实用是年鉴的灵魂，只有读者能查阅到信息，在工作中能有更多受益，年鉴的生命力才能增强。

2. 增强快捷性。年鉴的快捷性表现在组稿、印刷、发行、宣传、服务以及灵敏体现发展新热点，内容快捷准确更突显年鉴的实用性。

3. 体现权威性。年鉴所收录的内容皆为经过仔细推敲，客观记述的事实，所反映的数据、情况、事实等大都经过沉淀，准确性高。加上提供数据和资料的单位或是政府机关，或是行业组织及社会团体，无论从年鉴稿件撰写作者来看，还是供稿单位来看，所发布的信息都具有权威性。但也要注意，统计部门与行业管理部门发布的数据有时有一定的差异，要仔细甄别，筛选留真。

4. 体现方便性。互联网改变了人们传统的阅读习惯。而年鉴的功能之一是对信息资料加以筛选、过滤、加工、整合，所以利用互联网手段将年鉴内容数字化、网络化，无疑会方便大家对年鉴的利用。

五、部委专业年鉴的发展趋势

总结以往成绩，我们认为部委专业年鉴面临四大发展趋势：一是讲求规范与创新，包括框架设计、条目编写和装帧设计的规范与创新。二是年鉴的转型升级，建立年鉴数据库平台，加快年鉴数字化、网络化建设步伐。三是形成合力，形成系列化“年鉴群”，增强集群效应。四是实施部委专业年鉴走出去战略，年鉴单一语种必将过渡到多语种，成为世界各地图书馆的收藏重点。

带“中国”字头的专业年鉴名录

表 1

序　号	年鉴名称	序　号	年鉴名称
1	中华人民共和国年鉴	2	中国统计年鉴
3	中国财政年鉴	4	中国会计年鉴
5	中国经济年鉴	6	中国税务年鉴
7	中国城市年鉴	8	中国民族年鉴
9	中国铁道年鉴	10	中国卫生和计划生育年鉴
11	中国人口年鉴	12	中国劳动和社会保障年鉴
13	中国工会年鉴	14	中国民族信息年鉴
15	中国水利发电年鉴	16	中国农业年鉴
17	中国气象年鉴	18	中国林业年鉴
19	中国环境年鉴	20	中国水利年鉴
21	中国电力年鉴	22	中国煤炭工业年鉴
23	中国钢铁工业年鉴	24	中国建筑材料工业年鉴
25	中国轻工业年鉴	26	中国食品工业年鉴
27	中国包装年鉴	28	中国化学工业年鉴
29	中国农业机械年鉴	30	中国机械工业年鉴
31	中国信息产业年鉴	32	中国造纸年鉴
33	中国石油天然气集团公司年鉴	34	中国石油化工集团公司年鉴
35	中国建材市场年鉴	36	中国图书馆年鉴
37	中国出版年鉴	38	中国印刷年鉴
39	中国海鹰机电技术研究院年鉴	40	中国建筑业年鉴
41	中国地震年鉴	42	中国消防年鉴
43	中国中医药年鉴	44	中国交通年鉴
45	中国空间技术研究院年鉴	46	世界知识年鉴
47	中国运载火箭技术研究院年鉴	48	中国质量监督检验检疫年鉴
49	中国国际法年鉴	50	中国哲学年鉴
51	中国教育年鉴	52	中国体育年鉴
53	中国新闻年鉴	54	中国广播电视年鉴

续表

序号	年鉴名称	序号	年鉴名称
55	中国戏剧年鉴	56	中国电影年鉴
57	中国社会科学院年鉴	58	世界军事年鉴
59	中国法律年鉴	60	中国检察年鉴
61	中央电视台年鉴	62	中国商务年鉴
63	中国保险年鉴	64	中国商业年鉴
65	中国金融年鉴	66	中国物价年鉴
67	中国旅游年鉴	68	中国行政工商管理年鉴
69	中国餐饮年鉴	70	中国汽车市场年鉴
71	中国证券业年鉴	72	中国广告作品年鉴
73	中国投资年鉴	74	世界经济年鉴
75	中国经济体制改革年鉴	76	中国企业管理年鉴
77	中国经济贸易年鉴	78	中国期刊年鉴
79	中国海洋年鉴	80	中国汽车工业年鉴
81	中国内科年鉴	82	中国外科年鉴
83	中国口腔医学年鉴	84	中国药学年鉴
85	中国精神文明年鉴	86	中国丝绸年鉴
87	中国图书年鉴	88	中国儒学年鉴
89	中国妇女研究年鉴	90	中国海关统计年鉴
91	中国铁建年鉴	92	中国信息年鉴
93	中国展览年鉴	94	中国认证认可年鉴
95	中国水利水电建设股份有限公司年鉴	96	中国食品药品监督管理年鉴
97	中国循环经济年鉴	98	中国工业经济年鉴
99	中国科学技术协会年鉴	100	中国烟草年鉴
101	中国南水北调工程建设年鉴	102	中国供销合作社年鉴
103	中国保税区出口加工区年鉴	104	中国口岸年鉴
105	世界华商经济年鉴	106	中国政府采购年鉴
107	中国扶贫开发年鉴	108	中国省市经济发展年鉴
109	中国开发区年鉴	110	中国区域经济发展年鉴
111	中国粮食年鉴	112	中国企业并购年鉴
113	中国新能源与可再生能源年鉴	114	国家电网公司年鉴
115	中国核能年鉴	116	中国燃气行业年鉴

续表

序　号	年鉴名称	序　号	年鉴名称
117	中国国电集团年鉴	118	中国华电集团公司年鉴
119	中国农村能源年鉴	120	中国电池工业年鉴
121	中国矿业年鉴	122	中国安全生产年鉴
123	中国能源年鉴	124	中国期货市场年鉴
125	中国税务稽查年鉴	126	中国彩票年鉴
127	中国风险投资年鉴	128	中国黄金年鉴
129	中国企业集团财务公司年鉴	130	中国证券投资年鉴
131	中国产权市场年鉴	132	中国上市公司年鉴
133	中国工商银行年鉴	134	中国信托业年鉴
135	中国矿业年鉴	136	中国有色金属工业年鉴
137	中国铸造年鉴	138	中国房地产年鉴
139	中国水泥年鉴	140	中国建设年鉴
141	中国物流年鉴	142	中国快递年鉴
143	中国奶业年鉴	144	中国盐业年鉴
145	中国茶叶年鉴	146	中国医学装备年鉴
147	中国包装年鉴	148	中国电子政务年鉴
149	中国通信年鉴	150	中国信息安全年鉴
151	中国共青团年鉴	152	中国留学人员创业年鉴
153	中国地方志年鉴	154	中国美术馆年鉴
155	中国动画年鉴	156	中国高尔夫年鉴
157	世界华文传媒年鉴	158	中国企业文化年鉴
159	中国文学年鉴	160	中国对外文化交流年鉴
161	中国知识产权年鉴	162	中国人物年鉴
163	中国乐器年鉴	164	中国低碳年鉴
165	中国三峡建设年鉴	166	中国司法行政年鉴
167	中国律师年鉴	168	中国审计年鉴

中国统计类年鉴发展报告

■ 叶礼奇

提要：统计类年鉴是中国年鉴大家庭中的重要组成部分。本文主要从中国统计类年鉴的发展历程、内容的演化、规范化、网络化、数字化和国际化等视角分析统计类年鉴在我国的发展状况，还展望了统计类年鉴的未来发展趋势。

关键词：统计　年鉴　国际化　数字化　规范化

统计年鉴是以统计数据为核心内容，从经济、人口、社会等各方面系统地展示上一年某一地区或专业经济社会发展情况的资料性年刊。统计年鉴反映的是政府统计的信息，一般由政府统计部门组织编纂。由于其数据加工严格，资料翔实可靠，在读者心目中有较高的权威性。统计年鉴的数据，既是领导科学决策的重要依据，也是科学研究的重要素材；同时，为对外开放、开展国际经济技术交流与合作架起桥梁。统计年鉴的出版，具有巨大的社会价值，得到读者广泛的认同。据有关图书馆的调查数据表明，统计年鉴的查阅量一直居工具书的前列。

一、统计年鉴的发展历程

中华人民共和国成立之初，统计资料属于保密资料，除极少量信息发布在新闻报道的稿件中外，基本不出版，长期锁在柜子里。从 1949 年到 1981 年的 30 多年，公开出版的统计资料不到 10 本。

1982 年 10 月，中国统计出版社出版了新中国成立后的第一本统计年鉴——《中国统计年鉴 1981》(1981 年年鉴命名是以最新数据年份为基准，此后改为以出版年份为基准)，这是新中国统计史和新闻出版史上具有里程碑意义的一件大事。从此开始，每年出版一本，到 2016 年,《中国统计年鉴》总共出版了 34 期。

改革开放以来，在《中国统计年鉴》出版的带动下，各专业统计年鉴和地方统计年鉴相继创刊。经过 30 多年的发展，形成了以《中国统计年鉴》为龙头、专业统计年鉴和地方统计年鉴为两翼的统计年鉴出版系列。

1982 年,《中国统计年鉴》创刊，英文版在香港出版发行。1983 年,《国际统计年鉴》的前身《国际经济和社会统计提要 1983》创刊，同年第一本省级统计年鉴《北京统计年鉴》创刊。1984 年，中国第一本专业统计资料《中国工业经济统计年鉴》的前身《中国工业发展统计资料（1949—1984）》问世。1985 年，第一本地市统计年鉴《沈阳经济统计年鉴（1985）》创刊。1986 年,《中国统计年鉴》进行全面改版；截至 1990 年，省级地方统计年鉴全部创刊出版（见附表）。1994 年,《中国统计年鉴》中英文对照版首次公开出版。1995 年,《中国统计年鉴》电子版第一次出版。1997 年,《中国统计年鉴》推出光盘版。1999 年,《中国统计年鉴》纸质图书与光盘同步整体出版;2000 年,《中国统计年鉴》改为国际标准大 16 开本。2004 年,《中国统计年鉴》电子版上网。2006 年，全国第一本调查年鉴《内蒙古经济社会调查年鉴 2006》创刊。2008 年,《中国统计年鉴》推出光盘检索系统，可以进行全文搜索。到 2016 年，全国在中国统计出版社公开出版的专业统计年鉴达 30 多种，全国 32 个省级统计局都出版统计年鉴，32 个省级调查机构出版 16 种调查年鉴，地市级统计年鉴达 120 种，还出版 4 种地市级调查年鉴、5 种县市级统计年鉴。

二、统计年鉴内容的演化

内容是出版物的灵魂。从 1982 年到 2015 年的 34 年中，经济社会发生了巨大变化，作为反映国民经济和社会发展的政府统计，其统计理论体系和实际运作也跟随着发生了巨大的变化。最核心的变革是国民经济核算体系的转变，即从物质平衡表体系（MPS）转变为国民经济核算体系（SNA）。1985 年以前，中国统计体系是按照苏联创建的、与计划经济相配套的物质平衡表体系进行运行的。1985 年开始，逐步向联合国推荐的与市场经济相适应的国民经济核算体系进行并轨。1992 年 8 月，国务院发出《关于实施新国民经济核算体系方案的通知》，正式开始实行 SNA 体系。1993 年起，国家统计局完全摈弃 MPS 核算体系，彻底转向 SNA。

国民经济核算是现代统计的核心和主线，随着核算体系的变化，相关统计也都跟着发生变化。反映在统计年鉴上,其内容也发生巨大的变化。从《中国统计年鉴(1981)》到《中国统计年鉴（2016）》，不但信息容量增加，而且章节分配、指标设置、指标内涵都发生极大的改变。虽然从短期来看，年鉴编辑遵顺“大稳定、小调整”的原则，每年年鉴的表格基本保持稳定，调整的表格数据只有几十张；但如果把时间轴拉长，将 34 本年鉴放到一起进行对比，我们会发现，前面出版的年鉴与最新版年鉴的内容已发生翻天覆地的变化。

从章节分配看，篇章数量增加近一倍。《中国统计年鉴（1981）》共分综合、人口和劳动力、物价、人民生活、农业、工业、基本建设、运输和邮电、商业、对外贸易与旅游、财政金融、教育科学文化、体育卫生等 13 章，书后还附加台湾省主要经济社会指标、我国主要经济统计指标同国外比较二章。而《中国统计年鉴（2015）》则分成综合，人口，国民经济核算，就业和工资，价格，人民生活，财政，资源和环境，能源，固定资产投资，对外经济贸易，农业，工业，建筑业，房地产，批发和零售业，住宿、餐饮业和旅游，运输、邮电和软件业，金融业，科学技术，教育，卫生和社会服务，文化和体育，公共管理、社会保障和社会组织，城市、农村和区域发展，香港特别行政区主要社会经济指标，澳门特别行政区主要社会经济指标等 27 章；同时书后也附加台湾省主要社会经济指标和国际主要社会经济指标二章。

从内容含量来看，信息量大大增加。以《中国统计年鉴》为例，1982 年第一版只是 32 开本、512 页，2016 年页码增加到 959 页、开本变为大 16 开。各种地方统计年鉴和专业统计年鉴与《中国统计年鉴》类似，其信息量也大幅度增加，指标体系、内容格局都发生了巨大的变化。

三、统计年鉴的规范化

作为政府部门的出版物，统计年鉴记载着巨量的数据，读者使用这些数据，其目的是进行对比、分析，因此，统计年鉴的规范化具有重要的意义。

统计年鉴的规范，可分形式的规范和内容的规范。形式的规范主要是图书名称、开本、装帧等的规范。内容的规范包括章节的设置、表格的处理、计量单位、指标内涵、数据的来源、中英文的翻译、数字化产品的设计规范等等。

在30多年的发展过程中，我国统计年鉴是一步一步走向规范的。20世纪80年代初，各种年鉴的图书名称都很不一致，有的称为统计年鉴，也有的称为经济统计年鉴，或社会经济统计年鉴。经过长期的发展，现在全国95%的年鉴都统一为“某地统计年鉴”，统计前不加任何修饰定语。同样，统计年鉴的英文名称也需要规范化。对于不同的名称，要求统一翻译成“地名英译名＋Statistical Yearbook”，其中地名的英译名需要参照国家相关标准拼写。

统计年鉴章节的设置是年鉴的框架，现在一般采用的是“综合＋经济行业＋社会”的原则进行排序。至于章节的名称，要求尽量统一。地方统计年鉴的章节设置则尽量参照《中国统计年鉴》进行。至于每个章节的内容，要严格按照统计报表或统计调查制度制定的统计口径、数据来源、统计范围等规定来执行。

四、统计年鉴的数字化、网络化

统计年鉴的数字化步伐也是跟随着世界信息技术的发展一步一步前进的。20世纪90年代中期，中国统计出版社用硬盘存放《中国统计年鉴》数据。1996年，开始制作光盘。由于技术落后，制作周期太长，影响年鉴的发行。到1999年，出版社自己独立研发光盘，年鉴光盘制作与纸质图书出版实现同步。2000年后，许多地方统计年鉴也开始制作电子光盘。目前，全国绝大部分省级统计年鉴和调查年鉴制作光盘，实现数字化。全国1/4地市统计年鉴都附有光盘。

制作光盘不是统计年鉴数字化的终点，数字化进程也随着信息技术的发展不断升级。过去是以光盘形式制作年鉴的电子版，2000年后许多统计年鉴开始发布网络版。同时，数据库技术也进入统计年鉴的出版领域，中国统计出版社已开始尝试统计年鉴数据库的网络出版。用户可以通过网络或移动终端访问年鉴数据库，对当年或往年出版的统计数据进行各种方式的查询。这样用户可以极其方便地用一个命令来查阅一年或多年、一本或多本统计年鉴中的数据。

五、统计年鉴的国际化

统计年鉴诞生于改革开放的大潮中，其宗旨是服务于国内外读者，服务于改革开放的大政方针。《中国统计年鉴》自 1982 年诞生起，就在香港出版英文版；到 1994 年，中英文版合并，出版中英文对照版。1988 年开始，《上海统计年鉴》和《北京市统计摘要》出版英文版。

如果说 2000 年以前中国出版英文版统计年鉴是自觉行为的话，那么，进入 21 世纪后，中国发布统计信息已是国际规则的要求。2001 年中国加入 WTO，次年加入通用数据发布系统（GDDS）。2014 年 10 月，习近平总书记在 G20 会议上宣布，中国将采纳国际货币基金组织（IMF）的特别数据发布系统（SDDS）。这标志着中国经济数据采集方法、统计指标概念范围、数据加工和发布频度更加规范，更加严格。加入 SDDS，要求严格地执行 IMF 数据发布标准，这会提升我国统计数据的透明度和国际可比性。

2013 年，张高丽副总理在考察国家统计局时指出，“统计部门要有国际化的视野。”统计是世界上最具共性的政府管理方法。联合国设有统计司，各个国家都设有统计部门进行经济、社会统计。所有基本的统计指标都有国际标准。因此，编辑年鉴要有国际视野，不仅仅是指图书的形式上要有中英文对照，而且要从指标体系设置、数据采集、数据加工等全方位提升我国统计的国际化水平。目前，我们各专业统计年鉴和地方统计年鉴越来越多开始出版中英文对照版。到 2016 年底，90% 以上专业统计年鉴和省级统计年鉴都出版了中英文对照版。除统计指标之外，在编辑说明、指标解释、指标口径、范围调整、调查方法、注解等方面，尽量做到全国统一，从而增强了全国统计年鉴的整体性。

六、展望

统计年鉴出版的现实意义在于服务当下、开启未来。展望未来，统计年鉴的编辑出版还需要做更多的工作。

首先，要扩大统计年鉴的出版品种。政府信息公开是关系国家治理现代化的一项基础性工作。要树立起“公开是惯例，不公开是例外”的自觉意识，突破“不公开是常态，公开是找麻烦”的旧思维。身处大数据时代，最大限度发挥政府信息数据满足需求、解决问题的效用，才是信息公开未来生长的基点所在。目前，省级统计部门都出版统计年鉴，地市级出版年鉴的只有 1/3，到 2020 年要争取有一半以上地市出版统计年鉴，到 2030 年全部地市都能出版统计年鉴。只有更多、更全面的信息公开出版，这才是统计服务社会的真正体现。

其次，要加强统计年鉴出版的质量建设。一是要保证统计指标体系的一致性，争取实现全国地方年鉴表式、指标标准化；二是要确保数据的准确性；三是要保持技术的先进性，特别是要紧跟新技术的发展，调整统计年鉴的出版方式，从而实现数字化、网络化出版。

附：

全国各省级统计年鉴创刊年份表

表 1

书名	创刊年份
北京统计年鉴	1983
天津统计年鉴	1985
河北经济年鉴	1985
山西统计年鉴	1989
内蒙古统计年鉴	1988
辽宁统计年鉴	1984
吉林统计年鉴	1987
黑龙江统计年鉴	1987
上海统计年鉴	1988
江苏统计年鉴	1988
浙江统计年鉴	1989
安徽统计年鉴	1989
福建统计年鉴	1987
江西统计年鉴	1988
山东统计年鉴	1989
河南统计年鉴	1989
湖北统计年鉴	1985
湖南统计年鉴	1987
广东统计年鉴	1987
广西统计年鉴	1986
海南统计年鉴	1987
重庆统计年鉴	1990
四川统计年鉴	1987

续表

书名	创刊年份
贵州统计年鉴	1990
云南统计年鉴	1988
西藏统计年鉴	1989
陕西统计年鉴	1990
甘肃发展年鉴	1987
青海统计年鉴	1988
宁夏统计年鉴	1987
新疆统计年鉴	1989
新疆生产建设兵团统计年鉴	1990

中国交通行业年鉴发展报告

■ 刘庭燕　徐向平

提要：本报告梳理了我国交通行业年鉴百年来的发展轨迹，描述了交通年鉴从无到有、从单一到综合、从单纯的单位报表到行业大数据、从单独的行业年报到为国家提供决策参考的前进历程。《中国交通年鉴》和《四川交通年鉴》等单位的创新做法，展示了改革开放以来，我国交通年鉴不仅在主管主办单位、出版数量、装帧发行等方面发生了巨大的变化，更反映了各个主管主办单位根据自身特点，在年鉴行业全覆盖，联络渠道组建，以及在紧跟形势、条目设置、管理体制、编校流程等方面所做的大胆改革创新和取得的成功经验。同时，本报告也在推出年鉴品牌、编辑人员管理、大数据应用、网络年鉴出版、加强国际交流等方面提出设想和展望。

关键词：交通行业　年鉴　发展历程　改革创新

一、交通行业年鉴发展概述

交通年鉴是全面、系统、客观地反映我国综合交通行业年度建设成就和发展历程的文献性史鉴。

（一）民国时期的交通年鉴

近代以来，伴随着西方学术思想的传入，年鉴开始在我国出现。作为发展相对滞后的交通行业年鉴，出现较晚一些，而且大多融汇在专业年鉴之中，内容上也多为专业论述和史志或行业年报，虽然具备年鉴的雏形，但还只能称之为广义的年鉴。如1913年交通部设立统一铁路会计委员会，拟定铁路会计、统计的年报格式，令各路依式造表，由部方汇总，每年一册。内容涵盖管理、车辆、客运、货运与财务五部分。这些统计与公路、电政、邮政、航政合编为交通统计图表成册，一直编了10年，基本具备年鉴的功能。1928年，交通部综合科开始编《中华民国交通统计图表》。1928年后，则每年编有交通年报。其中1937—1947年交通统计年报中铁路部分的数字，由铁路管理局依照公务统计方案中规定的表式填报，由交通部统计处核编，并加编每月的运价指数与物价指数，报送统计局。

当时，除中央政府及所属机关外，全国各省市政府、社会团体和出版部门也整理编印不少统计资料和论著。如1931年，张心澄出版《中国现代交通史》，简要叙述民国时期政府关于公路建设的实施以及计划和各省兴修公路的状况。又如1937年白寿彝著《中国交通史》、龚学遂著《中国抗战交通史》等。这些论述大多将成果集中在资料整理和史实性介绍，没有加以史论综合，离史志尚有一定距离，更不能说是年鉴。1934年，交通部成立交通年鉴编纂委员会，正式出版《交通年鉴》。此后，因战乱不断，苦苦支撑，《交通年鉴》勉强维持编纂到1949年。

（二）新中国的交通年鉴

新中国成立以后，百废待兴，党和政府对年鉴工作虽然十分重视，但年鉴多以史志形式出版，归口部门也不够统一。有归在史志办、宣传部、办公室的，也有兼设在其他部门的，各不一致。各自出版周期不同，职能也各不相同，亟待规范。遗憾的是，“文化大革命”时期全国仅有的年鉴全部停刊，交通年鉴事业也出现了长达近20年的空白。直到党的十一届三中全会以后，邓小平同志指出：“编辑出版年鉴，很有必要，这是国家的需要，四化建设的需要。”我国年鉴事业才迎来灿烂的春天。

改革开放以后，迎来年鉴的大发展时期。从1980—2015年35年间，全国各类年鉴尤其是专业年鉴如雨后春笋，以惊人的速度迅猛发展。据统计，目前全国专业年鉴达到1000多种。在此期间，交通年鉴也迅猛发展起来。1986年，《中国交通年鉴》创刊，为交通年鉴事业的发展壮大起到了引领作用。之后，全国交通年鉴的队伍不断扩大。据统计，我国综合交通行业现有各级、各类专业年鉴约150部左右，内容覆盖所有交通行业，已经形成一个巨大的交通信息库。在30多年的时间里，交通年鉴从无到有，从铅字排版到计算机照排，从手写稿件到电脑录入，从纸质出版到网络光盘，现在还利用网络及微信、QQ进行互动，不断创新。这使交通年鉴的时效性、针对性大大提高，为交通年鉴的发展拓展了无限空间。

（三）交通年鉴的职能向为政府、行业和社会服务转变

年鉴作为记载年度事物发展轨迹的史料工具书，功能、体例和内容结构有其自身的特点。从功能上讲，年鉴是记述年度客观事物和情况的载体，是一种以记叙体和说明体为写作手段的编年史，属于广义的史书范畴，或者说史料性工具书，也是以后修志的基础资料。

民国时期的交通年鉴功能过于单一，几乎只是行业和部门的工作记录，最终也只是汇总后，报送到统计局备存而已。现在的交通年鉴完全不同。它不仅更为全面、及时地记录交通行业的发展情况，而且这些成果会报送到各相关部委、各省市交通主管部门，并向社会公开发行。《中国交通年鉴》甚至成为国务院领导办公室要求定期报送的刊物。交通年鉴已经成为政府决策行业发展的依据。它正在与其他年鉴一起，越来越多地承担起“存史、资政、育人”的功能和社会责任。

二、交通行业年鉴的发展现状

（一）交通年鉴的内容覆盖所有交通行业

随着年鉴影响的不断扩大，交通年鉴正在越来越多地承担起为社会服务的功能。它为政府提供决策参考，为社会提供交通信息，为行业提供交通数据，向社会展示交通成就，为企业提供信息咨询等。它已成为交通行业不可或缺的权威信息渠道。

据初步统计，自改革开放以来，我国综合交通领域编纂出版各级、各类专业年鉴约150部左右，内容涉及铁路、公路、水路、民航、邮政、管道运输等几乎所有交通行业，

以及交通运输、交通装备制造等企业。

目前，编纂出版交通年鉴的单位大致可以分为以下三类。

一是由国家行业主管部门和行业社团组织主办或编辑出版的中央级交通年鉴，约20余部。如《中国交通年鉴》《中国交通运输统计年鉴》《中国智能交通行业发展年鉴》《中国港口年鉴》《中国城市公共交通年鉴》等。

二是由各省（区、市）地方行业主管部门和行业社团组织主办或编辑出版的省级交通年鉴，约20余部。如《北京交通年鉴》《江苏交通年鉴》《江西交通年鉴》《四川交通年鉴》等。

三是由部分省会城市、计划单列市和市级、县级城市行业主管部门编辑出版的市级、县级交通年鉴，约60部以上。如《南京交通年鉴》《武汉交通运输年鉴》《深圳交通运输年鉴》《嘉兴市交通统计年鉴》等。

除此之外，还有许多大型交通运输企业、交通装备制造企业编辑出版有企业年鉴，约60部。如《中国一汽年鉴》《中国国际航空公司统计年鉴》《中远航运有限公司年鉴》等。

上述年鉴中，中央级年鉴、省级年鉴、市级年鉴、县级年鉴大部分由出版社正式出版，也有部分是以内部资料或网络资料的形式出版。

（二）交通年鉴多由交通行业主管部门主办

所有正式出版的交通年鉴，其主办部门多为国家行业主管部门以及省（区、市）地方行业主管部门，也有一些交通年鉴是由交通行业的社团组织主办的。这些年鉴的归口部门不尽相同，其中大多数都设在各部委局和各省市交通运输厅的办公室、规划部门，也有的设在史志办或信息中心。行业社团组织主办的，目前多数是单独成立年鉴社或编辑部，有极少部分作为独立法人单位管理。这些年鉴管理规范，人员相对固定，水平较高。

从出版情况看，国家行业主管部门和行业社团组织，以及省（区、市）地方行业主管部门和行业社团组织主办的交通年鉴，都能够坚持连续编纂出版，而省会城市、计划单列市和市级、县级城市行业主管部门编辑出版的市县级交通年鉴中断情况较多。还有一些城市的交通年鉴，以“交通运输篇”的形式并入当地市县综合年鉴之中。（详见表1、表2）

中央（行业）交通年鉴一览表

表 1

序号	年鉴名称	创刊时间	编纂单位	出版单位
1	中国交通年鉴	1986	国家发展改革委 交通运输部 国家铁路局 中国民用航空局 国家能源局 国家邮政局 解放军总后军交部 中国铁路总公司 中国邮政集团公司 联合编纂	中国交通年鉴社
2	中国交通运输统计年鉴	2001	交通运输部	人民交通出版社
3	中国智能交通行业发展年鉴		中国智能交通协会	电子工业出版社
4	中国港口年鉴	1999	中国港口协会	中国港口杂志社
5	中国交通教育五十年年鉴	2001	大连海事大学出版社	大连海事大学出版社
6	中国民航统计年鉴	1985	中国民用航空局发展计划司	中国民航出版社
7	中国城市公共交通年鉴	1993	中国城市公共交通协会	中国城市出版社
8	中国城市轨道交通年鉴	2010（筹备）	中国城市轨道交通研究会	中国城市出版社
9	中国民用航空工业统计年鉴	2007	工业和信息化部装备工业司	中国统计出版社
10	中国民用航空工业年鉴	2010	工业和信息化部装备工业司	航空工业出版社
11	中国船舶工业年鉴	2003	中国船舶工业协会	中国船舶工业年鉴编辑部
12	中国汽车工业年鉴	1983	中国汽车技术研究中心 中国汽车工业协会	中国汽车工业年鉴期刊社
13	中国汽车市场年鉴	1995	中国汽车流通协会	中国商业年鉴社
14	巴士与客车年鉴	2002	中国汽车城网站 中国城市公共交通学会	天健电子音像出版社
15	中国摩托车工业年鉴	1999	摩托车技术杂志社	摩托车技术杂志社
16	节能与新能源汽车年鉴	2010	中国汽车技术研究中心	中国经济出版社
17	长江航运年鉴	2000	长江航运管理局	武汉出版社
18	中国桥梁年鉴	2011	桥梁杂志社	人民交通出版社

各省（区、市）地方交通年鉴一览表

表 2

序号	年鉴名称	创刊时间	编纂单位	出版单位
1	北京交通年鉴	2010	北京市交通委员会史志办公室	内部资料
2	北京公安交通管理年鉴	2004	北京市公安局公安交通管理局	中国人民公安大学出版社
3	上海市交通运输和港口管理局年鉴	2010	上海交通运输和港口管理局	上海人民出版社
4	上海市交通年鉴	2015	上海交通委员会	—
5	重庆交通年鉴	2007	重庆市交通委员会	内部资料
6	河北交通年鉴	1986	河北省交通厅	河北人民出版社
7	石家庄市交通年鉴	1993	石家庄市交通局	内部资料
8	廊坊市公路交通年鉴	1989	廊坊市公路局	内部资料
9	沧州市交通年鉴	1986	沧州市交通局	内部资料
10	山西交通年鉴	1990	山西省交通厅史志办公室	山西人民出版社
11	山西公路统计年鉴	1999	山西省公路局	内部资料
12	大同交通年鉴	2010	大同市交通运输局	山西人民出版社
13	阳泉交通年鉴	2006	阳泉市交通局	内部资料
14	盂县交通年鉴	2007	盂县交通运输局史志办公室	—
15	沁水交通年鉴	1990	沁水县交通局	内部资料
16	阜新公路年鉴	2009	阜新市公路管理处史志办公室	—
17	勃利县交通局年鉴	1988	勃利县交通局	内部资料
18	望奎交通年鉴	—	望奎县交通局	—
19	江苏交通年鉴	1996	江苏省交通宣传教育中心	江苏年鉴杂志社
20	连云港港年鉴	1991	连云港港口集团	内部出版
21	南京交通年鉴	1990	南京交通年鉴编纂委员会	江苏科学技术出版社
22	太仓交通年鉴	—	太仓市交通运输局	—
23	苏州交通年鉴	—	苏州市交通运输局	—
24	浙江交通年鉴	2001	浙江省交通运输厅年鉴办	内部资料
25	台州交通年鉴	2001	台州市交通运输局	网络版
26	萧山交通年鉴	2006	萧山区交通运输局	网络版

续表

序号	年鉴名称	创刊时间	编纂单位	出版单位
27	嘉兴市交通统计年鉴	2006	嘉兴市交通局	内部资料
28	江西交通年鉴	1997	江西省交通厅交通史志编纂委员会	方志出版社
29	高安市交通年鉴	2009	高安市交通局	内部出版
30	南昌交通年鉴	1997	南昌市交通史办	内部出版
31	景德镇市交通年鉴	1995	景德镇市史志年鉴　委员办公室编	内部出版
32	南康市交通年鉴	—	南康市交通局	—
33	安远交通年鉴	1997	安远县交通局	—
34	石城交通年鉴	1997	石城县交通局	—
35	济南公路年鉴	2003	济南公路局	内部出版
36	淄博公路年鉴	1987	淄博市交通史志办公室	内部资料
37	菏泽公路年鉴	2000	菏泽市公路局	内部资料
38	肥城交通年鉴	2014	肥城市交通运输局	内部资料
39	烟台市公路管理局年鉴	2008	烟台市公路管理局	内部资料
40	河南省交通运输年鉴	2009	河南省交通厅	内部资料
41	河南交通年鉴	2002	河南交通物流协会	内部资料
42	洛阳交通年鉴	—	洛阳市交通局	中州古籍出版社
43	湖北交通运输年鉴	1991	湖北省交通运输厅	人民交通出版社
44	湖北水运年鉴	1995	湖北省水运史志审委员会	武汉出版社
45	武汉交通运输年鉴	2011	武汉市交通运输委员会	武汉出版社
46	宜昌交通年鉴	2004	宜昌市交通局	内部资料
47	神农架林区农村公路年鉴	—	神农架林区交通运输局	内部资料
48	荆州交通年鉴	2008	荆州市交通运输局	内部资料
49	长江三峡通航年鉴	1999	长江三峡通航管理局	内部资料
50	宜昌市交通物流发展年鉴	2013	宜昌市物流局	内部资料
51	长阳交通年鉴	2010	长阳县交通局	内部资料
52	湖南省交通运输统计年鉴	—	湖南省交通运输厅	湖南人民出版社
53	长沙市交通志	1991	长沙市交通志编纂办公室	湖南出版社

续表

序号	年鉴名称	创刊时间	编纂单位	出版单位
54	攸县交通运输年鉴	—	—	网络版
55	澧县交通运输局	—	—	网络版
56	广东交通年鉴	—	广东省交通运输协会	—
57	深圳交通运输年鉴	2011	深圳市交通运输委员会	—
58	汕头交通运输统计年鉴	—	汕头市交通运输局	网络版
59	广西交通年鉴	1992	广西壮族自治区交通厅	内部资料
60	南宁铁路局年鉴	1996	南宁铁路局年鉴编辑部	出版社
61	四川交通年鉴	1987	四川交通厅史志总编室	四川科学技术出版社
62	四川高速公路年鉴	2000	—	内部资料
63	绵阳交通年鉴	1996	绵阳交通局年鉴编委会	—
64	阿坝州公路管理局年鉴	2008	阿坝州公路管理局	内部资料
65	四川眉山市东坡区交通年鉴	—	四川眉山市东坡区交通局	网络版
66	贵州交通运输年鉴	2011	贵州省交通运输厅	贵州大学出版社
67	安徽航运年鉴	2001	安徽航运年鉴编纂办公室	内部资料
68	云南省道路交通管理图志	2006	云南省道路交通管理志编纂委员会	云南人民出版社
69	昆明交通年鉴	1998	昆明交通局	云南民族出版社
70	陕西工业交通年鉴	2004	陕西省工业和信息化厅 陕西省交通运输厅	西安出版社
71	西安交通年鉴	—	西安交通运输局	西安出版社
73	海南邮政年鉴	2003	海南省邮政总公司	内部资料
74	海南邮轮游艇年鉴	2011	海南省海防与口岸办公室 海南省邮轮游艇协会	海南出版社
75	甘肃交通年鉴	1991	甘肃省交通运输厅	中国文史出版社
76	兰州交通大学年鉴	2010	兰州交通大学	内部资料
77	青海交通年鉴	2006	青海公路交通史志 编审委员会编纂	青海人民出版社
78	新疆交通年鉴	—	新疆交通厅	内部资料

三、交通年鉴取得的主要成绩与经验

近几年来，交通行业年鉴在编纂过程中不断探索创新，稳中求变，在继承传统的基础上不断开拓创新，取得了许多成绩和经验。在这方面，《中国交通年鉴》和《四川交通年鉴》的做法较有代表性。

《中国交通年鉴》由国家发展和改革委员会主管，国家发展改革委、交通运输部、国家铁路局、中国民用航空局、国家能源局、国家邮政局、中国人民解放军总后军交部、中国铁路总公司、中国邮政集团公司、中国交通建设集团公司联合编纂出版。该年鉴于 1986 年创刊，是我国唯一一部综合交通年鉴。1985—2014 年，出版总字数已达 4447.3 万字，图片 7364 张。《中国交通年鉴》编纂体例由综合类、交通各业类、地方交通类、交通专项类、数据与附录类五大部分构成，主要业务板块分为：专业出版、数据研发、影视制作、评估咨询、专题活动等，并在智库、渠道、数据、铭史、推广方面拥有厚重的积累和独特优势。

截至 2015 年，《中国交通年鉴》已有 60 多个国家收藏研究，中外 5700 多家机构用户在关注使用；在国家 7 部委局和 3 家特大型交通集团企业设有分部，在 31 个省（区、市）发改委、交通厅设有联络站，在 200 个地市级以上城市的交通管理部门建立通联渠道，与 100 多家重点交通企业保持密切沟通；由相关部委局、各省（区、市）200 多位主要领导和权威专家担任编委和专家委员，12 位联合编纂单位行业职能部门领导担任《中国交通年鉴》副总编辑；每年有 1300 多人参与年鉴编纂工作，初步形成覆盖全国综合交通行业的信息网络。

为适应中国交通发展新形势，自 2012 年起，遵照主管、主办和联合编纂单位提出“将《中国交通年鉴》办成构建我国综合交通运输体系的权威信息平台和行业智库”的要求，对《中国交通年鉴》编委会、专家委员会、理事会作了调整和加强，“三会”统领年鉴编纂工作，成效显著。同时，进行大幅度的改版创新，力求突出时代感，突出贴近实际，突出服务意识，追求提升年鉴的史鉴价值和资政价值。

在地方交通年鉴中，《四川交通年鉴》的经验较有代表性。

《四川交通年鉴》创办于 1987 年，至今已连续出版 29 部。经过近 30 年的积累和发展，创新已成为《四川交通年鉴》的着力点。他们的具体做法包括：一是紧跟形式，内容不断创新。二是条目常编常新。同时，《四川交通年鉴》还在创新管理机制、创新编校流程、创新人才培养等方面做了许多有益的尝试。

还有一些交通年鉴，如《江西交通年鉴》《湖北交通年鉴》《甘肃交通年鉴》等也在网络出版、大数据开发应用以及内部管理、广告发行等方面做了有益的尝试和创新，这些年鉴也为交通行业年鉴的科学发展积累了宝贵的经验。

四、交通年鉴存在的问题和发展方向

（一）交通年鉴存在的问题

1. 距离“一纳入、八到位”的要求差距较大。目前在全国交通行业年鉴中，能落实“一纳入、八到位”的是极少数的，大多存在这样或那样的问题。在年鉴指导管理方面，还存在重志轻鉴的情况。所以，在落实“一纳入、八到位”要求方面，交通行业年鉴还需要做大量的工作，使目标得到实现。

2. 出版数量虽多，但缺乏名牌精品。目前，交通年鉴虽然数量达到150多部，但在编纂架构、编辑水平、印刷质量等方面较少有创新性突破，还存在不少问题。因此，被行业甚至社会广泛认知的精品年鉴不多，推出名牌年鉴应该是今后工作的重点。

3. 编辑人员缺乏专业职称评审渠道，影响队伍稳定。交通年鉴相比其他期刊有其特殊性，专业性强，一年一本，很难与社会期刊或新闻类期刊相比。因此，在职称评审、职业发展等方面很不明朗，很难留住人，许多从事多年年鉴编辑的人员，至今没有专业职称，使得编辑队伍，甚至通讯员队伍很不稳定，长期下去，会影响交通年鉴的队伍建设和质量建设。

4. 国家交通重点企业的入鉴积极性要格外重视。交通系统有大量的国家重点企业，他们的发展反映了我国交通事业的发展，他们的形象代表了交通系统的形象。目前，许多交通企业有参与办年鉴的积极性，但限于缺乏专业性的人才和专业性的培训指导，具体工作难以开展，这方面的工作亟须加强。

（二）交通年鉴的发展方向

1. 网络化是交通年鉴的发展方向。未来的时代是网络的时代，网络化也是年鉴发展的必然趋势。网络年鉴一改以往单向传输形式，可以让读者参与，发表意见，互动交流，极大地丰富了年鉴的办刊方式，给编者和读者扩大了交流空间，让年鉴更有指导性、针对性、更贴近实际，贴近读者。同时，它还可以运用信息技术将文字、影像、声音组合在一起，实现多媒体网络通信，使传播形式更灵活，更容易被年轻人所接受。在组稿和编辑方面，也更加方便、快捷。而目前交通年鉴的网络化可以说是刚刚起步，任重而道远，但相信会有很好的前景。

2. 大数据是交通年鉴的重要财富。现在的决策无不需要大数据的支撑。国家决策需要，企业决策更需要。大数据的优势在交通年鉴上尤为明显。首先，数据真实。因为它是来自通联网络的第一手数据。其次，它来自政府机关或重点企业，具有权威性、可靠性。第三，它坚持记录几十年，具有参照性、可比性，实用价值更高。不难想象，未来这些数据将会发挥更大的作用。

3. 加强国际交流，提升国际影响力。我国的交通建设日新月异，也引起国际的广泛重视。无疑，交通行业年鉴也需要拓宽视野，通过多种形式扩大国际交流与合作，进一步展示我国交通行业年鉴的国际影响力。

中国国土资源类年鉴发展报告

韩杰　尹璐

提要：我国国土资源史志年鉴工作历史悠久，100 年来形成一套独具特色的专业志书年鉴编纂思路和风格。随着国家对国土资源基础和先行地位的确定，在改革开放新时期，这种思路和风格不断成熟和完善。本报告对国土资源年鉴基本发展情况，体例、体裁和主要内容，现实价值等三方面进行初步总结，并从存在问题着眼，提出将国土资源年鉴编纂为国土资源事业发展服务和为我国经济社会发展服务作为今后工作侧重点、发展点和创新点。

关键词：国土资源　年鉴　发展　文体　价值

一、概述

国土资源事业是我国国民经济建设中具有基础和先行地位的产业，对我国建设发展方向、规模和可持续发展能力起着决定性作用。随着我国国土资源改革发展的深入，国土资源年鉴编纂出版工作也不断发展和完善，已全面覆盖我国国土资源事业各项工作，成为国土资源系统一种独有的文化现象。国土资源类年鉴是政务活动和专业学科兼容的综合类年鉴，一般分三类：一类是以专业技术为特点的综合类政务年鉴，一类是反映行业综合形态的行业年鉴，一类是反映专业学科或专项工作的专门类年鉴。

（一）发展情况

我国国土资源事业发展历史悠久，涉及资源的史志文献可远溯至先秦时期。随着西学东渐，近代科学在我国的兴起，地质学逐渐形成具有一定科学体系的现代科学。随之，记述地球运动海陆变迁、探寻地球运动规律的地质类志书逐步成为我国志书文献宝库的重要组成部分。1906 年，鲁迅与顾琅先生合著的《中国矿产志》出版，这是我国第一部具有现代意义的资源类志书。以此为起点，国土资源史志工作至今已有 100 余年的历史。

新中国成立以后，地质工作从一门学科发展成一项国家事业，地位和作用发生根本转折，也使国土资源史志工作得到新生。资源类专业史、专业志出版成果丰富，在自然科学界独辟一域，引起社会高度关注，并且在改革开放以后日臻成熟，渐成规模。1982 年，国家海洋局主办的《中国海洋年鉴》创刊，至今已连续出版 34 年。1985 年，原地矿部主办的《中国地矿年鉴》创刊，时任副部长温家宝担任编委会主任。为适应机构改革需要，1998 年易名《中国国土资源年鉴》，至今已连续出版 32 卷。1994 年，原国家土地管理局主办的《中国土地年鉴》创刊，曾独立出版 1994—1997 年 4 期后，于 1998 年并入国土资源部主办的《中国国土资源年鉴》。1998 年，按照中央要求，由原地矿部、国家土地管理局、国家海洋局和国家测绘局共同组建国土资源部，创办《中国国土资源年鉴》。其中，国家海洋局主办的《中国海洋年鉴》继续保留，仍以国土资源部管理的国家局年鉴对外发行。除《中国国土资源年鉴》外，国土资源部直属行政机构和科研事业单位根据科学研究和工作需要，都创办了反映各自职责范围工作内容的年鉴，向社会提供土地、矿产、海洋和测绘行业一些专业学科信息。1998 年以后，国家土地督察机构创办《中国土地督察年鉴》；国家测绘地理信息局创办《中国测绘年鉴》，现更名《中国测绘地理信息年鉴》；中国地质调查局创办《中国地质调查年鉴》；中国矿业联合会创办《中国矿业年鉴》。另外，国土资源部统计部门也将每年的统计数据信息整理成册，以《中国国土资源统计年鉴》的形式出版。

省以下各级国土资源部门的年鉴出版普及率也比较高。截至 2016 年底，各省（区、市）国土资源主管部门都办有各自的年鉴，地（市）级国土资源部门年鉴出版普及率可达 60% 以上；县（市）级国土资源部门的年鉴也已开始创办，主要限于沿海发达省份和国家重点开发省份。虽然内容仅限于其所在地区优势工作地域，但从全国范围来讲只能是初创，并且各地发展极不平衡。

截至 2016 年底，国土资源系统共创办年鉴 70 种左右，其中部和直属单位 10 多种，省级以下国土资源部门 50 多种，专业学科类 10 多种。

（二）机构情况

国土资源类年鉴自 20 世纪 80 年代创办以来，得到了从原地矿部到国土资源部历届领导的高度重视，并随着年鉴工作地位提升和效能发挥而不断健全和完善，以适应我国国土资源事业发展的需要。

1. 部级年鉴工作机构情况。国土资源类年鉴工作机构自创建以来，长期坚持编委会领导下的编辑部工作负责制，这是按照中央要求、落实部党组领导、办公厅负责的一种具体组织形式。编委会主任由分管部领导担任，办公厅是职能部门，办公厅主任任主编。其中，原地矿部时期创办的《中国地质矿产年鉴》编辑部机构设在办公厅，编委会主任由分管办公厅的副部长担任；编委会委员由部机关各司局和直属单位主要负责人担任，负责年鉴全书编纂提纲和全书出版审定，对出版审定拥有表决权，并负责组织本单位稿件撰稿和审查，拥有本单位稿件的终审权。办公厅作为部内统筹协调部门，对年鉴编纂负责策划、协调和组织管理。1998 年国土资源部组建以后，为减少行政指标，年鉴编辑部从部机关划出，挂靠自收自支事业单位。2010 年以后，又按照国务院《地方志工作条例》要求，将挂靠单位由自收自支单位变更为全额拨款事业单位。挂靠关系虽历经变更，但职能仍留在办公厅，业务工作由办公厅统一负责，履行部政府职能。

2008 年，为加强对年鉴工作领导，国土资源部设立史志办公室，年鉴编辑部划入史志办公室管理。史志办公室是部史志领导小组办事机构，作为部议事协调机构和办公厅职能机构，统筹包括年鉴在内的各项史志工作任务。

2. 直属单位和省级以下年鉴工作机构情况。由于直属单位和省级以下年鉴工作开展较晚，且规模较小，截至 2016 年底，还没有形成规范的独立机构。因此省级国土资源部门的年鉴工作一般列入办公室职责范围，由专人承担，负责编纂本省（区、市）国土资源部门年鉴，并向省政府年鉴和部委年鉴供稿。

2013 年 5 月，国土资源部办公厅曾就史志年鉴工作发出通知，要求部直属单位和各省（区、市）国土资源部门加强领导，进一步健全完善年鉴工作体制和机制，参照部史志工作架构，设立专职机构，以保证工作正常开展。截至 2016 年底，国家海洋局、国家测绘地理信息局和中国地质调查局按照部组织形式，建立相应史志领导小组及其办公室。省级以下部门史志工作机构，正在结合各地实际情况积极研讨和推进。

（三）队伍情况

按照党和政府史志工作总方针和国家主管部门要求，国土资源部在积极推进年鉴编纂出版精品化过程中，编纂队伍建设不断专职化、专业化，形成适应年鉴工作改革需要的多元化、多方位的专兼职编纂队伍。

首先是随着机构落实，编辑部队伍建设得到加强。国土资源部及直属三个副部级国家局或直属局在充实完善机构的同时，按照新闻出版部门和地方志主管部门规定要求，配备了专职的编纂人员。这些人员既有文秘专业，同时还有相关专业学科人员。隶属于行政机构的编制人员，都按规定的行政级别规格配备；隶属于科研事业单位的人员，都按中、高级专业技术职务规格配备。省级以上地方国土资源部门虽没有专职人员配备，但工作列入责任处室职责范围，明确专人负责。专业性较强稿件的撰稿，由专业处室安排专业人员撰稿，进而保证年鉴稿件内容的科学性。截至 2016 年底，全国国土资源系统专兼职编纂人员总数超过 100 人，其中综合类人员 2/3 以上，各类专业学科人员近 1/3，处级（高级职称）以上人员达 1/3，处级（中级职称）以下较普遍，达 2/3 以上。

为保证年鉴出版质量，2015 年 10 月，国土资源部在福建省厦门市举办年鉴工作培训班，共有 100 多名国土资源系统各地区的编纂人员参加培训。

（四）经费情况

按照《地方志工作条例》要求，国土资源系统出版的年鉴工作经费都列入预算，虽然拨款渠道不同，但都能保证工作需要，其中国土资源部及三个直属副部级局的年鉴费用都列入国家财政预算，根据承办部门提交的工作计划由中央财政足额拨款；部直属单位的专业年鉴和专门年鉴列入专业任务和专门工作计划，由中央财政足额划拨；自收自支单位创办的行业年鉴，向其会员单位组稿，出版经费从年鉴经营收入和会费中列支。

（五）数字化、网络化建设情况

国土资源类年鉴数字化起步较早，但仅限于部级国土资源类年鉴。其中《中国国土资源年鉴》电子版、印刷版同时出版始于 2003 年，至今已有 13 年历史。省级国土资源部的年鉴一般仅以印刷版方式出版，给读者使用带来不便，按照国土资源部要求，国土资源史志网站于 2015 年建成，目前设有多个板块对外开放。

二、体例体裁和主要内容

国土资源类年鉴在长期的编纂实践中，首先形成独特的编纂思路和风格，从创办初期的科学研究型，发展到现在以政府职能为主导、以专业研究为基础、面向社会的政府会报类综合型年鉴，同时形成政务、专业兼容，合理匹配的体裁和内容。以《中国国土资源年鉴》为范本，国土资源系统内各类年鉴遵从范本风格，编纂出版反映各自内容、具有行业和地域特点的众多年鉴。

（一）体例体裁

国土资源类年鉴文体以应用文为主，并兼有记叙文的特点。选材要求概括性、典型性，具有广度和深度，以直陈写法反映国土资源的历史变化。文风突出一个"实"字，文字力求简洁，以最精炼的文字提供最丰富的内容，表述准确，说话留有余地。

（二）主要内容

国土资源类年鉴内容要抓住"四新"，即新情况、新问题、新措施和新趋势。以《中国国土资源年鉴》为例，全书包括重要文献、重要会议、国土资源部重大活动专述、国土资源行政、国家土地督察、国土资源信息化、专业进展、科教文化、省（区、市）国土资源工作、政策法规、统计资料、附录、大事记等 13 个栏目。

重要文献栏目是以每年重要会议文件为主的文献摘编，主要收录党中央、国务院领导有关国土资源工作的讲话、指示和国土资源部、国家海洋局、国家测绘地理信息局、武警黄金指挥部领导人的重要讲话等。

重要会议栏目由每个部门提供简介，分政务管理和专业科技会议两类，以上述单位召开的主要会议为主，并适当收录能够代表我国当前学术水平的专业科技会议内容。

国土资源部重大活动专述栏目主要记述国土资源部党的群众路线教育实践活动专述，保发展保红线行动，找矿突破战略行动，国土资源节约集约模范县（市）创建活动，国土资源人才发展规划与实施工作社会影响较大的国土资源专项活动。

国土资源行政栏目是国土资源部政府职能情况的年度公报，重点阐述行政机构建设及政府职能履行情况。由各单位根据“三定”方案核定的职责范围逐条编写。

国家土地督察栏目主要记述土地督察机构组建、制度建设和全国及各派驻地方的土地督察局土地督察工作情况。

国土资源信息化栏目主要记述国土资源信息化建设工作情况，包括政务管理与服务、土地调查和地质调查信息化。

专业进展栏目设土地专业、地质矿产专业、海洋专业、测绘地理信息专业，分别记述每年全国国土资源行业各专业工作进展情况。栏目要求全面反映国土资源行业工作进展情况，不仅要收集基本工作资料，而且要重点收集具有本部门特点的资料。

科教文化栏目主要反映国土资源行业科研教育、文化体育、新闻出版、图书馆、博物馆及部属学术社团动态。科研方面主要收录科技成果公报和专业学科研究工作两大类，其中科技成果公报主要登录国家级获奖科技成果简介及重要科研项目立项及进行情况，注明项目名称、完成单位和主要承担人。

省（区、市）国土资源工作栏目反映各省（区、市）级国土资源工作情况，全面反映各省（区、市）国土资源工作进展、重大科技成果、技术进步及政务管理执法监察情况。

政策法规栏目选登涉及国土资源的法律、规章和规范性文件。主要由全国人大通过的有关国土资源工作的法律，中共中央、国务院发布的指导国土资源工作的文件，国务院及国土资源部发布的行政规章和国土资源部规范性文件，注明文件文号、名称、发文单位。

统计资料栏目主要收录全国土地、矿产、海洋、测绘地理信息主要统计资料报表，统计表要精选，做到简明、突出重点，表中数字要缜密核算，上下左右合口，并按数位对齐。

附录包括两项内容，全国国土资源系统局级以上机构及领导人情况。以局级以上机构及相关干部变动情况为重点，登录国土资源部及其直属单位机构改革情况。同时，收录机构改革以后国土资源行业机构设置和现职领导干部名录。

国土资源工作大事记，主要记述国土资源工作重要部署、决策、成果、机构变动等涉及全局性、有突出意义的重大事件。时间、地点、内容清楚。

三、现实价值

国土资源系统各类年鉴是国土资源部及其直属部门以政府公报形式出版的资料性工具书，具有重要的思想政治价值、史料文化价值、资政辅政价值、展示与交流价值、科学研究价值和信息资料价值。

（一）思想政治价值

国土资源类年鉴以我国改革开放全局为背景，记述我国国土资源事业各项改革发展成果。读者可以从土地、矿产、海洋和测绘地理信息这些基础产业的新动态中，领略感悟我国国民经济建设发展全局性变革形势。年鉴作为行业传统教育的基本教材，已成为国土资源系统党史、国史思想阵地之一。书中重要文献、资源行政、法律法规、专业进展和科教文化等栏目发表的各类信息，政策性、政治性指导性强，不仅有部级层面信息，而且还有更高层面的党和国家政策信息。从领导讲话出台到政策法规形成，读者可以从中深入了解研判改革发展整个历史过程，深刻体会各级国土资源部门“情为民所系，权为民所谋，利为民所用”，以民为本、执政为民的殷殷心血。

（二）史料文化价值

国土资源系统各类年鉴，每年一册，连续出版，种类齐全，内容丰富，是我国规模最大、种类最多、专业学科最全、出版历史最长的部委年鉴群体，从而成为我国史志研究的重要信息资源，是史志编纂的重要参考文献。国土资源行业出版的《中华人民共和国地质矿产史》《中国古生物志》《区域地质志》等采用的基本信息都取自国土资源年鉴，为繁荣国土资源史志文化奠定了基础。

（三）资政辅政价值

年鉴是国土资源系统指导各级国土资源部门工作的重要参考，通过年鉴发布讲话、文献、法律法规和专业成果，不仅指导各级部门政务工作，而且指导和管理各级国土资源从业人员和国土资源类民营企业开展的国土资源各项经营活动。通过提供政策指导信息，可将他们的活动纳入国家政策规定范围，保证所有活动依法依规。有利于合法保护其正当权益，避免因盲目误判引起违法成本增加。

同时，年鉴中总结正反两方面经验，从而使各级国土资源管理部门从中借鉴，使错误的教训得以避免，成功的经验得以传承。编纂年鉴、阅读年鉴、利用年鉴已经成为国土资源系统的一种普遍现象，从部级到省级，各级国土资源部门都把年鉴作为检查指导工作的工具，通过年鉴了解各单位各部门的工作成效，从中总结经验发现问题。许多单位把年鉴编纂作为各项工作的一个基础环节，各项工作在年鉴编纂中不断补充、完善和扩大。

（四）展示与交流价值

国土资源年鉴是展示我国国土资源事业发展的窗口，也是各级国土资源部门和单位对外交流的窗口。截至 2016 年底，30 多年来国土资源系统类年鉴出国交流 3 次，举办大型年鉴成果展示会 2 次。随着我国国土资源事业对外交流的开展，年鉴事业发展将跨上一个更大的平台。

（五）科学研究价值

科学研究是专业年鉴追求的重要目标。专业进展、科教文化、省（区、市）国土资源工作等栏目是国土资源类年鉴的主要学科性栏目，同时国土资源行政类栏目部分内容也涉及科学研究内容。多年来，始终把科研单位和专家学者作为国土资源类年鉴的重要读者群加以培育。为提高年鉴的科研价值，根据国土资源部重大科研项目需要和专家学者要求设立栏目，制订组稿方案，向专家读者群提供专业信息，同时又组织担任项目负责人的一线专家提供科研项目成果信息。通过信息互动，不仅使年鉴成为专家信息交流平台，而且围绕科学研究及时向国内外提供国土资源系统创新成果，努力为科学研究和社会发展服务。

（六）资料信息价值

国土资源类年鉴是资料性政务工具书，以国土资源政府部门名义向社会各界发布各类资源信息，使社会各界从书中各取所需，努力为资源矿山企业提供矿产商务信息，为房地产从业界提供土地资源信息，为情报信息人员提供资源研究信息，为教学科研界提供资源变化信息。

综上所述，国土资源类年鉴虽然取得一定的成绩，但与我国国土资源改革发展形势还有一定差距，需要进一步加强领导，不断建立健全和完善编纂机构，增加经费，改善工作环境和条件，努力提高编纂水平。编纂机构还需进一步加强制度化建设，使依法依规编鉴成为提高出版质量的动力，进一步围绕国土资源中心工作做好国土资源年鉴编纂，丰富内容，扩大社会影响，以精品年鉴为目标，努力为我国国土资源事业和社会发展服务。

中国铁路年鉴发展报告

■ 栗晋瑜

提要：铁路行业在 20 世纪 30 年代初期曾经编纂出版过少量的年鉴，真正形成规模是在 1980 年以后，铁路年鉴的编纂出版在数量上呈现快速增长态势。2000 年以来，铁路年鉴工作开始由推动年鉴数量上的增长，调整为推进年鉴编纂质量的提升。随着国务院《地方志工作条例》的颁布实施，铁路年鉴编纂逐步迈上法治化、规范化轨道；《全国地方志事业发展规划纲要（2015—2020 年）》的推进落实，势必全面提升铁路单位的年鉴质量，推动铁路年鉴编纂工作持续健康发展。

关键词：铁路　年鉴　体例体裁　出版现状

一、铁路年鉴的发展历程

（一）1949 年以前的铁路年鉴编纂

中国有关铁路的年鉴编纂始于南京国民政府时期。1932 年，时任民国政府铁道部部长顾孟余上任伊始即下令设铁道年鉴编纂委员会，着手筹办铁道年鉴。1932 年 4 月 29 日，国民政府铁道部公布《铁道年鉴编纂委员会规程》。1932 年 5 月，铁道年鉴编纂委员会成立，指定铁道部常务次长曾仲鸣任委员长兼总裁。

1933 年 5 月，《铁道年鉴（第一卷）》由国民政府铁道部铁道年鉴编纂委员会编辑出版，上海汉文正楷印书局印制。16开精装本，全一册共1400余页，铁道部部长顾孟余题写书名并作序，记载内容时限自1931年7月1日至1932年6月30日。全书设中国铁道沿革史、铁道部组织、法制、年度行政概要、各路局组织及行政概要、国有铁路事业状况、国有铁路经济状况等22章。

1935年12月，《铁道年鉴（第二卷）》由铁道部参事厅第四组编辑，铁道部秘书厅图书室发行，上海汉文正楷印书局印制。16开精装本，1900余页，由顾孟余题写书名，记载内容时限自1932年7月1日至1933年6月30日。全书设总纲、年度重要事项、国有各路事业概况、国有各路经济概况、教育、卫生、购料、造林、党务、工会等15章。

1936年12月，《铁道年鉴（第三卷）》由铁道部秘书厅编辑出版，上海商务印书馆印刷发行。16开精装本，1500余页，铁道部部长张嘉璈题写书名，记载内容时限自1933年7月1日至1935年6月30日，为两年合卷。全书设总纲、本两年度重要事项、国营各路设备概况、国营各铁路本两年度事业概况、国营各铁路本两年度经济概况、教育、警务等17章。该书首次收录全国铁路图，截至1935年6月底，已建成及在建铁路线路均纳入其中。

这一时期，南京国民政府铁道部所属的部分铁路管理局（委员会）也编辑出版过年鉴。1932年11月，《平汉年鉴》由平汉铁路管理委员会编辑出版，18开本，694页，是记述平汉铁路现状与历史沿革情况的第一部年鉴，平汉铁路管理委员会委员长何竞武作序。1933年6月，《陇海年鉴》创刊号由陇海铁路管理局编辑出版，20开精装本，388页；1935年，《陇海年鉴》1933年和1934年两年内容的合编本编辑出版，20开精装本，650页。1933年，《津浦年鉴》由津浦铁路管理委员会主办，津浦铁路年鉴编纂委员会编辑出版，16开精装本，386页。

1937年，日本发动全面侵华战争，有关铁路的资料文卷丢失、损毁严重，铁路年鉴编纂工作被迫中断。

（二）1949年以后的铁路年鉴编纂

1. 铁路年鉴的兴起及快速发展。新中国成立后，史志工作得到广泛发展，到了20世纪80—90年代，全国首轮地方修志事业开始兴起，铁道部所属部分铁路局、铁路分局、铁路工程局、铁路工厂、铁路高等院校等单位在前期编修志书的基础上，先后开始编辑出版年鉴。

1990年8月，中国铁路史编辑研究中心成立，大力推动全国铁路年鉴编纂工作。1991年6月26—29日，全国铁路局首届年鉴研讨会在成都召开。1993年12月，中国铁路史编辑研究中心印发通知，在全国铁路系统举办首届铁路年鉴论文评奖活动，1994年3月评出一等奖9篇、二等奖18篇、三等奖35篇、鼓励奖13篇。至1994年末，全国铁路14个铁路局全部按要求每年编辑出版本单位年鉴，各铁路局所属的铁路分局有46个单位先后编辑出版年鉴。1995年10月24—28日，在西安召开全国铁路年鉴首届评奖工作会议。2000年之前尚未与铁道部脱离隶属关系的铁路工程、建筑、工业、物资、通信信号等公司所属的工程局、设计院、工厂、研究院等单位编纂的年鉴也陆续出版。这个时期全国铁路系统局处级单位出版年鉴达到128种。

2. 铁路年鉴的全面发展。1998年11月，铁道部档案史志中心组建，加大对全国铁路年鉴编纂工作的推进力度。1998年12月27日，铁道部决定由档案史志中心组织编辑出版《中国铁道年鉴》。1999年卷的《中国铁道年鉴》创刊号于当年12月由中国铁道出版社以图书形式出版，国内外发行。2000年4月12日，国家新闻出版署发布《关于同意〈中国铁道年鉴〉纳入年鉴类期刊出版系列的函》，同意《中国铁道年鉴》作为年刊纳入年鉴类期刊出版系列，由铁道部主管、铁道部档案史志中心主办，公开发行。2000年刊《中国铁道年鉴》于当年11月由铁道部档案史志中心以期刊形式出版。之后每年一册，国内外发行。

2000年后，铁道部先后经历与铁路工程、建筑、工业、通信信号和物资等公司脱离隶属关系、运输主业与辅业分离、铁路局直接管理站段等体制改革和机构调整，铁路系统年鉴编纂出版单位的数量大幅减少，铁路年鉴的中心工作由积极推动年鉴编纂数量增加调整为稳步推进年鉴编纂质量的提升。

2001年7月，铁道部档案史志中心在锦州召开全国铁路年鉴质量研讨会，就改进铁路年鉴框架设计，优化年鉴选题进行探讨。2001年11月，在全国铁路系统征集年鉴论文，开展论文评比活动，推进史志工作者业务素质的提高。2003年10月，组织了全路年鉴质量评比，对全路57个参评单位的年鉴编校质量、框架设计、版式装帧等方面进行全面综合评审，总结、交流全路年鉴编纂、出版工作经验，促进铁路年鉴编纂、出版进一步规范化。此外，在每年的史志工作会议上，采取以会代训方式，对参会人员进行宣传、培训，组织开展交流活动；有针对性地举办全路性的年鉴编辑业务培训班和研讨会，有效推动全路年鉴编纂工作的开展。

2005年3月，全国各铁路局直接管理站段（撤销分局）的铁路运输管理体制改革前，各铁路局所属的46个铁路分局共编辑出版年鉴46种530部。铁路局直接管理站段运营体制调整后，之前编纂年鉴的46个铁路分局级单位整建制撤销，全国铁路年鉴编纂单位也随之在机构、人员上进行了优化调整。

3.铁路年鉴编纂纳入法治化、规范化轨道。2006年5月18日，国务院颁布《地方志工作条例》，标志着修志工作开始纳入法治化、规范化轨道。铁道部于2008年5月5日印发《铁路修志工作规定》，明确铁路修志工作是一项长期的具有连续性的铁路文化建设事业，年鉴编纂是铁路修志工作的重要组成部分，各局级以上单位要把年鉴工作列入本单位工作规划，按期编修，保证质量，按时完成；要坚持领导到位、机构到位、经费到位、队伍到位、工作条件到位。《铁路修志工作规定》的颁布实施，为铁路年鉴工作的开展提供了政策依据和制度保障，推动铁路年鉴工作走上可持续发展的轨道。

《铁路修志工作规定》印发后，铁道部档案史志中心于2009年召开铁路年鉴工作会议，要求各年鉴编纂单位对年鉴所设栏目进行必要的优化整合，使各责任编辑的分工切合实际、尽量减少内容交叉；在不减少信息量的前提下，尽量压缩内容篇幅，体现时代特色和行业特色；要按照编辑方案要求，确立常规条题，关注年度内有特点、有影响的重大事件、重要举措，及时收集、整理、编辑条目内容；严格按照刊物编辑出版的内在规律要求，强化组稿、编辑、审核、校对、付印、出版和发行等各个环节的工作，努力提高编辑效率。2009年，铁道部档案史志中心再次组织全国铁路年鉴质量评比，对参评单位的年鉴编校质量、框架设计、版式装帧等方面进行综合评审，总结、交流全国铁路年鉴编纂、出版工作经验，促进铁路年鉴编纂、出版进一步规范化。2012年，开展全国铁路年鉴工作分组交流活动，各编纂单位之间互通有无、取长补短，推动了铁路单位年鉴编纂质量的提高。

2013年3月，中国铁路总公司成立，档案史志中心成为其直属机构，铁路单位继续执行《铁路修志工作规定》。2014年，全国铁路开展了史志鉴论文评选交流活动，要求参加人员结合本单位年鉴工作实际，探索提高年鉴编修质量和出版效率的方式方法，研究年鉴出版的创新思路，有效促进了铁路年鉴编纂人员理论和编纂水平的提高。

截至2016年底，全国铁路18个铁路局单位（在原来14个铁路局基础上，2002年青藏铁路公司和2005年太原、西安、武汉铁路局分别成立）全部编纂年鉴，共出版18种、402部（参见《各铁路局年鉴编纂情况统计表》）。此外，档案史志中心自1999年开始编纂出版《中国铁道年鉴》，已出版18部；中国铁道科学研究院自1991年开始，共编纂出版年鉴25部；中铁快运公司自2007年开始，共编纂出版年鉴9部。

各铁路局年鉴编纂情况统计表（截至2016年）

表1

年鉴名称	出版时间（年）	出版卷数	备注
哈尔滨铁路局年鉴	1987—2016	30	
沈阳铁路局年鉴	1987—2016	30	
北京铁路局年鉴	1987—2016	30	
太原铁路局年鉴	2006—2016	11	2005年太原铁路局成立
呼和浩特铁路局年鉴	1990—2016	27	
郑州铁路局年鉴（郑州铁路年鉴）	1985—2016	32	1985—1994年刊名称为《郑州铁路年鉴》
西安铁路局年鉴	2006—2016	11	2005年西安铁路局成立
武汉铁路局年鉴	2006—2016	11	2005年武汉铁路局成立
济南铁路局年鉴	1991—2016	26	
上海铁路局年鉴	1992—2016	25	
南昌铁路局年鉴	1997—2016	20	
广州铁路（集团）公司年鉴	1994—2016	23	
南宁铁路局年鉴（柳州铁路局年鉴）	1996—2016	21	1996—2007年刊名称为《柳州铁路局年鉴》
成都铁路局年鉴	1990—2016	27	
昆明铁路局年鉴	1998—2016	19	
兰州铁路局年鉴	1989—2016	25	其中1989—1990年合刊、1991—1992年合刊
乌鲁木齐铁路局年鉴	1994—2016	23	
青藏铁路公司年鉴	2006—2016	11	2002年青藏铁路公司成立

二、铁路年鉴的体例体裁和主要内容

铁路年鉴文体具有多重性，不同栏目选择不同的表述方式。以《中国铁道年鉴》为例，从大的方面分析，年鉴包括综述性资料、主体信息、辅助资料、检索系统四大块，分别采用文章型、条目型、图、表、录等表现形式。

（一）综述性资料

这一部分有特载、专稿、大事记及概况，占年鉴篇幅的10%。特载收录年度内党和国家领导人对铁路工作的重要指示和铁道部领导重要讲话。专稿是记述年度内铁路某一方面重点工作的组织、开展情况及其发展趋势，并对其加以论述的专论性文章，一般约请权威人士来写。大事记系统收录年度内中国铁路的大事。概况综合反映中国铁路路网分布、资产设备、行业组织系统、职工队伍、经营状况等。

（二）主体信息

这部分是《中国铁道年鉴》的主体部分，占年鉴篇幅的72%。根据中国铁路特点，基本按铁路行业分工分类，设置管理、运输、建设、工业、科教、政治等栏目。同时，考虑到总分结合、宏观微观结合，设置企业篇；考虑到生产力诸要素中人是第一要素，专门设置人物篇，其中开辟“人才榜”，记载铁路系统的两院院士、有突出贡献的中青年专家、詹天佑奖获得者及国家重点工程项目主持人，体现国家和铁道部对人才特别是高科技人才的重视，有利于各级组织重视人才的培养和使用，也有利于增强这些人物自身的责任感和使命感；为全面反映中国铁路改革进程的状况，特别设置综合篇，对具有铁路个性特征的合资铁路、地方铁路，对为铁路主业服务的文化体育事业以及社会团体，对有特殊地位的台湾铁路、香港铁路，以及铁路对外开放事业等予以介绍反映。

栏目设置既突出铁路以运输为主体，又体现铁路行业内部门类齐全的特点，对庞大复杂的中国铁路系统进行了比较科学合理的划分。各栏目具有相对独立性。每个栏目下又划分为两个层次（分目、条目）或三个层次（分目、条目、子目），条目为基本单元。栏目、分目、子目名称准确精练，排列顺序逻辑严密。

（三）辅助资料

这部分包括统计资料、文献辑要及附录，约占年鉴篇幅的10%。统计资料集中反映铁路基本情况，经济技术指标，主要干线、车站及国家行政区域间、各地区的客货运量等统计数据。反映铁路与国民经济的关系，铁路运输业与其他交通运输业比较以及中国铁路运输主要指标与国外铁路比较等情况。文献辑要收录一些重要文献、文件，也以摘要、简介形式介绍一些重要文献，如中国铁道学会评出的获一等奖论文简介；由于篇幅所限，主要提供一些线索性资料，如铁路总公司文件目录，铁路总公司办公厅文件目录、中国铁路运输经济理论文献题录、获奖论文目录、重点图书目录等。附录主要收集一些与铁路有关的资料，这些资料既是对主体信息的补充，又独立于主体信息，不仅丰富了年鉴的内容，还提高了可读性和参阅价值。

（四）检索系统

这部分包括目录和采用主题分析法按汉语拼音排序编制的索引，占年鉴篇幅的8%。目录与正文一致，检索手段齐全，为读者提供方便快捷的检索途径。

三、2016 年铁路年鉴的基本情况

（一）编纂出版情况

至 2016 年底，中国铁路总公司所属单位中有 21 个单位编纂出版年鉴。其中，《中国铁道年鉴》《哈尔滨铁路局年鉴》《沈阳铁路局年鉴》《北京铁路局年鉴》《郑州铁路局年鉴》《上海铁路局年鉴》《乌鲁木齐铁路局年鉴》《南宁铁路局年鉴》8 种年鉴以刊号形式出版；《太原铁路局年鉴》《济南铁路局年鉴》《南昌铁路局年鉴》《广州铁路（集团）公司年鉴》《成都铁路局年鉴》《兰州铁路局年鉴》6 种年鉴以书号形式出版;《昆明铁路局年鉴》《青藏铁路公司年鉴》2 种年鉴以内部刊号形式出版;《呼和浩特铁路局年鉴》《西安铁路局年鉴》《武汉铁路局年鉴》《中铁快运公司年鉴》《中国铁道科学研究院年鉴》5 种年鉴以内部资料形式出版。

2016 年，各铁路局史志机构除了需要完成本单位年鉴的编纂出版，还需要完成《中国铁道年鉴》《中国交通年鉴》以及单位所在省（区）市地方年鉴的供稿任务。

（二）数字化、网络化建设情况

2016 年，21 种铁路单位年鉴都存有电子稿备用，其中 11 个单位年鉴制作数字化光盘。中国铁路总公司档案史志中心完成了《中国铁道年鉴》1999—2016 年刊约

2870万字内容的数字化加工，在中国铁路总公司网站设立"铁道年鉴"相关信息栏目；在铁路总公司局域网上刊载《中国铁道年鉴》有关篇目，供铁路局域网用户查阅。同时，已经出版的历年年鉴内容都可以从"中国知网"数据库里查阅浏览。各铁路局单位年鉴的网络化建设也开始起步，并稳步推进。郑州铁路局、青藏铁路公司等单位把年鉴部分内容置于单位网站的首页，以"路局概况""数字郑铁""青藏公司历史发展进程"等形式为广大读者服务。

（三）机构队伍情况

2016年，全国铁路系统有21个年鉴编纂单位。其中，中国铁路总公司设档案史志中心，18个铁路局分别设档案史志室，其他2个企业年鉴由相关单位办公室负责。

全国铁路史志机构有史志专职工作人员43名。其中，中国铁路总公司8名、哈尔滨铁路局1名、沈阳铁路局3名、北京铁路局2名、太原铁路局2名、呼和浩特铁路局2名、郑州铁路局2名、武汉铁路局2名、西安铁路局1名、济南铁路局2名、上海铁路局2名、南昌铁路局2名、广州铁路（集团）公司2名、南宁铁路局1名、成都铁路局2名、昆明铁路局3名、兰州铁路局2名、乌鲁木齐铁路局2名、青藏铁路公司2名。

全国铁路史志工作人员中，有副高级专业技术人员12名，其中副编审9名、副研究馆员1名、高级政工师1名、高级工程师1名；中级专业技术人员19名，其中编辑2名、馆员1名、工程师5名、政工师9名、经济师2名；初级专业技术人员11名，另有行政管理人员1名。行政管理人员和专业技术人员中，研究生学历2名、本科学历32名、大专学历9名。

（四）经费情况

根据《铁路修志工作规定》，铁路系统21个年鉴编纂单位的机构人员开支、办公经费及编纂出版经费都是行政全额拨款，各项开支严格控制。近年由于新闻出版总署对年鉴类刊号不再审批，同时对已经通过审批拥有刊号的年鉴年检提出更加严格的条件，导致大部分年鉴承办单位只能向出版社交纳出版补贴实现公开出版。出版补贴高额费用，使本来经费紧张的编纂单位只能用内部资料的形式出版。2016年，铁路系统有三分之一的年鉴是以内部刊号或内部资料的形式出版。

四、铁路年鉴的现实价值与存在问题

铁路年鉴作为企业文化的重要组成部分，真实完整地记述了铁路行业（企业）改革前进的步伐，积累了丰富的信息资料，不但给后人留下宝贵的财富，而且在为铁路现实服务中发挥了重要作用。在实际工作中，铁路年鉴收录的大量权威性信息资料，不仅为各级领导的科学决策提供现实服务，为铁路各级管理人员、科研技术人员工作研究提供信息线索，还为国内外各界人士了解、研究中国铁路提供有效参考，为铁路改革和发展提供可靠的咨询服务。

铁路年鉴的重要价值已得到社会的广泛认可，编纂出版工作取得很多成绩，但也存在一些问题，主要表现在：一是铁路系统年鉴未能全部做到公开出版。二是人才队伍水平与精品年鉴的要求有一定差距。与地方年鉴相比，企业年鉴编纂队伍存在人员编制少、培训机会少、职（务）称晋升难等问题，制约了年鉴编纂人员积极性的发挥和能力的提高。部分单位人员不足、年龄老化、知识结构陈旧、照顾性安置、编辑水平低下，也难以适应工作需要。三是年鉴编纂质量存在较大差距。在框架设计上，一些年鉴存在设置不合理、条块分割固化、行业特色体现不足、墨守成规等问题。在记述内容上，存在回避问题、信息密度不足、传播利用不够、有深度的专题较少等问题。这些问题的存在，影响了年鉴编纂出版的质量和水平。

五、铁路年鉴发展前景展望

铁路是国民经济的重要基础性产业，铁路年鉴担负着记录铁路改革发展历史轨迹的重要使命，铁路年鉴工作是全国地方志事业的重要组成部分。为推进铁路年鉴工作的科学发展，完成国务院《地方志工作条例》和《全国地方志事业发展规划纲要（2015—2020年）》（以下简称《规划纲要》）提出的目标任务，中国铁路总公司档案史志中心结合铁路实际，制定以下措施和工作安排。

（一）制定铁路行业史志工作规划纲要和年鉴质量规定，全面提升行业年鉴编辑质量

中国铁路总公司档案史志中心制定《中国铁路总公司贯彻落实〈全国地方志事

业发展规划纲要（2015—2020年）〉实施方案》，指导并推动铁路各单位的贯彻落实。依据《地方综合年鉴编纂出版规定（试行）》，制定《铁路年鉴编纂出版质量标准》，要求铁路各单位年鉴贯彻执行，以规范、标准的落实，促进年鉴编纂质量的提高。

（二）推动铁路行业年鉴的公开出版

按照《地方志工作条例》第三条规定，地方综合年鉴已纳入地方志系列。按《规划纲要》要求，到2020年，铁路行业出版的年鉴要全部实现公开出版。实现这一目标，在指导思想、选题原则、语言文字规范等方面都要符合国家标准，增强年鉴的资料性与适用性。同时，在确保年度资料充实、信息密集、检索科学的前提下，铁路年鉴编纂要与志书编纂工作接轨，从资料征集、框架设计、条目编辑、文字记述等方面，确保叙事的完整性和内容的连续性，为铁路行业志和铁路单位志的修订打好基础。

（三）加强专业培训与理论研讨

按照《规划纲要》要求，结合铁路行业实际，采取专业培训、理论研讨等方式，提高年鉴编辑出版人员的整体素质。重点围绕"如何增强年鉴的资料性""如何通过年鉴记述铁路行业发展""探索年鉴编纂的形式创新、手段创新与增强适用性"等系列课题，开展理论研讨，有针对性地解决年鉴编纂实践中遇到的问题。采取"走出去""请进来"的方式，参加地方举办的高层次专业培训，组织铁路行业内的高质量理论研讨，进一步拓宽视野，适应新形势新要求，推动铁路年鉴工作全面发展。

（四）建立史、志、鉴资料的征集、保管、利用制度

按照《地方志工作条例》要求，到2020年，铁路各单位史志室都要建立史志资料室，健全资料管理制度。对于历次修志征集的资料，史、志、鉴相关书籍、参考资料，要定期整理、分类登记、妥善保管。同时，充分利用铁路史志鉴资料，为社会相关单位，铁路行业的博物馆、纪念馆、展览馆以及站史、段史馆等做好史料咨询服务工作，发挥史志资料的教化作用。

（五）推动年鉴编纂数字化、资料利用信息化进程

在坚持资源共享、安全保密的原则下，充分利用信息基础设施、铁路内部局域网络和数据资源，加快铁路系统史志信息化建设。到2020年，正式出版的年

鉴不仅要同时制作数字光盘版，还要在铁路各级局域网中建立网页，并定期充实、更新内容，实现铁路内部信息资源共享。同时，有计划、分步骤向社会提供优质、便捷的信息服务。

“十三五”期间，铁路系统将全面贯彻落实党的十八大和十八届三中、四中、五中全会精神，以及习近平总书记系列重要讲话精神和第五次全国地方志工作会议部署要求，坚持改革创新、质量第一、修用结合的原则，全面提升铁路单位的年鉴质量，加快信息化和史志资料馆（资料室）建设，推动铁路年鉴编纂工作持续健康发展。

中国学术年鉴发展报告 ①

张昊鹏

提要：改革开放以来，社会科学、人文科学方面学术年鉴共出版约110种，自然科学、技术科学、医学方面年鉴约15种。其中，中国社会科学院打造集群化产品“中国社会科学年鉴”系列，对行业态势产生重要影响。2015—2016年，人文社科类学术年鉴呈现良好的上升势头，自然科学、技术科学、医学类学术年鉴稳步推进，年度出版比近65%。编纂队伍有所壮大，主办单位、出版单位基本稳定。经费来源以国家科研经费、出版经费资助为主，少量学术年鉴有社会资助。编纂学术年鉴应符合内容、体例规范要求，体现学术年鉴的现实价值。学术年鉴数字化、网络化工作起步晚、没有形成合力，必须尽快形成行业内统一认识，合理开发，集中利用，把这一板块打造成一个科学信息平台。展望学术年鉴，要起到学术铺垫作用，这是核心定位。

关键词：年鉴　学术　学科　体例规范　数字化

年鉴起源于西方，在我国也有一百多年的发展历史，但由于辞书界、出版界、新闻界、图书情报界、档案界，以及各专业研究学者等对年鉴性质的理解和认识不完全一致，所以关于学术年鉴的标准定义也仁者见仁，智者见智。但大家一致认为，应该将学术年鉴划入专业（专科）年鉴的范畴，是专业（专科）年鉴的一支。参考

① 本报告不含我国台港澳地区学术年鉴情况。

其他专业（专科）年鉴定义，以及《图书情报词典》有关年鉴的定义，可以暂时定义为：学术年鉴是记录与反映上年度自然科学、技术科学、人文社会科学等科学领域的重大事件、学科进展、学术成果及有关统计资料的资料性工具书，一般逐年编辑，连续出版。

一、学术年鉴的发展概况

（一）历史脉络

学术年鉴始于西方，创办于1929年法国的《经济社会史年鉴》开学术年鉴编辑出版之先河。此后学术年鉴在西方各国发展较快，许多学科领域都出版有高质量学术年鉴。《经济社会史年鉴》在后来围绕其思想成就而形成了著名的"年鉴学派"，对世界各国的史学研究都产生了重要影响。法国的《法国与外国立法年鉴》也很有影响。美国是学术年鉴大国，美国医学年鉴出版社出版的医学年鉴系列已达50多种。[①] 美国其他知名的学术年鉴还有《世界教育年鉴》《高等教育年鉴》《美国历史年鉴》等。英国欧罗巴出版社、圣马丁出版社、牛津大学出版社都出版大量学术年鉴，如《英国政治学年鉴》《英国国际法年鉴》。德国的《数学年鉴》《物理学年鉴》《历史年鉴》《德国国际法年鉴》也有广泛的影响。日本、俄罗斯也重视学术年鉴。日本的《学术世界年鉴》《精细化学年鉴》，俄罗斯的《地理科学年鉴》《天文学年鉴》，都有代表性。总体来讲，科技水平越高的国家，全社会对科学、技术重视程度越高的国家，学术年鉴就越普遍，年鉴类别越丰富。

近现代以来，年鉴引入中国，但并没有真正意义上的学术年鉴出版，学术方面的内容往往夹杂在综合类、专业类年鉴之中。改革开放以后，我国学术年鉴事业开始起步，并很快成为年鉴大家庭中重要的一支，为我国年鉴事业的繁荣发展起到了重要的引领作用，成为我国年鉴学发展与研究中的一个重要形态。中国学术年鉴的起步和发展与国家重视科学，提出"科技是第一生产力""社会科学也是科学"等重大命题密切相关。创办于1979—1980年间的《世界经济年鉴》《中

---

① 肖东发等：《年鉴学概论》，中国书籍出版社1991年版，第169页。

国历史学年鉴》《自然科学年鉴》可视为我国最早的三部学术年鉴。

（二）分类

从不同的角度看，学术年鉴的分类亦不同。按学科划分，学术年鉴可以分为社科学术年鉴、人文艺术学术年鉴和自然科学术年鉴。按学科性质划分，可以分为基础学科学术年鉴和应用学科学术年鉴。按编纂主体划分，可以分为社科院系统编纂的学术年鉴、科学院系统编纂的学术年鉴、高校系统编纂的学术年鉴、党政研究系统编纂的学术年鉴、非单位组织编纂的学术年鉴、个人编纂的学术年鉴。按其功能划分，可分为综合性学术年鉴和学科性学术年鉴。按著作权属划分，可分为期刊类学术年鉴、图书类学术年鉴和内部资料类学术年鉴。

（三）外延界定

按照现有的年鉴分类，学术年鉴与一些部门年鉴、产业年鉴、行业年鉴、高校年鉴，在内容上有交叉重合。一些部门年鉴、产业年鉴、行业年鉴，如各地方的科技年鉴、教育年鉴等，其中也会编纂大量学术研究的内容，这些年鉴既是行业年鉴，又是学术年鉴。对于这一类年鉴，本报告考虑其创编的首要目的不是促进学术研究，而是为行业发展留存史料，并且有相关团队进行研究，因此不计入学术年鉴报告范围。而高校年鉴如《清华大学年鉴》《复旦大学年鉴》《中国人民大学年鉴》等，也涉及大量学术信息，因高校年鉴自成体系，也未列入本报告范围中，但由高校科研单位或学者编纂的纯学术研究年鉴则在本报告的调研范围内，如《中国伦理学年鉴》《经济伦理学年鉴》。由科学院、社科院、社科联系统编纂的部门年鉴中也有大量学术信息，并且编纂的目的就是为了服务科研、服务学科建设，如《中国科学院年鉴》《中国社会科学院年鉴》等，则计入本报告范围。

（四）出版情况

1. 历史脉络。法国年鉴学派于 1929 年创办的《经济社会史年鉴》（1946 年改名为《经济、社会、文明年鉴》）是最知名的学术年鉴。近代以来，我国引入西方年鉴之体，重在反映年度重要时事文献、学科进展以及相关统计资料，但没有专门服务于科研的学术年鉴。我国真正意义上的学术年鉴大发展是 1978

年党的十一届三中全会以后。1979 年 10 月，邓小平在接见中国大百科全书出版社的负责人姜椿芳时说："编辑出版年鉴，很有必要，这是国家的需要，四化建设的需要。"[①] 同时，他还批准"文化大革命"后首部年鉴《中国百科年鉴》的出版。从此，在改革开放的推动下，中国年鉴事业走上快速发展之路。1979 年，《世界经济年鉴》创刊。1980 年，《中国历史学年鉴》《自然科学年鉴》出版。这三部都是学术年鉴。《世界经济年鉴》自 1979 年创办一直没有间断，是我国已知创办最早的学术年鉴之一，是中国学术年鉴中历史最长的。1982 年，《中国文学年鉴》《中国哲学年鉴》也走上学术年鉴出版的舞台，与《世界经济年鉴》等一起构成学术年鉴的第一方阵。

2. 出版态势。改革开放以来，专科性年鉴发展很快，已出版 344 种，其中中央级 160 种、地方性的 184 种；属于社会科学门类的有 170 种，涉及自然科学、科学技术学科的有 164 种。[②] 抛开中央、地方的科技年鉴、行业年鉴等，据不完全统计，社会科学、人文科学方面，地方社科院系统的学术年鉴约有 110 种，保持连续出版（以 2012 年后仍有年鉴出版为限）的学术年鉴有 92 种，中央级学术年鉴 41 种，高校系统的学术年鉴 20 种；其他机构或组织的 31 种。自然科学、技术科学、医学方面，年鉴部类相对较少，约有 15 种，能保持连续出版的有 14 种（详见表 1）。

相较于其他行业年鉴，学术年鉴编纂出版的连续性较好。从现有学术年鉴出版情况看，组织编纂纯学术年鉴的部门主要集中在科学院、社科院系统和高校科研单位，党政系统、独立科研组织、个人编纂的学术年鉴也有一定数量，形成有益补充。正如年鉴学的倡导者肖东发所说："如果说商业性出版社出版年鉴是为了赢利的话，那么一些学术机构、国际性组织大量出版年鉴，则有不同目的，这些机构、组织多数是非营利的，他们确实认为年鉴这种出版物能反映他们一年的成就。因此，国际组织及学术机构出版年鉴也成为当今年鉴出版的一大特征。"[③]

20 世纪 80 年代以来，我国各类学科发展迅速。1988 年，我国有重点学科 416 个。2006 年第三次学科统计，重点学科达 1180 个。20 多年间，学科数量骤增，如何为如此多的学科理清发展脉络是一项重大的基础管理工作。2013 年，中国社会科学院率先认识到年鉴对于学科建设的重大价值，启动中国社会科学年鉴工

① 范玉玲：《中国年鉴出版历程及发展规律研究》，北京印刷学院 2008 年硕士学位论文。

② 郭建平、赵全艾：《1979 年年鉴界一道亮丽的风景线》，《编辑之友》2000 年第 2 期。

③ 肖东发等：《年鉴学概念》，中国书籍出版社 1991 年版，第 163 页。

程，并编制《中国社会科学年鉴工程管理办法》《中国社会科学学术年鉴编纂体例规范》《中国社会科学学术年鉴索引编制办法》。到 2016 年，中国社会科学学术年鉴系列初具规模，已出版 22 种，形成哲学社会科学一级学科基本覆盖，向有影响力的二、三级学科逐步推进的发展态势。

此外，为充分挖掘学术年鉴资源，中国社会科学院尝试打造学术年鉴集群化产品、标志性产品，从而对学术年鉴行业态势产生了重要影响。

二、学术年鉴的内容、体例与规范

（一）内容

总体来讲，学术年鉴的内容就是指经过整合的学术信息，包括记述学术发展过程中的新知识、新思想、新观点、新举措、新问题、新著述、新情况、新经验，新创意、新技术、新材料等。

（二）体例

学术年鉴的层次体例（阶次）一般分为篇目（部类）、类目、栏目（分目）、条目四个层次或篇目（部类）、栏目（分目）、条目三个层次。因学科差异，主题篇目与主题栏目在不同的年鉴中可以反映相同的内容，现有规范对主题篇目与主题栏目的阶次未作硬性规定，各学科年鉴根据自身情况确定各阶元对应的内容。调研我国出版的各学术年鉴，主要体例范式包括以下内容。

综合情况、学术概况或工作概况：对本学科起到开宗明义、提纲挈领、概括全局的重要作用；综述本领域国内外的基本情况；提供综合性、概括性和宏观性资料和信息。

领导讲话、特载、重要文献：对本学科具有重大战略意义、指导价值的文献，反映本学科的重大问题；作者大多应在本学科领域具有重要的影响力。

制度法规：收录年度涉及本学科领域的国内外有关法律、法规和部门规章。

学科（研究）综述或学科进展、专题研究：对本学科年度重要的成果、活动、学人进行概括式评价，内容上既要有充分的回溯，也要有适当的展望与预测。

学术热点或年度热点：介绍本学科领域年度新观点、热点、新概念、有影响力的人物和作品。

课题动态、研究生教育、成果（包括论文、专著和课题）：提供课题立项、研究进展、结项情况、研究生教学计划、毕业论文情况，科研成果的统计数据、主要观点、学术影响。

统计资料和数据：收录本学科领域各项权威调查结果和统计数据。

大事记（年表）：以本学科专题内容为主题编写；应具有便览性、检索性和学科指南作用；应简洁、明了、准确、客观；应把时间、地点、事实、数据交代清楚。

人物：宣传报道本研究领域的重要人物；应将人物的姓名、生卒年月、籍贯、主要经历、主要贡献、评价记录清楚。

学术活动、学术动态：简介本学科领域有影响力的学术活动；本学科领域的新发展、新成果、新观点、新发现、新方法、新人物。

附录：原则上应包括在本学科有影响力的主要科研机构的研究专长、地址、负责人、知名学者、电子邮箱等内容，信息应便于读者查访。

（三）规范

学术年鉴的规范因不同规范主体，可分为编纂规范、出版规范两大类。

编纂规范一般由主编年鉴的专业人士提出，主要是对提供年鉴稿件的单位或个人提出组稿要求、撰稿要求，如选题选材原则和时限，年鉴图片征集标准，条目设置标准、内容要素，年鉴各部分内容撰写的范例格式，文字要求，书写格式等。

出版规范则要根据新闻出版管理部门制订的相关行业标准对年鉴出版前的内容、格式等进行再规范。如政治方向、理论方向、学术方向方面的要求，著作权方面的要求，篇幅方面的要求等。当前，出版规范的严格程度一般都要严于各编纂部门的编辑规范。

三、学术年鉴的现实价值

（一）推动国家文化战略实现的需要

文化是民族的血脉，是人民的精神家园。习近平总书记指出："提高国家文化软实力，关系‘两个一百年’奋斗目标和中华民族伟大复兴中国梦的实现。”“提高国家文化软实力，要努力夯实国家文化软实力的根基。”① 中国作为文化大国，具有丰富的历史积淀和学术资源，发展学术年鉴，打造具有国际影响的学术年鉴品牌，具有独特优势。高质量的学科年鉴对于推动学术研究，开启学术交流的大门，运用理论于实践起到了不可替代的作用，是思想文化、科学打底领域承上启下、继往开来、服务现实、泽启后世的基石，具有重要的战略意义。

（二）学术存史、育人的需要

学术研究的传承一直是我国历史文化传承的重要组成部分。先秦以降，中国学术史研究的论著日趋丰富，体式日趋多样。学术年鉴是近代以来记录学术的重要体式，可以用于编年体学术史的研究。学术年鉴逐年连续出版，既能反映学术发展的“点”，也可涵盖学术发展的“面”，是记录、启迪、传承中华学术文化的重要存史载体。学术年鉴具有工具书性质，对于学术教育是枕边书、案头卷。

（三）提高中国学术话语权的需要

当前中国学术走出去，多偏重于理论，而学术年鉴更为务实的风格则更有利于学术的传播。西方国家一直有编纂学术年鉴的传统，对年鉴有相当的认同感，认为年鉴是客观、准确、多样的代名词。以日本为例，据 2009 年的统计，日本收藏中国学术年鉴的图书馆数量为：《中国历史学年鉴》161 个，《中国人口年鉴》100 个，《中国新闻年鉴》89 个，《中国文学年鉴》88 个，《中国考古学年鉴》82 个，《中国哲学年鉴》73 个。日本最具影响力的图书馆都收藏有《中国人口年鉴》《世界经济年鉴》《中国社会学年鉴》《中国历史学年鉴》等。②

---

① 习近平：《建设社会主义文化强国 着力提高国家文化软实力》，新华网，http://news.xinhuanet.com/politics/2013-12/31/c_118788013.htm，2013 年 12 月 31 日。

② 李国新：《中国年鉴在日本——兼论中国年鉴的国际化》，《年鉴论坛》2009 年第 2 期。

四、2015—2016 年学术年鉴出版情况

（一）概况

2015—2016 年，全国各地编纂出版的学科年鉴大都由中央或地方学术科研部门、高等院校负责组织编纂出版。出版各类学术年鉴约 71 种，社科类年鉴的品种约 58 种，自然科学类年鉴约 13 种（详见表 1）。人文社科类学术年鉴呈现好的上升势头，本报告统计的 116 种年鉴中，近 65% 的学术年鉴于 2015、2016 年度保持出版；开拓并形成了中国社会科学年鉴系列，到 2016 年度出版 22 种，成为学术年鉴出版领域的主力军，《中国新闻传播学年鉴》《中国边疆学年鉴》《中国民俗学年鉴》《中国生态文明建设年鉴》《中国辽夏金研究年鉴》《中国政府管理年鉴》皆创刊年鉴。自然科学、技术科学、医学类学术年鉴稳定推进。学术年鉴编纂队伍有所壮大，主办单位、出版单位基本稳定。经费来源以国家科研经费、出版经费资助为主，少量学术年鉴有社会资助。

（二）2015 年、2016 年度各学术年鉴编辑质量明显提高

各单位更加重视编纂规范化、制度化建设，栏目设计更趋合理，差错率降低。各年鉴编辑部相互借鉴、编制体例规范成为常态；从编纂体例要求分析，各学术年鉴编纂单位充分认识到学术年鉴编辑质量与供稿水平攸关，对供稿人在内容篇幅、写作体例、文字表述等方面提出严格的要求。

（三）形成了学术年鉴特色产品

中国社会科学出版社集中推出的重大学术出版工程——“中国社会科学年鉴”系列开始形成品牌影响力。此系列年鉴（22 种）获得中国社会科学院 2015 年度重大基础研究成果奖。① 这一成果以客观、真实记载年度学术发展概况，观点创新、重大活动和重要事项等为主要内容。因其信息含量大、有理论深度、信息来源正规可靠，涉及科研工作的方方面面，逐步得到政府相关部门的重视和社会的关注。这

① 吕莎：《中国社科院创新工程实施以来推出大批优秀科研成果》，《中国社会科学报》2016 年 3 月 18 日。

对于推动各学科编纂学术年鉴具有重大的示范意义和引领作用。2015 年，中国社会科学年鉴系列成功在德国法兰克福书展进行展示，其装帧、工艺以及编辑质量受到国际同行的好评。

（四）不足之处

从整体上看，2015 年、2016 年度学术年鉴发展的不足之处在于：一是对学术年鉴领域的研究尚不充分。从业者更多地关注于内容编辑、出版进度，而无暇对学术年鉴的规范、特点、发展态势、国际比较等进行深入研究。二是围绕学术年鉴开展的活动少、影响力弱。许多学术年鉴从编辑到出版始终处于无人问津的状态，以至于学界都不知道是否有相关年鉴在编辑出版，更不要说学术“走出去”，开展国际学术交流。三是学术年鉴的应用价值难以体现。尽管学术年鉴的数量、质量都在上升，但学术年鉴的检索系统不够完善和规范，影响了年鉴功能的发挥。许多学术年鉴编辑出版后常被束之高阁，其中大量有价值的观点、信息没有渠道向社会、学界传播。

五、数字化、网络化建设

数字化、网络化是信息开发、管理、传播、利用的全新方式，是信息化社会的基本工具和手段，光盘和网站都是相应的载体形式。年鉴数字化、网络化是今后发展所必然经历的阶段。学术年鉴也必须发展自己的数字化、网络化产品，但现实的情况不容乐观。

（一）起步晚，底子薄

当前，我国学术年鉴数字化、网络化建设还处于起步阶段。由于学术年鉴编纂的周期长，纸质出版要求的时间紧，往往数字化、网络化建设时效滞后。同时，还有部分年鉴编纂者对发展年鉴数字化、网络化的意义、作用没有充分地认识，理念滞后。具体到单个的学术年鉴，则停留在光盘和电子书的阶段，目前还没有学术年鉴专门的数据库，也没有学术年鉴专门的网站，开发滞后。信息检索工具简单，读者利用率低，技术滞后。

（二）各自为战，没有形成合力

一般而言，单种学术年鉴无法形成信息优势，整合成基于大规模资源数据库的信息系统才会形成产业，赢得市场。所以，学术年鉴必须走集团化、数字化、网络化之路。但实际的情况是，因为各学术年鉴分散在不同的部门或单位，组织管理不统一，体例规范不统一，对数字化、网络化的思路不统一，无法形成学术年鉴数字化、网络化的整体发展路径。

（三）学术年鉴数字库前景光明

鉴于纸质年鉴的收藏占用空间较大，查阅使用有局限，以及年鉴发布、数据更新时效性差等不足，2015—2016 年，年鉴数据库建设受到业界广泛关注。一些国外科研机构，如哈佛燕京学社、哈佛大学，一直希望中国学术年鉴能有数字化产品提供，这样就可以避免纸质年鉴内容中断缺失之问题。为顺应年鉴收藏与使用的趋势，中国社会科学年鉴系列 2016 年率先启动了数据库建设工作，目前进展顺利。未来数字化工作与学术年鉴“走出去”将更加密切地联系在一起。

六、展望

（一）学术年鉴规范化建设——于一字一句处着手

当前，学术年鉴普遍存在收集信息深度不够，资料加工粗糙、有价值的资料欠缺、检索系统不完善的整体缺憾。要从编纂学术年鉴的基本原则要求、学术年鉴层次体例设置要求、学术年鉴编写规范要求、学术年鉴版式规范要求、学术年鉴索引规范要求、学术年鉴信息服务规范要求等方面进行规范。对学术导向、学术把关、层次体例、栏目设置、文体文风、索引体系、数字化建设等进行明确要求。提高文字质量，打造学术出版精品。

（二）学术年鉴走出去——中国学术通向世界的平台

大型参考书和工具书，历来都是各类图书馆收藏的重点，各国图书馆对学科年鉴一般都优先采购、连续采购。我们强调学术年鉴要坚持连续、多卷出版，年鉴编纂要规范，印制工艺要向国际优质年鉴看齐，就是要在各大国际书展上展览时，引起国外大型出版商的注意，为中国学术年鉴走向世界奠定基础。今后，应在国际大型书展上集中推出中国学术年鉴系列，向全世界传递汇集、记录中国学术成就的年鉴成果。

（三）挖掘、整合有价值学术信息——记录中国学术史

习近平总书记指出："学史可以看成败、鉴得失、知兴替。"[①] 学术年鉴正是鉴别学术良莠的史学工具书，是最具权威的"学术公报"。因此，学术年鉴中所提供的资料的准确性、科学性、时效性等，是衡量年鉴质量的重要标准。学术年鉴中的信息有时不能全貌反映学术，有时不能准确反映学科发展，有时不能快速反映学科研究成果等，还有进一步提炼、补全的空间。这是学术年鉴需要改进的方面之一。

（四）发挥学科集群优势——快速实现数字化、网络化

如果学术年鉴单位仅注重自身的数字化、网络化建设，在行业层面不能形成合力，将必然形成离散分布于自身所处的各学科各领域上的信息孤岛，这些信息孤岛又必定会被淹没在本学科、本领域庞大的信息资源的汪洋中，仅有的优势将荡然无存，数字化、网络化也就失去了原本应该具备的作用和意义。因此，学术年鉴的数字化、网络化工作时不我待，必须尽快形成行业内统一认识，合理开发，集中利用，把学术年鉴这一板块打造成一个科学信息平台。

（五）前人栽树——重视学术年鉴的基石作用

虽然学术年鉴在专业上是毋庸置疑的，但经常被管理者、从业者束之高阁，使得编纂者"费力不讨好"。事实上，专业学科年鉴是将每年度中的原始的、零碎的、分散发表在众多学术刊物上的研究论文等科技信息资料收集后，经过浓缩、优化、系统化，使学人能及时了解学科领域内及本专业每年的总体研究水平、研究动态及发展趋势。出版学术年鉴就是要让后人站在前人的肩膀上做学问，起到一个学术铺垫的作用。这是学术年鉴的核心定位，即做学术的基石。

---

① 习近平：《在中央党校建校 80 周年庆祝大会暨 2013 年春季学期开学典礼上的讲话》，中国共产党新闻网，http://theory.people.com.cn/n/2013/0304/c49169-20670182.html，2013 年 3 月 4 日。

我国出版的学术年鉴列表

表 1

学科	年鉴名称	主办或主编单位	出版单位	是否连续出版
综合	中国社会科学院年鉴 *	中国社会科学院	中国社会科学出版社	是
	中共中央党校年鉴 *	中共中央党校	中共中央党校出版社	是
	中国文学艺术界联合会年鉴 *	中国文学艺术界联合会年鉴编委会	新华出版社	是
	中国学术年鉴	汝信、赵士林	中国社会科学出版社	否
	北京社会科学年鉴 *	北京市社会科学界联合会	北京出版社	是
	上海社联年鉴	上海市社会科学界联合会	上海人民出版社	是
	天津社会科学年鉴 *	天津市社会科学界联合会	天津人民出版社	是
	重庆社会科学年鉴 *	重庆市社会科学界联合会	重庆出版社	是
	河北社会科学年鉴 *	河北省社会科学界联合会	河北人民出版社	是
	山东社会科学年鉴 *	山东省社会科学界联合会	山东人民出版社	是
	广东社会科学年鉴 *	蒋斌、王晓	广东人民出版社	是
	广西社会科学年鉴 *	广西社会科学院	线装书局	是
	江苏社会科学年鉴	江苏省社会科学界联合会	江苏凤凰科学技术出版社	是
	河南社会科学年鉴 *	河南省社会科学界联合会	河南人民出版社	是
	安徽社会科学年鉴	安徽省社会科学界联合会	安徽人民出版社	是
	云南社会科学年鉴 *	云南省社会科学界联合会	云南大学出版社	是
	湖南社会科学年鉴	湖南省社会科学界联合会	湘潭大学出版社	是
	新疆社会科学年鉴 *	新疆社会科学界联合会	新疆美术摄影出版社 新疆电子音像出版社	是
	黑龙江社会科学年鉴	黑龙江省社会科学界联合会、黑龙江大学	黑龙江大学出版社	是
	甘肃社会科学年鉴	范鹏、王福生、马廷旭	甘肃文化出版社	是
	宁夏社会科学年鉴	宁夏社会科学界联合会	宁夏人民出版社	否
	杭州市社会科学界联合会 / 杭州市社会科学院年鉴	杭州社会科学界联合会、杭州社会科学院	内部刊印	是
	广州社会科学年鉴 *	广州市社会科学界联合会	广东人民出版社	是
	湖南社科联年鉴	卢立本	船山学刊社	否

续表

学科	年鉴名称	主办或主编单位	出版单位	是否连续出版
哲学美学	中国哲学年鉴 *	中国社会科学院哲学研究所	哲学研究杂志社	是
	中国儒学年鉴 *	中国儒学年鉴编委会	山东儒学年鉴社	是
	世界哲学年鉴	中国社会科学院哲学研究所	上海人民出版社	否
	中国技术哲学研究年鉴 *	王前、文成伟	科学出版社	是
	清华哲学年鉴	万俊人	当代中国出版社	否
	中国伦理学年鉴 *	中国人民大学伦理学与道德建设中心	九州出版社	是
	中共中央党校哲学学科年鉴	贾高建	中共中央党校出版社	否
	中国经济伦理学年鉴 *	王小锡	南京师范大学出版社	是
	海德格尔年鉴（译）*	多国学者联合主编	商务印书馆	是
	朱子学年鉴 *	朱子学会	商务印书馆	是
	中国美学年鉴	中国美学年鉴学术委员会	河南人民出版社	否
宗教	中国宗教研究年鉴 *	曹中建	中国社会科学出版社	是
史学	中国地方志年鉴 *	中国地方志指导小组办公室	中国社会科学出版社	是
	中国历史学年鉴	中国史学会中国历史学年鉴编辑部	社会科学文献出版社	是
	中国边疆学年鉴 *	中国社会科学院边疆研究所	中国社会科学出版社	是
	中国辽夏金研究年鉴 *	中国社会科学院西夏文化研究中心	中国社会科学出版社	是
	郭沫若研究年鉴 *	中国社会科学院郭沫若纪念馆	中国社会科学出版社	是
考古	中国考古学年鉴 *	中国考古学会	中国社会科学出版社	是
文学	中国文学年鉴 *	中国社会科学院文学研究所	中国文学年鉴社	是
	中国民俗学年鉴 *	中国社会科学院民族文学研究所	中国社会科学出版社	是
	中国古代文学研究年鉴	陕西师范大学文学研究所	陕西师范大学出版社	否
	中国民间文艺学年鉴	华中师范大学民间文学教研室	华中师范大学出版社	是
	鲁迅研究年鉴	中国社会科学院文学研究所	人民文学出版社	否
	唐代文学研究年鉴 *	中国唐代文学学会、首都师范大学文学院、广西师范大学中文系	广西师范大学出版社	是
	中国诗歌年鉴	中国新诗研究所	内部刊印	否
	中国古典文学研究年鉴	中国古典文学研究年鉴编委会	上海古籍出版社	否
	宋代文学研究年鉴 *	刘扬忠、王兆鹏	武汉出版社	是
	中国戏剧年鉴 *	季国平	中国戏剧年鉴社	是
	中国比较文学年鉴	曹顺庆、王向远	中国社会科学出版社	否
	明清小说研究年鉴	江苏社会科学院文学所	中国文联出版社	否

续表

学科	年鉴名称	主办或主编单位	出版单位	是否连续出版
文学	中国当代文学年鉴 *	中国现代文学馆	百花洲文艺出版社	是
	安徽文学年鉴 *	安徽社会科学院文学所	安徽人民出版社	是
语言	中国语言学年鉴	中国社会科学院语言研究所	商务印书馆	否
经济	中国经济学年鉴 *	中国社会科学院经济学部	中国社会科学出版社	是
	世界经济年鉴 *	中国社会科学院世界经济与政治研究所	世界经济年鉴社	是
	中国城市年鉴（中文版）*	中国城市经济研究会	中国城市年鉴社	是
	中国城市年鉴（英文版）*	中国城市经济研究会	中国城市年鉴社	是
	中国融资租赁业年鉴	中国融资租赁业年鉴编委会	中国社会科学出版社	否
	中国反垄断与规制经济学学术年鉴 *	山东大学反垄断与规制经济研究基地	经济科学出版社	是
	中国循环经济年鉴 *	张勇	冶金工业出版社	是
	中国“海上丝绸之路”研究年鉴 *	郭志忠	浙江大学出版社	是
法学	中国法律年鉴 *	中国法学会	中国法律年鉴社	是
	中国法学研究年鉴	中国社会科学院法学研究所	中国政法大学出版社	否
马哲	马克思理论研究与学科建设年鉴 *	中国社会科学院马克思主义学部、马克思主义研究院	中国社会科学出版社	是
	世界社会主义研究年鉴 *	上海社会科学院中国马克思主义研究所	上海人民出版社	是
民族	中国民族研究年鉴	中国社会科学院民族学与人类学研究所	中国社会科学出版社	是
	蒙古学研究年鉴 *	内蒙古社会科学院	蒙古学研究编辑部	是
新闻	中国新闻与传播学年鉴 *	中国社会科学院新闻与传播研究所	中国社会科学出版社	是
	中国新闻年鉴 *	中国新闻年鉴社	中国新闻年鉴社	是
政治	中国政治学年鉴	中国政治学年鉴编委会	中国大百科全书出版社	否
	政府绩效管理年鉴	全国政府绩效管理研究会、兰州大学中国地方政府绩效管理评价中心	中国社会科学出版社	否
人口	中国人口年鉴 *	中国社会科学院人口与劳动经济研究所	中国社会科学出版社	是
管理	中国行政管理学年鉴	中国行政管理学会	国家行政学院出版社	否
	中国政府管理年鉴 *	赵景华、沈志渔	中国社会科学出版社	是
	中国公共管理学年鉴	中山大学中国公共管理研究中心	人民出版社	是
社会	中国社会学年鉴 *	中国社会科学院社会学研究所	中国社会科学出版社	是

续表

学科	年鉴名称	主办或主编单位	出版单位	是否连续出版
教育	中国基础教育学科年鉴系列（约10部）	南京师范大学	北京师范大学出版社	否
艺术	中国艺术学年鉴	中国艺术研究院	中国社会科学出版社	是
	中国音乐教育年鉴 *	余丹红	上海音乐学院出版社	是
国际问题	国际形势年鉴	上海国际问题研究所	上海社会科学院出版社	否
	美国年鉴 *	中国社会科学院美国研究所	中国社会科学出版社	是
	中国日本学年鉴	北京日本学研究中心	科学技术文献出版社	否
	国际恐怖主义与反恐怖斗争年鉴 *	中国现代国际关系研究院	时事出版社	是
其他	中国生态文明建设年鉴 *	中国社会科学院城市发展与环境研究所	中国社会科学出版社	是
	中国藏学年鉴 *	中国藏学年鉴编委会	中国藏学出版社	是
	中国妇女研究年鉴 *	肖扬、姜秀花	社会科学文献出版社	是
	湘学年鉴 *	湖南省湘学研究院	中国社会科学出版社	是
自然科学、技术科学、医学				
综合	中国科学院年鉴 *	中国科学院	科学出版社	是
	中国科学院统计年鉴 *	中国科学院	科学出版社	是
	中国科学技术协会年鉴 *	中国科学技术协会	中国科学技术出版社	是
	中国科学技术统计年鉴 *	国家统计局、科技部	中国统计出版社	是
	中国科学技术奖励年鉴 *	中国科学技术奖励办公室	内部刊印	是
	中国医学科学院·中国协和医科大学年鉴	中国医学科学院·中国协和医科大学年鉴编委会	中国协和医科大学出版社	是
	自然科学年鉴	自然科学年鉴编辑部	上海科学技术出版社	否
心理	中国心理学年鉴	中国科学院心理学研究所	陕西师范大学出版社	是
生物	新生物学年鉴 *	新生物学年鉴编委会	科学出版社	是
医药	中国药学年鉴 *	彭司勋	中国医药科技出版社	是
	中国内科年鉴 *	梅长林	第二军医大学出版社	是
	中国外科年鉴 *	景在平	第二军医大学出版社	是
	中国肿瘤临床年鉴 *	中国癌症基金会	中国协和医科大学出版社	是
	中国口腔医学年鉴 *	周学东	四川科学技术出版社	是
	中国中医药年鉴·学术卷 *	上海中医药大学	上海辞书出版社	是

备注：表格中“年鉴名称”后标 * 号的，为2015、2016年度有该年鉴出版

中国高校年鉴发展报告

胡少诚

提要：本报告回顾了中国高校年鉴的发展历程，并对当前高校年鉴的发展现状进行了梳理。总体来看，20世纪80年代以来，中国高校年鉴编纂取得较快发展，各高校纷纷推进年鉴编纂工作，并且渐趋规范化和正式化，正式出版年鉴的高校也逐渐增多。但是，高校年鉴编纂还存在覆盖面不广、地域分布不均衡、体例不尽规范、工作队伍不强等问题。本报告建议从中国高校"双一流"建设的实践探索中重新认识高校年鉴工作的重要意义，提升年鉴内容的编纂质量，提高年鉴资料的可利用度，加强年鉴编纂工作队伍建设。同时，建议教育资源特别是年鉴工作资源尽量向中西部地区适当倾斜。

关键词：高校　年鉴　统计性年鉴　综述性年鉴　一般性年鉴

一、民国时期的高校年鉴

中国大学最早的年刊或直接以年鉴命名的出版物出现在20世纪20年代，适值中国年鉴事业的草创时期。进入20世纪30年代，中国多个大学出版年鉴，是民国时期短暂的"年鉴热"的体现。据《北京大学日刊》载，1919年12月11日，学生会干事部出版股开会议决：发行周刊，编辑北京大学学生年鉴。[①] 1920年，《北京大学学生周刊》

① 王学珍、郭建荣主编：《北京大学史料》第二卷，北京大学出版社2000年版，第2409页。

共发行20多期，但《北京大学学生年鉴》并未出版。

1909—1949年中国年鉴出版中心在上海及其周边城市，因此，最早编纂出版年鉴的复旦大学、暨南大学、大夏大学等也多为上海高校。[①] 1924年1月出版的《复旦大学甲子年鉴》中多为师生照片，有“甲子级商科工商管理系级史”“复旦留美同学会底一封信”等，从内容、样式而言，类似于毕业纪念册。存世的还有《复旦大学丙寅年鉴》。

1929年出版的《暨南年鉴》实际上也是一本照片集，但是在引言中，编者却指出：“学校之有年鉴，非徒以纪一级系之殊别，与日月之居诸而已。学校与社会息息相关：举凡学术之兴替，国家之存亡，与夫民族之休戚，胥于是乎寄。”由此可见，编纂者对年鉴所能承载的功能有较高的期许。

1930年出版的《财商学院年鉴》收录院史及教职员学生名录等。国家图书馆藏有1932年《财商年鉴》，内容包括序言、校史、董事及职教员、毕业生、级次、团体、校景、艺术、杂组和文艺等。毕业生是年鉴的主体，每生一页，收入学位照、生活照各一张，并附上一段同学的评语和赠言。文艺中则收录同学的论文和习作。

1932年9月发行的《国立北平大学工学院年鉴》，内容包括校徽、校史、院景、教职员（照片）、工厂景（照片）、毕业班（级史、合影及个人、班会照片）、工厂实习、未毕业各班、体育（简介及照片）、章程及统计、学生生活（照片）、在校同学教职员毕业同学录、学友（留平毕业同学会合影）、广告（德商兴华公司广告）及年鉴索引。尽管这本年鉴总体上来看是一部照片集，但其中出现了统计和索引等栏目，并有广告商赞助。

此外，民国时期的高校年鉴还有《东北大学年鉴（1929年）》、《大夏年鉴（1930年）》、《东吴会计年鉴（1939—1947年卷）》。[②]

尽管民国时期的高校年鉴还比较稀见，但类似于年鉴的出版物不仅出现较早，而且品类众多。一是校庆纪念册。二是毕业同学录与大学生活写真集。三是大学概略或一览。如清华大学自认其年鉴工作发端于建校初期的《清华一览》，笔者所见，最早一本出版于1920年。1933年、1934年、1935年按年度连续出版的《国立北京大学一览》，显然已具有年刊的性质。民国时期的高校年鉴主要是从大学的同学录发展而来，

① 范玉玲：《中国年鉴出版历程及发展规律研究》，北京印刷学院2008年硕士学位论文。

② 蔡西玲：《关于高校年鉴的若干思考》，《年鉴信息与研究》2007年第1期。

年度性便览主要表现为纪念刊、规程集、一览等形式，具有实用性、联谊性和系统性，但普遍昙花一现，寿命不长。大部分只出版了一二期，有的也未必是一年一刊，其发刊时期以 20 世纪 30 年代前期和中期为多。

二、新编高校年鉴的时代新发展

从新中国成立到改革开放之前，由于种种原因，我国出版年鉴不超过 100 种，其中几乎没有高校年鉴。这一时期，高校年度性出版物仍然沿袭民国时期的传统和形式，但具体内容却有很大的改变。改革开放后，在新中国第一轮修志的大环境中，高校年鉴如雨后春笋般层出不穷。近 30 年来，高校年鉴的发展大致经历了三个时期。

20 世纪 80 年代中期至 1990 年以前为发端期，少数高校开始编辑出版年鉴。这一时期创刊的有《中国医学科学院协和医科大学年鉴（1986）》《上海机械学院年鉴（1986）》《浙江大学年鉴（1987）》《北京农业大学年鉴（1988）》《北京化工学院年鉴（1988）》《西南交通大学年鉴（1989）》《东南大学年鉴（1990）》等。

关于高校编纂年鉴的意义，时任浙江大学校长的路甬祥在《浙江大学年鉴（1987）》前言中写道："各所高校在推进教育改革中都有许多成功的经验，需要及时地总结，以便相互借鉴，不断开拓前进；学校每年改革和发展的各方面情况，也需要如实地载录，这是一所学校发展的重要历史资料，可为日后编写和研究校史提供准确完善的素材。总之，编纂学校年鉴是学校建设一项重要基础工作。"他还指出这项工作"很有意义"，"这本《浙江大学年鉴》（1987）是我校第一本年鉴，今后年年都要出版。"[①] 截至目前，《浙江大学年鉴》已出版 28 卷。1987 卷年鉴收入学校概括、机构设置、学科一览、工作要点、工作综述、重大活动以及各类名单，全书总计 178 页，虽然略显粗疏，但其开创性价值不容低估。

进入 20 世纪 90 年代，伴随着我国年鉴事业的整体快速发展，一大批高校相继加入年鉴编纂队伍。其中除少数为统计年鉴外，其他绝大多数为综合年鉴。这一时期是高校年鉴发展的繁荣时期，主要表现为数量上的快速增长。20 世纪 90 年代编纂年鉴呈现整体快速发展态势，不仅与当时"年鉴热"息息相关，而且也和学校对于年鉴这一出版物的急切需求存在联系。与此同时，学校的基础性资料编辑出版工作，也为年

---

① 《浙江大学年鉴（1987）》，浙江大学出版社 1988 年版，前言。

鉴的呼之欲出创造了条件。

从 21 世纪开始，高校年鉴进入稳定的发展阶段，其特点为一方面数量稳步增长；另一方面整体发育成熟，各方面表现出长足进步。① 应当说，"年鉴热"之后，尽管有的高校已经止步，但大多数高校仍在坚持、探索和创新，经过近 30 年的积淀，高校年鉴已经形成了自己的优良传统。

经过笔者的调查，75 所教育部直属高校中有 70 所编纂年鉴。其中，1990 年之前开始编纂的有 4 所，1990—1999 年期间开始的有 21 所 ②，2000—2009 年期间开始的有 32 所，2010 年以后开始的有 8 所。出版总卷次大多在 4—19 卷之间。

教育部直属高校 20 世纪 90 年代年鉴编纂时间分布表

表 1

序号	学校名称	编鉴时间	序号	学校名称	编鉴时间
1	东南大学	1990	12	上海交通大学	1997
2	南京大学	1991	13	中山大学	1997
3	东北大学	1993	14	北京交通大学	1998
4	天津大学	1993	15	四川大学	1998
5	上海外国语大学	1994	16	中国矿业大学（北京）	1998
6	电子科技大学	1995	17	北京大学	1999
7	兰州大学	1995	18	西北农林科技大学	1999
8	华南理工大学	1996	19	长安大学	1999
9	中央财经大学	1996	20	中国矿业大学	1999
10	清华大学	1997	21	中南财经政法大学	1999
11	北京师范大学	1997			

从高校年鉴类型来看，中国高校年鉴大致有三个不同的类型。一是统计数据、图表传录、文字叙述兼顾的一般性高校年鉴。普遍采用多层次复杂型框架，以活动和职能划分类目，卷首、卷尾内容比较丰富。这类年鉴体裁多样，功能齐全，但正文百科都是以条目为主体的。南开大学、复旦大学、上海交通大学、浙江大学、重庆大学、四川大学等高校的年鉴都属于这种类型。

① 蔡西玲：《关于高校年鉴的若干思考》，《年鉴信息与研究》2007 年第 1 期。

② 清华大学年鉴工作发端于建校初期的《清华一览》。因民国时期诸多学校均有类似刊物，因此按照惯例，本报告将《清华一览》更名为《清华大学年鉴》时间记为年鉴编纂开始时间，即 1997 年。

二是以数据表格为主的统计性年鉴。这类年鉴一般是从统计资料发展而来的，层次相对单一，以统计单位（方式）划分类目，卷首、卷尾内容比较单薄，或者各部分的篇幅不均衡。这类年鉴主体部分的类目设置次序无一定之规，深受《高等教育事业基层统计报表》填报的影响，与统计口径关系更为密切，而且不便于统计的信息容易被忽视，学校全部的活动、事物都要以表、录等形式呈现，年度特色不易彰显。

三是以文字叙述为主的综述性年鉴。这类年鉴是从各校各单位工作总结汇编发展而来，通常以机构设置作为划分类目的依据。有学者指出，年鉴的结构层次，采用两个层次的，大多是文章式；采用三个或四个层次的，大多是条目式。[①] 就笔者所见，单纯文章体的高校年鉴为数不多，如《中国人民大学年鉴》《东北大学年鉴》。但是，介乎文章体与条目体之间的年鉴却不少，如《四川大学年鉴》《吉林大学年鉴》。

从全国范围来看，高校年鉴种类多样，不拘一格，各具特色。但同城高校年鉴相互影响的效应较为显著，如北京地区因年鉴起源不同，逐步形成几种类型，在滥觞之初，也的确存在各校纷纷效仿的蓝本。上海地区年鉴的条目化程度高，复旦大学、上海交通大学、同济大学的年鉴风格大体一致。南京大学、东南大学二校的年鉴均以统计资料为主体。总体而言，高校年鉴的框架结构受编辑基础、发展水平和地域风格影响较大。这是高校年鉴在框架体例上呈现出来的地域性特点以及历史性特色。

三、当前中国高校年鉴发展的主要特点及问题分析

一是年鉴编纂工作尚未实现完全覆盖，预计部分地区和高校的教育发展历史将有可能不同程度上出现断档或空白。经过国家图书馆联机公共目录查询系统（OPAC）和中国高等教育文献保障系统（CALIS）联合目录公共检索系统以及中国知网（CNKI）年鉴数据库检索，共检索到高校年鉴共计 352 种，其中校一级年鉴 275 种，校内院系、部处等二级单位或专业性年鉴 77 种。在此基础上，笔者参照教育部发布的 2016 年全国普通高等学校名单，并通过互联网对 2595 个高校逐一进行检索，确定出版校一级年鉴（通过检索确认有年鉴出版卷册）的高校共有 363 个，占普通高等学校数量的 16.69%。可能出版校一级年鉴（如学校下发年鉴编纂通知，发布年鉴编辑规范，发布年鉴印刷招标通知，相关部门职责中包括编辑年鉴，新闻报道年鉴编纂会议、年鉴出

① 肖东发：《年鉴学》，方志出版社，2014 年，第 288 页。

版消息，通过印发年鉴主动公开信息，职能部门网页设置年鉴栏目等）的高校共有70个。笔者保守估计，全国普通高校中至少有近500所高校出版过年鉴。其中，包括37个专科高校和32个民办高校。因此，从总量上看，高校志鉴工作仍然有待于进一步提高重视程度，抓紧推进，努力实现全覆盖，减少空白和断档现象。

二是年鉴编纂工作地域分布不均衡，这反映了某些地区对志鉴工作的重视程度仍然有待进一步提高，也需要教育资源进一步向资源相对匮乏的中西部省份倾斜。值得注意的是，东部沿海地区的普通高等学校年鉴编纂推进成绩显著高于中西部地区，北京、上海、浙江、江苏、山东等5个地区的高校年鉴编纂比例占据了前6位席次中的5席，西藏受高校数量较少影响排在第三。从表4的地域分布来看，东部地区高校年鉴编纂占比达到21.27%，高于东北、中部和西部等地域。华东、华北片区高校年鉴编纂占比也高于华中、西南、西北等片区。

全国普通高校分省年鉴编纂数量及其比例分布表

表2

	普通高校数	确定年鉴数	可能年鉴数	比例
北京	91	38	—	41.76%
上海	64	20	5	39.06%
西藏	6	1	1	33.33%
浙江	107	21	1	20.56%
江苏	166	31	3	20.48%
山东	144	21	7	19.44%
云南	72	14	—	19.44%
重庆	65	9	3	18.46%
广西	73	9	4	17.81%
吉林	60	10	—	16.67%
海南	18	2	1	16.67%
青海	12	1	1	16.67%
湖北	128	14	7	16.41%
辽宁	116	16	3	16.38%
天津	55	8	1	16.36%
甘肃	49	7	1	16.33%
广东	147	20	3	15.65%

续表

	普通高校数	确定年鉴数	可能年鉴数	比例
安徽	119	11	7	15.13%
陕西	93	12	2	15.05%
四川	109	15	1	14.68%
湖南	123	17	1	14.63%
江西	98	11	3	14.29%
河南	129	14	3	13.18%
河北	120	9	6	12.50%
宁夏	18	2	—	11.11%
福建	88	5	4	10.23%
黑龙江	82	8	—	9.76%
内蒙古	53	5	—	9.43%
山西	80	5	2	8.75%
新疆	46	4	—	8.70%
贵州	64	3	—	4.69%
总计	2595	363	70	16.69%

普通高校分地域年鉴编纂数量比例分布表

表 3

地域（1）	普通高校数	比例	地域（2）	普通高校数	比例
东北	258	13.57%	东北	258	13.57%
东部	1000	18.40%	华北	399	17.04%
西部	607	13.84%	华东	786	16.16%
中部	730	11.37%	华南	238	14.29%
—	—	—	华中	380	12.63%
—	—	—	西北	218	13.30%
—	—	—	西南	316	14.24%
总计	2595	14.87%	总计	2595	14.87%

三是年鉴编纂工作体例不一，规范化程度还有待提高，工作队伍建设和体制机制建设还有待进一步加强。调查问卷结果显示，70 所教育部直属高校的年鉴中，43 个为正式出版物，27 个为非正式出版物，其中包括清华大学、吉林大学等。54 个为统

计数据、图表传录、文字叙述兼备的一般性年鉴，16个为以文字叙述为主的综述性年鉴，没有统计性年鉴。56个有篇目，59个有类目，35个有分目，58个有条目，57个有段目。同时有篇目、类目和条目的有40个，成为年鉴层次划分的主流。55个有特载，53个有专文，47个有名录，57个有条目，69个有大事记，60个有统计数据，49个有规章制度，25个有文献目录，27个有索引，59个有图片。46所高校年鉴编纂由党办、校办完成，16所由档案馆完成，还有部分院校年鉴的编纂机构为发展规划处、党史校史研究室、校史馆、史志编研室等，在党办、校办中主要由信息科室和秘书科室完成。38所高校有年鉴编纂专职人员，大多为1—2名，32所高校没有专职人员。多数专职人员还承担其他行政工作。

目前，70所教育部直属高校的年鉴中，大多数学校2016卷年鉴正在编纂过程中，只有8所学校已完成编纂，占11.4%，体现出高校年鉴编纂的滞后性。

四、政策建议

中国高校年鉴工作发展呈现了由不规范到规范、由点到面的发展历程。进入20世纪90年代以后，高校年鉴工作稳步发展，这是中国社会以及中国建设现代大学历史进程的重要缩影。在西方年鉴和中国地方志编修传统的影响下，伴随着中国现代大学的建设，中国高校逐步建立并完善了年鉴编纂工作体制机制，成立了相应的专门性机构，加强了工作队伍建设。这也是中国现代大学不断完善的重要表征。在当前中国大学“双一流”建设的伟大历史征程中，高校年鉴编纂工作还应该逐步进行改革和调整，以适应时代要求和大学发展的内在需要。

一是要从中国高校“双一流”建设的实践探索中重新认识高校年鉴工作的重要意义。高校编纂年鉴，是立足过去、面向未来的重要工作，关系到学校发展历史的记录和梳理，也关系到后续学校建设发展经验的总结提炼，有助于学校全面掌握人才培养、学术研究、学科建设以及文化传承和社会服务各项事业的主要情况。高校应当积极从学校发展建设历史中总结可资“双一流”建设借鉴的可靠经验和有效办法，实现过去、当下和未来的有机链接，凝聚大学的精神气质，更好地推动大学精神的传承和未来发展。

二是努力把握新时代下新技术的影响塑造，不断提升年鉴内容的编纂质量，不断提高年鉴资料的可利用度。在新技术环境背景下，如何有效、快速地传播信息成为一种挑战。不可否认的是，在互联网、搜索引擎地影响下，年鉴作为一种信息载体也受到这种技术环境的影响。因此，面对新时代、新环境、新技术的多重影响，年鉴编纂工作也应适时做出一定调整。一方面，要积极利用新技术手段制作、传播，扩大年鉴资料的综合影响力；另一方面，要始终坚持内容建设为主，不断加强内容建设，提升内容含金量。

三是进一步加大对中西部教育资源分配倾斜力度，同时支持中西部欠发达地区的年鉴工作建设。目前，在高校分布和年鉴编纂地区分布来看，中西部地区相对滞后，这与当地教育资源相对匮乏也有一定关系。在教育资源分配过程中，要给予中西部更大的支持力度。同时，全国整体性的年鉴编纂工作也需要进一步加强，努力提升各高校对年鉴工作的重视程度，尽早推动志鉴工作的完全覆盖。

四是要进一步加强年鉴编纂工作队伍建设。目前，大多数高校年鉴编纂工作没有专门性机构负责，编纂工作人员也基本是兼职人员，来源比较广泛。一方面，应该加强相关工作人员的培训，推动年鉴编纂工作的规范化、科学化和长效化发展；另一方面，应建立年鉴编纂工作人员的相应激励机制，适当提高工作待遇，提高其参与工作的积极性。

全国地方专业年鉴发展报告

益人　王谦

提要：本报告通过回顾全国地方专业年鉴的发展历程，分析行业现状，总结成绩，提出问题，探讨实现地方专业年鉴的持续发展，创新发展，跨越发展的方式和手段。

关键词：地方专业年鉴　现状　发展

一、地方专业年鉴发展历程

1909年，奉天图书馆翻译发行的《新译世界统计年鉴》开启中国大陆年鉴出版事业的先河。1913年，上海神州编译社出版的《世界年鉴》是国人编纂的第一部年鉴。20世纪20—30年代，随着社会、经济发展，中国出现年鉴编纂热潮。据不完全统计，1928—1937年10年间至少创编104种年鉴，其中有早期地方专业年鉴《广州卫生年鉴（1928年）》等。

新中国成立后，年鉴事业与国家政治、经济、文化、社会同步发展，成为中国特色社会主义事业发展的缩影。中国改革开放30多年，是经济社会快速发展的黄金时期，也是年鉴事业快速发展的黄金时期（地方专业年鉴作为年鉴的细分门类，与整体系统，共同发展），其历程大概可以分为四个阶段。

第一阶段是年鉴发展起步阶段（1979—1989年），其特点是模仿式发展。1979年

10月，邓小平同志提出："编辑出版年鉴，很有必要，这是国家的需要，四化建设的需要。"次年，《中国百科年鉴》《中国出版年鉴》《世界经济年鉴》等专业年鉴先后创刊。随后短短几年时间里，《辽宁经济统计年鉴》《黑龙江经济年鉴》《广州经济年鉴》《四川交通年鉴》《上海文化年鉴》等各地专业年鉴也相继创刊，形成地方专业年鉴异军突起局面。

第二阶段是年鉴发展壮大阶段（1990—1999年），其特点是规范发展。随着首轮修志任务陆续完成，地方志工作机构创办的一批地方专业年鉴相继问世。因其业务基础好、编纂起点高，大部分新创编的各级专业年鉴规范化程度较高。

第三阶段是年鉴发展创新阶段（21世纪初），其特点是多元发展。进入21世纪，中国年鉴界创新氛围浓厚，大批专业年鉴应运而生，一些填补空白的年鉴新品种陆续推出，如《北京知识产权审判年鉴》等。2006年5月，《地方志工作条例》（以下简称《条例》）颁行后，又催生一大批市、县综合及专业年鉴。

第四阶段是年鉴发展转型阶段，起于当下，其特点是融合发展。在文字数码化、书籍图像化、阅读网络化的客观现实条件下，要切实履行地方专业年鉴"育人"的功能，发挥其指导社会经济和行业发展的作用，其由传统出版向数字出版转型，传统出版、数字出版等多种出版方式并存发展已是大势所趋。

地方专业年鉴发展历程与年鉴事业整体发展轨迹相辅相成，互相推动，四个发展阶段既有逻辑的承接关系，又有事实上的并列关系：行业间、区域间的相互学习模仿，可以提高编纂效率和编写质量；与时俱进地不断规范形式和内容，可以使地方专业年鉴进一步贴近工具书要求；用编志书或综合年鉴的理念来编专业年鉴的思维方式，也都需要通过不断创新去改变。

二、地方专业年鉴发展现状

（一）取得的成绩

改革开放以来，尤其是《条例》颁布施行10年来，在党中央、国务院的亲切关怀下，在地方各级党委、政府的坚强领导和有关部门的大力支持下，各地、各区域、各专业年鉴编纂单位和工作者开拓创新、奋力进取，地方专业年鉴事业取得了不凡的成绩。

1. 编纂地域范围扩大，行业内容丰富多元。据国家图书馆收藏的新中国成立以来中国出版年鉴清单的权威数据显示，至2013年底，我国累计出版各级各类年鉴6171种，其中：全国性专业（行业）年鉴933种，地方专业（行业）年鉴1478种，学校年鉴225种。从地域划分来看，出版地方专业年鉴最多的省份是北京（123种）、广东（121种），青海（8种）、西藏（3种）相对较少。从行业类别来看，教育类、税务类、电力类年鉴发展较为成熟，具有较大的发行量和较全面的出版规模。至2016年底，各级地方专业年鉴出版数已增至1500余种，可以说全国各省（区、市）均有省级专业年鉴公开出版，内容涉及绝大部分已成规模的细分行业，绝大多数省份已有区县级专业年鉴发行。仅就出版规模而言，我国已发展成为年鉴大国。

2. 政策保障明确得力，编纂队伍稳定成熟。《条例》明确规定地方综合年鉴的领导主体、工作经费、编纂机构、编纂质量、编纂人员、出版程序、开发利用及社会各界担负的职责，也为地方专业年鉴编纂工作提供了可借鉴的法律依据。尤其是，在确认地方年鉴工作者行政身份、提高社会保障力度后，不但有效解决地方年鉴人才严重流失的问题，而且吸引一大批有坚定正确政治方向、较高文化素养、过硬业务能力、热爱史志年鉴事业的各类人才加入，通过不断加强理论学习、业务交流、实践积累和老中青编纂人员之间的传帮带，年龄结构、文化层次更加合理的编纂队伍已经初步形成。

此外，体制机制变革使部分由政府发文组织、财政下拨经费的地方专业年鉴特别是省级专业年鉴，在主管、主办单位不同，行业、地区差异较大等情况下，都得到了出版经费的支持，连续性、规模化出版获得保障。

3. 以评促优质量先导，榜样带动作用明显。为提高全国地方专业年鉴编纂出版质量，中指组带动全国各地方专业年鉴学术团体开展多次优秀成果评审活动。通过评比，展示编纂成果，提高编校水平，加强信息交流，并不断为全国年鉴界树立新的学习标杆，促进全国年鉴编纂出版质量普遍提高。如荣获中指组首届“中国地方志年鉴奖”特等奖（地方专业年鉴第一名）的《四川交通年鉴（2004）》，荣获“全国地方志优秀成果（年鉴类）评审”特等奖的《北京统计年鉴（2014）》《广东建设年鉴（2014）》等均具有行业代表性。

4. 总结经验探索规律，理论研究初获成果。早在16世纪，年鉴就在欧洲出现，但长久以来并未形成独立成熟的年鉴学学科。年鉴传入中国后，虽快速发展出包括地方专业年鉴在内的若干分支，但由于没有可借鉴的学术理论体系，中国年鉴编纂理论研究（包括基础理论研究和应用理论研究）从一张白纸开始，在不断学习实践的基础上，总结经验，摸索规律，出版专著 10 余种，发表论文数以千计。基础理论研究成果有《年鉴通义》《年鉴学概论》等一系列理论年鉴学著作；应用理论研究形成一系列年鉴编纂出版规范，包括地方综合性年鉴编纂规范、专业（行业）年鉴编纂规范等，在推动学术初步发展的同时，也对年鉴规范发展，提高年鉴编纂质量起到有效指导作用。

（二）存在的问题

编纂年鉴是社会主义建设的系统工程，具有重要的社会价值和文化价值。地方专业年鉴经过 30 多年的快速发展，编纂水平长足进步，服务行业发展、服务经济建设方面也有显著成效，但与全面建成小康社会、全面深化改革、圆满完成《全国地方志事业发展规划纲要（2015—2020 年）》（以下简称《规划纲要》）提出的年鉴工作目标任务总体要求相比，发展仍显滞后，挑战仍然严峻，与社会及受众的期待相比也有一定差距。

1. 从行业整体现状来看，存在区域发展不均、出版社萎缩等问题。（1）地方专业年鉴区域发展不均。尤其明显是东西部发展不均。总的来看，北京、广东出版地方专业年鉴种类较多，西藏、青海出版较少。再以教育年鉴为例，全国 19 个省（区、市）出版省级教育年鉴。其中，辽宁省不仅出版省级教育年鉴，还有 5 种市级教育年鉴、3 种县级教育年鉴、若干高校年鉴。北京市不仅出版《北京教育年鉴》，还有 5 个区编纂教育年鉴，40 余所北京高校、30 余所中小学编纂学校年鉴，形成北京教育系统年鉴群，建立了从教育行政管理部门到各级各类学校有序的年鉴编纂管理网络。而吉林、内蒙古、贵州、云南、西藏、青海 6 个不出版省级教育年鉴的省（区）主要集中在中西部教育欠发达地区。

中西部地区由于经济欠发达、财力偏紧、专业人才缺失等原因，虽然也有编纂年鉴的积极性，但难以做到逐年编纂、公开出版。要改变这一现状，迫切需要各级党政领导机关加强领导，加大对西部地区、贫困地区、民族地区志鉴工作的扶持力度，建立省、市年鉴编纂机构帮扶、指导的工作机制，同时选择性地开发社会资源，利用社会资源办年鉴。

（2）地方专业年鉴出版市场萎缩。20 世纪 80 年代以来，地方专业年鉴品种数量呈几何级数增长，但是品种数量的高速增长并未带动发行量的全面增长。一方面，年鉴业内竞争不断加剧，特别对于地方专业年鉴来说，社会越是发展，行业越是细分，内容的重叠编写和专业的同质竞争越激烈，部分年鉴的市场空间被另一部分年鉴挤压。

另一方面，整个信息产业竞争日趋激烈，年鉴缺乏整体竞争力的劣势更加显著：一是方便快捷的网络环境造就人们追求随时随地快速检索、全天候全方位获取、个性化定制化使用信息的行为习惯，在互联网海量信息面前，传统年鉴显得相对落伍；二是一些内容相似、形式相似或某些功能相似的资料书、工具书大量出版，挤压了年鉴的读者市场；三是传统主流媒体通过增大信息量、提高信息密度、增强内容时效性等手段完成变革发展，对技术手段相对落后的专业年鉴形成巨大压力。与此同时，年鉴的运作成本大幅上涨，但经济效益和社会效益未能同步增长。目前，部分省级专业年鉴印数降至1000—2000册。

（3）地方专业年鉴学术理论研究进展较慢。多年以来，中国年鉴人在年鉴编纂理论研究方面取得初步成果，但从总体上看，年鉴理论研究还跟不上实践的发展，基础理论研究尤其薄弱，初级的、低水平的经验性描述在研究中占有相当大的比重；许多文章缺乏理论上的概括力和应有的深度，许多作者缺乏自觉的学术理论意识，这些现象在地方专业年鉴学术理论研究方面也普遍存在。地方专业年鉴发展作为年鉴事业的重要分支，必须以年鉴编纂实践、年鉴编纂理论的创新发展为基础和先导。如果不能取得进一步的理论研究成果，不能加快构建年鉴学学科体系，那么突破专业年鉴发展瓶颈的努力将会因为没有明确的方向而徒劳无功。

（4）地方专业年鉴之间沟通交流较少。因地域、行业等天然因素限制，形成地方专业年鉴编纂机构相对封闭、各自为战的局面。横向来看，各专业系统内部尚未形成有效沟通机制；纵向来看，各地区之间互学互访、取长补短的交流机会较少。加之参加全国各类年鉴业务培训较少，不能及时得到修订编纂、出版体例规范等业务指导，也是地方专业年鉴整体水平较低的原因。地方专业年鉴要实现加快发展，与各级综合年鉴齐头并进，要做好三个方面工作：一是要健全组织机构，设立梯级管理层级，力争各级地方专业年鉴都能参与交流培训活动；二是要搭建培训会、学术研讨会、年会、区域会议、网络交流等多种平台，加强沟通交流；三是增强学术氛围，通过出版论文专刊、编纂指导手册、组织专家培训等多种方式提高编纂水平。

2. 从编纂出版情况来看，总的来说存在数量较多、质量不高，缺少精品专业年鉴的带动和示范的现象。具体表现为：（1）栏目设置缺乏特色，框架设计“千人一面”。地方专业年鉴框架陈旧，雷同化、模式化现象较为突出。也有部分年鉴起步稍晚于全国性专业、行业年鉴，在发展过程中多以全国性专业、行业年鉴为蓝本，照抄栏目，照搬框架，从而大大削弱了地方专业年鉴反映特定地区、特定行业具体情况的功能。

（2）内容单薄以偏概全，可读性实用性不足。地方专业年鉴作为资料性工具书，可读性、实用性是其存在的基础和意义。就条目内容看来，目前仍存在以下问题：一是条目编写类似工作总结，一些单位和部门更是将工作总结直接收录为年鉴内容，行业基本情况未得到全面系统反映；二是亮点个性不足，个别撰稿人未能抓住年度变化和行业重点，内容经年不变，缺乏适度的动态性和个性化。三是深度不够，个别条目只记述事件过程，局限于表面现象和日常事务，可用资料少。这里既有兼职撰稿人员不明规范、草率应负的责任，也有编纂单位领导重视不够、未能严格把关的责任，从而造成信息资料权威性丧失。

（3）装帧印刷水平不一，出版环节规范性弱。年鉴的装帧印刷是出版发行的最后环节，尤为重要。设计、印刷错误导致个别地方专业年鉴成为不合格出版物而无法发行，造成极大的资源浪费，而装帧精致、设计美观的年鉴则可以提高读者的阅读和收藏兴趣，进而提升年鉴的价值。所以，在出版经费充足的条件下，年鉴装帧设计值得更加重视。

由此可见，地方专业年鉴工作虽然取得一定成绩，但仍然存在诸多问题，面对的发展难题也不容忽视。《规划纲要》强调："重视军事、武警及其他各类专业志鉴、民族地区地方志、乡镇村志和地方史编纂工作。加强对已开展和准备开展志鉴编纂工作的行业、部门、单位等的业务指导和管理。"这为做好地方专业年鉴工作指明了方向。

三、未来工作设想

党的十八大以来，中央领导同志高度重视地方志工作。习近平总书记两次对地方志工作作出重要指示，李克强总理三次对地方志工作作出重要批示，刘延东副总理两次接见全国地方志工作者代表并发表重要讲话，多次对地方志工作作出重要批示。这些重要指示、重要讲话既指明地方志的独特价值，也明确指出当前和今后一个时期地方志事业发展的努力方向，全国年鉴事业发展迎来了又一个春天。地方专业年鉴工作者必须抢抓难得的发展机遇，善用良好的发展环境，实现地方专业年鉴的持续发展、创新发展、跨越发展。

（一）加强网络年鉴建设，推动年鉴由传统出版向数字出版转型

在当前互联网产业迅速发展的大背景下，年鉴出版由传统出版向数字出版转型已是势所必然，每一家地方专业年鉴编纂单位都应自觉顺应社会信息化的潮流，促进年鉴信息化的进一步发展。一是要广泛应用软件技术和网络技术，完善年鉴编纂手段，提高编纂质量，如使用 photoshop 等软件美化图片，使用黑马软件进行文字校对等。二是要逐步实现数字出版，建立全文检索数据库，在光盘版年鉴基础上强化检索效果，简化检索流程，不断扩充检索内容，实现年鉴信息资源的集成共享。三是加强年鉴网站建设，着手推出网络年鉴、在线年鉴，增强年鉴使用互动性，及时报道最新动态，使之成为年鉴界信息交流的平台、理论研究的平台、知识传播的平台和展示年鉴形象的平台。目前，《四川交通年鉴》《北京教育年鉴》《广东建设年鉴》等地方专业年鉴先行者已经展开在线编撰、数据库建设等相关领域的探索工作。四是整合信息资源，建设全国性年鉴资源大数据库，走集团化、集成化的道路，这是年鉴网络化发展的高级阶段。

尤其需要指出的是，年鉴数字出版并不排斥传统纸质年鉴印刷出版，两者是可以长期兼容的。可以预见的是，未来年鉴出版将通过纸质年鉴、电子版年鉴、在线年鉴、年鉴数字库衍生产品并存的方式最大限度地满足市场需求，实现读者规模最大化。

（二）加快构建年鉴学学科体系，实现理论研究两个转向

在现有年鉴理论研究成果基础上，进一步深入、细化学术研究：一是从一般性的工作总结、实践经验概括转向基础理论研究，包括开展年鉴学基本概念、范畴的研究和各级各类年鉴编纂技术规范的研究；二是从单纯的年鉴编纂理论研究转向多学科综合研究，加强与年鉴学相关、相近学科如编辑学、出版学、新闻学、信息学、传播学、写作学、逻辑学、语言学、修辞学、方志学、统计学、图书馆情报学等的研究，为年鉴学建设夯实基础。

（三）强化编纂质量管控，努力打造优质品牌专业年鉴

就现有出版规模看，我国已经是年鉴大国，但大而不强、大而不优，比较突出的现象就是缺少过硬的精品年鉴品牌，更没有能与国外品牌年鉴比肩的年鉴品种。要打造优质品牌年鉴，须做到“三个坚持”。

一是坚持质量第一的观点。要紧密结合党的路线、方针、政策，在保证政治质量的前提下，全面、系统、准确地记载反映本地、本行业的社会经济发展和人民生活变化情况；要综合考虑年鉴的资料性、权威性、时效性等特点，认真编排条目内容；要规范文体和语言运用，使语言文字与年鉴文体语言相符，使用词贴切规范、数据准确无误，杜绝出现错别字等低级失误。

二是坚持特色为要的理念。要审时度势，用“人无我有，人有我优”的差异手法显现独有优势。要认真分析自己的根基、传统、特色、专业分工、选题积累等因素，做到优势突出。要定位于专业化、少而精的多样化发展方向，围绕打造品牌和形成特色去组织、策划，围绕专业主体资料，开拓、延伸、丰富、完善内容设置。

三是坚持“为民编鉴”的精神。要根据人民群众的实际需要，把人民群众能够理解和乐于接受的文化、科学知识传授给读者。要增强年鉴的资料性、实用性，切实提高年鉴的检索使用率。

此外，还应随时关注国家出版规范的修订情况，关注新的印刷装帧材料开发进展情况，及时沟通，学以致用，打造真正过硬的精品品牌年鉴。

（四）大力建设人才队伍，选拔德才兼备的优秀主编

人才是持续发展之本，是办好年鉴的重中之重。在人力资源管理上，要从定量型向绩效型转变，健全动态管理、激励创新的灵活用人机制。要选拔德才兼备、高素质的人担任年鉴主编，统揽全书，全面规划，科学安排，整体提高年鉴编纂质量。要采取“走出去”“请进来”的办法加强人才工程的力度和强度，有计划有选择地不断补进新鲜血液，建设一支政治强、学问硬、作风正、纪律严、结构佳的编辑队伍。要通过开展学习培训提高年鉴撰稿人的质量意识和业务素质。要实行主编负责制和全员聘用制，形成权责分明、奖惩适度的绩效机制和评价体系。

Ⅳ

探索与创新

区域年鉴编纂报告

阳晓儒

提要：本报告从区域年鉴的发展现状、内容和体例、数字化与网络化以及区域年鉴发展与展望四个方面分析了中国区域年鉴的发展情况，认为区域年鉴打破了传统地方综合年鉴的编纂模式，创新了年鉴编纂的方式方法，丰富了年鉴品类，是年鉴编纂出版中的新生力量。

关键词：区域年鉴　综合年鉴　发展　展望

改革开放30多年来，中国的经济社会发生了翻天覆地的变化，区域间的合作越来越紧密，经济社会的交流活动也越来越频繁，形成多个经济合作区域，如珠江三角洲、长江三角洲、武汉城市圈、南京都市圈、长株潭城市群等经济合作区域。其中，珠江三角洲、长江三角洲是两个最活跃的地区，成为中国经济发展的两个“增长极”。近年来，国家通过九大区域规划，从东部、南部延伸到中部、西部、东北等地区。中国沿海已形成“三大五小”（珠三角、长三角、京津冀与辽宁沿海、山东半岛、江苏沿海、海峡西岸、北部湾）开发格局。中西部地区也在奋起直追，长株潭城市群、武汉城市圈、黄三角经济区、鄱阳湖经济区、皖江经济区、关中—天水经济区等区域经济圈也在形成。随着新区域经济圈或经济带的成型，中国自古以来的区域经济版图正在悄然改变，区域的合作竞争正进入一个崭新的阶段。

为及时、全面记录区域经济发展一体化及区域间经济社会交流合作的历史进程，全国各地都在着力编纂反映这一新生事物的区域性年鉴。区域年鉴的编纂出版丰富了中国年鉴的种类和数量，开创了中国年鉴全新的编纂模式。

一、区域年鉴发展现状

据不完全统计，截至2015年底，除区域性统计年鉴外，已经编纂出版的区域性年鉴有《长江三角洲城市年鉴》《长江三角洲年鉴》《长三角年鉴》《武汉城市圈年鉴》《珠江三角洲城市群年鉴》《长株潭试验区年鉴》6种，另有跨国区域性年鉴《俄罗斯和东欧中亚国家年鉴》《中国—东盟年鉴》2种。另外,《广西北部湾经济区年鉴》正在编纂，尚未公开出版。

《长江三角洲城市年鉴》创办于2003年。主办单位开始为中国城市经济学会、江苏省城市发展研究院，后增加长江三角洲城市经济协调会，由南京沪苏浙文化传媒公司承办，并成立长江三角洲城市年鉴编纂委员会。编纂出版经费自筹，全部依靠广告和发行。年发行量3000册，最多时达1万册。主编张锋，执行主编秦光汉。该年鉴先后由方志出版社、中国工商出版社、中国文史出版社出版，每卷约220万字，大16开，800页左右，印数3000—5000册。编辑部地址在南京。《长江三角洲城市年鉴》采用篇目、栏目、分目、条目四个结构层次，不同层次的标题在字号、字体和版式上有明显的标识。其中，条目为记述的基本形式，用黑体字加【 】表示，对较长的条目文中另起一行用楷体字标出。2003年卷设置特载、城市概况、城市介绍、城市风采、领导专文专访、城市旅游、城市人物、城市研究、城市机关企事业简介、资料、图片栏目。至2014年，编纂出版12卷。

《长江三角洲年鉴》创办于2005年。原由人民日报社华东分社主办，2007年改由中国浦东干部学院长江三角洲研究院主办。线装书局出版，大16开，450页，120万字，每卷印数3000册。编辑部地址在上海浦东。该年鉴按栏目、分目、条目三级结构层次，以条目为主要载体。2005—2008年卷记载的范围为地理学意义上的长江三角洲，指长江及钱塘江的冲积平原，包括上海、南京、苏州、无锡、常州、镇江、南通、扬州、泰州、杭州、宁波、潮州、嘉兴、绍兴、舟山及台州16城市所在地域。2008年8月6日，国务院常务会议审议并通过《关于进一步推进长江三角洲地区改革开放和经济社会发展的指导意见》，确定长江三角洲地域面积为上海、江苏、浙江一市两省全域。为此，《长江三角洲年鉴》从2009年开始，所记载内容涵盖上海、江苏、浙江一市两省全域。《长江三角洲年鉴》2005年卷设特载、专文、概况、区域城市、合作交流、对外开放、改革创新、第一产业、第二产业、第三产业、科学技术、教育卫生文化体育、统计资料、党政主要领导人名录、人物、附录等16个栏目。文字、照片和图表为基本载体，体裁有文章、文摘、概述、综述、条目。2009—2010年卷设专记、大事、概况、一体化进程、经济、政治、文化、社会、生态、人物、长三角研究、文献辑选等12个栏目。至2015年，编纂出版11卷。

《长三角年鉴》2006年卷为首卷。2005年12月，上海社会科学院、江苏省社会科学院、浙江省社会科学院共同发起和成立“长三角联合研究中心”，以期发挥三院的专业力量，共同关注长三角的改革发展问题，为政府、企业和学术界提供全面、专业的研究成果。三家社会科学院院长担任中心主任，副院长担任副主任，科研处处长担任秘书长，由秘书长全面负责中心的日常运行与管理工作。中心设有长三角年鉴编辑部，专门负责每年年鉴的编辑和出版。长三角城市经济协调会办公室为联办单位。年鉴编纂指导委员会由各市人民政府副职及有关大学研究机构负责人组成。《长三角年鉴》的编写即为长三角联合研究中心的年度工作内容之一。《长三角年鉴》2006年卷重点分析长三角地区（上海市、江苏省、浙江省全部区域）2005年经济社会发展的基本情况与基本成就。主要栏目有：长三角区域概况、长三角地区经济社会发展、长三角地区专项经济社会发展、重要文献、2005年重要经济社会发展指标、大事记。该年鉴采用篇章编辑法编写，篇下设章。编纂出版经费列入长三角联合研究中心预算。河海大学出版社出版，大16开，1000多页，1800多万字，每卷印数5000册。编辑部地址在南京。至2013年，编纂出版8卷。

《武汉城市圈年鉴》创刊于2008年。2007年12月，国家发展和改革委员会批准武汉城市圈和长株潭城市群为全国资源型和环境友好型社会建设综合配套改革试验区。为适应这一发展要求，2008年7月，武汉地方志办公室组织召开武汉城市圈地方志办公室主任联席会议，一致同意由武汉地方志办公室牵头编纂《武汉城市圈年鉴》，武汉地方志办公室主编，城市圈内黄石市、鄂州市、孝感市、黄冈市、咸宁市、仙桃市、潜江市、天门市地方志办公室协编。《武汉城市圈年鉴》于2008年创刊后，至2016年编纂出版8卷。累计刊载文字1100余万字，刊载图片1600余幅。《武汉城市圈年鉴》在记载武汉市在全国率先创造性地开展“两型社会”（资源节约型社会、环境友好型社会）综合配套改革试验的同时，记述武汉城市圈自然、政治、经济、文化、社会等方面情况。全书分地图、风貌、大事记、综述、基本情况、重要会议和重大活动、重大项目建设、体制机制创新、生态文明建设、农业、工业、开发区建设、现代服务业、对外开放与合作、城乡建设和管理、市场监督和服务、市场调节、社会事业、人民生活、市辖区、人物、统计资料、附录和索引等24个篇目，每卷字数约120万字。《武汉城市圈年鉴》编纂工作纳入到武汉市人民政府的一级目标管理范围，编纂出版经费实行全额财政拨款。编辑部地址在武汉，与武汉年鉴社实行两块牌子一套人马，武汉年鉴社的编辑人员兼职编辑《武汉城市圈年鉴》。

《长株潭试验区年鉴》编纂始于2011年。当年，湖南省决定编纂出版《长株潭试验区年鉴》。该年鉴以湖南省委省政府推进长株潭改革试验区建设的战略部署和各项举措为主线，以长株潭改革试验区努力实现“三个率先”的工作为重点，以“3+5”（长沙、株洲、“湘潭+岳阳”、常德、益阳、娄底、衡阳）地区和省直有关部门推进“两型社会”建设的成果为主要内容，全面展示长株潭综合配套改革试验区年度发展的大事要事、热点亮点，为社会各界了解和研究长株潭试验区“两型社会”建设提供翔实资料，为长株潭试验区相关单位和部门开展工作提供经验范例，为各级领导推进资源节约型社会和环境友好型社会建设提供决策参考。徐湘平、郑昌华主编，湖南人民出版社出版，800多页，160万字。主编单位为湖南省长株潭“两型社会”建设改革试验区领导协调委员会办公室、湖南省长株潭“两型社会”建设改革试验区领导协调委员会办公室。2011年卷设有综合篇、方案设计篇、总体成果篇、核心区域篇、示范区片篇、相关部门篇、政策法规篇、改革创新篇、创建活动篇、对外合作篇、研究宣传篇、数据统计篇、形象彩页篇等篇目。2014年卷开始，主办单位变更为湖南省长株潭两型试验区管委会和中共湖南省委讲师团。至2016年，编纂出版5卷。

《珠江三角洲城市群年鉴》创刊于2010年。2008年12月，国务院颁布实施《珠江三角洲地区改革发展规划纲要（2008—2020年）》（以下简称《规划纲要》）。为贯彻落实《规划纲要》，由广州市地方志办公室发起，广东年鉴社、珠江三角洲九城市地方志工作机构和年鉴机构共同组织编纂《珠江三角洲城市群年鉴》，载录珠江三角洲地区基本情况及经济社会发展情况，重点反映广东省和珠江三角洲九市贯彻落实《规划纲要》的情况和珠江三角洲推进区域一体化发展的情况。2010年首卷出版，至2015年编纂出版6卷。广东人民出版社出版，B5开本，每册字数约100万字，印数2500册。2016年开始，出版单位改为方志出版社。2016年卷《珠江三角洲城市群年鉴》总篇幅比上年有所减少，文字更加精炼，但内容更加丰富。特别注重突出年度特色，在地区综述部分增加“创新驱动”篇目，内设“中国（广东）自由贸易试验区”“珠三角国家自主创新示范区”“县域经济”“镇域经济”等分目，集中展示珠三角地区先行先试、转型升级和自主创新发展的成功经验。基本情况篇目增加“珠三角帮扶粤东西北”分目，重点记载珠三角 6 市（广州、深圳、珠海、佛山、东莞、中山）帮扶粤东、粤西和粤北地区加快经济社会发展情况，共同全面建成小康社会的各项举措。在各市发展部分，更加注重突出地方特色，对各市篇目框架进行了、重新设计，重点突出珠江三角洲地区 9 市的亮点、重点和特点，各市篇目除“基本情况”和“年度大事”分目统一设置外，其他分目的设置均根据各市自己的地域特色、支柱产业和特色产业设立分目，不再强求各市分目设置的统一性；为保持各市经济社会发展情况的可比性，每市均设有国民经济发展情况和社会事业发展情况的表格。在“泛珠江三角洲基本情况”篇目，各省区均采用“基础信息 + 大事要闻”和国民经济发展情况、社会事业发展情况两个表格的形式进行记载，各省区的资料数据可比性增强，地方特色和年度特点更加突出。全书全彩印刷，印制精美，具有较强的资料性、地域性和可读性。该年鉴框架分为三大部分：第一部分是地区综述，设基本情况、大事记、区域协调、合作交流 4 篇；第二部分是各市发展，设广州市、深圳市、珠海市、佛山市、江门市、东莞市、中山市、惠州市、肇庆市 9 篇；第三部分是附属资料，设统计资料、珠江三角洲发展研究论文摘要、文献法规、泛珠江三角洲基本情况 4 篇。各篇下设分目、条目。条目是全书内容记述的主体，标题统一用黑体加【 】表示，个别包含多方面资料的条目在段落间加插楷体标题提示。2012 年卷开始增收泛珠江三角洲地区“9+2”九省区和香港、澳门特别行政区的基本情况和年度发展情况。2015 年开始编纂出版简本，2016 年出版《珠江三角洲城市群年手册》。该年鉴由广州市人民政府地方志办公室负责组织编纂，编纂出版经费由广州市财政全额拨付，编辑部地址设在广州市人民政府地方志办公室年鉴工作处（广州年鉴社）内，聘任 2 位编辑人员负责具体组织编纂工作。

《俄罗斯和东欧中亚国家年鉴》创办于 1996 年。中国社会科学院东欧中亚研究所编，主编张森，32 开，41 万字，每卷印数 1500 册，当代世界出版社出版。编纂出版经费列入研究所预算。该年鉴采用篇章编辑法编写，篇下设章。主要栏目有：专题文章、统计资料、大事简记、文摘等篇目。后停刊。

《中国—东盟年鉴》创办于 2004 年。广西社会科学院、广西社会科学界联合会主办，广西东南亚研究会承办；2016 年卷主办单位改为广西社会科学院，承办单位仍为广西东南亚研究会。编纂出版经费列入财政预算。2004—2010 年卷主编为许家康、古小松，2011 年卷主编为吕余生、庞汉生，2012—2014 年卷主编为吕余生、王士威，

2015 年卷主编为吕余生、沈德海，2016 年卷主编为李海荣。2004 年卷设置概况、动态、东南亚国家联盟、中国—东盟自由贸易区、中国—东盟博览会、新闻人物、大事记、研究报告及论文选辑、重要文献、工商资讯、统计资料、附录等栏目。2016 年卷的主要栏目有：概况、动态、专题、新闻人物、大事记、文献、投资贸易指南、统计资料、附录等。专题为 2016 年卷新设栏目，设发展报告、东南亚国家联盟、中国—东盟自由贸易区、区域经济合作、中国和东盟及各成员国交往与合作、重要节会 6 个分目。至 2016 年，编纂出版 13 卷。

二、区域年鉴的内容和体例

区域年鉴的主要内容反映的是区域协调、区域合作交流和区域一体化发展进程，以及区域内各地区的年度发展情况。如《长江三角洲城市年鉴》2014 年卷设置年度大事、城市概览、领导人名录、合作与交流、城市发展、环境保护、经济园区、工业经济、农业和农村、服务业、社会事业、人才战略、区县（市）概况、长三角论坛、统计资料、发展与展望等栏目，记述上海市，江苏省南京、无锡、常州、苏州、南通、盐城、扬州、镇江、泰州，浙江省杭州、宁波、嘉兴、湖州、绍兴、金华、舟山、台州，安徽省合肥、芜湖、马鞍山、铜陵、安庆、滁州、池州、宣城等 26 市的合作交流，以及年度经济社会发展情况。《武汉城市圈年鉴》设有地图、风貌、大事记、综述、基本情况、重要会议和重大活动、重大项目建设、体制机制创新、生态文明建设、农业、工业、开发区建设、现代服务业、对外开放与合作、城乡建设和管理、市场监督和服务、市场调节、社会事业、人民生活、市辖区、人物、统计资料、附录和索引等 24 个篇目，重点记述武汉城市圈自然、政治、经济、文化、社会等方面情况。《中国—东盟年鉴》2015 年卷设有概况、动态、发展报告、东南亚国家联盟、中国—东盟自由贸易区、区域合作、中国和东盟及各成员国交往与合作、重要节会、新闻人物、大事记、文献、投资贸易指南、统计资料、附录等篇目，着重收录中国和东盟各国的基本资料及区域内各国政治、经济、文化、社会等方面的重要信息。

在体例上，区域年鉴主要采用两种体例。一种是篇章节体，如《长三角年鉴》《俄罗斯和东欧中亚国家年鉴》等。另一种是条目体，如《长江三角洲城市年鉴》《长江三角洲年鉴》《武汉城市圈年鉴》《珠江三角洲城市群年鉴》《长株潭试验区年鉴》《中国—东盟年鉴》等。两种体例中，以条目体的占多数。条目体的区域年鉴是以条目为主体，兼有文章体、编年体、文摘体等体裁。篇章节体的区域年鉴除图表、统计资料外，基本上是单一的篇章节文章体裁。

三、区域年鉴数字化、网络化情况

年鉴数字化、网络化是近年来年鉴发展的一种主要趋势，区域年鉴也不例外。但是，与地方综合年鉴相比，区域年鉴的数字化、网络化水平还是要逊色一些。地方综合年鉴因为有固定经费、固定人员编制，许多建有独立的网站，或者通过地方主管单位、主办部门网站进行数字化与网络化。而区域年鉴由于缺乏固定人员编制，许多都是兼职和聘用临时人员从事组织编纂工作，许多编纂单位仅仅满足纸质版年鉴的编纂出版，连光盘版都比较少见，至于建立独立的网站来实现年鉴的数字化、网络化的情况几乎没有。大多数区域年鉴是通过地方部门网站或加入中国知网年鉴全文数据库来实现其数字化、网络化。据不完全统计，截至 2015 年，区域年鉴出版光盘版或通过网站实现数字化、网络化的有《长江三角洲城市年鉴》《长三角年鉴》《武汉城市圈年鉴》《珠江三角洲城市群年鉴》《长株潭试验区年鉴》《中国—东盟年鉴》6 种。其中，《长江三角洲城市年鉴》《长三角年鉴》《长株潭试验区年鉴》《中国—东盟年鉴》4 种通过中国知网进入年鉴全文数据库，实现其数据化、网络化;《武汉城市圈年鉴》出版有电子版，并录入大武汉方志网和中国知网年鉴全文数据库 ;《珠江三角洲城市群年鉴》出版有全文检索光盘，在“广州地情网”上网，并进入中国知网年鉴全文数据库。

四、区域年鉴发展与展望

随着全球经济一体化和区域经济的融合发展，区域性年鉴将成为年鉴事业发展的一个新的增长点。但是，相对于地方综合年鉴的迅猛发展，区域年鉴发展还是相对迟缓。从 1996 年的首部区域年鉴《俄罗斯和中亚东欧国家年鉴》到 2011 年最新创办的《长株潭实验区年鉴》，在 10 多年时间里，只有不到 10 部区域年鉴创办。制约区域年鉴快速发展的主要因素是区域年鉴缺乏稳定的经费来源，没有固定的编纂队伍和行之有效的组稿手段。随着国家更多区域规划的出台，区域年鉴还会不断发展壮大。党的十四大报告中提出要加快环渤海地区的开发、开放，将这一地区列为全国开放开发的重点区域之一，国家有关部门也正式确立“环渤海经济区”的概念，并对其进行单独的区域规划。2009 年 4 月、2011 年 5 月、2012 年 11 月和 2015 年 4 月国务院正式批复《天水—关中经济区发展规划》《成渝经济区区域规划》《中原经济区规划》和《长江中游城市群发展规划》。2015 年 4 月，中共中央政治局审议通过《京津冀协同发展规划纲要》。如今，这些区域的有关部门正在协商编纂出版相关的区域年鉴。

但是，相对于地方综合年鉴来说，区域年鉴在体制机制上还存在诸多困难和问题。在组织编纂上，区域年鉴缺乏强有力的行政手段。区域年鉴编纂供稿单位隶属不同的行政区域，有的跨省、有的跨市，沿用原来地方综合年鉴的行政命令式组稿手段难以奏效。各参与编纂单位均处于平等地位，必须通过协商合作才能完成组稿任务。在编纂出版经费上，大部分区域年鉴没有稳定的经费来源，要依靠广告和发行来筹措编纂出版经费，影响了区域年鉴的持续健康发展。事实证明，只有具备稳定的编纂经费的区域年鉴才能健康、持续发展。如《武汉城市圈年鉴》《珠江三角洲城市群年鉴》《中国—东盟年鉴》由于有财政专项拨款，都能做到“当年编纂、当年出版”，并从未间断。在人员编制上，区域年鉴大多缺乏固定的人员编制，大部分区域年鉴都是临时聘用人员或原有地方综合年鉴编纂人员兼职，编纂队伍的不稳定造成区域年鉴编纂出版质量难以提高。许多临聘人员和兼职人员仅仅满足于完成自己所负责的工作，对于如何更好地提高年鉴的编纂出版质量和更全面、系统和准确地记录区域经济社会发展和一体化进程缺乏积极的思考。在内容记述上，如何处理区域年鉴和各省（区、市）、各城市综合年鉴的资料重复问题，如何使各省（区、市）、各城市综合年鉴和区域年鉴在年鉴资料、年鉴功能等方面实现相得益彰的融合，还需在业务上、组织形式上进一步创新和探索，让区域年鉴发挥更大的社会作用。

广东省乡镇村年鉴编纂报告

刘念宇

提要：中国乡镇村年鉴发轫于广东省东莞市、深圳市。2010年，广东省乃至全国的首部乡镇综合年鉴《大朗年鉴》（东莞市）编纂出版；2013年，《虎门年鉴》（东莞市）编纂出版。2015年，广东省乃至全国的首部街道（办事处）综合年鉴《坪山办事处年鉴》（深圳市）编纂出版。2015年，全国首部村级年鉴《巷头年鉴》（东莞市）编纂出版。截至2016年，东莞市编纂出版9种镇（街道）年鉴，深圳市编纂出版6种街道（办事处）年鉴。

关键词：广东省　年鉴　乡镇综合年鉴　街道综合年鉴　村综合年鉴

中国乡镇村年鉴发轫于广东省东莞市、深圳市。2010年，东莞市编纂出版广东省乃至全国的首部乡镇综合年鉴《大朗年鉴》。2013年，东莞市又创办第二部乡镇综合年鉴《虎门年鉴》。2015年，深圳市编纂出版广东省乃至全国的首部街道（办事处）综合年鉴《坪山办事处年鉴》。2015年，东莞市编纂出版全国首部村级年鉴《巷头年鉴》，标志着国家、省、市、县、镇、村级年鉴实现上下贯通全覆盖。

2015年，东莞市、深圳市贯彻落实《广东省委办公厅 广东省人民政府办公厅关于加强地方志工作的通知》精神，进一步推动年鉴工作向基层延伸。其中，东莞市部署于2016年启动《长安年鉴》《厚街年鉴》《寮步年鉴》《塘厦年鉴》《常平年鉴》《麻涌年鉴》6种中心镇综合年鉴、《南城年鉴》1种街道年鉴编纂工作，于2017年启动《石龙年鉴》《石碣年鉴》《樟木头年鉴》《凤岗年鉴》《桥头年鉴》5种中心镇综合年鉴编纂工作，实现东莞市中心镇综合年鉴编纂由点到面的全覆盖。深圳市则在广东省率先启动街道（办事处）综合年鉴编纂工作，发动福田区福田街道，罗湖区东门街道，宝安区新安街道，龙岗区坂田街道、南湾街道、龙城街道，坪山新区坪山办事处、坑梓办事处，龙华新区大浪办事处、龙华办事处、民治办事处，光明新区光明办事处与公明办事处等 13 个街道（办事处）开展综合年鉴编纂工作，并于 2015 年 12 月公开出版《坪山办事处年鉴》。

2016 年，东莞市持续出版《大朗年鉴》《虎门年鉴》，创办并出版《长安年鉴》《厚街年鉴》《寮步年鉴》《塘厦年鉴》《常平年鉴》《麻涌年鉴》《南城年鉴》，累计出版 9 种镇（街道）年鉴。深圳市则持续出版《坪山办事处年鉴》《坑梓办事处年鉴》，创办并出版《龙城街道年鉴》《坂田街道年鉴》《南湾街道年鉴》《平湖街道年鉴》，累计出版 6 种街道（办事处）综合年鉴。

东莞市、深圳市着眼地方志事业全面、长远发展，积极推动年鉴工作向基层延伸，在镇（街道）、村年鉴编纂单位建立常态化工作机制，建立工作流程机制、经费保障机制及队伍联络机制，使年鉴编纂成为镇（街道）、村年度常设工作。在基层年鉴编纂过程中，两市摸索出“纵”“横”联动的管理机制：市、镇、村三级纵向联动机制；外聘的专职编辑和镇（街道）、村兼职编辑两者横向联动机制。实施外包购买服务模式，解决无专职编辑的问题。其中，深圳市启动的 13 部街道（办事处）综合年鉴中，有 8 部选择外包模式；东莞市启动的 9 部镇（街道）综合年鉴中，也有 7 部采取外包模式。坚持组稿前召开编目研讨会、出版前召开稿件评议会的“两会”制度，稳定提高质量。

但是，由于镇（街道）、村级年鉴编纂工作本不属于各镇（街道）、村级的日常工作，为推动其实现常态化，希望国家、广东省在相关文件中逐步明确镇（街道）、村级年鉴编纂工作。由于镇（街道）、村级年鉴属于新生事物，与传统的市、县（区）年鉴有所不同，不能简单沿袭市、县（区）年鉴篇目，希望国家、广东省出台相关业务指导意见，并建议适时组织召开镇（街道）、村级年鉴编纂研讨会或评议会，为镇（街道）、村级年鉴编纂提供更多理论支持和业务指导。

附：广东省乡镇村年鉴选介

（一）《大朗年鉴》

全国第一部公开出版的镇级综合年鉴。广东省东莞市大朗镇于 2010 年创办该年鉴，每年出版一卷。截至2015年，出版6卷，均由广东人民出版社出版发行。《大朗年鉴（2015）》正文设“影像大朗”“大事记”“特载”“镇情简述”“党务・政务”“群众团体・社会组织”“政法・军事”“城建・环保”“对外经济・招商引资”“工业・商贸服务业”“毛织业”“农业・林业・水务”“财税・金融”“经济管理”“科学技术・信息化”“教育”“宣传・文化”“体育・卫生”“民生”“社区（村）”“国民经济和社会发展统计资料”“睛彩织城”等22个类目，58万字，记述2014年大朗镇经济社会发展概况。该书抓住特色，突出“毛织重镇”，专设“毛织业”类目，从“毛织业综述”“毛织产业转型升级”“毛织业服务”“中国（大朗）国际毛织产品交易会”“时尚活动”“毛织商贸城建设”等6个分目，集中记述大朗毛织产业发展概况，突出年鉴的地方特色。此外，《大朗年鉴（2015）》重视图片，力求图文并茂。书前设“影像大朗”类目，置“大朗城市名片”“数字大朗2014”“第十三届中国（大朗）国际毛织产品交易会”“全省外贸转型升级示范基地培育工作现场会”“全市深化商事登记制度改革加强市场监管工作现场会”等彩色插页48页，用图表直观地展现大朗亮点和年度特点。《大朗年鉴（2015）》创新表现手段，追求查阅便利。实施“互联网+年鉴”创新战略，把《大朗年鉴（2015）》上传到全国第一个镇情网——大朗地情网、“朗办微言”等官方微信平台，方便读者查阅。

（二）《坪山办事处年鉴》

全国第一部街道（办事处）年鉴。由深圳市坪山新区坪山办事处创办，于2015年12月出版。《坪山办事处年鉴（2015）》为创刊号，正文设“彩图专辑”“大事记”“总述”“党务”“政务”“群众团体”“经济发展”“经济综合管理”“城市建设”“城市综合管理”“社会治理”“公共事业”“卫生计划生育”“民生事业”“社区”“人物・荣誉”“文献选编”等17个类目，39万字，收录图片180多张。主要围绕坪山办事处2014年“深化改革年”和“城市质量提升年”的工作重点，突出反映在推进经济发展、转型升级、城市建设管理、基层治理、民生发展、作风建设等方面的改革创新。坪山办事处结合实际，把最能反映区域特色和行业部门特色的资料挖掘出来，突出时代性和地方性，并摸索出一套独特的篇目结构，突破市、区原有年鉴体例的传统，开创街道（办事处）年鉴的新思维，既符合年鉴体例的要求，又体现地方特色。此外，为突出便民和实用性，投入大量精力将分布在各社区的学校、医院、图书馆、银行、邮局等机构信息进行全面收录，成为一部反映年度政治、经济、文化等各方面概貌的“百科全书”。

《坪山办事处年鉴（2015）》篇目结构

★彩图专辑
★大事记
★总述
■概貌
■人文坪山
■改革创新
■组织机构
★党务
■党的群众路线教育实践活动
■党的建设
■人事工作
■老干部与关心下一代工作
■宣传工作
■纪检监察
■督查工作
■信访
■民主党派和工商联
★政务
■综合行政事务
■机关后勤服务
■应急工作
■民族 宗教
■侨务和港澳台事务
■人大代表和政协委员履职
★群众团体
■工会
■共青团
■妇女联合会
★经济发展
■产业转型升级
■工业
■农业
■林业
■商业 物流
■金融
■邮政 电信
★经济综合管理
■办事处集体企业
■社区股份合作公司
■财政税收
■统计
■市场监督管理
■安全监督管理
■动物防疫
★城市建设
■市政建设
■建设工程管理
■道路交通
■水务
★城市综合管理
■市容环境卫生管理
■城管行政执法
■火灾隐患整治
■出租屋综合管理
■物业管理
■土地管理

■环境治理
★社会治理
■综治维稳
■公安
■司法
■武装
★公共事业
■文化新城建设与文化活动
■非物质文化遗产保护
■教育
■体育
★卫生计划生育
■卫生
■人口和计划生育
★民生事业
■劳动保障
■就业创业
■社会保障
■民政
■残疾人工作
■社会建设
■基层组织建设
★社区
■六和社区
■六联社区
■坪环社区
■碧岭社区
■汤坑社区
■沙湖社区
■马峦社区
■江岭社区
■沙壆社区
■石井社区
■金龟社区
■田头社区
■田心社区
■竹坑社区
■南布社区
■坪山社区
■和平社区
★人物·荣誉
★文献选编
■办事处文献
■媒体报道
★主题索引

【《巷头年鉴》】 全国第一部村级综合年鉴。由广东省东莞市大朗镇巷头社区创办，于2015年底由方志出版社出版发行。《巷头年鉴(2015)》为创刊号，设“图片专辑”“中国毛织第一村”“概览”“经济”“政治”“文化”“社会”“大事记”“附录”“索引”等10个类目，26.5万字，记述2014年巷头社区经济社会发展概况。《巷头年鉴(2015)》抓住亮点，突出“中国毛织第一村”的特点。巷头约3.4平方公里的区域聚集12条毛织专业街，是全世界数控织机数量最多、最集中的地区之一，2014年毛织工业总产值达 12 亿元，年销售毛衣 12 亿件，集体总资产 14.41 亿元，集体经济总收入 7357 万元。《巷头年鉴（2015）》卷首设“中国毛织第一村”类目，下设“巷头毛织产业发展历程”“巷头毛织产业规模”“巷头毛织产品生产”“巷头毛织专业市场”“毛织产品交易会”“公共服务平台共享”“毛织文化”“重点毛织企业”“中国毛织第一村创建”等 9 个分目，77 个条目，6 个表格，全面记述巷头毛织产业发展历程，充分显现巷头的独特产业特色。篇幅占全书主体内容的 38%。因此，《巷头年鉴（2015）》又是一部巷头“毛织产业”年鉴。《巷头年鉴（2015）》明确村级年鉴的定位，追求框架简约。由于村级事务、经济社会活动等与市、县乃至镇级相比，规模要小很多，《巷头年鉴》采用大编结构，仅设“经济”“政治”“文化”“社会”等十大类目，避免繁复。全书设类目、分目、条目三个层次。条目为基本形式。

《巷头年鉴（2015）》抓住群众喜闻乐见内容，追求有趣可读。巷头拥有木偶戏和醒狮等非物质文化遗产，故在“文化”类目设“巷头木偶戏”分目，特设“巷头木偶剧团”条目，系统介绍巷头木偶戏的渊源、特色、价值、传承及传承人；设立“龙狮麒麟比赛”条目，展示醒狮这一体育文化品牌。在“社会”类目，创新设置“节日习俗”“婚嫁习俗”“喜庆习俗”“丧葬习俗”“生活方式”“家规祖训”等分目，记述巷头社会风俗的演变。贴近群众、贴近民生，增强趣味性、可读性。

《巷头年鉴（2015）》创新表现手段，追求查阅便利。全书图文并茂，书前置“数字巷头”“巷头荣誉”等彩色插页 32 页，书中也加插 200 多张图片（全书平均每页 1.3 张），并设 25 张表格，用图表直观地展现巷头的全貌。同时，实施“互联网＋年鉴”创新战略，把《巷头年鉴（2015）》上传到全国第一个镇情网——大朗地情网、全国第一个村情网——巷头地情网以及“幸福巷头”、“朗办微言”等官方微信平台，为群众提供最便捷、畅通的查阅服务。

《巷头年鉴（2015）》篇目结构

★图片专辑

★中国毛织第一村

■巷头毛织产业发展历程

■巷头毛织产业规模

■巷头毛织产品生产

■巷头毛织专业市场

■毛织产品交易会

■公共服务平台共享

■毛织文化

■重点毛织企业

■“中国毛织第一村”创建

★概　览

■自然地理
■经济社会建设
★经　济
■社区建设
■交通
■工业
■商贸服务业
■财务、金融
■经济管理
★政　治
■党务、政务
■治安、武装
■群众团体
★文　化
■文化活动设施
■文艺团体
■文化活动
■文物古迹
■族谱、村志、档案
■巷头木偶戏
■教育
■体育
★社　会
■劳动就业
■社会保障
■民政
■妇儿、家庭
■卫生
■计划生育
■新莞人
■节日习俗
■婚嫁习俗
■喜庆习俗
■丧葬习俗
■生活方式
■家规祖训
★大事记
★附　录
★索　引

年鉴简本（袖珍本）编纂报告[1]

刘耀

提要：年鉴简本的编纂出版丰富了中国年鉴的种类和数量，开创了中国年鉴不同形式、不同用途的编纂模式。但是年鉴简本的发展与正本年鉴相比却相对迟缓，数字化、网络化水平也相对落后。提高对年鉴简本的认识，丰富年鉴的品种，加快年鉴走进普通百姓中是年鉴工作者的当务之急。

关键词：年鉴　简本　体例体裁　数字化与网络化

中国年鉴出版事业自20世纪80年代恢复发展以来，品种与数量快速增长，截至2015年，全国已编纂各级各类年鉴5000多种。在正本[2]年鉴数量快速发展、质量不断提高的同时，简本（袖珍本）[3]、英文版、网络版等新版本、新形式年鉴也逐步出现。年鉴简本的编纂出版丰富了中国年鉴的种类和数量，开创了中国年鉴不同形式、不同用途的编纂模式。

年鉴简本的编纂是将正本年鉴的内容进行精简、整合和补充，方便读者的使用和携带，特别是部分年鉴简本增加正本年鉴中没有刊载的内容和表格，如《北京年鉴（简本）》中的“每日创造”“每日生活”，《广东年鉴（简本）》“便览资料”中的“广东省

① 本文所述年鉴简本不包括小开本的正本年鉴，以及市民生活年鉴、英文版年鉴、市民手册等小开本的年鉴。

② 正本指大16开本年鉴。

③ 简本包括袖珍本年鉴，下文不再注明。

国家级自然保护区”“广东省国家级森林公园”“广东省国家地理标志保护产品”,《深圳年鉴（简本）》附录中的“深圳市国家及省级重点文物保护单位”“深圳市国家级非物质文化遗产名录”“深圳市国家级保护区和景区”“深圳市品牌文化活动”,《深圳年鉴（简本）》《广州年鉴（简本）》中的经济、政治、社会、文化、生态五个文明建设栏目，《大连年鉴（袖珍本）》中的“全国部分城市统计资料”等，都是在正本年鉴中没有刊载的内容或经重新整合、增加补充新资料后的内容，具有较强的可读性，受到读者的欢迎。年鉴简本具有正本年鉴所没有的独特优势，内容更精炼、资料更实用、使用更方便、携带更便利，一些不便于在正本年鉴中收录或更贴近市民的实用资料均可在简本中收录。

一、年鉴简本的创办与发展现状

从目前的资料看,20 世纪 80 年代以来最早的年鉴简本是中国历史学会创办的《中国历史学年鉴（简本）》，地方年鉴简本最早出现在华东地区。1981 年《中国历史学年鉴（简本）》出版，1995 年《上海经济年鉴（中文袖珍本）》出版，之后全国各地先后出版若干种年鉴简本（袖珍本）。据不完全统计，截至 2016 年底，已编纂出版的年鉴简本有:《中国历史学年鉴（简本）》《上海经济年鉴（袖珍本）》《嘉定年鉴（袖珍本）》《大连年鉴（袖珍本）》《胜利油田年鉴（袖珍本）》《深圳年鉴（简本）》《广东年鉴（简本）》《高要年鉴（简本）》《泰安年鉴（袖珍本）》《广州年鉴（简本）》《北京年鉴（简本）》《珠江三角洲城市群年鉴（简本）》《成都年鉴（简本）》《光明年鉴（简本）》《贵州统计年鉴简本》《湛江年鉴（简本）》《宝鸡年鉴（简本）》《佛山年鉴（简本）》等近 20 种。其中，国家部门专业年鉴 1 种《中国历史学年鉴（简本）》；省级年鉴 2 种，分别为《北京年鉴（简本）》《广东年鉴（简本）》；地市级（含副省级城市）年鉴 8 种，分别是《大连年鉴（袖珍本）》《深圳年鉴（简本）》《泰安年鉴（袖珍本）》《广州年鉴（简本）》《成都年鉴（简本）》《湛江年鉴（简本）》《宝鸡年鉴（简本）》《佛山年鉴（简本）》；地方专业年鉴 3 种，分别为《上海经济年鉴（袖珍本）》《胜利油田年鉴（袖珍本）》《贵州统计年鉴简本》；区域年鉴 1 种《珠江三角洲城市群年鉴（简本）》；县区级年鉴 3 种，分别为《嘉定年鉴（袖珍本）》《高要年鉴（简本）》《光明年鉴（简本）》。

《中国历史学年鉴（简本）》创刊于 1980 年，目前发现最早的简本是 1981 卷。该简本由中国史学会主办，中国历史学年鉴编辑组编辑，人民出版社出版，32 开本，494 页。

主要栏目有史学研究，新书选介，史学界动态，考古文物新发现，研究、教学机构简介，已故历史学家介绍，中外学术交流简讯等。简本卷数不详。

《上海经济年鉴（中文袖珍本）》创刊于1995年。由上海市人民政府发展研究中心主办，上海经济年鉴社出版，异形32开。编辑部设在市政府发展研究中心内。至2016年，编辑出版22卷。

《嘉定年鉴（袖珍本）》创刊于1996年，首卷年鉴记载1991—1995年内容。由上海市嘉定区年鉴编纂委员会编，上海交通大学出版社出版，小32开。该简本采用篇目、类目、条目三级结构，部分类目下设分类目，以“·”为标识。条目为记述实体，以【】为标识。编辑部设在嘉定区地方志办公室内。该袖珍本只编纂出版过1卷。

《大连年鉴（袖珍本）》创刊于1998年。由中共大连市委党史研究室（大连市地方志办公室）主办，大连年鉴编辑部编纂出版，异形32开。采用类目、条目二级结构，省却分目，以条目为记述的基本形式，用黑体字加【】表示。编辑部设在大连市地方志办公室内。该袖珍本出版过3卷（1998、1999、2000），2001年停止编纂出版。

《胜利油田年鉴（袖珍本）》创刊于2000年。由胜利油田管理局政策研究室编纂，中国石化出版社出版，异形32开。编辑部设在胜利油田管理局政策研究室内。简本出版卷数不详。

《深圳年鉴（简本）》创刊于2002年，原称袖珍本，2010卷改称简本。由深圳市史志办公室主办，黄玲主编，小32开，每卷印数800册，免费赠阅，深圳市史志办公室编纂出版。办公地址设在深圳市史志办公室内。该简本采用类目、分目、条目三个结构层次。不同层次的标题在字号、字体和版式上有明显的标识。其中条目为记述的基本形式，用黑体字加【】表示，对较长的条目文中另起一行用楷体字标出。至2016年，编纂出版15卷。

《广东年鉴（简本）》创刊于2009年。由广东年鉴编纂委员会主办，主编朱小丹，小32开，每卷印数5000册，免费赠阅，广东年鉴社编纂出版。办公地址设在广东年鉴社内。该简本采用类目、分目、条目三个结构层次。不同层次的标题在字号、字体和版式上有明显的标识。其中，条目为记述的基本形式，用黑体字加【】表示。至2016年，编纂出版8卷。

《高要年鉴(简本)》创刊于2010年。由高要市地方志办公室编纂出版，小32开本，每卷印数1000册，非公开出版，免费赠阅。该简本采用类目、分目、条目三个结构层次。不同层次的标题在字号、字体和版式上有明显的标识。其中，条目为记述的基本形式，用黑体字加【 】表示。该简本出版一卷后未连续出版。

《泰安年鉴（袖珍本）》创刊于 2013 年。由泰安市政府主办、泰安市地方史志办公室编辑出版，小 32 开，每卷印数 2000 册。该简本采用分类编辑法，框架结构的主体由栏目、分目、条目三个层次组成，有的栏目增设子目层次。以条目为基本记载单元，条目标题以黑体字加【 】标示。条目中分段落的以楷体标题引领，同一段落内分层次的以“①②③……”引领。办公地址设在市地方史志办公室内。至 2016 年，编纂出版 4 卷。

《广州年鉴（简本）》创刊于 2014 年。由广州市人民政府地方志办公室主办，广州年鉴社编纂出版，陈建华主编，小 32 开，每卷印数 2000 册，免费赠阅。收录的内容从《广州年鉴》正本中摘录整理，分类编辑而成。简本和正本一样，采用分类编辑法，主体内容采用条目化的表现形式。该年鉴编辑部地址设在广州市人民政府地方志办公室年鉴工作处（广州年鉴社）内。至 2016 年，已编纂出版 3 卷。

《北京年鉴（简本）》创刊于 2015 年。由北京市地方志编纂委员会办公室主办，北京年鉴社编辑出版，内部出版，免费赠阅。异形 32 开，每卷印数 1000 册。该年鉴采用类目、分目、条目三个结构层次。不同层次的标题在字号、字体和版式上有明显的标识。其中条目为记述的基本形式，用黑体字加【 】表示。该年鉴办公地址设在北京年鉴社内。至 2016 年，已编纂出版 2 卷。

《珠江三角洲城市群年鉴（简本）》创刊于 2015 年。由珠江三角洲城市群年鉴编纂委员会编，陈建华主编，内部出版，免费赠阅。小 32 开，每卷印刷 2000 册。采用篇目、分目、条目三个结构层次，条目是全书内容记述的主体，标题统一用黑体加【 】表示，个别包含多方面资料的条目在段落间加插楷体标题提示。该年鉴由广州市人民政府地方志办公室负责组织编纂，编辑部地址设在广州市人民政府地方志办公室年鉴工作处（广州年鉴社）内。2016 年，该简本改为《珠江三角洲城市群手册》。

《成都年鉴（简本）》创刊于 2015 年。由成都市地方志编纂委员会办公室主办，成都年鉴社编辑出版，小 32 开，免费赠送。该简本内容从《成都年鉴》（2015）正本中摘取整理、分类编纂而成。框架结构精缩为类目、分目、条目 3 个层次，并附有若干统计表格。编辑部地址设在成都年鉴社内。至 2016 年，已编纂出版 2 卷。

《光明年鉴（简本）》创刊于 2015 年。由深圳市光明新区年鉴编纂委员会主办，光明新区综合办公室编纂，深圳报业集团出版社出版，免费赠阅，小 32 开，每卷印刷 500 册。该简本采用类目、分目、条目三个结构层次。不同层次的标题在字号、字体和版式上有明显的标识。其中条目为记述的基本形式，用黑体字加【 】表示。编辑部地址设在深圳市光明新区综合办公室内。至 2016 年底，2016 卷正在编纂中。

《贵州统计年鉴（简本）》创刊于 2015 年，由贵州省统计局、国家统计局贵州调查总队编辑出版，小 32 开本，215 页，非公开出版，于 2016 年 3 月出版。该简本主要收录 2015 年贵州省国民经济和社会发展统计资料。至 2016 年，已编纂出版 2 卷。

《湛江年鉴（简本）》创刊于 2016 年。由湛江市年鉴编纂委员会主办，湛江年鉴编辑部编辑出版，小 32 开本，非公开出版，免费赠阅。该简本在正本基础上精选编辑而成，采用类目、分目、条目 3 个层次，并附有若干资料表格。编辑部地址设在湛江市地方志办公室内。

《宝鸡年鉴（简本）》创刊于 2016 年。由宝鸡市人民政府主办，宝鸡市地方志办公室承编，32 开本。该简本收录的内容从正本中摘取整理加工，分类综合编纂，共设 33 个类目，241 个分目，1052 个条目，12 页特辑照片，并附有统计表格，框架结构按照类目、分目、条目 3 个层次统领。编辑部地址设在宝鸡市地方志办公室内。

《佛山年鉴（简本）》创刊于 2016 年。由佛山市委、市人民政府主办，佛山年鉴编委会、佛山年鉴社编辑，广东人民出版社出版，于 2016 年 11 月出版，32 开本。该简本收录的内容从正本中摘取整理，分类编纂而成，采取分类编辑法，主要内容以条目形式表现，框架结构分为类目、分目、条目 3 个层次。编辑部地址设在佛山年鉴社内。

二、年鉴简本的体例体裁和内容

在体例体裁上，年鉴简本主要采用条目体，兼有文章体、编年体、文摘体等体裁。

年鉴简本的主要内容是从年鉴正本中进行精选，经调整压缩后编辑而成，涉及年度政治、经济、文化、社会情况的方方面面。

《中国历史学年鉴（简本）》2000 卷主要内容包括：特稿、世纪之交的回顾与展望——20 世纪中国的世界史研究、20 世纪上海史研究、近年来海外中国近代史研究译介、他山之石——谈近 20 年来国外史学著作的翻译出版、史学研究、史学理论、夏商史、西周春秋战国史、秦汉史、魏晋南北朝史、隋唐史、宋史、辽西夏金史、元史、明史、清史、晚清政治史、近代经济史、近代思想史、近代社会文化史、近代中外关系史、民国史等。

《上海经济年鉴（袖珍本）》2001 卷设置特载、综合、对外开放、国内经济合作、开发开放浦东、信息产业、金融业、商业服务业、对外经济贸易、汽车工业、成套设备制造业、房地产业、工业、郊区经济、交通运输、旅游业、城市建设和管理、科学技术·社会科学、教育·文化·卫生·体育、财政税务、人口·就业·保障、地区经济、经济统计资料等 23 个栏目，分别记录上海经济社会建设的主要成果，以及“四个中心”和虹桥商务区、郊区新城建设的内容。

《嘉定年鉴（袖珍本）》第一卷设置概况、大事记、政治、武装民防·治安司法、农副业工业·商贸服务旅游业、建设·环保、经济管理·金融保险、科教文卫、社会生活、人物、镇情、部市属企事业单位选介等 12 个栏目，全面系统、翔实准确汇辑全区各方面的资料和信息，展示嘉定新成就、新经验、新发展。

《大连年鉴（袖珍本）》1998 卷设置特载、概貌、体制改革、对外开放、区域经济协作、工业、农业、交通·邮电、商业、旅游、口岸、对外经济贸易、金融、财政税务、城乡规划与建设、固定资产投资·建筑业、科技·教育·文化·卫生·体育、社会生活、对外开放先导区、市区县、社会经济统计资料等 21 个类目，共 19 万余字。该简本站在市场经济角度，突出经济部类，全面、系统、翔实地记录大连市经济和社会发展的基本情况。

《胜利油田年鉴（袖珍本）》2006 卷设置概况、大事记、特载、专文、工作综述、二级单位、局属经济实体和派出机构、先进集体先进个人、人物、文件选辑及索引资料数据等栏目，全面记录胜利油田建设发展情况。

《深圳年鉴（简本）》2016 卷设置大事记、市情概貌、年度聚焦、前海蛇口自贸片区、特色深圳、经济建设、政治建设、社会建设、文化建设、生态文明建设、附录 11 个栏目，共 16.5 万字，翔实记述深圳市“五个文明”建设和年度经济社会发展情况。

《广东年鉴（简本）》2015 卷设置省情概貌、广东大事记、年度关注、国民经济、社会事业、人民生活、便览资料 7 个栏目，共 15.5 万字。该卷简本适度淡化政治性，增强社会民生关注，更好地体现了年鉴的全面性、资料性和实用性。该书采用四色印刷，图文并茂。

《高要年鉴（简本）》2010 卷设大事记、高要概况、经济管理、农业、工业、交通邮电、城乡建设、商业·旅游、教育科技、文化、卫生体育、社会生活等栏目，全面、系统、翔实地记述高要市辖内政治、经济、文化、社会生活等方面的新情况、新特点、新成就和新问题。

《泰安年鉴（袖珍本）》2016 卷设置领导讲话、市级领导班子、2015 年大事记、

2015年经济和社会发展综述、2015年市级各部门（单位）主要工作和县（市、区）主要工作等栏目，共20万字。该书全面记载泰安市委、市政府领导全市人民“推进富民强市、建设幸福泰安”的伟大实践，客观反映各级、各部门、各单位在富民强市进程中取得的突出成绩。

《北京年鉴（简本）》2015卷设置市情概况、北京市大事记、中国共产党北京市委员会、北京市人民代表大会、北京市人民政府、中国人民政治协商会议北京市委员会、纪检监察、民主党派·工商联、群众团体、政法、民族·宗教、台务·侨务·港澳事务、外事、军事、京津冀协同发展、经济体制改革、综合经济管理、私营个体经济、创新示范区·开发区、工业、信息化建设与管理、农业与农村经济、商务、交通邮政、银行·证券·保险、旅游、科学技术、教育、新闻出版、文化、卫生·计生、体育、精神文明建设、社会建设、环境保护、城市规划、城市建设、人力资源和社会保障、社会生活、区情县情40个栏目，共15万字。该书重点记述北京市自然、政治、经济、文化、社会等方面情况。

《广州年鉴（简本）》2016卷设置市情概貌、经济社会发展概述、特色广州、年度入载地方志十件大事、广州大事记、经济建设、政治建设、文化建设、社会建设、生态文明建设等十大部分，共32.3万字。该书全面、系统、翔实载录广州地区经济、社会发展情况。

《珠江三角洲城市群年鉴（简本）》2015卷设置基本情况、大事记、区域协调、合作交流、城市发展、统计资料6个类目，共15万字。该书重点反映广东省和珠江三角洲九市贯彻落实国务院《珠江三角洲地区改革发展规划纲要（2008—2020年）》的工作实施情况、珠江三角洲推进区域一体化发展的情况，以及泛珠江三角洲地区年度经济社会发展情况。

《成都年鉴（简本）》2015卷设置总述、政治、城建环保、经济产业、综合经济与管理、社会、行政区域、附录8个类目，全面系统记录成都市政治、经济、社会发展情况，真实反映成都市社会主义现代化建设的历史进程。

《光明年鉴（简本）》2015卷设置大事记、总述、特色光明、党政机关、民主党派和人民团体、法治军事、规划和国土资源、城市建设和管理、生态文明建设、交通邮电、产业、金融业、经济管理与监督、科教文卫体、社会建设、办事处、区属企业、经济社会统计资料18个栏目，全面、系统、翔实记载光明新区经济社会发展情况。

《贵州统计年鉴简本》2015卷共设29个部分：综合，国民经济核算，人口，就业人员和职工工资，固定资产投资，对外经济贸易，能源，财政税收，价格，人民生活，城市概况，资源和环境，农业，工业，建筑业，运输和邮电，批发和零售业，住宿、餐饮业和旅游业，金融业，教育和科技，文化、体育和卫生，社会服务及其他，民营经济，民族自治地方，经济强县，扶贫与开发，市（州）、县（市、区、特区）资料，全国及各省（区、市）资料，历年资料。为便于读者使用统计数据，在每部分之后附有主要统计指标解释。

《湛江年鉴（简本）》2016 卷设置市情概貌、湛江大事记、年度关注、国民经济、社会事业、人民生活、县（市、区）开发区、便览资料 8 个栏目，全面、系统、准确记述湛江市自然、政治、经济、文化、社会等方面情况。

《宝鸡年鉴（简本）》2016 卷设特载、大事记、人物·荣誉榜、统计资料等 33 个类目，全面反映 2015 年全市各级加快打造关天副中心、建设最具幸福感城市，努力走在建设“三个陕西”前列的发展状况，真实记载全市各项事业的新变化、新进展、新成果、新特点和新问题。

《佛山年鉴（简本）》2016 卷设基本情况、大事记、政治、法制、经济、科教文、社会生活、社会统计资料 8 个类目，全面、系统、准确反映佛山市政治、经济和社会各项事业基本情况。

三、年鉴简本数字化、网络化情况

年鉴数字化、网络化是近年来年鉴发展的一种主要趋势，年鉴简本也不例外。已经编纂出版的年鉴简本其正本年鉴基本配有电子光盘，并在政府网站、地方志网站发布。但是，目前已经出版的简本年鉴与其正本年鉴相比，数字化、网络化水平相差较大。综合年鉴正本均已出版多年，有固定的网络化、数字化经费和管理人员，并建有独立网站，或者通过地方主管单位、主办部门网站进行数字化与网络化。而年鉴简本基本还是纸质版本，从目前已出版的简本年鉴中还未发现配有光盘版，在已出版年鉴简本的各单位网站上也尚未发现有简本的数字化内容。

四、年鉴简本发展与展望

随着中国经济社会的快速发展，年鉴事业也出现繁荣发展的可喜局面，但是年鉴简本的发展与正本年鉴相比却相对迟缓。从 1981 年出版的《中国历史学年鉴（简本）》和 1995 年出版的《上海经济年鉴（袖珍本）》，到 2016 年最新出版的《湛江年鉴（简本）》《宝鸡年鉴（简本）》和《佛山年鉴（简本）》的 30 多年时间里，只有近 20 种年鉴简本出版，而且还有部分年鉴简本（袖珍本）已经停刊。制约年鉴简本发展的主要因素有：一是对简本的认识不足。不少年鉴编纂部门仅仅满足于完成正本年鉴的出版任务，认为年鉴简本中有的内容在正本年鉴中都有，并且正本年鉴内容更全面、资料更丰富，年鉴简本可有可无。二是许多地区年鉴编纂经费不足，特别是西部地区。从目前已出版的年鉴简本看，绝大多数在东部沿海地区，除《成都年鉴（简本）》《贵州统计年鉴简本》外，其余都在首都和沿海省（市）。因此，提高对年鉴简本的认识，丰富年鉴的品种，加快年鉴走进普通百姓是年鉴工作者的当务之急。在大力推广年鉴简本出版的同时，加快年鉴简本的网络化、数字化也是年鉴编纂部门必须重视的一项工作，只有对年鉴简本有了正确的认识和重视，年鉴简本的编纂出版才能真正繁荣发展。

地方综合年鉴英文版编纂报告

——以《上海年鉴》《江苏年鉴》《广州年鉴》为例

王继杰　桑荟　阳晓儒

提要：近年来，随着我国年鉴事业的迅速发展，一些地区配合国家和地方"走出去"发展战略，编纂出版了一批英文版年鉴以及地情概览等。这些年鉴的出版，在外国友人间产生积极的影响，在国际舞台上展示了当地的风貌。本报告以《上海年鉴》《江苏年鉴》《广州年鉴》为例，简单介绍一下他们的编纂经验，以期管窥英文版年鉴之一斑。

关键词：年鉴　英文版年鉴　《上海年鉴》《江苏年鉴》《广州年鉴》

我国年鉴事业起源于19世纪中叶，当时由北华捷报馆编纂的《上海年鉴》（《Shanghai Almanac, and Commercial Guide》）即是英文版，也是目前所知中国内地的第一部年鉴。民国以后，英文版年鉴的编纂赓续不断。例如，1935年商务印书馆出版的《中国年鉴1935—1936》（《The Chinese Year Book 1935—1936》），则是完全由中国人编写的第一本英文版年鉴。

新中国建立特别是改革开放以后，随着我国经济社会的快速发展，年鉴事业取得巨大成绩。截至2015年底，我国已编纂出版32种、770多部省级综合年鉴，338种、4350多部地市级综合年鉴，2300多种、1万多部县区级综合年鉴，以及包括军事、武警年鉴在内的近3000种各级各类专业年鉴。除以上传统的中文版年鉴外，一些地区还配合国家“走出去”战略，编纂出版一批英文版年鉴以及地情概览等。例如，2002年,《上海年鉴》英文版创刊;2012年,《江苏年鉴》英文版创刊;2013年,《广州年鉴》英文版开始编纂出版。近年来,《广东年鉴》《深圳年鉴》《南京年鉴》《海南年鉴》《四川年鉴》《成都年鉴》《湖北省情概览》等也开始编纂出版英文版，在年鉴国际化的道路上迈开了坚实的步伐。以下简要介绍《上海年鉴》《江苏年鉴》《广州年鉴》的有关情况，以期管窥英文版年鉴之一斑。

一、《上海年鉴》英文版简介

《上海年鉴》英文版（Shanghai Almanac）创刊于2002年，为全国最早的省级年鉴英文版，之后逐年出版，为国家新闻出版特殊系列的期刊。该年鉴由上海市地方志办公室主管、主办，市地方志办公室负责人担任执行主编,《上海年鉴》编辑部承担具体编辑任务。编辑每年在中文版定稿后摘录相关资料，实录年度上海政治、经济、文化和社会等方面内容，篇目较中文版更为简明，符合对外要求和特点。中文初稿篇幅在5万字左右，由翻译公司译为英文后请外籍专家审稿，在编辑年度当年定稿交付出版。印数500册，2014版起改为全彩印刷，图文并茂。

《上海年鉴》英文版宗旨是让世界更便捷地了解上海城市发展情况。赠阅对象为70余家驻沪领事馆、18个上海市国际文化交流基地、上海市外商投资企业协会等单位。2013年起,《上海年鉴》英文版通过上海图书馆“上海之窗”项目赠阅国外公共图书馆和大学等，在英文报纸《上海日报》(Shanghai Daily）刊登出版信息，方便有需求的单位、个人到编辑部领取。2010年上海世博会期间起，在上海通网站发布。

《上海年鉴》英文版篇目和内容不断优化和完善。2002版设置27个类目：大事记、专文、上海概貌、党政机构、区县、城市管理、开放开发、外事、外商投资企业、私营企业、工业、农业、商贸、金融、房地产、城市建设重大工程、交通运输、自然科学和社会科学、教育、文化艺术和传媒、旅游、卫生医疗、体育、社会生活、侨港澳台事务、人物、来沪外国人注意的规定。2015版设置21个类目：地理人口、历史、年度大事、经济社会发展、中国（上海）自由贸易试验区、经济、金融、环境保护、城市建设与管理、交通运输、旅游、经济管理、科技教育、卫生体育、文化艺术、传媒出版、公共秩序、社会生活、宗教、友好往来、附录。2014版起，体例从文章式改为标题式，方便阅读。内容中增加表格、图照和上海历史人文资料、社会文化资料，如主要会展情况（表）、上海传统经典符号——老字号、市民阅读情况分析等。2016 版增设“历史大事年表”“政党与政府”“外国人在上海”等内容。

《上海年鉴》英文版的编纂实践表明，年鉴作为传播信息和知识的一种载体，有其独有的存在价值。一是具有权威性。英文版的资料主要来源于政府各职能部门或主流渠道，资料的准确性与权威性毋庸置疑。二是具有系统性。上海目前没有其他英文出版物能向外国人全面、系统、连续地介绍上海、展示上海。虽可从“中国上海”网站（www.shanghai.gov.cn）英文版、《上海日报》（Shanghai Daily）英文报纸等媒体获取相关信息，但内容有限、碎片化，缺少统计数据。三是具有资料性。英文版在向当代人传播信息、数据和知识的同时，也为后人留存了资料。

《上海年鉴》英文版在历年上海市期刊编校质量检查中均获优秀等级，2012 年版为唯一的零差错外文期刊。

二、《江苏年鉴》英文版简介

2012 年起，江苏年鉴杂志社逐年编纂出版《江苏年鉴》英文版，迄今已出版 5 卷。《江苏年鉴》英文版在《江苏年鉴》中文版 180 万字的基础上，主要选取经济、文化、社会和生态建设等方面 20 万字左右的综合性内容，逐年改编、翻译而成。这是全国各省中第一部专门面向海外全面、系统和深度介绍省级行政区域经济社会发展的年度资料性文献，旨在为海外人士认识江苏、了解江苏提供基本信息，为对外宣传江苏、推荐江苏提供基本资料，为国外研究江苏、研究汉学提供基本素材。《江苏年鉴》英文版作为综合性政府出版物，阅读群定位为国外政府机构及使领馆、江苏海外友城、国外高校和学术社团、工商界人士和海外侨胞。

《江苏年鉴》英文版借鉴海外及港澳台年鉴篇目，结合江苏实际，创新设计，全书分为江苏概况、江苏大事记、年度回顾、附录和索引 5 个部分，其中年度回顾为年鉴内容主体。《江苏年鉴》2015 卷英文版年度回顾设地方组织机构、法治、境外交流、收入与消费、公共财政、经济、制造业、服务业、农业、对外经贸、基础设施、生态环境、城乡发展、科学技术、教育、文化艺术、大众传媒、医疗卫生、体育、人力资源、社会保障、社会组织与服务、公共安全等 23 个类目。2016 卷英文版年度回顾内容基本和 2015 卷英文版保持一致，只是改公共财政为公共管理。为深度解读年度发展状况，在部分类目之后，特设延伸阅读资料单元，如《江苏年鉴》2015 卷英文版即设有25个延伸阅读资料单元，2016卷英文版设有11个延伸阅读资料单元。为方便读者检索资料，在各类目之后，附有相关单位网址。

江苏年鉴杂志社努力提高《江苏年鉴》英文版编写质量和翻译质量。精心选择内容，重新整合内容，对中文版精华内容进行重新提炼组合，编写约20万字的中文文本。首次编纂英文版时，还约请有关单位专家专门撰写了一些内容。英文版编译采取项目化运作方式，省地方志办公室与编译团队签订合同，明确时间和质量要求。编译团队由南京师范大学外国语学院教师和省外办外事翻译中心英文翻译人员等组成。为使翻译更符合海外读者的阅读习惯，编译团队还邀请外籍教师进行审稿。在省委宣传部的关心下，《江苏年鉴》英文版被评为江苏省社会科学基金重点项目。

《江苏年鉴》英文版重视图片的选用，插图形式由最初的集中插图发展到图片专题和篇首页插图并重。如2015卷英文版共设“国家公祭12·13”、南京青奥会、运河记忆3个图片专题，共有图片71张；篇首页图片共29张。图片多由摄影记者或省摄影家协会会员拍摄，像素高，构图佳，充分展现江苏发展的各个精彩瞬间。

《江苏年鉴》英文版在装帧设计上也别具一格。开本参照港澳台年鉴，718mm×1000mm的开本设计更加方便读者阅读。《江苏年鉴》英文版采用四色印刷，装帧设计紧跟时代潮流，由著名设计师操刀，庄重典雅，充分体现江苏特色。为提升图书品味，更好地服务外事工作，《江苏年鉴》英文版在平装本之外，还印了少量的皮面精装本。《江苏年鉴（2014）》英文版获第29届华东地区科技出版社优秀科技图书一等奖。

《江苏年鉴》英文版在出版方式上，除推出传统的纸质图书外，还同步推出以平板电脑等为载体的新媒体应用程序（App应用、Android应用），并通过App苹果商城进行网络销售，全方位地向世界展示江苏新貌。纸质图书为基本出版形式，精装本设计上创新性使用皮面精装，全彩四色印制，图文并茂，书后附有索引。设计基于智能移动平台的App应用程序，内嵌音频和视频，加强现场感和情境感，实现图书内容在立体化、多媒体的数字出版方式下的全新演绎。考虑到该书面向海外读者，方便海外读者购买，通过在移动运营商城（App STORE）的有偿下载，打造长销模式。

《江苏年鉴》英文版在宣传推广上努力创造社会效益。纸质书和电子书目前采取免费赠阅形式，主要赠送给海外各大高校、图书馆，驻华使领馆、江苏海外友城等，并免费提供给省外宣、外事、商务、教育、文化等部门，作为江苏对外宣传资料。App应用程序载于苹果商城，主要针对海外市场销售，提供有偿下载服务。

三、《广州年鉴》英文版简介

为建设国家中心城市和文化强市，以及加强广州在国外的影响力，让世界更好地了解和研究广州，广州年鉴社于2013年与广州英文早报编辑部合作，编纂出版《广州年鉴》英文版。该刊选取《广州年鉴》中文版中最能反映广州地区经济社会发展状况的重点和亮点内容，以及国外读者最想了解的资料精选精编而成。该年鉴全面、系统、翔实地载录广州地区经济社会发展情况，旨在为海外人士了解广州提供基本信息，为对外宣传广州、推介广州提供基本资料，为国外研究广州、研究汉学提供基本素材。

《广州年鉴（2013）》英文版是广州年鉴社编纂出版的首部英文版年鉴，于2014年4月以《广州年鉴》增刊的形式出版，国内外公开发行。该年鉴由广州市人民政府主管、广州市人民政府地方志办公室主办、广州年鉴社编纂出版的综合性、公报性年刊，是全国省会城市和广东省第一部面向海外全面、系统和深度介绍广州地区经济社会发展的年度资料性文献。全书共60万字，设有22个篇目，分别是：广州概貌，财政·税收，工业，商贸流通和服务业，金融业，农业，交通运输和邮政业，信息业，城市建设，环境保护，建筑和房地产业，旅游业，对外经济贸易，国家级开发区，民营经济，科学技术，社会科学，教育，文化，传媒，卫生·体育，社会民生。该书编纂严谨，分类科学，内容翔实，特色鲜明，体现了时代特色、广州特色和年度特点，客观反映了广州科学发展、先行先试和创新发展的年度变化。

2014年，广州年鉴社对首部英文版的内容进行研究，并根据经济社会变化的新形势，对英文版收录的内容进行调整、修改。广州市领导还提出，英文版内容要和中文版内容保持一致。要将150多万字的《广州年鉴》中文版全部翻译成英文出版，不但会影响出版时效，而且花费巨大。为此，广州年鉴社采取从《广州年鉴》中文版中选取最能反映广州地区经济社会发展情况的重点和亮点内容，从政治建设、经济建设、文化建设、社会建设、生态文明建设五个方面重新编排，出版《广州年鉴》简本。然后，根据简本内容翻译成英文版出版。这样，既符合市领导要求中文版和英文版一致的要求，又符合党的十八大提出的“五位一体”总布局的要求。2014卷英文版的内容包括市情概貌、经济社会发展概述、大事记、经济建设、政治建设、文化建设、社会建设和生态文明建设八大部分，并收录国民经济和社会发展主要统计指标等部分统计表格。2015卷在2014卷的基础上又增加年度要事篇目，由2014年的八大部分增加到九大部分，2016 卷又增加了特色广州和年度入载地方志十件大事两个部分，内容更加丰富。同时，为提高英文版的出版质量，在 2013 卷双色印刷的基础上，2014 年又在全书之首增加彩页图片专辑，2015 卷改为全彩印刷，印制更加精美。

为进一步提高英文版的编纂出版质量，2015 年，广州年鉴社选调一位英语专业毕业的研究生专门负责年鉴英文版的编辑审校工作，并选择专业的翻译公司进行英文翻译工作。同时，聘请广东外语外贸大学的外籍教授对翻译文稿进行审校，确保翻译文稿质量。在印制方面，将全书由双色印刷改为全彩色印刷，进一步提高年鉴英文版的印制水平。2016 卷《广州年鉴》继续采用先编辑简本，再根据简本翻译成英文出版的模式，主要内容包括市情概貌、经济社会发展概述、特色广州、年度入载地方志十件大事、大事记、经济建设、政治建设、文化建设、社会建设和生态文明建设十个部分,印数由上年的 2000 册增加到 4000 册,赠阅范围由以国外公共图书馆和高校图书馆、领事馆、广州友好城市为主扩大到国内外公共图书馆和高校图书馆、领事馆、广州友好城市。出版时间也由第二年的 6 月份提前到第二年 4 月份。

为确保年鉴英文版的出版时效，发挥其最大社会效益和使用价值，广州年鉴社在中文版定稿送印刷厂印制的同时，便着手简本的编辑工作，简本定稿后及时将简本样稿送翻译公司进行翻译。同时，与翻译公司签订合同时，约定翻译时限，确保年鉴英文版能在中文版出版后的次年上半年出版发行,2016 卷更是提前到次年的 4 月份出版，年鉴的时效性进一步增强。

年鉴数字化与网络化发展报告

赵海涛　宋建敏

提要：本报告介绍年鉴数字化、网络化的发展历程和发展阶段，分析年鉴从网络版到数据库、集团化、社区化、知识服务的不同发展阶段的特点；重点说明 2015 年和 2016 年年鉴数字化、网络化的基本情况及取得的主要成绩，分析年鉴数字化、网络化建设中存在的主要问题，指明年鉴数字化、网络化建设的方向，提出知识服务、移动阅读等建设重点，以及标准规范等建设依据。

关键词：年鉴　数字化　网络化　知识服务　知识产品

一、年鉴数字化、网络化发展历程

年鉴在中国只有 100 多年的历史，但从 20 世纪 80 年代以来发展迅猛。截至 2015 年底，我国已编纂出版 32 种 770 多部省级综合年鉴，338 种 4350 多部地市级综合年鉴，2300 多种 1 万多部县区级综合年鉴，以及包括军事、武警年鉴在内的近 3000 种各级各类专业年鉴。一些地区还编纂出版乡镇（街道）、村年鉴，配合国家和地方发展战略编纂出版区域性年鉴。现代信息技术的飞速发展，尤其是网络技术和软件技术的突飞猛进，给我们的工作、学习和生活带来深刻的变化，使出版业正在经历一场从纸质到光电介质载体的变革。

（一）年鉴数字化、网络化的兴起

年鉴数字化、网络化是指运用计算机技术将年鉴的文字、图片、表格等诸多信息转换成数据存储，通过互联网与读者实现信息共享与交流的过程。简言之，就是将年鉴的出版形式由传统的纸质印刷品变为新型的数字网络版，即网络年鉴。它是计算机技术、多媒体技术、网络技术相结合的产物。

2000 年前，开始有极少数年鉴尝试与纸质书同步出版年鉴光盘版，具有代表性的是《中国统计年鉴》。最开始的年鉴光盘版基本是纸质本年鉴的数字化翻版，多以 PDF 形式存储和利用。至 2001 年前后，中国年鉴的数字化、网络化逐渐取得一定的突破，出现年鉴全文检索数据库（光盘版）的形式，具有代表性的是《中国出版年鉴（1980—2000）光盘版数据库》，正式出现以回溯数据库形式体现年鉴资料跨年卷的全文检索和快捷应用。此外，年鉴行业类网站建设方案、年鉴相关信息技术研讨及建设方案陆续出台，表明经过几年的酝酿，中国年鉴数字化、网络化的发展终于从宏观设想向务实操作迈出了重要的一步。

（二）年鉴数字化、网络化的发展阶段

1. 以网络版为主的年鉴数字化、网络化发展。年鉴数字化、网络化自开始之初，一些年鉴乘“政府上网工程”的东风已经向网络化前进，如《广州年鉴》将网络版本制作得有声有色，方便实用；《青岛年鉴》在网上公开所有年鉴资料，信息翔实丰富；《武汉年鉴》早期的网络版实现文字与图表的结合、音效与图像的结合、动态与静态的结合，为读者查阅资料提供了方便。

年鉴数字化、网络化早期，大多是以网络版和光盘的形式呈现在观众的视野中，其中随书光盘在市场上也很常见。这样不仅可以给读者提供纸质的年鉴，方便读者随时记录阅读笔记，还呈现给读者动态感的内容，这种动静结合的呈现形式，进而吸引很多读者，同时加速年鉴数字化、网络化的进程。比如《中国农业年鉴》的随书光盘系统收录中国农业年鉴的发展情况，并且随书光盘的可复制性，更给读者带来使用便利。这类年鉴虽然功能比较简单，但从根本上改变了纸质年鉴的单一的传播状态，具有重要意义。但是，大部分年鉴还没有比较长远地考虑网络化的问题，年鉴网络化整体上还处于较低水平。

2. 以数据库为主的年鉴数字化、网络化发展。随着年鉴数字化、网络化的

进一步发展，网络版和光盘形式的年鉴已经不能很好地满足用户对年鉴的需求，应运而生的是年鉴数据库。比较典型的是《中国统计年鉴数据库》，它系统收录了中央部门和各省、自治区、直辖市有关经济、社会各方面的统计数据，并以时间、地区、指标等维度进行横向统计分析，充分利用数据内容的特点，挖掘其潜在价值。

此外，北京中新金桥公司在 2006 年前后先后为近百家年鉴开发年鉴全文检索回溯数据库（光盘版），取得很好的市场影响和用户反馈，极大地促进了年鉴资料的广泛应用。其中，包括《中华人民共和国年鉴》《天津年鉴》《浙江年鉴》《安徽年鉴》《贵州年鉴》《广西年鉴》等以及《中国经济年鉴》《中国民族年鉴》《中国农业年鉴》《中国出版年鉴》《中国机械工业年鉴》《中国电子工业年鉴》等一批专业年鉴自创刊以来的全文回溯数据库。

2015 年，北京中新金桥公司为《苏州年鉴》开发的 30 年全文检索数据库（光盘版），通过强大的检索功能以及视觉表现形式，让用户可以随时通过光盘数据库了解《苏州年鉴》近 30 年的发展轨迹，以丰富、动态的内容吸引更多读者，充分发挥年鉴价值，通过强大的检索功能，还原其权威史料库的本质。

3. 以集团化为基础的年鉴资源整合阶段。单种年鉴的数据库应用有一定的局限性，年鉴数字化、网络化的发展逐渐进入以集团化为基础的资源整合阶段。北京大学信息管理系教授李国新在《网络信息资源、现代信息技术与年鉴的可持续发展》一文中提到："中国年鉴发展的方向，必须走集团化、数字化、网络化的道路。应以中国年鉴网为基础，建设中国年鉴的门户网站，逐步实现从个体向集团化的过渡。"其中，中新金桥年鉴数据库、方正阿帕比年鉴数据库、CNKI 年鉴总库都收集整合了大量的年鉴资源。

4. 以年鉴社区为主的年鉴资源整合阶段。随着时代的发展，年鉴的内容价值越来越大，但是由于宣传手段的单一，阻碍了年鉴信息化的建设。有鉴于此，面向社会公众的网上数字年鉴馆、开创年鉴经营创新的网上快速通道和平台、具有极大社会影响力的专业化的网上年鉴社区开始逐步形成。

中新金桥有限公司主持开发和管理网上年鉴社区，为《中国民族年鉴》和《中国汽车市场年鉴》建立依托于年鉴社区的独立网站系统。同时，也与众多年鉴机构合作，协助完成诸多年鉴电子版的开发，并陆续投入市场，获得了良好的效益。这些年鉴包括《中国司法行政年鉴》（1995—2004 回溯电子版）、《中国工会年鉴》（1995—2004 回溯电子版）等。

5. 开启年鉴知识服务产品与运营落地阶段。2015 年是数字出版产业的知识服务元年，各年鉴也开始积极探索网络年鉴的创新形态。未来年鉴数字化、网络化将进入知识服务产品与运营的落地阶段。

（三）年鉴数字化、网络化的发展特点

数字化、网络化年鉴自诞生以来，就有着无可替代的优势。一是信息采集范围扩大，传送时间缩短。它可以突破地域、行业等时空限制。二是年鉴编纂速度加快。由于采用计算机编稿、审稿、校对，“以机代笔”，年鉴编辑方式简化，速度加快，差错减少，质量提高。三是年鉴信息的表现形式多样化，除文件、图片、表格等静态形式外，还可增加录音、录像等多媒体动态形式。四是年鉴的传输方式更加便捷、迅速。由于采取国际互联网传送，年鉴出版后，能迅速传送到千家万户，每位读者都可以上网点击或利用手机浏览年鉴最新版本和历史版本，既方便查阅，又降低成本。

通过回顾年鉴数字化、网络化发展的历程可知，年鉴数字化、网络化是今后发展的必然趋势，政府以及相关部门应给予重视和政策的大力扶持，使年鉴事业发展得越来越好。

二、2015 年年鉴数字化、网络化基本情况及取得的主要成绩

（一）2015 年年鉴数字化、网络化的基本情况

年鉴数字化、网络化的发展日益迅速，全国各地都在寻找契机创建属于自己的年鉴网络平台。笔者通过调查研究发现，2015 年各地区年鉴数字化、网络化的展现形式大多数是采用互联网的阅读方式，运用网页链接、视频、音频等互联网表现手段，借助微信平台，最终以移动端的形式将丰富多彩的内容展现给读者，从而吸引更多读者，加速年鉴数字化、网络化的发展。

2015 年，深圳市制作网络版《深圳年鉴》，其格式采用互联网阅读方式，运用网页链接、视频、音频、动画、漫画等多种互联网表现手段，扩大年鉴资料的广度和深度。

《成都网络年鉴》运用云计算、大数据、多媒体等新技术，以软硬件平台和数字化建设为基础，建成高效共享、升级互动的网络年鉴编纂技术服务平台，同时在年鉴编纂内容选择和安排、编辑加工和手法等方面进行创新，实现网络年鉴内容生产、管

理过程、产品形态数字化、传播渠道网络化的时代要求，实现年鉴年度发布，真正做到“存史、育人、资政”，为社会公众服务，如图 1、2 所示。

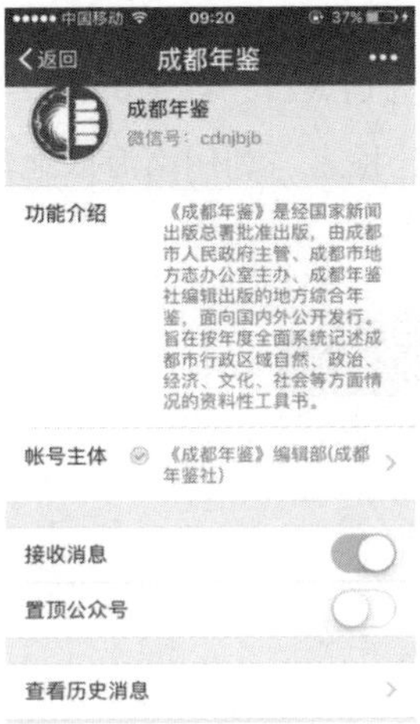

图 1

图 2

《苏州年鉴》探索网络年鉴的体例、框架和编纂方法，总结出可复制、可推广的运作模式。该平台以 30 多年《苏州年鉴》内容资源为基础，着重体现苏州城市的特色，给读者以更宽阔的视野。

《四川交通年鉴》作为地方专业年鉴，初步采用网页浏览器终端形式展现，同时辅以移动终端（手机微信、平板电脑等），利用新媒体技术衍生手段，扩大年鉴传播范围，多角度挖掘年鉴价值，提升年鉴应用效能。如图 3。

图 3

《北京教育年鉴》提出建设“北京教育年鉴在线资源平台”的信息化项目，力图以更丰富、鲜活的形式呈现北京教育的发展轨迹，以更便捷的方式为读者服务，真正提高年鉴的利用率，扩大年鉴的受众群。

佛山市《南海网络年鉴》以微信公众平台为切入口，以手机客户终端为平台发布官方权威地情信息，不仅可以方便用户的阅读、检索、利用南海区地情资料，又可成为对外展示南海、了解南海的又一窗口。如图 4。

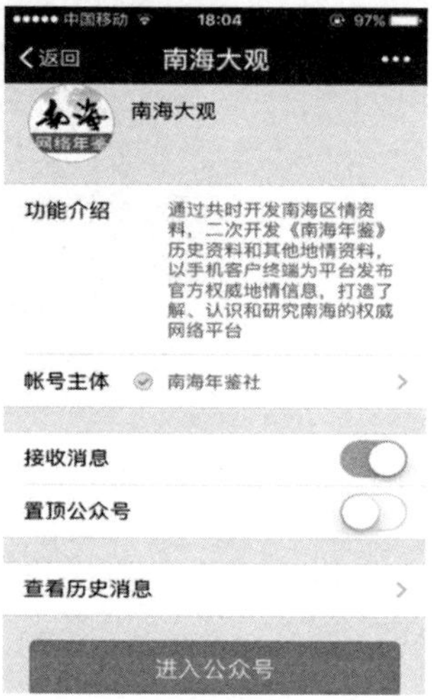

图 4

除上述单位采取措施实现年鉴的数字化、网络化之外，《中国交通年鉴》利用互联网技术、云计算等新技术，以软硬件平台和数字化建设为基础，建成高效共享、升级互动的视频网络年鉴信息平台，以移动端的形式呈现在公众视野中。《广州年鉴（2015）》多媒体光盘于 2015 年 11 月 27 日正式出版发行。跨行业的专业信息类资料年刊《长江年鉴（2015 年）》及其配套电子光盘版向国内外公开出版发行，并且会根据舆论关注焦点适时推出相关专栏加以反映。

（二）2015 年年鉴数字化、网络化取得的主要成绩

2015 年，全国各地积极创建年鉴数字化、网络化平台，在年鉴数字化、网络化的发展道路上取得不错的成绩，以移动终端和互联网阅读的形式呈现出年鉴的数字化、网络化格局。

移动阅读成为年鉴数字化、网络化的新亮点。《成都年鉴》《南海网络年鉴》数字

化、网络化采取“微信公众号 + 微网站（手机版网站）”的建设方式，以手机客户终端为平台发布官方权威地情信息。

多功能网络版年鉴的探索与尝试。2015 年，一些年鉴进行多功能网络版的探索与实践，通过网络版，不仅实现文字与图表的结合、音效与图像的结合、动态与静态的结合，还实现组合检索、目录检索、条目检索、作者检索等功能，为读者快速查阅和携带提供了方便。《武汉年鉴》在武汉市情网、《杭州年鉴》在杭州政府门户网站及杭州地情网发布网络版年鉴，为读者增加了专题模块并公开全部年鉴资料，方便公众查阅。

纵观 2015 年年鉴数字化、网络化的基本情况和取得成绩可知，年鉴数字化、网络化的发展是年鉴的一大发展趋势，并且 2015 年年鉴主要的展现形式是借助移动端，利用微信平台和互联网的宣传阅读，将更多精彩内容呈献给读者。同时，笔者发现，年鉴数字化、网络化的呈现形式如果可以借用知识服务体系这一框架，可以更好地去完善现有的年鉴资料所呈现的内容，形成一个大规模的知识网络框架，帮助读者更精准地发现和应用年鉴资源。

三、2016 年年鉴数字化、网络化基本情况及取得的主要成绩

（一）2016 年年鉴数字化、网络化的基本情况

2016 年，年鉴数字化、网络化进入到深入思考和模式创新阶段。

以《苏州年鉴》为例，编辑部实施了《苏州年鉴》可视化网络年鉴系统建设项目，该项目是在“互联网 +”的大背景下，在《苏州年鉴》已有数字资源的基础上，建立面向应用的知识体系支撑的多终端、可视化网络年鉴系统。《苏州年鉴》可视化网络年鉴深度挖年鉴资源的现实价值，全面服务于政府工作、城市发展决策及相关研究工作。

《苏州年鉴》可视化网络年鉴系统从人物、机构、时间、地域、事件、会议、活动以及统计数据等方面将年鉴内容进行多维度、可视化、立体化知识模型构建与展示，挖掘年鉴特有价值与连续性特点。如图 5。

《苏州年鉴》可视化网络年鉴按年、月、日方式构建时间知识元，将时间与事件相互关联，以时间轴为主线，展示苏州历年发生的大事，可以历览苏州多年的整体情

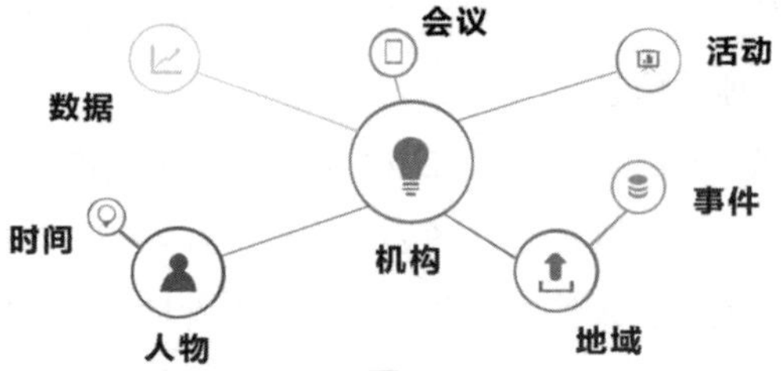

图 5

况以及重大事件。《苏州年鉴》可视化网络年鉴将苏州按照市、县等层级构建地区知识元，将各地区的发展情况、经济指标等进行知识关联，可以按地图分区域展示区域发展状况。《苏州年鉴》可视化网络年鉴将统计指标进行梳理构建统计指标知识元，针对不同统计维度建立统计模型，并生成可视化图形展示。如图 5。

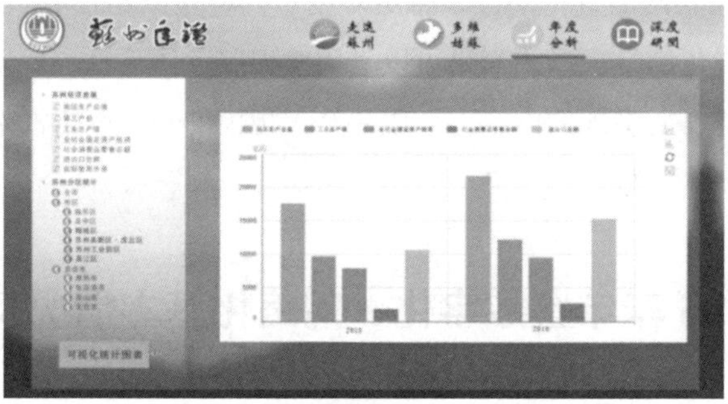

图 6

《四川交通年鉴》明确了网络年鉴的总体建设目标："一库三平台"，即构建一个基础数据库、三个平台（后台采编、传播展示、开发利用），并开展了大量的调研工作，进行系统化论证。《深圳年鉴》网络版采用微信小程序的新方式，目前已经进入内部测试阶段。成都网络年鉴自 2016 年建设以来，进一步优化网站结构、布局和服务功能等。《北京教育年鉴》在线资源平台主要包括年鉴数据库、在线编纂系统等主要功能，在线编纂系统基本完成组稿阶段工作，进入变价阶段工作。南海网络年鉴"南海大观"2016 年运营工作主要致力于"区情纵览"版块的建设和信息发布，并完成 2000—2015 年共 16 本年鉴的资料上传。

（二）2016 年年鉴数字化、网络化取得的主要成绩

2016 年，全国各地年鉴在网络化年鉴运营与新模式探索方面取得了很大进步。

网络年鉴运营新经验。《成都年鉴》《南海年鉴》等都在 2015 年网络年鉴的基础上，

进入了服务优化与运营阶段，虽然运营过程中遇到各种问题，也切实增加了对网络年鉴的深刻认识以及对网络年鉴运营的实践经验。

知识服务成为年鉴数字化、网络化的新的探索点。《苏州年鉴》在年鉴的展现形态与组织方式进行了深入挖掘，并以知识体系的方式进行应用，探索了网络年鉴的新模式。

年鉴在线编纂系统取得实质性进展。以《北京教育年鉴》为例，在年鉴在线编纂系统的流程、工作环节以及用户体验上进行了翔实的设计与实施。

四、年鉴数字化、网络化建设中存在的问题

（一）缺乏创新的产品理念和灵活的商业模式

现有的年鉴数字化、网络化基本以光盘、电子年鉴或传统数据库模式为主，这些产品形态不能体现年鉴事实知识元的特点，不能充分挖掘年鉴本身的价值，市场认可度还比较低，商业模式单一，缺乏议价能力。当前，缺乏创新的产品理念和灵活的商业模式是年鉴数字化、网络化建设中存在的主要问题之一。

（二）没有统一的技术标准规范，无法实现在线编纂和资源共享

随着技术的发展和网络的普及，年鉴在网上协同编纂的技术条件已经完全具备，但是整个年鉴领域尚缺乏统一的、规范的技术标准和指导，还无法实现真正的在线编纂。这些技术标准包括资源的采集、标识、描述、存储、检索、交换、共享、管理和使用等方面，同时涉及对印刷版年鉴的资源整合、数据挖掘等方面。这就需要将这些技术标准统一归类，更好地为年鉴数字化、网络化服务，更好地为用户服务，创造出价值更大的产品。

（三）没有专业的年鉴数字化、网络化组织协调机构

因为年鉴数字化、网络化需要以年鉴界的联合与合作为基础，而组织、协调机构就是年鉴界联合与合作的基础。这个机构要规划年鉴数字化、网络化的发展方向、技术路线、资源建设、权益义务，需要协调相关的知识产权问题，需要建立起科学合理的决策机制和灵活有效的协调机制。在这个平台上发布和沟通全国年鉴界数字化、网

络化的信息，链接各种年鉴的站点，可以使网民方便、快捷地找到其关注的年鉴信息。这样，由若干年鉴数字化、网络化信息和站点组成的平台就形成年鉴网络信息系统的雏形，也为年鉴信息网络化的规模效益和深度应用奠定了基础。

（四）缺乏专业的年鉴数字化人才

年鉴要实现全面数字化、网络化，迫切需要熟悉网络操作的专业人才。近来，年鉴界专家已在呼吁，应举整个年鉴界之力，联合有志于年鉴学研究的专家学者，逐步构建起年鉴学学科体系，其中就包括年鉴数字化、网络化发展过程中专业人才培养的问题。

（五）年鉴数字化、网络化的版权问题

版权问题是影响年鉴数字化、网络化的重要因素，很多年鉴的网络版、电子版制作完成也不敢快速面市，就是因为担心盗版问题。因此，有关部门必须采取必要的版权保护措施，保护年鉴数字化、网络化发展的正常运行，提高大家对年鉴数字化、网络化的服务热情，保证年鉴数字化、网络化的健康发展。

五、年鉴数字化、网络化建设预测

（一）知识服务是年鉴数字化、网络化建设的方向

年鉴是以事实知识元为主的工具书，连续出版的年鉴对内容趋势的研究具有极其重要的价值。传统的纸质年鉴、电子书或数据库类的年鉴，不能很好地体现知识体系以及知识元之间的相互关系，还不能充分展示年鉴的价值。

知识服务是未来年鉴数字化、网络化建设的方向，需要针对年鉴事实知识元的内容特点，建立事实知识体系，并以可视化方式进行动态呈现。知识服务将为年鉴数字化、网络化带来根本性变化，将彻底改变年鉴数字化、网络化的产品形态和商业模式，最大程度发挥年鉴应有的价值。

（二）知识产品是年鉴数字化、网络化建设的落地方式

知识产品是有知识体系支撑的并具有专用功能的学习、阅读或工具类产品，其内

容组织方式、用户使用模式以及功能特点与传统纸质年鉴或简单的电子版年鉴有着根本区别。建立年鉴的知识产品是年鉴数字化、网络化建设的落地方式。

（三）移动阅读和可视化展示是年鉴数字化、网络化建设的重点

当前，我国国民数字阅读的主要方式是移动阅读。针对年鉴产品的特点，移动阅读和可视化展示是年鉴数字化、网络化的建设重点。移动阅读和可视化展示能够很好地提升年鉴数字产品的用户体验、加强用户参与感，形成多元化、差异化的产品形态。2015 年已经有一些年鉴开始进行移动端年鉴产品设计，虽然比较简单，但已经迈出坚实的一步。

（四）统一的标准规范是年鉴数字化、网络化建设的基础依据

年鉴数字化、网络化建设一直缺乏统一的标准规范，这也是年鉴数字化发展不均衡的一个重要原因。未来应由权威的年鉴组织机构牵头制定年鉴数字化、网络化的标准规范，尤其是年鉴数据加工标准、年鉴知识服务标准等。统一的标准规范是年鉴数字化、网络化建设的基础依据。

综上所述，年鉴的数字化、网络化必须从中国互联网发展的实际情况出发，尽快着手、循序渐进，并且进行规模化整合，才能适应潮流走出一条成功的道路。

V

年鉴成果选介

编者按：2014年11月18日，中指组发出通知，印发《全国地方志系统第三届年鉴质量评比活动实施方案》，启动全国地方志系统第三届年鉴质量评比活动。实施方案明确，参评年鉴范围为2010—2014年公开出版的省、市、县三级地方综合年鉴与专业年鉴（军事年鉴、武警年鉴不要求公开出版），各年鉴编纂单位选取其中一部参评。随后，根据国家有关开展评比达标表彰活动的要求，评比活动改名为全国地方志优秀成果（年鉴类）评审工作。截至2016年6月底，经各地各部门推荐、专家小组审读、全国地方志优秀成果（年鉴类）终审委员会及其办公室审核，全国地方志优秀成果（年鉴类）评审工作圆满完成。2016年7月11日，中指组印发《关于对全国地方志优秀成果（年鉴类）的通报表扬》，明确在省级综合年鉴、地市级综合年鉴、县区级综合年鉴、专业年鉴、军事年鉴、武警年鉴6个系列中确定特等年鉴35部、一等93部、二等125部、三等153部，对总计406部年鉴进行通报表扬。7月15日，第一次全国年鉴工作会议在山西太原举行，对获奖年鉴编纂单位进行通报表扬。这里从35家特等年鉴编纂单位中，选取21家，介绍其年鉴编纂情况，内容不限于获奖的某卷年鉴。

《江苏年鉴》简介

江苏年鉴杂志社

《江苏年鉴》是由江苏省人民政府办公厅主管、江苏省地方志办公室主办的综合性、公报性省情年刊，是全面记述江苏省自然、政治、经济、文化、社会等方面现状的年度资料性文献。其前身为创刊于 1986 年的《江苏经济年鉴》，1991 年更名为《江苏年鉴》。截至 2016 年底，共出版 31 卷。

《江苏年鉴》有独立刊号，面向海内外发行，由江苏年鉴杂志社编辑出版。江苏年鉴杂志社原先由江苏省社会科学院管理，1998 年 2 月划归江苏省地方志办公室。《江苏年鉴》编纂质量一直处于全国前列，先后获首届中国地方志年鉴奖特等奖、全国地方志系统第二届年鉴奖一等奖、全国地方志优秀成果（年鉴类）特等。近年，《江苏年鉴》紧扣政府出版物的自身定位，秉持为社会各界和海内外人士了解江苏提供基本信息、为宣传江苏提供基本资料、为研究江苏提供基本素材的编纂理念，勇于创新，在编纂方式、编纂内容等方面，均进行积极探索，并取得显著成绩。

一、科学设计篇目，着力提高年鉴的科学性

近年来，《江苏年鉴》框架设计将分类的科学性、年度的变化性、区域的特殊性、结构的合理性、编排的规范性有机结合，依据本行政区域经济社会发展特点，参照有关分类标准，按所记述的年度资料属性进行科学系统编排，栏目数量保持在 30 个左右。江苏是全国经济大省，为全面反映全省经济状况，设立“经济结构”栏目，反映全省产业结构、所有制结构、消费结构等宏观经济情况。此外，还在国内年鉴中率先设置“法

治”“境外交流”“公共管理”“大众传媒”“公共安全”等创新栏目，集中反映江苏在法治建设、境外交流、服务型政府建设、大众传媒、公共安全维护等方面的成绩。《江苏年鉴（2016）》共设图片专题、特载、重要文献、大事纪要、省情概览、政治、法治、公共管理、经济结构、制造业、服务业、农业、开放型经济、境外交流、基础设施、城乡发展、区域发展、生态环境、科学技术、教育、文化艺术、大众传媒、医疗卫生、体育、人力资源、收入与消费、社会保障、公共安全、军事、市县建设、附录、索引等32个类目。

《江苏年鉴》框架涵盖政治建设、经济建设、文化建设、社会建设、生态文明建设等内容，系统反映全省年度发展变化。《江苏年鉴》框架在经过几年的调试后，已保持相对稳定，2016卷类目和2015卷类目基本保持一致，分目依据经济社会发展变化情况，有一些调整，体现了稳定性与创新性的有机统一。《江苏年鉴》作为省级综合年鉴，重点记述省级层面情况，逐步降低《市县建设》栏目篇幅，2016卷《市县建设》栏目篇幅约占全书的1/6。

二、采编权威资料，着力提高年鉴的实用性

《江苏年鉴》作为政府出版物，受到省委、省政府的重视，江苏要闻图片由省委、省政府主要领导审定，省长每年为《江苏年鉴》作序，组稿大纲经省政府审定后印发。组稿单位稿件也都由部门领导审稿后签发，从源头上保持了资料的真实性和准确性。

《江苏年鉴》重视权威性资料的收集和选用，每年在各单位供稿基础上，大量采集各单位的公报、年报、报告、白皮书、蓝皮书、情况通报等权威性资料，并将其中有价值的内容编入年鉴，以增强内容的权威性和资料可信度。许多内容都是第一次向社会公开，资料价值较高。如《江苏年鉴》2015卷特载栏目中的“大运河（江苏段）申遗”即采用国家文物局《中国大运河申报世界文化遗产文本》和江苏省文物局《中国大运河（江苏段）遗产保护规划（2011—2030）》中的许多内容。自《江苏年鉴》2014卷起，在栏目最后注明引用的权威性资料名称，《江苏年鉴》2015卷共著录引用参考文献50份，2016卷共著录引用参考文献44份。

三、深入记述，着力提高年鉴文献价值

年鉴内容来源于机关各单位供稿，以往习惯于按部门供稿集中归类。为提高年鉴记述的科学性，《江苏年鉴》打破部门藩篱，根据篇目设计，科学合理拆分部门稿件，真正做到事以类聚。社会发展日新月异，新生事物层出不穷，《江苏年鉴》紧跟社会发展潮流，不断扩展记述内容，如不断丰富新媒体内容，使年鉴在记述广度上有新拓展。

《江苏年鉴》注重综合性内容记述，强调资料的延续性和稳定性，大力充实综述、概况等内容，努力保证资料的全面性、真实性、准确性，力求全面客观地反映全省经济社会发展现状。为系统、全面反映相关领域的发展情况，江苏年鉴杂志社采编和补充了部分内容。《江苏年鉴》注重一次文献资料的收集和选用，重视基础数据的采集和资料信息的完善，大量引用分析报告、调研报告等资料，着力提高年鉴记述深度，以便为领导决策咨询服务、为学术研究服务。《江苏年鉴》重视图表资料的选用，2015 卷收录图片 646 幅，表格（名录）235 张（份）；2016 卷收录图片 523 幅，表格（名录）280 张（份）。

囿于年鉴体例，一些内容无法展开，《江苏年鉴》为此在相关条目下新设“延伸阅读”，以扩展条目内容的信息量。《江苏年鉴》2015 卷设置“延伸阅读”80 条，2016 卷设置“延伸阅读”68 条。“延伸阅读”的内容涵盖法规文件解读、典型案例介绍、典型经验介绍等各方面内容，既是对条目内容的有机补充，也极大地增强了年鉴的可读性。

四、图文并茂，着力反映江苏特色

《江苏年鉴》装帧设计保持一贯的延续性和稳定性，庄重典雅，自成特色，颇受社会好评。面对“读图时代”，《江苏年鉴》加大图片分量，充分用图片来反映江苏亮点和江苏特色。江苏年鉴社和新华社江苏分社、新华日报社、江苏省摄影家协会等单位建立合作关系，选用一些质量上乘的图片，制作图片专题，记录年度影像，反映社会变迁。

《江苏年鉴》2015 卷图片专题栏目设“江苏要闻”“2014 年终 · 盘点”“国家公祭南京 12·13”“第二届夏季青年奥林匹克运动会”“运河记忆”“鱼米之乡 美好江苏”6 个专题，共选用图片 293 幅。2016 卷图片专题栏目设“江苏要闻”“新常态 新发展

新业绩”“辉煌‘十二五’读图看变化”“江苏省纪念抗日战争胜利 70 周年”“印象湿地”“国家级珍稀植物图志”6 个专题，共选用彩图 262 幅。除了“图片专题”外，《江苏年鉴》随文插图数量也颇为可观，2015 卷随文插图 353 幅，2016 卷随文插图 261 幅。为增强视觉效果，《江苏年鉴》从 2015 卷起由黑白印刷改为彩色印刷，随文插图的美观度也得到了极大提高。

《江苏年鉴》将特载栏目作为反映年度印记的重要窗口。《江苏年鉴》2015 卷特载栏目重点记述和反映南京大屠杀死难者国家公祭、江苏省党的群众路线教育实践活动、南京青奥会、大运河（江苏段）申遗等年度大事。2016 卷特载栏目重点记述和反映“十二五”时期江苏发展成绩以及“十三五”发展规划。

《山东年鉴》简介

山东省地方史志办公室

一、概况

《山东年鉴》是综合性年刊，创办于 1987 年，每年出版一卷，至 2016 年已连续出版 30 卷。1987—1992 卷由出版社出版，1993 年经国家新闻出版总署批准，取得国内统一连续出版物刊号 CN37—1237/Z。从 1992 年起，《山东年鉴》由山东省人民政府主办、省地方史志编纂委员会承办，之后改由山东省人民政府办公厅主管，山东省地方史志办公室（以下简称“山东省史志办”）主办、承编。从 1995 年起，由省委书记任编委会名誉主任，省长任主任，分管副省长任第一副主任，省委、省人大、省政府副秘书长及省直有关部门负责人任副主任或委员。同时，分管副省长担任《山东年鉴》主审，省政府秘书长任副主审。

《山东年鉴》根据形势发展的需要和自身特点，不断创新内容与形式，在框架设计、组稿撰稿、条目编写、内容记述及装帧设计、印刷出版等方面日益成熟和完善。特别是近几年来，山东省史志办按照“改革创新，提速增效，服务现实”的工作理念，精心组织、积极作为、科学实施，在年鉴的组稿、编辑、校对、排版、印刷、出版等各个环节都作出科学合理的安排，提早做好充分准备、运用灵活的组稿手段、采取多种形式的编校方法、实施合理的工作流程，区分层次、梯次推进、压茬进行，加快编校节奏，缩短出版周期，连续两年实现在出版年度内上半年出版，取得良好的社会效益，成为在全国具有较大影响的年鉴品牌。1999 年和 2003 年《山东年鉴》被山东省新闻出版局评为社科类优秀期刊。2004 年 10 月，在中指组和中国地方志协会主办的首届中国地方志年鉴评比中，《山东年鉴》2003 卷获综合一等奖。2010 年在全国地方志系统第二届年鉴评比中《山东年鉴》2009 卷荣获省级综合年鉴特等奖。2015 年 12 月，山东省史志办被中指办确定为首批全国年鉴工作试点单位，是全国三个省级试点单位之一。2016 年 7 月 11 日，中指组通报表扬全国地方志优秀成果（年鉴类），《山东年鉴》被评为特等年鉴。

二、《山东年鉴（2014）》主要内容与特点

《山东年鉴（2014）》设特载、专记、大事记、全省概况、政党·政务、军事、政法、经济管理与监督、农业、工业和信息化、交通·邮政、建设·环保、财政·税务、金融、商务、旅游、科学、教育、文化、卫生·体育、社会管理与生活、人物、市县概况、附录 24 个栏目，共 120 万字。该卷年鉴有以下特点：一是较好地实现了“常编常新”的理念。2014 卷增设党和国家领导人在山东的图片专版，收录七位中共中央政治局委员以上的领导在山东视察的照片，彰显了党和国家对山东的关怀。首次采用二维码，将个别一次性文献的内容收录其中，既节省空间，又便于阅读。7 月 30 日出版，年鉴更具时效性。二是栏目设置更加合理。本卷年鉴在保持整体框架结构相对稳定的基础上，对部分栏目进行了调整，由上年的 23 个栏目调整为 24 个栏目。第十届中国艺术节 2013 年在山东举办，这是全省的一件大事。将“十艺节”内容作为一级栏目单独设置为“专记”，凸显“十艺节”在全省文化建设中的重要地位。同时对“市县概况”栏目进行调整，删减部分格式和数据，增加各市县的特色条目内容。通过补充调整，2014 卷栏目设置更加科学，内容归属合理，记述准确规范。三是重点内容和地方特色更加突出。在“特载”栏目中收录《中共山东省委关于深入学习贯彻党的十八届三中全会精神的意见》；“附录”全文收录《省会城市群经济圈发展规划》《西部经济隆起带发展规划》的内容；时政图片部分，刊载“一圈一带”（即省会城市群经济圈、西部经济隆起带）发展规划示意图，充分体现省委、省政府贯彻党的十八大和省第十次党代会精神、实现山东省经济持续健康发展和社会和谐稳定的重大举措。四是篇幅更加精练，版式不断优化。注重稿件内容提炼，严格控制篇幅，精简部分内容，同时优化版式设计，扩充单码文字容量，由原来的每码 2100 字增加到 2400 多字，全书比上卷减少 200 页，文字减少 10 万多字。前环衬刊载“十艺节”内容，刊登习

近平总书记的贺信，国务院副总理刘延东及省领导“十艺节”期间的活动等 5 幅照片。“数字山东 2013”和“山东各地 2013”变换设计形式，形象直观地展现全省的新发展、新变化。

三、《山东年鉴（2016）》主要内容与特点

《山东年鉴（2016）》充分吸收有关专家的意见建议，对栏目进行合理调整，收录了具有重要现实意义和存史价值的资料，年鉴的时代特色和年度特点更加明显。全书设“特载”“大事记”“山东概况”等 32 个栏目，共 125 万字。突出反映 2015 年度全省各级各部门深入学习和全面贯彻落实党的十八大、十八届三中、四中、五中全会精神，改革创新，真抓实干，在经济建设、政治建设、文化建设、社会建设、生态文明建设和党的建设方面的发展变化。

2016 卷年鉴有以下特点：一是收录了国务院总理李克强对地方志工作的重要批示，彰显党中央、国务院对地方志工作的高度重视。二是继续刊载党和国家领导人在山东的图片专版，体现了党和国家对山东各项事业发展的关怀。三是设置第二十二届国际历史科学大会和国际教育信息化大会专版，收录国家主席习近平致两个大会的贺信，以图片的形式反映当今影响最大的历史学国际盛会和以“信息技术与未来教育变革”为主题的首届国际教育信息化大会在山东召开的盛况。四是设置省领导活动图片专版，收录 42 名省领导 2015 年度围绕省委、省政府的中心工作调研活动照片。五是增设组织机构和负责人专栏，收录 107 个单位和 1000 多名领导名单。六是增设辉煌“十二五”专版，用条形图的方式形象直观地反映我省“十二五”期间的发展变化。七是使用 10 个二维码，收录视频和一次性文献资料，丰富了年鉴的内容，形象直观地展示有关工作；八是遵循“科学性、可行性、平衡性”的原则，对年鉴框架结构进行了调整，由去年的 27 个栏目调整为 32 个栏目。九是本卷年鉴进行了 20 项改革创新，地方特色、时代特色更加突出。十是内文插入代表栏目特色、具有重要现实意义和存史价值的随文图片 140 幅，运用表格示意图 110 个，图文并茂，信息量丰富。卷首编制有中英文目录，卷末设有综合性主题索引，增强了年鉴作为工具书的实用性。装帧设计美观大方，内文全彩印刷，实现了鉴赏性与实用性的统一。2016 卷年鉴配有祝贺《山东年鉴》创刊 30 周年的手提袋和书签，随书携带实用性强的多媒体光盘。

《温州年鉴》简介

温州市人民政府地方志办公室

《温州年鉴》是中共温州市委、温州市人民政府主办的年度资料性文献，由温州市人民政府地方志办公室（以下简称“温州市志办”）承编。《温州年鉴》在记载温州市经济、社会概貌和发展情况，汇辑一年内温州重要的时事、文献和资料，为各级党政机关和社会各界了解、研究温州提供较全面、系统的信息资料，并为温州市积累史料。自1998年创刊以来，《温州年鉴》已连续出版19部，曾获中国年鉴奖、首届中国地方志年鉴奖特等奖。

《温州年鉴（2016）》策划赵降英，主编魏仕阔，副主编毛少甫、厉靖、殷洁、叶玮。篇目按自然、政治、经济、文化、社会分类，全书共450页，有类目31个，分目310个，条目1921条，图30张，表91张，随文彩照213幅，约137万字，由方志出版社出版。主要特点如下。

一、框架内容特色鲜明

一是具有鲜明的时代特征。20世纪80年代以来，温州将改革开放政策同本地实际相结合，发展家庭工业、专业市场和个体私营经济，创造性地走出一条特色鲜明的发展路子。民营经济和专业市场是温州的两张“金字名片”。在专业市场方面，温州是中国鞋都、中国皮都、中国纽扣之都、中国制笔之都、中国汽摩配之都、中国眼镜之都、中国合成革之都及中国低压电器之都等，这些行业都在“特色工业”类目中有单独记述。如温州民营经济发展迅速，市场经济活跃，因此在“民营经济”类目中特别记述温州民营企业转型升级、民企维权、民企就业、民企慈善以及非公组织党建等条目，使读者对温州民企有更全面的了解；再如环境污染与治理情况、法治社会建设等，在书中也专门列出分目进行反映。

二是具有鲜明的地方特色。温州是全国知名侨乡，温州走出去的华侨华人、港澳同胞有68万人之多，在温州居住的归侨、侨眷也有42万多人，华侨华人更是遍布世界112个国家和地区，“侨”元素是《温州年鉴》最突出的特点，所以特设“侨务”“侨联”“温州人在世界各地”等类目，用以反映温州的“侨”情。诸如“温州人在全国各地”“历史文化”“自然地理”等，都带有强烈的温州地方特色。

三是具有鲜明的年度特点。年鉴就是要综合反映地方年度的发展变化，体现年度特色。《温州年鉴（2016）》中有专门的分目反映年度大事，如“温州市‘十二五’规划纲要（摘要）”“‘十二五’回眸”等分目，都是对年度情况的直接反映，可以发挥年鉴服务现实的功能。

四是具有鲜明的记述重点。从全书结构上看，经济类占的26.2%，是全书最重要部分。温州拥有众多专业市场，个体私营经济活跃，是一座商业气息浓厚的城市。反映在年鉴中，经济部类自然会成为全书的重点。从分目重点上看，含有10个以上条目的分目达12个，其中“特色工业”类目下有多达20个分目。这就在突出特色的同时，也把握住记述重点，使得《温州年鉴》能更加全面、深入地反映温州的市情概况。

二、编纂工作创新独特

一是设立“菱华奖”。为不断提高编纂质量，增强年鉴可读性，更加真实记录历史，从2000年起，年鉴编辑部联合市文联和市摄影家协会设立“菱华奖”比赛活动，每年进行一次评比。该奖项包含文字奖和摄影奖，分别设置作品奖项层次，由市委、市政府两办联合发文表彰，充分调动社会力量投稿的积极性，有效提高年鉴文字和图片质量。截至目前，该赛事已坚持举办18届。

二是手段信息化。在年鉴编纂过程中，边实践边摸索，开发并启用“温州年鉴编纂信息系统”，形成全国独特的符合温州年鉴编纂流程的信息平台，实现年鉴编纂无纸化、编纂平台网络化。该系统包含组织管理子系统、供稿子系统、总纂子系统和编务子系统4部分，实现稿件自动分发、简便取用稿件、优化框架动态、协同对稿快捷并及时准确统计编纂进度。年鉴编纂信息系统的投用，减少了流程环节，降低了运行成本，节约了人力资源，提高了编纂效率。

三是成果数字化。为适应新时代人们的阅读习惯，扩大读鉴用鉴载体与范围，年鉴编辑部同步制作电子光盘，将历年出版的《温州年鉴》制作成可搜寻、查阅的光盘合集；与清华大学中国学术期刊（光盘版）电子杂志社合作，将《温州年鉴》18 册共计 2700 万字输入中国知识资源总库；将《温州年鉴》载入温州市人民政府门户网站，并与温州史志网链接，市民可进入该网站进行查询阅读，更加便捷、快速、全面地了解温州，认识温州，支持温州。

四是注重借外力。从 2014 年起，温州市志办与温州大学人文学院开展合作，依托温州大学人文学院资源优势，把年鉴编辑部设为温州大学人文学院的实习基地，吸引在校研究生参与年鉴编纂工作，发挥高校学生的知识文字优长，逐步建立起一支老、中、青相结合的年鉴编纂专业队伍。

三、制度保障规范有力

一是坚持编纂组稿。每年年初，温州市委办公室、市政府办公室联合下发文件，对年鉴的总体设计、撰稿要求和组稿工作提出规范性意见。之后，市里还专题组织组稿动员会，市领导参加会议并作动员，全市近 300 家单位撰稿人参加，分解落实年鉴编纂责任。

二是加强制度建设。温州市志办制定出台《温州年鉴编辑部制度规定》，实施主编负责制、编辑工作责任制、每月工作例会制和终审验收办法，进一步明确责任分工，规范工作流程，加强年鉴编辑部制度化、规范化建设。

三是规范稿件流程。温州市志办建立“六审五校”制度，“六审”即单位领导一审、责任编辑二审、副主编三审、主编四审、专家五审、出版社终审。“五校”即责任编辑校对、专业人员校对、各部类交叉校对、主编通校、出版社终校。建立年鉴供稿单位撰稿人责任制、领导审签制度，严把供稿史实质量关。

四是实施终审验收。温州市志办根据《地方综合年鉴编纂出版规定（试行）》，从 2014 年起，建立并实施年鉴终审验收制度，邀请省、市年鉴专家和外事、军事、宗教、保密等相关行业的人员，对即将出版的年鉴清样开展审稿评议，进行审查验收，确保年鉴编纂出版质量。

《扬州年鉴》简介

扬州市地方志办公室

一、概况

《扬州年鉴》是中共扬州市委、扬州市人民政府主持编纂，扬州市地方志办公室承担具体编纂工作的地方综合性年鉴。创刊于1991年，时任中共中央总书记江泽民亲自题写书名。此后，每年连续编纂出版，2008年开始全彩印刷。至2016年，已出版26卷。《扬州年鉴》2015卷分特载、概貌等39个类目，设229个栏目、43个分目，收录2040个条目和资料，正文近110万字，资料丰富，图文并茂，全面、系统、翔实地记录了2014年扬州市发生的大事、要事、新事和经济社会发展取得的成就。2016卷共约110万字，分39个类目，设239个栏目、47个分目，收录了1974个条目和资料，基本反映了2015年扬州经济建设和社会发展的全貌。

26年来，《扬州年鉴》已成为宣传扬州经济社会发展成就、提供扬州市各行业年度信息、增进扬州与国内外交流的权威平台，较好地发挥了“存史、育人、资政”功能。《扬州年鉴》的编纂质量、印刷装帧水平也不断提高，先后获首届中国地方志年鉴奖评奖特等奖、全国地方志系统第二届年鉴评奖特等奖。

二、主要特色

在多年编纂过程中，《扬州年鉴》努力做到规范与创新相结合，不断彰显特色。

在规范方面，一是规范框架结构。一级类目的设置坚持以《国民经济行业分类标准》为指导，同时结合现代社会分工的实际，从宏观上努力做到门类齐全、归属得当。二级栏目的设置在强调归属得当的同时，突出城市特色和年度特色，从宏观与中观的结合上全面反映城市经济社会发展实际和管理者的决策方向。二是规范编辑校对。制定《年鉴编校规范》，统一编校口径；提高校对质量，开展编辑自校、互校捉错、专题校对等活动，校对次数达到10次以上；加强审稿力度，实行编辑部主任、志办领导、市委市政府领导、出版社四审制。三是规范细节。做到精细编校，精致编校，规范编校后期所有环节，保证年鉴质量的全过程控制。

在创新方面，注重与时俱进。一级类目的设置重点是保持稳定并符合规范，在此基础上体现年度重点。《扬州年鉴》抓住年鉴的“年度”属性，力求每年突出“年度主旋律”。在卷首彩页中用大篇幅描述年度事件、突出年度重点，用“数字扬州”栏目的对比突出当年经济社会发展所取得的新成就。此外，《扬州年鉴》还根据市委、市政府年度工作重心调整内容。如“工业”部分，近年来对地方经济增长贡献比例逐渐减小的纺织服装产业、食品工业等行业，相继缩减记述的篇幅；增加“信息化与软件服务业”“新兴产业”以及为民办实事等内容。同时，不断突出地域特色。着力从扬州独特的文化传统与产业结构方面挖掘地域特色，反映城市个性。如设置“历史文化名城保护”类目，充分反映扬州作为国务院首批公布的历史文化名城的特色以及扬州市近年来大力建设文化博览城、开展古城保护与利用所取得的成绩；设置“旅游业”类目，契合扬州市作为首批中国优秀旅游城市的身份，亦为浓墨重彩地记述扬州市近年来大力发展旅游经济提供了可能；设置“建筑业”类目，以扬州建筑业的发展实际立目，以记述近年来扬州市建筑业各项经济指标以及多个“中国建筑之乡”、中国建设工程鲁班奖的情况。

二级栏目力求全面反映城市的经济社会发展实际和管理者的决策方向，使得体现城市特点、重大事件、重要举措和热点问题的内容能从上千个一般条目中凸显出来，在突出的位置、用较多的篇幅得到重点记述，成为突出城市特色的重要载体。如在“概貌”中设立“风景名胜”栏目，集中展示扬州市丰富的旅游资源和景点精华，既服务旅游城市建设，又方便读者需要；为突出扬州的餐饮沐浴文化特色，在“商贸服务业”类目中将“扬州三把刀”作为记述餐饮等服务行业内容的栏目名；在“工业”类目中设立的二级栏目，不拘泥于通常意义上的工业门类，而是按照扬州市重点产业结构布局，分成“石油化工产业”“汽车及零部件产业”“船舶及配套件产业”“机械装备产业”

"新兴产业""电力工业"等栏目，既不违背行业分类标准，又能全面反映扬州市的重点支柱产业、传统特色产业和新兴产业发展情况，准确把握市委、市政府在产业结构调整中作出的重大决策、采取的重要措施以及取得的显著成效。

此外，借鉴"互见"手法强化特色反映。2015 年,《扬州年鉴》在框架设计上大胆采用"互见法"，借以突出反映城市特色和年度特色。通过系列彩色图片组合形象直观地展现主题，形成图片与正文的"互见"。在公益彩页方面，确定"城市荣誉""数字扬州""年度视点""名城风采"四个版块，特别是"年度视点"版块，按照扬州市党的群众路线教育实践活动、"烟花三月"国际经贸旅游节、世界运河名城博览会、国际性会议、重大项目、重点工程、重要交流合作、文化扬州的顺序安排多幅精美图片，通过跨版的形式展现给读者，具有视觉冲击力。随文图片的选择和使用，打破以往每个类目均衡安排图片的思维定式，在"风景名胜""开发园区""城乡建设与管理""历史文化名城保护""旅游业"等特色类目、栏目安排大量与文字内容密切相关的彩色随文图片，图片的数量明显多于其他类目。这些彩色组图与正文中相关内容的记述相映成趣、相得益彰，既给读者留下深刻的第一印象，又生动直观地佐证正文要突出的特色内容。

在"特载""大事纪要""人物""附录"等中补充强化主题，形成不同文献形式之间的"互见"。如 2015 年扬州市委、市政府将关注民生、提高人民群众的社会保障水平作为要事来抓,《扬州年鉴》除在"人力资源""人民生活""社会保障""社会事务管理"等 4 个类目中以栏目、条目形式进行重点记述外，还在"特载"、"大事纪要"中以报告、大事记等形式有所涉及，更在"文件选编""重要文件目录""题录"中收录相关文件、文章、规定、实施细则等，从不同的角度和层面来突出和强化这一主题。同样,"历史文化名城保护""旅游业"这些特色主题也分别在多个栏目、条目有所反映，不同的文献形式互相补充但决不重复，强化特色且各有侧重。

2016 卷《扬州年鉴》对卷首图片专栏进行了调整，集中展示全市年度大事、要事、新事，让读者一翻开年鉴就能大致了解扬州市委、市政府全年工作重点和亮点。在特载中增加"人民幸福 扬州万福"的城庆献词和《扬州市国民经济和社会发展第十三个五年规划纲要》；在专记中增加了"十二五"回眸、城庆 2500 周年、"三严三实"及重大项目建设的内容，在相关类目中设多个专项条目，立体式、全方位、图文并茂地反映扬州市经济社会发展取得的巨大成就。

对条目的选取,《扬州年鉴》提出三个新思路：一是加大细节性、微观事物的记述力度，二是及时反映时代发展、社会进步的过程中出现的新事物、新现象，三是增加实体化条目的数量。

在组稿方式上，《扬州年鉴》同步创新。一是加强组撰稿队伍建设。二是加强与行业协会等松散型管理组织的联系，征集没有主管部门或者主管部门提供的资料不够详尽的行业年度资料。三是加强与摄影家、摄影爱好者、摄影记者的联系，广泛收集反映政治、经济、城建、人民生活等各个方面生动、形象、高质量的图片资料。四是注意收集各类媒体信息，作为资料补充或征集稿件的线索。五是根据需要有针对性地约请专家撰稿或自撰稿件。

《深圳年鉴》简介

深圳市史志办公室

《深圳年鉴》是中共深圳市委主管、深圳市史志办公室主办的大型综合性年刊，于1985年创刊，每年一卷，连续出版。《深圳年鉴》全面、系统、翔实地载录深圳市经济社会发展情况，为社会各界了解和研究深圳提供基本资料。主编为市史志办公室主任黄玲，副主编为年鉴处处长刘耀、调研员莫金鸣。现有专职编辑7人，全部为大学以上学历，有高级职称1人，中级职称2人。编辑人员不仅学历高，而且从事编辑时间较长，具有丰富的理论知识和实际编纂经验，是一支思想好、作风正、业务强，能适应年鉴事业发展和办刊需要的队伍。

《深圳年鉴》原名《深圳经济特区年鉴》，1997年4月更名为《深圳年鉴》，至2016年共出版32卷。1993年4月，经国家新闻出版署批复同意，《深圳经济特区年鉴》作为期刊出版（刊号：CN44—1359/Z），并办理国际标准连续出版物号ISSN1005—1996。自2000卷起将开本由正16开改为大16开本，并首次制作电子光盘。2007年6月，《深圳年鉴》编辑部由市委政策研究室并入深圳市史志办公室。2009年，《深圳年鉴（2009）》将篇目、类目、分目、条目四级结构改为类目、分目、条目三级结构，使内容分类更为科学合理，并延续至今。《深圳年鉴（2016）》共147.6万字，彩图专辑66版、图片543幅，图表119个，设置相关链接26个。全书设41个类目377个分目2200多个条目。与2015卷相比，2016卷在框架设计及内容、形式上均有所创新。在保持基础框架相对稳定的前提下，将“政党政权”类目改为“党政机关”类目，将“传统媒体与新媒体”类目改为“传播媒体”类目，内容归类更符合科学分类要求。将“前海合作区”类目调整为“前海蛇口自贸片区”类目，以突出记载前海蛇口自贸片区发展情况。增加“无人机产业、节能环保产业、电子商务业、自媒体”等新兴产业和行业内容，坚持既记录成绩也不回避问题的编纂原则，收录记载在全国引发广泛关注的光明“12·20”特大滑坡事故内容。《深圳年鉴》的主要做法和经验如下。

一、坚持创新，突出特色，打造精品

为了使《深圳年鉴》框架设置更加科学、合理，深圳市史志办公室借助“外脑”，先后邀请国内年鉴界知名专家和兄弟省、市年鉴同行及深圳市各部门专家学者对《深圳年鉴》编纂工作提出改进意见和建议，根据专家意见和建议，将信息资料进行科学整合，进一步优化框架结构，使地域特色更加突出、年度亮点更加鲜明。2011 卷新增加“支柱产业和新兴产业发展”类目，除继续反映原有四大支柱产业高新技术产业、金融产业、物流产业和文化产业外，重点反映互联网产业、新能源产业和生物产业 3 个新兴产业。2015 卷结合中央提出的“大众创新、万众创业”的理念，增加“创新创业”“创客之城”分目，在工业类目中新增“机器人产业”，在商业服务业类目中新增快递业、家政服务业和美容业。2016 卷新增无人机产业、节能环保产业、电子商务业、自媒体等内容，部分内容为全国年鉴首次记载。

二、建立每周例会制度，以讲带训

深圳市史志办公室在编纂《深圳年鉴》过程中，不断摸索工作经验，逐步形成一套行之有效的运作方式。其中，每周例会制度在提高年鉴编纂质量和队伍培训方面起到显著作用。年鉴工作处每周二上午召开例会，先由全处成员分别汇报各自一周的编纂工作情况，分享工作中的心得体会，交流稿件编纂过程中遇到的一些有共性的和容易被忽略的问题，并进行集体讨论，最后由处长及分管副主任对重点稿件进行讲评，提出下一步工作目标和要求。整个会议过程注重互动性和参与性，起到交流工作、统一标准、以老带新、以讲代训的作用。

三、建立培训机制，保证来稿质量

磨刀不误砍柴工。深圳市史志办公室一直十分重视作者队伍的培训工作，通过“请进来”“走出去”等多种方式加强对作者的培训工作。一是集中全面培训。即每年都结合组稿工作举办全市年鉴作者培训活动，先后邀请中指办年鉴处、广东省地方志办公室年鉴工作处、广东年鉴社、广州市地方志办公室年鉴工作处、广西年鉴社和西安市地方志办公室年鉴处等年鉴界的专家作培训辅导，参加培训的作者达数百人次。二是重点培训。即不定期、有针对性地组织重点单位、重点作者开展互动式培训，既提出要求，也认真听取意见和建议。三是个性化培训。即组织年鉴处编辑人员深入 10 个区（新区）和部分市直单位，结合各单位实际对作者进行培训。四是利用年鉴 QQ 工作群进行网上培训。深圳市史志办公室不断扩大年鉴 QQ 群的功能，将 QQ 群打造成为集组稿、交流和培训为一体的工作平台。通过多种方式的培训，作者的撰稿能力和水平有了较大的提高，从过去近 50% 的年终总结式的来稿，转变到现在 80% 以上稿件都基本符合年鉴的体例规范，从而有效保证了来稿质量。

四、充分利用网络资源，拾遗补阙

自 2009 卷开始，深圳市史志办公室充分利用网络资源，拾遗补阙。一是通过网络进行信息资料的补充和扩展，以弥补来稿信息资料不足的问题。二是由于经济发展高度市场化带来的部分行业没有主管部门，无法按常规组稿渠道进行组稿，深圳市史志办公室通过网络完成信息资料的收集和整理。为保证信息资料的准确性和可靠性，深圳市史志办公室坚持从各部门、各单位和各行业官方网站上获取信息资料。目前，每年从相关官网收集资料占全书文字的近 1/3，图片 50 余幅，起到了补充资料的重要作用。

《深圳年鉴》先后获得各类奖项二十多个，其中国家级奖项十余个。2010 年，《深圳年鉴（2009）》获得第二届全国地方志系统年鉴评比特等奖，并获第一届广东省年鉴编纂质量评比特等奖。2016 年 7 月，《深圳年鉴（2014）》获全国地方志优秀成果（年鉴类）特等表扬。

《成都年鉴》简介

成都年鉴社

《成都年鉴》于1987年创刊，由成都市人民政府主管，挂靠成都市政府办公厅。出版的第一本是《成都经济年鉴（1987年卷）》，1988年9月更名为《成都年鉴》。1991年，国家新闻出版总署批复同意《成都年鉴》作为期刊出版，刊号为CN51—1384 / Z，国内外公开发行。1992年，成都市机构编制委员会明确，成都年鉴编辑部（社）为县级事业单位，挂靠市政府办公厅，配备事业编制15名，所需经费自收自支。2008年3月，为贯彻落实国务院《地方志工作条例》，成都年鉴编辑部（社）由市政府办公厅管理划转为由市地方志办公室管理。划转后，成都年鉴编辑部（社）的事业单位性质不变，经费渠道由自收自支调整为财政核定收支、全额预算管理。

《成都年鉴》坚持每年出版一卷，特别是自前几年改版以来，在框架设计、内文结构、编写质量和包装方面都有很大提高。2016卷《成都年鉴》是成都市连续出版的第30卷地方综合年鉴。成都年鉴社为更能反映好成都地方特色和发展变化情况、优化年鉴编排结构，对年鉴的框架进行了局部调整，要求年鉴作者与时俱进地为年鉴提供符合要求的文稿，做到"常编常新"；注意组稿方式的改进和实用信息的收集，扩大信息的覆盖面，增强年鉴的实用性，使年鉴更加贴近时代的需要和读者的要求。全书设总述、政治、城建环保、经济产业、综合经济与管理、社会、行政区域、附录8个篇目，26个类目，356个分目、2398个条目、7篇文章、268个图表、282幅随文照片，共178万字；分类分栏目刊载了"影像成都""部门风采""区县新貌"反映社会主义建设成就的彩色图片场面。全书全面系统地记载了 2015 年度成都自然、政治、经济、文化、社会等方面的基本情况，发展变化及大事要闻，并具有以下特点。

一是 2016 年卷《成都年鉴》在书前设置含有篇目、类目的“总目”，使年鉴主体框架一目了然，其后设置细到条目标题的“目录”，方便读者按顺序查阅资料。书后设置“索引”，索引深度达到 1.95，方便读者查阅感兴趣的资料。书中设置“书眉检索”，即按照双页标明当前页的类目标题、单页标明当前页的分目标题的实用检索方法，书籍切口设计按篇目采用不同色块区分，方便读者快速查阅资料。在内文中设置“参见系统”，对一个部门单位在年鉴中多处反映的不同资料进行链接，方便读者查阅相关资料。

二是 2016 卷《成都年鉴》在 2015 年创新的基础上，对内文标题用词以及有关篇目、类目、分目的框架结构作了进一步调整，使年鉴框架覆盖更加全面、分类结构更加科学严谨和规范合理、各部分领属更加得当、层次更加清晰和有序编排。

（1）在“成都综述”中将分目“城市转型升级”调整为“‘改革创新、转型升级’战略实施”，突出成都市的中心工作；另外新增分目“生态文明建设”，突出了成都市发展变化的特色。

（2）在“文献·法规·文件”中增加“成都市国民经济和社会发展第十三五年规划纲要”，使年鉴资料性更强。

（3）在内文上作了局部调整，例如把“轨道交通建设”中的成都地铁规划和建设内容，分别放于“城市建设”和“交通运输和邮政业”中，使分类更加合理。

三是 2016 卷《成都年鉴》在编排形式上博采众长，将图文、表格及图片专集融为一体；重新设计封面并采用烫金，构图新颖、特色鲜明、庄重大方，使年鉴更加“养眼”；印刷精美，装订牢固结实，易于保存和翻阅。同时利用新兴媒体推出网络版年鉴及电子书以方便读者能够从网上查阅及下载。在出版质量上，编辑部严格坚持交稿单位领导审查和编辑出版的三审四校制度。从部门组稿到编辑、校对均具有完善的工作流程，从而保证政治质量和编校质量。

四是编辑出版《成都年鉴（简本）》和《成都年鉴（简本英文版）》。成都年鉴社参与“书香成都 悦行地铁”流动书包活动，在成都地铁上免费向乘客赠阅 300 本 2016 卷《成都年鉴（简本）》；继续开通成都网络年鉴网站及成都年鉴微信公众号，并利用现代网络技术制作《成都年鉴》网络版和电子版，更方便读者上网阅读及下载。

《杭州年鉴》简介

杭州市人民政府地方志办公室

《杭州年鉴》是中共杭州市委、杭州市人民政府主办，杭州市人民政府地方志办公室负责编纂的地方综合年鉴。创刊于1987年，至2016年末，已连续出版30卷，总字数超过3500万字。它全面、准确、系统地记载杭州改革开放、科学发展的光辉历程，已成为各级党政机关、研究机构以及社会各界人士了解杭州、研究杭州的重要工具书，发挥着记录历史、资政育人、服务社会、推动发展的重要作用。

30年来，《杭州年鉴》凭借丰富的资料信息、过硬的编校质量、精美的装帧设计、独特的杭州韵味，连续两届获得全国地方志系统年鉴评比综合特等奖。

一、始终坚持围绕中心、服务大局

杭州年鉴编纂工作是全市一项公共文化服务基础性工程，市委、市政府主要领导一直高度重视、关心和支持年鉴事业。2006年国务院《地方志工作条例》颁布后，杭州于当年9月出台《杭州市实施〈地方志工作条例〉办法》，其中第三条提出“一纳入、五到位”（地方志工作纳入国民经济和社会发展规划及年度目标考核内容，切实做到领导到位、组织到位、经费到位、队伍到位、条件到位）的修志编鉴要求，各级各部门都将年鉴编纂工作作为年度常规性工作，从人员落实、经费保障、设施配套等方面予以充分保障。为全面贯彻落实《地方志工作条例》和《全国地方志事业发展规划纲要（2015—2020年）》精神，经市委、市政府研究决定，地方志工作纳入杭州市“十三五”

规划纲要。

《杭州年鉴》始终以围绕中心、服务大局作为重要使命，力求全面、客观地记载市委、市政府中心工作和年度大事要情。2001 年开始，“园林·文物”类目（后名“西湖风景名胜”）连续多年记载西湖景区综合整治工程实施情况和市委、市政府在西湖“申遗”过程中的决策措施，全程记录西湖从杭州走向世界的光辉历程。2012—2015 卷“卷首彩页”“特辑”等类目中记载西湖“申遗”成功、见义勇为“最美司机”吴斌事迹、中国大运河“申遗”成功、富阳撤市设区等年度影响力大事。此外，为更好地发挥年鉴在地情咨询、政策宣传、科学研究、为民服务等方面的作用，在出版纸质版和电子光盘的同时，将年鉴全文加载到中国杭州门户网站和杭州地情网。

二、始终坚持创新发展、彰显特色

创新是年鉴事业科学发展的不竭动力，是实现“常编常新”的根本保证。彰显杭州特色、时代精神，不忘初心，保持本色，是《杭州年鉴》秉承的一贯理念。相对稳定的框架是一部年鉴成熟与否的标志，《杭州年鉴》全书大致保持 40 个类目、250 多个分目的总体规模，涵盖经济、政治、文化、社会和生态文明建设各个方面，力求做到要项不缺、覆盖全面、体现特色。如“西湖风景名胜”“民营经济”“会展业”“信息经济”等类目较好地反映杭州既是一座历史文化名城、风景旅游城市，同时也是民营经济强市、中国会展之都以及信息经济、电子商务等新经济形态蓬勃发展的改革开放前沿城市和一座创新活力之城。在保持全书总体结构基本稳定的基础上，年鉴要始终紧跟时代步伐、与时俱进，及时调整类目、分目，反映经济社会日新月异的发展变化。《杭州年鉴》2012 卷新增“信息业”类目，体现工业化、信息化“两化融合”在杭州的生动实践。此外，《杭州年鉴》大胆“越境而书”，拓展资料的广度和深度，如“统计资料”增加全国副省级城市和“长三角”地区重要城市的对比资料，内文条目设置相关知识的链接资料，方便读者阅读利用。

装帧设计方面，《杭州年鉴》突出杭州“绿水青山就是金山银山”的发展理念，追求“精致和谐、大气开放”的城市精神和年鉴风格的内在统一。多年来，封面保持碧水蓝天白云的主基调，采用富有杭州元素的跨版照片，如西湖全景、中国大运河杭州段景点、西溪湿地、钱江新城等，始终把“水”的元素融入其中，突出杭州“五水共导”的城市特色，隐喻杭州城市发展格局从西湖时代迈向钱塘江时代的崭新跨越。

三、始终坚持质量第一、打造精品

质量是年鉴的生命，是年鉴品牌影响力的基石。《杭州年鉴》从发动、组稿、编辑、排版、校对、印刷每个重要环节，都有一套相应的制度做保障。在组稿发动阶段，杭州年鉴编辑部在前期调研、集体讨论、广泛征求部门意见的基础上，制定年鉴框架结构和组稿方案，以市政府办公厅的名义印发组稿方案。在编辑联络环节，各责任编辑践行“开门办鉴”的理念，通过电话联络、登门拜访、召开类目作者座谈会等形式，落实组稿方案确定的责任分工和写作要求，就年鉴规范化要求、稿件选题、文字图表表现形式等重要事项与作者反复沟通，主动约稿，做一名“主动的编辑”，提高内容选题的针对性和科学性。

年鉴的质量既需要严格的制度做保障，也需要全面的规范做支撑。《杭州年鉴》字词、语法、标点符号、数字用法、量和单位、版面格式等各种出版规范，都是严格依据国家标准执行。国家标准中未明确的事项，杭州年鉴编辑部集体研究讨论后加以细化和明确，先后制定了《〈杭州年鉴〉文稿编辑规范化意见》《〈杭州年鉴〉行文格式及规范》等多项内部规范。此外，《杭州年鉴》利用校对软件进行人机互校，进一步提高年鉴校对质量和规范化水平。

四、始终坚持崇尚学习、锻炼队伍

杭州年鉴编辑部有一支年龄梯队、学历层次、专业结构搭配科学的高效团队，研究生学历占六成，所学专业涵盖政治、文学、历史、经济管理、法律、计算机等多个领域，并且始终保持谦虚谨慎、求真务实的工作作风，始终怀有一种时不我待的学习紧迫感。

编辑工作是一项综合能力要求很高的工作，除调查研究、选题策划、组织沟通、编辑技能等基本功外，更要注重时政理论、地情知识的学习和积累，密切关注各自分工领域的新热点、新变化、新趋势，理论联系实际，才能使年鉴常编常新。为此，编辑部建立月度学习会、编辑业务专题学习会、年鉴稿件公开点评、编辑任务公开上墙公示等制度，其目的是以学增才、以学促用。如编辑业务专题学习会根据年鉴编纂各个阶段节点的主要任务，安排针对性强的学习内容。

《张家港年鉴》简介

■ 张家港市委党史地方志办公室

一、发展概况

《张家港年鉴》创刊于1996年，是张家港市委党史地方志办公室（以下简称“张家港市委史志办”）负责逐年编纂的地方综合性年鉴。张家港市委史志办坚持“服务当代、服务经济、服务社会”的编辑理念，恪守“科学、严谨、优质、满意”的质量方针，努力把年鉴打造成地方文化精品。回顾20余年的发展历程，《张家港年鉴》寓创新于发展之中，“一路行来一路歌，奋发精进求突破”，主要表现在：1999年，在全国首创公开悬赏抓差错活动；2001年，首家导入ISO 9001：2000质量管理体系并贯穿于编纂工作全过程；2004年起，《张家港年鉴》采用全彩印刷，并制作电子光盘；2009年，探索编纂工作全过程管理机制，确定了“科学制定纲目、明确编辑分工、组织动员培训、加强撰稿指导、精心组织编辑、全书总纂合成、主编完成终审、抓自校重事实、抓互校重文字、抓协校防差错、注重通读全文、精心制作光盘、年鉴印刷出版”等十三道流程，构建既分工协作又权责明晰的规范化体系；2014年起，突出“互联网+”理念，注重新媒体融合，探索数字化转型之路。

二、主要特点

《张家港年鉴》全面记录年度张家港市自然、政治、经济、文化和社会生活等方面情况。采用条目式记事体，分类编纂，基本结构为类目、分目、条目三个层次。2015 卷设类目 37 个，下设分目 238 个、条目 985 个、表格 125 张；2016 卷设类目 37 个，下设分目 241 个、条目 824 个、表格 126 张。主要呈现七大亮点。

一是突出记载张家港转型发展、创新驱动的工作路径。为发挥科技创新的引领作用，“科学技术”篇专门设置“科技培育”“科技载体”“科技人才”“高新技术产业”等分目。为体现产业转型升级重点，“农业”篇设置“农业产业化”分目，体现张家港市现代农业发展之路；“工业”篇设置“新兴产业”分目，体现新材料、新能源、新装备等新兴产业发展；“服务业”篇设置“电子商务”分目，体现“互联网+”服务业发展；做大做强“市场·物流”篇，体现张家港市迅速发展的现代物流业及钢铁、化工品、纺织、粮油、国际消费品、木材、进口汽车等专业市场的发展。

二是重点记述张家港文明引领、协调发展的城市特质。张家港市始终坚持物质文明和精神文明协调发展，为体现文明张家港的标杆地位和影响力，“概况”篇专门设置“文明张家港”分目，下设“张家港精神”特色条目。同时设置“经济建设”“政治建设”“文化建设”“社会建设”“生态文明建设”分目，体现张家港市“五位一体”协调发展的实绩。为体现法治政府建设，“法治·武装”篇首先设置“法治政府”分目。为体现城乡区域协调发展，城乡管理、镇村建设、公共文化服务、社区卫生服务、农民增收等内容在年鉴中重点体现。

三是全面记录张家港生态文明、绿色发展的工作举措。设置“生态环境”篇，下设“生态建设”“环境保护”“绿化”“景区景点”分目，并着重记述节能减排、水循环体系建设、耕地保护、城乡环境治理等内容，体现张家港市坚定走生产发展、生活富裕、生态良好的绿色发展道路。

四是侧重记载张家港以港兴市、开发开放的经济特征。张家港是沿海和长江两大经济开发带交会处的新兴港口城市，城市以港得名，因港兴盛，设置“张家港港”篇，置于基础建设类目之前。因张家港市经济主要呈现规模经济、民营经济、外向型经济“三足鼎立”的格局，设置“开放型经济”“民营经济”篇，置于经济类目之前，并在“工业”和“开放型经济”篇中突出规模经济的代表江苏沙钢集团和江苏国泰国际集团。为体现“区镇合一”发展体制，设置“区镇发展”篇，张家港保税区（金港镇）、张家港经济技术开发区（杨舍镇）、江苏扬子江国际冶金工业园（锦丰镇）在张家港市重大改革、对外开放、产业基地培育等方面起到主要作用。

五是着力体现张家港民生为本、共享发展的工作成果。为体现就业是民生之本，单独设置“人力资源和社会保障”篇。“社会民生”篇设置“居民”分目，体现群众生产生活特点；设置“新市民服务”分目，体现张家港市在创新新市民管理、促进新市民融合所做工作；设置“便民服务”“社会调解”分目，体现张家港市解决群众困难、化解人民矛盾所做工作。

六是突出年度重点，体现年度大事。2015 年首篇设置专文《全国县级文明城市创建工作现场会在张家港召开》《深入开展党的群众路线教育实践活动》，2016 年首篇设置专文《聚焦“810 工程”》《学习身边榜样汪明如》。

七是做到主题鲜明，图文并茂。精心设计封面和环衬，推广城市名片。2015 年封面以穿越古今的塘桥为主题突出展示新城区塘桥，后环衬设置“热烈祝贺《张家港年鉴》创刊 20 周年”专栏。2016 年封面展示国家建制镇示范点乐余，后环设置“热烈祝贺中国共产党张家港市第十一次代表大会隆重举行”专版。全书彩页彰显年度特色，突出“争当‘强富美高’新江苏建设排头兵”。以“庆祝设市 30 年”为题，用数据体现张家港市撤县设市 30 年发展成绩；设置“经济强”“百姓富”“环境美”“社会文明程度高”4 个专题，展示张家港市撤县设市 30 年发展成就；以“航拍港城”为题，体现张家港市城市发展变化；同时设置“年度聚焦”“友好往来”等体现年度重点工作的栏目。正文每篇设置章节页，采用突出主题的照片开篇，文中插图均紧扣大事。随书附赠的光盘精心考虑，每年都有反映年度亮点的重要视频和音频，2015 年设置《一座城市的文明追求——张家港市创建全国文明城市工作巡礼》《烽火征程——沙洲县抗日民主政府成立》《未来城市》三个视频，2016 年设置城市微电影《听见你的声音》和宣传片《富民强镇，和美乐余》。

《南海年鉴》简介

■ 南海年鉴社

《南海年鉴》创刊于 1994 年，首卷作为《广东年鉴》分册出版，是广东省首部公开出版的县（区）级年鉴，至 2016 年末，已连续编纂出版 23 年，并且实现纸版年鉴、光盘年鉴与网络版年鉴同时出版发行。

20 多年来，《南海年鉴》始终立足南海，放眼全国，与时俱进，不断改进，打造精品年鉴，获得全国地方志优秀成果特等奖、地方志系统第二届年鉴评奖一等奖。

一、树立精品意识，打造高品质年鉴

《南海年鉴》创办伊始，一直坚持以“精品”思维、创新精神引领编纂实践，精心打造具备地方风格、年度特点和时代气息的高品质地方综合年鉴。在框架设计方面，立足区情，深挖特色，科学合理设计基本框架。2002 年，南海撤市设区，该卷年鉴特别设置“建市十周年辉煌路”专辑，全方位记载南海建市十年来经济社会发展取得成就。南海素来是民营经济十分发达的区域，《南海年鉴》将具有地域特色的民营经济从相关的栏目中独立出来，设立“民营经济”栏目。2014 年，南海提出“中枢两翼，核心驱动”发展战略，重点打造三个国家级产业发展平台，《南海年鉴》为此增设“三大产业园区”栏目，忠实记录地方经济发展新特点。党的十八大提出“五位一体”总体布局，《南海年鉴》（2014）卷起，在“南海概况”类目中分别设立“基本情况”“经济建设”“政治文明建设”“精神文明建设”“社会建设”“生态文明建设”分目，体现鲜明的时代特色。此外，近年来，《南海年鉴》紧跟地方经济社会发展步伐，陆续增设“电子商务”“农产品检测”“政务服务”“公共资产交易管理”“新市民服务”等栏目。同时，根据年度区情差别，按照“整体基本稳定，局部适当调整”的原则，每年对部分栏目和子目结构进行适当调整，呈现动态性结构特点。在内容编写方面，以增强年鉴的可读性和实用性为目标，围绕基础信息和动态信息两大记述重点下功夫，实现基础信息全覆盖、动态信息年年新，真正做到常编常新。目前，《南海年鉴》每个栏目下均设有“概况”条目，并确定规范的记述要素，对对应领域的年度基本发展情况和基本指标进行反映，既使读者一开卷就能获得有效的基础信息，又使年鉴内容具有连续性、可比性。精选精编动态信息，强化反映大事要闻，每年动态信息条目数量均占总条目的 50% 以上，突出记载区域年度的大事、新事、要事、特事，彰显年鉴地方特色和年度特征。

二、突出地方特色，追求内容与形式的和谐统一

《南海年鉴》在追求高品质的同时，十分注重年鉴的装帧设计，力求既符合年鉴作为地方权威史料工具书严谨、端庄的主流要求，又跟上时代审美潮流，形成特色鲜明的地方风格。在开本选择上,《南海年鉴》一直使用 16 开版本,保持开本上的一致性；在封面设计上，每年选取有代表性或指引性的事物作为封面元素，力求突出地方、年度特色，又注意保持风格上的延续性、系列化，增强辨识度；在图片使用上，重视随文图片以及专题彩版图片的运用，提高年鉴可读性。特别是专题彩版的编排，采用专题化、系列化的形式，实现风格上的协调统一，更富于美感；在内文版式设计上，从 2000 卷起开始采用全书四色彩色印刷，更加赏心悦目；从创刊之初,《南海年鉴》就已经关注书中留白问题，通过充分运用图片、表格、小资料等二次文献，较好地解决这一问题，既节约年鉴版面，又提高内容的紧凑感。

三、紧跟时代发展，信息化建设走在前列

20 世纪 90 年代，当年鉴界开始关注年鉴数字化、网络化问题时,《南海年鉴》就开始融入互联网、新媒体等时代特征，迈出信息化建设的步伐。1999 年,《南海年鉴》正式出版第一张多媒体光盘，收录 1994—1999 卷的内容，并从 2000 卷起，随书

出版多媒体光盘，实现年鉴的无纸化阅读。2003 年，依托南海图片信息管理系统，上线网络版《南海年鉴》，成为国内首批可以在网上直接浏览、下载的地方综合性年鉴，进一步拓宽了年鉴的利用途径。2015 年底，《南海年鉴》开展互联网络年鉴的试点建设，正式开启了网络年鉴编纂、二次开发与利用模式的探索，配套建设的公共微信推送平台、地情（年鉴）信息中心和年鉴网站等信息化设施系统正在建设或完善之中。目前，公共微信推送平台不仅建立了年鉴数据库，收录 1994—2015 年共 22 卷年鉴内容，以支持网络化的全文检索，而且还通过设置“热点观察”“深读南海”等专题栏目，对年鉴资料进行跨年度整理、组合编排与微信推送，实现了年鉴资源的二次开发利用，有效扩大了年鉴的受众面。从 2016 年 6 月中旬上线至年底，公共微信平台关注人数已达数千人，共推送发布信息近 40 期。至此，《南海年鉴》在编纂、出版、发行与利用的过程中，走出一条多载体并行出版、多渠道同时利用的立体化路径：纸版年鉴、光盘年鉴、互联网年鉴和新媒体年鉴并行；有纸化与无纸化阅读、阵地阅读与移动阅读、网上浏览查询同时服务。

《南山年鉴》简介

深圳市南山区地方志办公室

一、概况

《南山年鉴》创刊于2009年，首卷为2004—2008年合编卷。2010年起，一年一卷，公开发行；2013年起，实现当年编纂、当年出版。至2016年底，《南山年鉴》公开编纂出版8卷。《南山年鉴》坚持突出时代特色、地方特色、年度特色，不断改革创新，打造精品年鉴。2016年中指组通报表扬全国地方志优秀成果（年鉴类），《南山年鉴（2014）》获特等奖。

二、框架结构与编纂规范

《南山年鉴（2015）》、《南山年鉴（2016）》均采用分类编辑法，设类目（栏目）、分目、条目三个层次，个别分目增设次分目，如“中共南山区委员会”分目下设“组织”“宣传”“统一战线”等次分目。

《南山年鉴（2015）》设特载、概况、年度聚焦、党政机关、人民团体、政法、军事、经济综合管理、前海深港合作区、上市公司与金融服务、特色产业与重点园区、工业、商业与现代服务业、对外经贸·口岸、旅游业、财政·税务、城区建设与管理、人居环境、科学技术、教育、文化·体育、卫生、社会保障、社会管理与服务、街道、人物、大事记、统计资料、文献选编、附录等类目30个，主体类目设分目（次分目）151个、条目720余个，全书84万字。

《南山年鉴（2016）》在上卷基础上，类目略有改动。将“年度聚焦”改为“年度关注”、“政法”改为“法治”、“前海深港合作区”改为“前海蛇口自由贸易片区”、“卫生”改为“卫生与计划生育”等，类目仍是30个，主体类目设分目（次分目）138个、条目680余个，全书76万字。

2015—2016年，为进一步提高《南山年鉴》编纂质量，除进行业务培训学习外，制定、完善了《南山年鉴编纂技术规范》《南山年鉴编纂业务规范》，对年鉴编纂中常见的技术性问题、内容方面问题进行规范，确保《南山年鉴》编辑的规范性、统一性。此外，还为各供稿单位编写“年鉴编写指引”，明确包括框架结构、内容要素等在内的写什么、怎么写、写多少等要求，使《南山年鉴》框架设计、条目要素和编纂程序，基本实现格式化和规范化。

三、主要内容与特点

在《南山年鉴（2015）》、《南山年鉴（2016）》编纂过程中，南山区地方志办公室在总结历卷年鉴编纂经验教训基础上，运用最新年鉴编辑理论，把握年鉴最新发展趋势，力求突出年度特色、地方特色，不断创新。年鉴记述内容实行“概况+大事要闻”结构。

框架设置上，突出年度特色、地方特色。《南山年鉴（2015）》在突出年度特色上，除一些常规性类目外，设有“年度聚焦”类目。该类目重点记述党的群众路线教育实践活动、南山区改革与创新、南山区十大民生工程、前海蛇口自贸片区设立等，集中记载2014年南山区委、区政府开展群众路线教育实践活动，坚持改革创新、作风建设、民生服务等重要成果。记述发生在南山区“科苑立交北站‘扶不扶’事件舆情始末”“松坪村农贸市场建设舆情应对”两起舆情事件。在突出地方特色上，设有“前海深港合作区”“上市公司与金融服务”“特色产业与重点园区”“旅游”“驻区高校”等类目、分目。前海蛇口自贸片区是2014年12月28日经十二届全国人大常委会十二次会议决定设立，年鉴中设“前海深港合作区”就是突出反映前海蛇口自贸片区的改革创新与深港合作成果。南山区是深圳市高新技术产业基地、教育基地、旅游基地。2014年，南山区在上交所、中国香港，以及美国、新加坡等地有上市公司109家，被誉为“全国上市公司集聚第一区”，为此专门设立“上市公司与金融服务”，全面记述南山区当年上市公司及存量上市公司情况。“特色产业与重点园区”类目则集中反映独具南山特色的高新技术产业、文化产业及大沙河创新走廊、华侨城、蛇口工业区。深圳市主要旅游景区也在南山区，主要包括世界之窗、锦绣中华、民俗村、欢乐谷4个AAAAA级景区及青青世界AAAA景区。“旅游”类目则集中记述南山区的旅游资源、旅游设施、旅游收益等情况。深圳市内的普通高等院校均设在南山区，包括深圳大学、清华研究生院、北大研究生院、哈工大研究生院等8所高等教育院校，为反映高校情况在“教育”类目下设专门设“驻区高校”分目，集中记述各高校情况。《南山年鉴（2016）》，在突出年度特色上，设有“年度关注”类目，重点记述南山区“十二五发展成就”、改革创新、民生实事、网络舆情等，集中记载2015年南山区委、区政府发展社会经济，坚持改革创新、作风建设、民生服务等重要成果。此外，还记述了发生在南山区北师大南山附小问题跑道、望海学校规划等舆情事件。突出地方特色上，设有“前海蛇口自由贸易片区”。前海蛇口自由贸易片区2015年4月正式挂牌，设“前海蛇口自由贸易片区”就是突出反映前海蛇口自贸片区的改革创新与深港合作成果。

条目设置上，实行“概况+大事要闻”。《南山年鉴（2015）》、《南山年鉴（2016）》在条目编辑上，大量压缩常规性条目，将属常规性工作内容写入“概况”条目中，增加大事要事记述条目，提高动态性条目比例。《南山年鉴（2015）》动态性条目数量占53%左右，《南山年鉴（2016）》增加近60%，以充分反映年度内南山发生的大事要闻、新成就、新面貌；“概况”条目格式规范化、要素化，基本内容不缺少；条目命题借鉴辞书方式，做到“条头标引化”，力避同名条题等“死条”产生。条头做主语时，广泛使用“文内主语省略式”等。

记述文体上，采取多样化。《南山年鉴（2015）》、《南山年鉴（2016）》在内容编辑上，除使用条目体外，采用“相关链接”形式，拓宽条目信息容量。“相关链接”采用不同版式与条目相区别。同时，辅之以表格、图片，增加年鉴动感与可读性。

装帧设计上，力求精练、节俭。《南山年鉴（2015）》、《南山年鉴（2016）》编排上缩小字号、压缩版面，每版面字数2750余字。成书重量均在1千克左右。

《浦东年鉴》简介

上海市浦东新区地方志办公室

一、概况

《浦东年鉴》是浦东新区地方志办公室按年编纂、连续出版的年刊，是浦东政治、经济、文化、社会等领域信息的总汇，是具有权威性、系统性、科学性的工具书。《浦东年鉴》获上海市新闻出版局2012年、2014年、2015年期刊编校质量评比优秀奖。累计获得全国年鉴评比特等奖7次，一等奖3次，二等奖2次。

《浦东年鉴》前身为《川沙年鉴》，出版3部，分别为1991版、1992版和1993版。1993年12月，浦东成立新区管委会，随后《浦东新区年鉴》创办，于1994年出版首部年鉴。1999年，获得国家新闻出版总署颁发的刊号，更名为《浦东年鉴》。2009年，浦东新区和南汇区合并，成立新的浦东新区。合并后的两区范围收录入《浦东年鉴》中，不再出版《南汇年鉴》。至2016年底，《浦东年鉴》已出版中文版26册（含川沙年鉴），英文版20册，光盘版18张，U盘1个，均可在上海浦东网、中国年鉴全文数据库（中国知网）、浦东史志网上查阅。

二、主要内容与特点

《浦东年鉴》中文版有栏目42个、分目183个、条目1650—1750个左右，同时包括有随文照、表格、相关链接，全书120万—140万字不等。包括概况、招商引资、开发区、金融业、要素市场等相关栏目，其内容收录范围包括区属、非区属单位与浦东相关的有价值的信息资料。收录时限为上年的 1 月 1 日至 12 月 31 日。英文版是在中文版上的缩编，是对外宣传浦东、介绍浦东的一本精编手册。

《浦东年鉴》最大特点是框架中采中“三、二、一”方法记述。即第三产业置前，第二产业居中，第一产业最后，随后才是政治和文教卫体及其他部分。考虑到浦东开发和先行先试，第三产业的量相对较大，重点把外高桥保税区、陆家嘴金融贸易区、金桥出口加工区、张江高科技园区等置于开发区栏目中置前，突出浦东特色。金融业中，浦东有 544 家金融机构，其中有 241 家外资金融机构，这些都是浦东的亮点。要素市场中，浦东拥有别于国内其他区县中的证券市场、期货市场、钻石市场、产权市场、房地产市场等，所以要素市场栏目亦是浦东有别于其他区县年鉴的一大特色。工业栏目中，彰显浦东地域内较为完善的工业产业链，涵盖电子通信制造业、汽车制造业、生物医药制造业、石油化工制造业、船舶制造业、冶金机械制造业、日用电器制造业、轻纺业等，突出浦东新区特色。浦东的私营私业有 35200 户，这在其他区县也是少有的，为此，私营经济栏目将其予以反映。全书栏目下有综述，分目下有概述，文字表述准确、规范。所有栏目后若有空白处均做了补白处理，其他信息量亦十分丰富。索引分为文字、图片、表格和补白索引，较为全面。

《浦东年鉴》一直致力于服务浦东开发开放和“三个文明”建设，服务浦东二次创业，也先后在重大市场工程动拆迁、台风来袭、政策研究等方面为新区委办局提供信息资料，取得一定成效，受到领导认可。在服务浦东、“走千听万”活动中，对街镇村居、图书馆等单位开展赠书活动，受到市民称赞。其所涉及内容全部上网，免费供市民查阅。

《江阴年鉴》简介

江阴市史志办公室

《江阴年鉴》于1993年创刊，至2016年已编纂出版24部。20多年来，《江阴年鉴》依靠政府、面向市场，历经从简单的文字记述到图文并茂、从小开本黑白印刷到大开本全彩印刷、从呆板平常到独具个性特色等一系列变革与发展，秉承存史、资政、育人理念，崇尚自然朴实，彰显个性特色，走上全面、协调、可持续的发展道路。《江阴年鉴》以较高的编辑质量、丰富的信息内涵、可靠的史实资料、特色的类目设置、个性的装帧设计在江苏和全国赢得较好声誉，先后3次在全国地方志系统评比中获特等奖、5次在江苏省地方志系统评比中获特等奖。

一、提高编纂质量，使年鉴成为地方重要的资料性文献

《江阴年鉴》的每一部都涵盖江阴年度的自然、政治、经济、文化、社会、人物等各方面的情况。历年来，编辑人员在提高质量上狠下功夫，从图片到文字，从结构到内容，都努力给读者以资料和信息。持续开展优秀条目评比活动，对条目编写的信息要素齐全方面严格要求，力求信息资料的准确和完备，消除空话套话，做到文约事丰。注意条目选题的价值性，消除内视信息。每年根据实际更新撰稿要求，对年鉴语言文字、文体文风、称谓、时间表述、数字用法、计量单位表达等都进行统一规范。注意条目标题准确性，开展年鉴标题制作质量评比，使年鉴条目文题相符，反映信息精准。《江阴年鉴》在发挥为领导提供决策和为经济社会服务功能上得到很大提升，除记述

好江阴经济社会发展成果，还对工业、环境、城建等发展中的不足和经验教训予以记述，对民生、民富、民享、民安、民强问题给予更多关注，发挥“鉴”的作用，同时收录市委、市政府重点组织的调研报告精华和要点，强化年鉴的记述深度和资政作用。23部年鉴承载了江阴经济社会发展脉络和沧桑巨变，记录了江阴先后荣获的全国168项荣誉，见证江阴从农业县变成工业市后，又实现从工业市到经济强市、从经济强市到小康达标市的历史性跨越；也真实地反映出江阴由传统守旧到勇立潮头，再到大气开放的大解放和大变革，成为江阴地方重要资料性文献。

二、彰显个性特色，使年鉴成为江阴对外宣传的一张名片

《江阴年鉴》不断改革创新，探索摆脱地方综合年鉴“千鉴一面”陈式的方法，在与时俱进中张扬个性特色。在框架设计上，注重类目、分目设置规范、科学分类的同时，充分体现江阴地情的个性。从2001年起，在保持基本框架稳定的基础上，不断根据江阴特色和发展形势增减类目，先后设立港口口岸、企业上市、沿江开发、改革、信息化建设、现代物流等类目。近年来，又根据经济社会发展的亮点、市委市政府工作的重点及国内主要媒体关注的焦点设立生态建设、居民服务业、公共安全等类目，增强对外开放、科技创新、规模经济、品牌战略、幸福和谐社会建设、滨江花园城市建设等内容的记述。这些区别于其他市县的特点展示出了江阴个性。在年鉴封面设计上，也彰显地方特点，2002年以来的《江阴年鉴》封面，一直采用江阴籍书法家、中国书协主席沈鹏题写的书名手迹，体现独特的文化韵味。同时，又在封面上突出延陵古邑、江尾海头、徐霞客等江阴标志性人文内涵。2015年年鉴用吴韵楚风来展示江阴交融的民风特色。在卷首环衬的版面设计上，精心打造出一张有个性的地方名片，在环衬上设计卷首语，用浓缩点睛之笔来用心做好，有反映江阴在国内经济社会发展地位、所获全国性荣誉和国家级媒体、机构对江阴评价，以及市委市政府年度重要工作决策、江阴人文简述等。如卷首语：“江阴位于长江三角洲，有7000年人文史、5000年文明史、2500年文字记载史。占全国千分之一的江阴人，在全国万分之一的土地上，创造了全国二百零七分之一的地区生产总值、二百七十分之一的财政收入、百分之一的上市公司、五十分之一的中国500强企业。”用100多字浓缩江阴悠久的历史和有成就的现在，给读者有立体感的江阴。2015卷首语是江阴三奇、江阴三杰、长江三鲜简述，并配徐霞客和千年红豆树的图片。全书彩页放弃商业宣传插页，卷首选用年度

十大要闻、十件实事、重大重点项目、主要成就等体现江阴地方特点的公益彩页，与正文中特载、专文、媒体报道选辑等类目内容前后呼应，互为补充，给读者较大视觉冲击。此举不仅得到江阴市委、市政府领导的肯定，也得到国内多名年鉴界专家学者的赞扬。有专家认为“《江阴年鉴》的卷首彩页能最先吸引读者视线，引起读者关注和兴趣”，有专家认为《江阴年鉴》卷首彩页设计充分发挥出“引人入胜、先声夺人”的作用。卷尾彩页则根据市情逐年专题展示经济社会发展的成果，摒弃低俗的商业广告，受到社会各界好评，如 2015 年反映的是被外界称为“江阴板块”的上市公司专题。在年鉴的广泛交流和发行中，浓缩在年鉴中的江阴，走出江苏、走向全国、面向世界，被外界了解和关注。《江阴年鉴》已经成为对外宣传的一张名片。

三、注重细节品味，使年鉴成为朴实庄重的文化珍品

《江阴年鉴》在打造外在形象、实施改版和全彩印刷等一系列变革中，始终坚守年鉴素雅实用的特性，追求精美印刷，但不赶时尚；版式要求清晰，但不用花哨元素；采用全彩印刷，但不搞五颜六色。当很多地方将全书用铜版纸印刷，纸张要求“白”和“特白”时，《江阴年鉴》从 2007 年起，为读者着想，内芯纸选用比较养眼的道林纸，既环保又易于保存，增强与读者的亲和力。在突出年鉴资料性的基础上，结合江阴文化元素，做好图、表与文字的搭配，选用具有江阴地方文化内涵和艺术品位的美术作品、摄影作品点缀全书，消除会议照片和人头像，提高图片的信息价值和文化内涵，既使图与文相得益彰，也让读者得到艺术享受。精心选用补白内容，所用小资料既体现与相关类目的一定关联性，又充分展现江阴地方特色和文化底蕴，让细微处也透出年鉴的雅致。抓好培训、编辑、审稿、校对、印刷等各环节的细节，尤其是校对中采用自校、轮校、外校、黑码校等，确保全书准确性；印刷中注意插图色彩与位置、条目尾行字数、标题沉底、表格续接等容易被忽略的问题。较早随书赠送电子版，2015 年对电子版内容排列进行改善，便于读者查阅利用。由于一直把年鉴当作一件文化珍品来做，既让年鉴接地气，又让年鉴保持典雅厚实，《江阴年鉴》越来越受到江阴市委、市政府及社会各界的支持和重视，比较自信地做到：出版财政支持、撰稿单位配合，内容社会关注。

在新时期，年鉴事业如何科学发展，需要不断探索和实践。《江阴年鉴》还有很多要改进的地方，今后要在提高品质、提升品牌、增加信息、打造特色、强化规范等方面继续努力。

《北京海淀年鉴》简介

北京海淀年鉴编辑部

《北京海淀年鉴》是由中共海淀区委、海淀区人民政府主办，北京市海淀区党史地方志办公室（以下简称“海淀史志办”）承编的地方综合年鉴，按照年度记述海

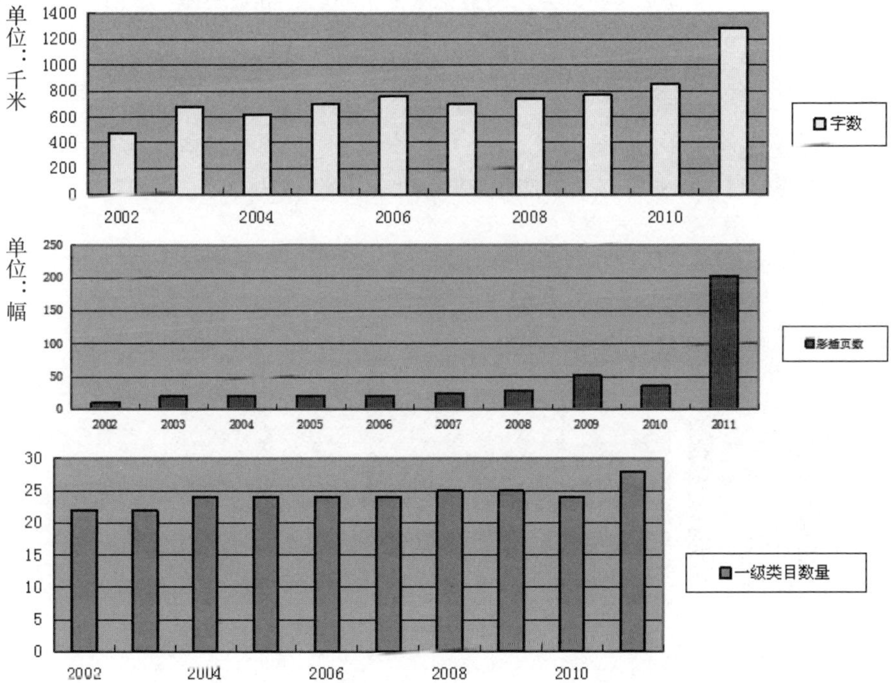

图 1 《北京海淀年鉴》2002 卷至 2011 卷字数、彩插、一级类目对比图

淀区经济和社会发展各方面的基本情况和重大事件的资料性文献。2002 年创刊，至 2016 年出版 15 卷。年鉴内容多数由北京市海淀区各机关、企事业单位和部分驻区企业提供。经过 10 余年的改进和发展，《北京海淀年鉴》的权威性越来越得到认可，先后被中国国家图书馆、首都图书馆、北京方志馆、海淀区图书馆，北京大学、清华大学、中国人民大学等高校图书馆，海淀区各区属单位、部分中小学，部分驻区单位，沪、穗、宁、桂、鄂、陕等省、区、市地方志工作部门等存藏，在中国知识资源总库、阿帕比数字资源平台等电子图书馆亦可查询。年鉴内容充实，反映地方特色和时代特色，根据年度特点分别增加奥运、非典等专题内容；年鉴的编校质量提高；年鉴的框架越来越完善，先后补充增加英文目录、索引等内容。同时年鉴形式越来越活泼，年鉴中插入的图表越来越多，质量越来越高。通过年鉴 2002 卷至 2011 卷在字数、彩插页数、一级类目数量上的变化，可看出年鉴越来越完善、越来越丰富。2015 年 12 月，海淀史志办被中指办评为首批全国年鉴工作试点单位。

《北京海淀年鉴（2016）》设党和国家领导人与海淀、特载、专文、大事记、区情概述、中国共产党海淀区委员会、海淀区人民代表大会、海淀区人民政府、中国人民政治协商会议北京市海淀区委员会、民主党派 · 工商联、群众团体、法治、武装、中关村国家自主创新示范区核心区、功能区建设、综合经济管理、农业与农村经济、商业服务业 · 对外经济贸易、旅游业、城乡建设、城市管理与服务、科技、教育、文化、卫生 · 体育、社会民生、社会建设、街 · 镇、人物、统计资料（选编）、附录共 31 个类目，187 个分目，1668 个条目，照片 320 余张，字数 1470 千字。

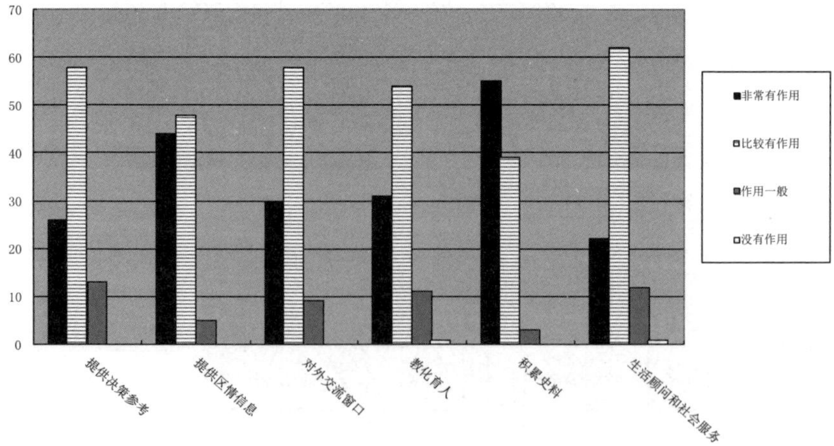

图 2 《北京海淀年鉴》作用功能调查统计图

通过开展年鉴的发展与利用调查发现,《北京海淀年鉴》之所以能够达到修史存真、资政育人、服务发展的目标,发挥文化引领风尚、教育人民、服务社会、推动发展的作用,是因为在海淀区委、区政府领导下，在年鉴工作中采取以下强有力举措，有效地保障年鉴的编纂进度和质量。

一、着力提高从业人员素质

年鉴从业人员素质决定年鉴质量。概括讲，年鉴从业人员素质的提高，应着力于五个方面：一是培养敬业精神；二是讲政治；三是熟悉地情业情；四是具备比较坚实的学术根底与娴熟的专业技能（包括政务工作能力）；五是增强自主创新意识，具有战略思维与眼光。为切实提高从业人员的素质，海淀史志办从以下几个方面开展工作。

首先,注重培养、造就年鉴编纂部门有真才实学、不负众望的领军人物和中坚力量。主动为人才的成长创造环境,提供条件。通过十年的培养,造就了一批业务精、能力强、善创新的“脊梁”。

其次，建立了一批稳定的基层撰稿人员队伍。“巧妇难为无米之炊”，离开了基层撰稿人员的支持，年鉴的质量从根本上得不到保障。目前，年鉴撰稿人累计从事年鉴工作时间 2 年以上的人员达到 63%，而且，基层撰稿人员的文化程度较高。

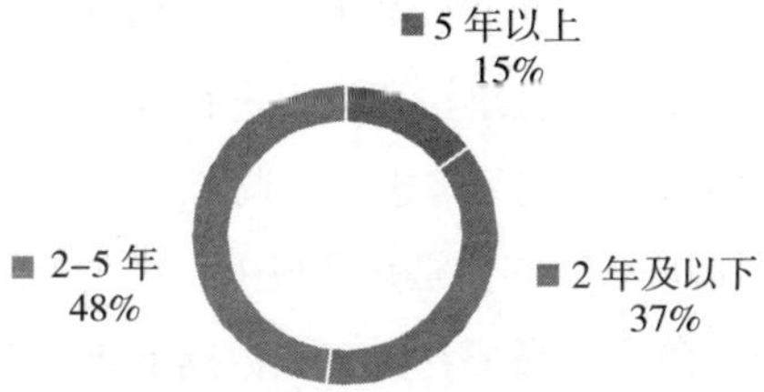

图 3　年鉴撰稿人累计从事年鉴工作时间统计图

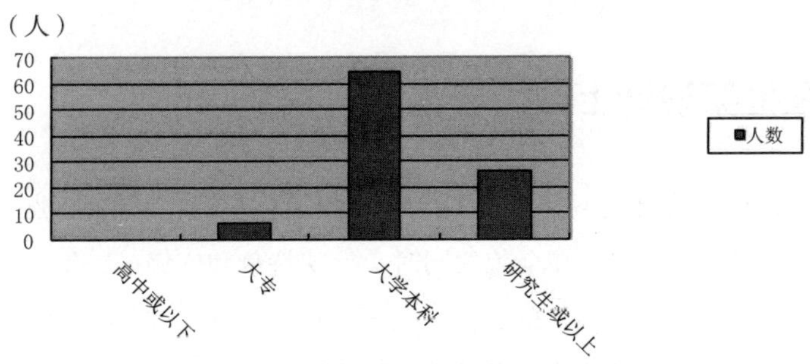

图 4　年鉴撰稿人文化程度统计图

第三，始终如一地做好基层撰稿人员的培训工作。基层撰稿人员的稳定很重要，但人员的流动变化在所难免，为确保撰稿人员素质，每年均举办专门培训，确保每一名撰稿人员胜任年鉴初稿撰写工作。

二、在权威性上下功夫

鉴以致用，年鉴作为权威性资料工具书刊的根本属性，要求它以实现资料信息最大化、最优化为目的，向党政机关、企事业单位和社会相关层面读者提供管用、好用的各有关方面的资料信息，并在这方面成为社会各界无出其右的权威性出版物。年鉴这一根本属性，决定了它的功能作用。抓住资料的权威性做足文章，就等于抓住了年鉴的命脉。撇开年鉴资料的权威性，任何人为地放大年鉴功能作用的做法，都不科学，故不可取。没有权威性和公信力的年鉴，编了何用？谁喜欢用？源于此，海淀史志办在确保年鉴的权威性上狠下功夫。

首先，严格规范年鉴编写程序。一卷年鉴，从创意策划、拟制框架设计，到组稿、采编，到整合、撰修成一体，到出版、印刷，其繁复劳动不啻一项系统工程，任何一个环节的紊乱都可能影响年鉴的权威性。为此，海淀史志办加强对年鉴编写各个环节的控制，为提高年鉴权威性提供了必要条件。

其次，增加反馈与沟通环节。为确保年鉴所提供信息的权威性，海淀史志办年鉴编辑部编辑通过电话、网络及时与各单位撰稿人进行沟通，对稿件中存在的问题及时进行反馈，对各单位之间的重复、交叉等进行协调落实。

第三，加强把关，严格审核。年鉴是众手成书，撰稿人的编写水平参差不齐，这就需要编审人员严格审核。编审人员要在文字和数据上要反复审核，保证完整性和准确性，重质量。一定要把好各部门入编资料的政治关、体例关、资料关、文字关。

三、在框架设计上致力于务实、求新、前瞻

年鉴框架设计的重要性不言而喻。好的框架设计应该具备四个特点：一是从实际出发，有利于在涵盖基本情况和全貌的同时，反映特色和优势；二是主旨鲜明，对经济和社会发展的根本需求有明显的趋同性乃至前瞻性，有利于围绕中心、服务大局；三是对拟入鉴资料信息的宏观性、中观性、微观性要各有归属和侧重，同时又具有便

捷实用的外视性，且不在保密范畴，宜向社会进行发布和推介，有利于查阅和使用；四是可操作性强，有利于实施。

框架设计雷同，是中国地方综合年鉴的一大顽症。综观全国的地方综合年鉴，框架设计虽不能说“千鉴一面”，但共性有余、个性不足、同质化现象严重，真正贴近地方经济社会实际、既把握住宏观又突出特色、个性鲜明者尚不属多数。十余年来，海淀经济社会各个领域实现超常规、跨越式发展，包括人们的精神世界也都发生巨大变化，对外开放、经济体制改革、政府转变职能等给全社会带来深刻的连锁效应，计划经济时期一些主体事物纷纷衰退甚至消失，多元并存、共同发展的社会主义市场经济的确立和稳步推进，使整个社会出现许多前所未有的新事物、新情况、新问题。为反映这些变化，海淀史志办与时俱进，开拓创新，秉持“反映区情，体现特色，打造品牌”的编纂理念，对年鉴框架不断进行修改，在借鉴国内外优秀年鉴的同时，使之适应时代、贴近地情，追求实现资料信息最大化、最优化，避免抱残守缺、墨守成规。经过10余年斟酌、磨砺，《北京海淀年鉴》更加完善，大量系统性、权威性、鲜活性、外视性的资料信息得以及时组合入鉴。

四、优化年鉴内容

年鉴是地方政府对本地经济社会年度基本情况的汇总，称之为“政府年报”是贴切的。既然是政府年报，它就必然体现政府的意志和目的，服务于经济社会发展的需求，给社会相关层面读者提供有针对性的资料，而不是随意性编纂。年鉴不是一个筐，想往里装什么就装什么；年鉴也不是什么“百宝囊”，想查找什么，囊中自有。相反，哪些事项和资料应该入鉴，要有一定之规。指望年鉴成为市井街巷的“路路通”“事事通”，什么疑难问题一查年鉴就可以解决或者找到解决的途径，是不现实的，这是对年鉴功能作用的曲解。企盼年鉴像流行杂志等大众传媒一样“飞入寻常百姓家”，用意虽好，功效却是南辕北辙。因此，海淀史志办强化对各个单位所撰写文稿的把关工作，从以下几方面做好科学选材。

一是“大”，即规模大、影响大，给社会和人们心理带来震撼和冲击的事情，如重大事件、重大活动、重大事故和重大自然灾害等。

二是“要”，指虽然不具有浩大声势，但意义非同寻常，对今后将产生重要影响的事，如重要法规文件的出台。

三是“新”，即新生事物、新鲜经验，是指尚处在萌芽状态，不为更多的人所知，但代表着未来社会发展方向的事物。

四是“特”，即有别于一般规律的特殊现象和特别文件，如异常天气等。

五是“专”，即突出专业特色。每个行业都有自己的业务范围，每个单位都有明确的职责分工，年鉴条目要紧紧围绕这些业务范围和职责分工，充分体现自己的专业性，彰显自己的个性。

六是“热”，即反映热点问题。年鉴对重大民生问题（住房、教育、医疗、交通、环保等）以及年度内发生的重大事故、案件、重大决策、重大群体性事件等进行记述。

通过从以上方面做好年鉴内容的选材，避免造成年鉴内容编写的一般化、浅薄化，从而以独特的、丰富多彩的内容吸引广大读者，保证海淀年鉴尽可能“博、大、精、深”。“博”是指内容广博，涉及面广；“大”是指成书规模大，信息资料容量大；“精”是指精选精编，内容精当；“深”是指选题选材和记述有一定的深度。

五、年鉴内容编校与装帧印刷质量持续提高

改革开放以来，中国的出版业空前繁荣，出版物难以计数。在如此多的出版物中，部分读物编校质量暴露出的问题令人担忧。往往是，不经意间就能在一些报刊书籍中发现错别字等错误。

年鉴的编纂准则同其他著述尤其是资料性著述一样，也是以资料为基础、框架设计为纲领、质量为生命。这一准则贯彻到年鉴编纂流程，即呈现或者延伸为一条链，而链之终端就是编校质量，进入印刷阶段终端则为印刷质量。编校质量体现年鉴的内在质量，装帧印刷则体现年鉴的外在质量。内在质量是内涵，外在质量是形象，二者的结合就是综合质量。

《奉贤年鉴》简介

上海市奉贤区地方志办公室

《奉贤年鉴》是由上海市奉贤区人民政府主办、上海市奉贤区地方志办公室编辑的地方性综合年鉴。创刊于2000年，至2016年末，已连续出版17卷。《奉贤年鉴》长期注重质量、注重特色，忠实记录奉贤社会主义现代化建设和改革开放的历史轨迹，为社会各界了解、研究与建设奉贤提供可靠翔实的信息资料。逐年优化年鉴编纂流程与规范，《奉贤年鉴》质量逐年提高，影响日益扩大。其中，《奉贤年鉴（2004）》获首届中国地方志年鉴评比特等奖，《奉贤年鉴（2014）》获第五届年鉴编纂出版质量评比综合特等奖、全国地方志优秀成果（年鉴类）特等通报表扬。

一、抓流程规范，保证年鉴质量

《奉贤年鉴》编辑部加强内部的组织领导，发挥行政力量的推动力，制定并实施年鉴编纂流程，促进编纂工作有序有节的顺利推进。首先，主编尽到自身职责，既对整个编纂过程进行宏观调控，又能总揽全局、协调各方，使各系统、各环节、各编辑都能围绕一个中心开展工作。其次，副主编（执行主编）切实履行好岗位职责，亲自参与一线年鉴编写，把编辑中存在的问题解决在分栏目以下。再次，编辑部定期召开沟通会，分析征稿和编辑中存在的问题，对进度慢、资料征集遇到困难的编辑，执行主编与总纂积极做好协调沟通工作。

二、抓编纂进度，提高年鉴时效

按照10月前出版发行的要求，在年鉴编纂启动之初，《奉贤年鉴》编辑部以加快推进各个流程环节为基础，以完成核心任务为阶段性目标，统筹组合、穿插推进，认真研究编纂工作计划，并利用倒计时制度，严格控制时间节点，确保编纂进度。通过多年的实践，基本形成“三、五、九目标”，即3月基本完成组稿，5月完成编辑加工，9月完成校对送厂付印。此外，在编纂的每个阶段，明确各阶段的工作要求、注意事项与时间节点，保证后期不出现返工问题。

三、抓社会热点，彰显年度特色

《奉贤年鉴》纲目在基本保持稳定的前提下，每年围绕全区工作重点、工作成绩，增加收载在社会发展进程中的有价值的信息、新兴领域或人民群众所关心的热点与难点问题，同时集中亮点、加大综合性条目的记述力度。首先，抓出重点调整结构。如2015年奉贤区被评为全国文明城区，在《奉贤年鉴（2015）》的纲目设计中，编辑部就抓住这个特色，增设记录创建全国文明城区等重大事件的专文，予以深入记录与挖掘。其次，抓出亮点调整条目。近年来，编辑部在年鉴内容上持续注重民生、关注地方文化建设、精神文明建设与城市建设。如2016版在卷首中关注年度热点专题，在附录中侧重经济、民生、城市建设等方面，加大二次文献的收录，深化栏目的记述深度。

四、抓载体呈现，提升装帧品味

《奉贤年鉴（2016）》在装帧设计、版面安排、框架结构、内容组织等方面作出调整，尤其是首次尝试整体设计，使年鉴厚重的内容有了贴合“贤文化”等奉贤地方特征的呈现载体。围绕地区“贤文化”特色与家文化品牌，在清新淡雅的绿色基调中，将写意的“奉（凤）”与“贤（贤文化）”的主题贯穿在年鉴装帧始终。来源于《曹全碑》体的“贤”字，加上水墨痕迹打造的凤纹图案，在谐音“奉”字的同时，打造出清新典雅、端庄大方的格调。委托专业公司精心设计今后5年的版式系列，通过色彩的演变，保持全书装帧风格在逐年连续出版中的整体性，体现《奉贤年鉴》独有的古朴典雅的风格。

五、抓反馈机制，力求开门办鉴

《奉贤年鉴》编辑部不断理顺基层撰稿员、责任编辑、总纂、（执行）副主编、主编之间的关系，变单向传递为双向互动。首先，无论在年鉴框架设计还是两次互校阶段，各编辑分工不分家，认真提意见，负责校稿件。其次，编辑部及时掌握各编辑的工作动态，随时检查工作进程及质量，分析影响进程和质量的主客观因素，并加强编辑人员的业务指导和业务讨论，提高对反馈意见的认识和理解。再次，编辑部在组稿、审稿过程中都加强与各撰稿单位、撰稿员的联系。组稿会议后，编辑部会在部分撰稿任务复杂的单位单独召开部门组稿会，实现针对性辅导的目的。同时，奉贤年鉴群以及奉贤文史微信公众号也发挥了很好的沟通纽带作用。

六、抓激励机制，提升队伍水平

奉贤年鉴编辑部在编制少、人手少的情况下，通过强化撰稿人对责任编辑负责、责任编辑对（执行）副主编负责、（执行）副主编对主编负责以及主编对编委会负责，层层把好各道运作关口。一方面，深入推进年鉴组稿质量考评制度。在 2014 年组稿大会上，编辑部对外发布年鉴组稿质量考评方案，对部门提供的稿件从交稿时间、交稿质量两大项进行细化考评，并将考评结果作为优秀撰稿员和先进集体评选的依据。通过近三年的实践，这项举措极大促进年鉴的组稿进度，确保每年 3 月 14 日截稿日前组稿完成率达到 90% 左右，3 月末全面完成组稿工作。另一方面，编辑部内部加强年鉴编纂及用鉴研究，完善编纂人员培养机制。

《义乌年鉴》简介

义乌年鉴编辑部

《义乌年鉴》2008年创刊,当年编纂的是2006年、2007年的合卷。由于两年合刊,再加上年鉴编纂工作尚属首次,年鉴上用的资料大部分是统计数据,大事、要事、新事缺乏。当时义乌市正在编纂义乌通志,在年鉴中查阅资料,遗憾的是可用的资料不多,即便使用的资料也不完整。怎样使每年编纂的年鉴与20年一修的志书在体例和内容上有机结合,使年鉴资料具有可读性和储备性,义乌年鉴编辑部从以下四个方面进行探索与实践。

一、创新框架结构与内容,强化"鉴往知来"功能

年鉴如何创新,如何改变"共性",创造"独特",提高年鉴内在品质,义乌年鉴编辑部把着眼点放在年鉴框架设置上。坚持解放思想,改革创新,在确保年鉴框架稳定性的同时,克服年鉴模式化的倾向,择善而从,搭建年鉴新框架。通过创设新的类目、分目,升格类目、分目,或将类目、分目的位置提前到醒目位置等方式创新年鉴体例和内容,将义乌元素融入年鉴类分目的设计中,塑造义乌独有风格。

《义乌年鉴》采用类目、分目、子目、条目四级结构层次。义乌是世界小商品市场,市场带动城市变化发展,带动义乌人文经济的发展。所以,《义乌年鉴》在类目、分目设置上围绕市场展开布局,卷首设置"荣誉义乌""数字义乌",开卷展现义乌城市魅力,吸引读者了解义乌,走进义乌。

浓墨重彩设置“专记”，置于卷首，彰显义乌特色。义乌市场繁荣发展，《义乌年鉴》主要以展会形式推介义乌小商品，除类目设置“展会”外，还将国际级展会从“展会”类目中提出，在“专记”中设“重大展会”专题，记述义博会、森博会、林博会、旅博会，突出义乌的展会规模和效益，尤其是国际影响力。同时，为彰显义乌元素，“特辑”中设义乌·中国小商品指数、义乌市场信用指数、劳动关系和谐指数；“义乌年度经济运行情况分析”通过3个指数和运行分析，浓缩义乌市场信息，以显现义乌市场对全国小商品贸易的“风向标”作用。

工业立目，义乌和其他城市不一样，义乌的工业主要是小商品加工和制造。如果按照机械工业、轻化工业、纺织工业等共性框架立目，工业类目难以立目，也突出不了义乌的特点。《义乌年鉴》找准义乌加工制造业是义乌工业经济支撑的特点，确立以行业定位，将各个行业的制造产业立目，在工业经济类目中设“小商品制造业”分目，下设服装制造业、花边制造业、化妆品制造业、拉链制造业、无缝制造业、线带制造业、制笔产业、钟表制造业、玩具制造业等子目，突出义乌企业特色。设“民营经济和经济开发区”类目，体现小商品制造业的发展，带动义乌市民营经济的发展和经济园区建设，形成义乌工业产业集群的优势，克服年鉴结构大同小异、“千鉴一面”带来的负面影响。

市场是义乌经济的重要支柱，主导义乌经济的发展。《义乌年鉴》框架设置上，将市场从“商贸”类目中分出，提升栏目级别，设“市场”类目，分设“市场建设”“市场监管”“中国小商品城”“专业市场”“生产要素市场”等分目，凸显义乌市场是“世界超市”的内涵。

义乌电子商务蓬勃发展，注册在义乌的商户超过24万家，快递日均出货250万件，国际快递60万件，内贸、外贸的网商密度分别居中国第一、第二位，是联合国认定的国际陆港城市。在“商贸”类目中设“电子商务”，“交通”类目中设“物流”“口岸”，“旅游”类目中设“购物旅游”等，彰显义乌地方特点和亮点。

“人物”类目中设“义乌人在外地”“外地人在义乌”分目，通过各个时期、各个领域在全国范围有一定影响的义乌籍拔尖人才和“外商在义乌”“新义乌人”“草根新秀”“十大电子商务领军人物”的外来建设者自强不息、开拓进取的事例，展现义乌人的时代风采，感受义乌沃土的恩泽，领略义乌精神的孕育，这也是义乌与其他城市不同的特点。

随着时代的发展，“时异事殊，趋向不同。”年鉴框架设计，不能墨守成规，在整体稳定的前提下，根据形势的发展和变化，随时从实际出发，更新调整框架设置，抓住年度中出现的新事物和热门话题，增设新栏目，淘汰过时栏目，使年鉴常编常新。分目、子目设置，按照社会属性归类。将市委党校工作，归并到“教育”类目，设“党的干部教育”分目，党史编研、文联、地方志编纂归到文化类。以《义乌年鉴（2015）》为例，类目设置由2014卷的42个减至32个，增加分目分量，由2014卷的199个分目、133个子目增至453个分目、164个子目；增加特色内容，“专记”中增设“义乌精神”。年轻人对“义乌精神”了解不多，为教育下一代，把它传递和发扬下去，将“勤耕好学，刚正勇为，诚信包容”义乌精神的渊源进行简述，宣传和传承义乌人民秉承传统精神辛勤耕耘的奋斗史，做到家喻户晓，让更多的人了解义乌。与“专记”中的“义乌精神”衔接，“人物”类目中增加“新人新事”分目，记叙典型人和事，弘扬新义乌精神；增设“新闻人物”记述义乌籍朱立伦生平简介，体现义乌是地杰人灵的城市。为减少“专记”内容的篇幅，将专记中常规性内容“重大展会”归并到展会类目中记叙。

二、特事特记，彰显地区特点与时代特色

地方综合性年鉴由政府主办，是官书、政书，应义不容辞地要为当代服务、为当前服务、为党政服务。站在政府工作的高度，抓住年度中政府工作的主线，重点突出市委、市政府中心工作，以特事特记的形式在“专记”中记叙，与政府工作接轨。《义乌年鉴》2009卷“专记”中设“市政府十项工作和十项实事”，2011卷起将该内容归并“大事记”类目，作为常设分目记述；2010卷设“全市学习实践科学发展观活动”；2012卷设“国际贸易综合改革试点”“创新创优、提质提效”专题内容；2013卷设“义乌市‘两区六城’建设”“义乌市场建设30周年”；2014卷设“‘鸡毛换糖’再出发，解放思想大讨论活动”；2015卷设“国务院总理李克强到义乌视察”，2016卷设“‘摇响拨浪鼓·同圆中国梦’工程”“大事记”中设“习近平视察义乌大事”，这些内容均是全市统一的行动，带共性的内容放在专记中专题记述，部门没有特殊的典型事件均不记，避免重复交叉和频繁记叙，体现年鉴“专”与“全”为现实服务的实用性。

三、科学取舍，使年鉴内容与志书续修有机衔接

在了解年鉴对续修志书的作用后，认识到年鉴资料对续修志书的重要性，在栏目

设置和内容取舍上进行调整与创新。2010 年是“十一五”规划收官之年，《义乌年鉴》2011 卷“大事记”中增设“十一五”规划期（2006—2010）50 件大事，作为对义乌“十一五”期间各项事业发展的追记。2011 年义乌市被列为国家第十个综合配套改革试验区，《义乌年鉴》2012 卷“专记”中增设“国际贸易改革试点”栏目，并作为每年的常设栏目，重点记述义乌承担探索建立新型贸易方式、优化出口商品结构、加强义乌市场建设、探索现代流通新方式、推动产业转型升级、开拓国际市场、加快“走出去”步伐、推动内外贸一体化发展、应对国际贸易摩擦和壁垒 9 个方面主要试点任务的实施情况；“专记”设置“长城·义乌双向行活动”分目，记述“重走义乌兵戍边路、义乌兵后裔桑梓行”的活动开展情况，对散落各地的史料进行梳理和整合。2012 年是义乌市场建设 30 周年，《义乌年鉴》2013 卷“专记”增设“义乌市场建设 30 周年”栏目，记述义乌市场建设 30 周年（1982—2012）要事录。2014 年“义新欧”国际集装箱首发，标志新丝绸之路从义乌正式出发，《义乌年鉴》2015 卷“专记”中增设“新丝绸之路从义乌出发”“习近平以‘义乌元素’诠释中国梦”等内容。2016 卷年鉴加重“专记”内容特事的记述，增设“义乌细菌战史料”“义乌兵史料考证”“义乌抗战老兵口述”“义乌工商学院起源”“义乌恐龙足迹的发掘”，配合“专记”中义乌兵史料的内容，“人物”中的传统人物选择明朝义乌兵抗倭将领英勇抗倭，保家卫国的事迹，配合读志用志，再现义乌兵文化。同时，“人物”类目中设“名人逸事”，将义乌名人冯雪峰、陈望道、朱一新等罕为人知的故事，用条目的形式记叙，为义乌市志补遗；设“义乌轶闻”，增强年鉴的趣味性、可读性。

四、规范条目撰写，强调资料的实用性及存史价值

年鉴最大的吸引力就是条目的资料性、可读性和存史价值。在编年鉴时，义乌年鉴编辑部注意把握经济发展的时代脉搏，捕捉各项事业发展的新事物，筛选有价值的信息入鉴。义乌年鉴编辑部坚持写好“概况”立好条目的原则，采取现场指导、解答疑题、帮助筛选入鉴内容等方式，从源头上把好年鉴稿件质量关；撰写条目时抓住要点，找出事物发展的因果关系，力图揭示其发展规律。同时，通过事物发展各个阶段的对比，找出共性中的个性，从事业发展寻求彰显事物特色的内容，做到一事一条，命题直入主题，让读者通过标题便知内文。严格条目规范，套话、标题式、口号语和要素不全的条目不入鉴，深入挖掘行业（部门）深层次信息，将条目写深写透。翻看《义

乌年鉴》任何一卷，综合性条目和单一性条目的记述，除个别分目，如“市场”“环保”分目中除部分单一性条目是静止的外，其他分目中条目全是有具体时间、要素齐全的资料性动态条目，在宏观条目和微观条目记叙手法上，清晰明朗，经得起质量的检验。为保证年鉴质量，采取每年评选优秀条目予以奖励的方式，进行条目撰写规范，提高年鉴条目质量。

《义乌年鉴》在框架设计和内容上，展现了浓厚的地域特色，彰显了时代的主旋律。百尺竿头更进一步，义乌年鉴编辑部将继往开来，用辛勤的汗水谱写年鉴事业的新篇章。

《萧山年鉴》简介

杭州市萧山区地方志办公室

《萧山年鉴》是浙江省杭州市萧山区委、区人民政府主办，萧山区人民政府地方志办公室（以下简称“萧山区志办”）承编的大型资料性工具书，于1986年创刊，至2016年底已连续出版31部。《萧山年鉴》是全国创刊较早、出版历史较长的县区级综合年鉴，也是区内外了解萧山的权威窗口，在全国年鉴界具有一定的知名度和影响力。

31年来，《萧山年鉴》始终围绕党委政府的中心工作，全面、系统、翔实地记载上一年度萧山政治、经济、文化和社会发展等方面的实情，及时捕捉新气象、新举措，也如实记录发展过程中的问题、困难等，努力发挥年鉴存史资政、鉴往知来的职责。萧山作为县域经济较为发达的地区，如何准确把握萧山经济社会发展的脉搏，客观记述历史发展进程，成为萧山年鉴人经常思考的问题。

一、提升理念，多维度体现区情

《萧山年鉴》在31年的编纂历程中，形成一套覆盖全面、层次清晰的框架结构以及点面结合、可读性强的内容表现形式。

（一）框架合理、层次清晰

《萧山年鉴》共设三级目录，即类目、分目、条目，经过多年探索，已形成相对稳定、领属得当的框架体系。以《萧山年鉴（2015）》为例，全书设特载、专记、大事记、总述、工业经济、重点企业和集团、农业·农村·农民、国内贸易、对外经济贸易、开发区、旅游、交通、城市建设与管理、房地产·建筑业、国土资源管理·环境保护、金融业、社会服务业、经济管理与监督、中共萧山区委、萧山区人民代表大会、萧山区人民政府、政协萧山区委员会、中共萧山区纪律检查委员会、民主党派·群众团体、人力资源和社会保障、政法、军事、教育、科技·信息化、文化、卫生和计划生育、社会、镇·街道、大江东产业集聚区、人物、先进名录、重要文件辑录、重要文件目录选编、调研报告、索引40个类目，分目320个，条目2002条。在与2014卷保持框架结构基本稳定的基础上，2015卷对新兴事物进行类目、分目调整，如根据杭州大江东产业集聚区的设立和体制调整，将“大江东产业集聚区”单设为类目，以求准确反映产业集聚区情况。又如，关于“五水共治”、群众路线教育实践活动等年度大事的开展，年鉴除相关条线的记载外，特设“专记”进行深度反映。《萧山年鉴（2016）》在保持框架基本稳定的基础上，局部调整篇目设置，增设“年度聚焦”等篇目，在“区情概览”中增设物产、方言、民俗等内容，在“工信经济”、“农业·农村·农民”等篇目中尝试增加子分目，以求更加全面、准确地反映萧山发展脉搏。

（二）广征资料、覆盖全面

每年年初，杭州市萧山区人民政府以萧政办发的形式下发《关于印发〈萧山年鉴（××××）〉编纂工作意见的通知》，并将年鉴工作列入区政府对各镇街的目标考核。根据通知要求，萧山区志办向区内200余个单位征稿，基本涵盖萧山各系统各战线，力求年鉴资料的全面、权威、真实、可靠。此外，年鉴编辑部还“择大”“择要”“择新”“择喜忧”自行组稿，以弥补某些资料的不足。

在广征资料的基础上，《萧山年鉴》以“点面结合”为原则进行选取，“面”上资料要求“全面”而有“深度”，“点”上资料要求围绕“大事”“要事”“特事”“新事”“亮点”筛选组织典型性条目，体现年鉴的工具性、可读性、存史性。近年来，根据萧山经济社会发展的变化，及时在相关类目增加或调整城市建设投资、地铁建设、燃气管理、汽车流通、金融集聚区建设、电子政务、网站、网络舆情等内容。如2013卷在“社会服务业”中新增“餐饮·茶楼（咖啡）”“商场（超市）”等分目，2014卷在“附录”中关注个转企、农业用工成本、居家养老、居民死因监测分析等热点，2016卷“年度聚焦”关注上年度引发网上热议的舆情事件。

（三）多维记述、可读性高

作为资料性书籍，《萧山年鉴》一直致力于多维记述、增加可读性。一是专题记述全区性重大决策、活动，例如“建设农村文化礼堂是2013年浙江省政府的十件实事之一”，《萧山年鉴》2014卷不仅在正文中详述，而且制作彩页特辑16页，全方位反映了萧山在软硬件设施和文化传承方面的领先做法。二是响应民生期盼，反映住房、就医、养老、用工、环境等民生问题，如2012—2015卷连续四年收录事关民生的调研报告、社会调查等共计26个，包括农村建房情况、外来人口生活状况、中小学生体质报告解读、农村就医、城区早餐行业调查、村干部违纪违法问题等。三是图文并茂，让文字更生动。注重图表的运用，如在“工业经济”“国内贸易”“对外经济贸易”等类目以大量图表更直观地反映经济运行情况等；每年制作彩页两辑，第一辑反映上年度区域政治、经济、文化、社会事业方面的重大事件，第二辑采取专题式，设计形式相对灵活，近年来先后做过非物质文化遗产、十件实事、文明幸福新萧山、农村文化礼堂、美丽乡村建设等专题。

二、全面统筹，理性而不失情怀

秉承“守护萧山精神家园”这一历史使命，萧山区志办在进行年鉴编辑时，心怀使命感，以史志工作者独有的智慧、史德、史识，坚守理性而不失情怀的价值观，一方面咬文嚼字，对每一个数据、每一处文字都反复斟酌，力求最大限度地如实记录和反映社会的发展实情；另一方面则通过材料的取舍、详略的把握等，借以资治时政、“编纂问道”、编纂为用。

（一）三审三校严把关

《萧山年鉴》在出版前，需经过两轮严格的三审三校。第一轮三审三校由年鉴编辑部完成，包括内容调整、行文规范、数据核对等。通过订阅《咬文嚼字》等报刊、参考其他优秀年鉴、外请专家、交叉看稿、定期举行评稿会等方式，不断夯实年鉴编辑的基本功。稿子送出版社后（从2002年起由浙江人民出版社出版发行），进行第二轮严格的三审三校，由责任编辑初审、编辑室主任复审、总编（副总编）终审，对年鉴质量进行二轮把关。

（二）既报喜也报忧

年鉴是资料性文献，准确、客观、理性是基本要求。但是，这并不影响年鉴编辑有自己的价值观，通过对材料的取舍、详略的把握等，表达对社会的认知和心中的准绳。例如，对于确有必要入鉴的负面事件，首先要在条目名称上把握，强调处理态度和处理结果，寻找负面事件的正面意义；其次，在不违反保密规定的前提下，尽量全面记述事情的来龙去脉，避免主观色彩；第三，把握好重点，详略得当，寓观点于记述之中。2013 年，萧山某企业发生人为纵火，导致 3 名消防员在施救时牺牲，社会反响强烈。对此，《萧山年鉴》2014 卷在“消防管理”分目记述“3 名消防战士为扑救‘1·1’大火牺牲”，在“人物”类目下特设“烈士”分目，记述 3 名烈士简历。

（三）装帧设计有讲究

装帧设计作为年鉴的外在表现形式和载体，直接影响着读者的第一感觉和判断。在内文设计上，为便于阅读，《萧山年鉴》选用略微带黄的白色纸张，避免产生反光刺激眼睛，将每页 3 栏改成每页 2 栏，并设计“萧山年鉴”的形象标识，作为页眉。在封面设计上，从 2000 年起统一采用藏青色硬皮纸和统一的字样图案；2013 年起，在不改变版式字样图案的基础上，改用藏青色新型牛津网格特种纸，达到一种轻便不失深沉、大气又兼雅致的效果。

三、屡获大奖，成果转化有特色

多年来，《萧山年鉴》以过硬的编纂质量和不懈的创新实践，屡次获得国家级、省级大奖。荣获首届中国地方志年鉴奖特等奖；获得全国地方志优秀成果（年鉴类）特等。

在年鉴的成果转化方面，萧山区地方志办公室也一直走在前列。2003 年起，《萧山年鉴》实现数字化，年鉴纸质书和光盘同步发行。2007 年，《萧山年鉴》入选中国年鉴网络出版总库。2013 年，“萧山史志网”改版，建立数据库，将历年《萧山年鉴》全文上传，降低普通百姓与年鉴接触的门槛，只要有网络，即可实现与萧山年鉴的零距离接触，从而大大地提高年鉴的影响力和利用率，使年鉴成为人人可用、易用的资料书，也是对开放和共享理念的一种实践。

《东营区年鉴》简介

东营市东营区地方史志办公室

《东营区年鉴》由东营市东营区人民政府主办、东营区地方史志办公室承编，旨在全面、准确、及时地介绍东营区政治、经济、文化、社会等方面的基本面貌和社会主义现代化建设中出现的新情况、新问题、新进展，为各行各业提供咨询服务，为各级领导提供决策依据，为续修地方志积累资料，同时向国内外宣传介绍东营区。

《东营区年鉴》2000 年创刊，每年一鉴，公开出版，至 2016 年，《东营区年鉴》已连续出版 17 卷。2016 年 7 月 11 日，中指组发文通报表彰全国地方志优秀成果（年鉴类），《东营区年鉴（2014）》被中指组评为特等奖，成为山东省唯一获此殊荣的县区级年鉴。《东营区年鉴》曾多次荣获山东省优秀年鉴评比特等奖。

《东营区年鉴》卷首以图片的形式反映年度东营区重点工作和重大成就，正文设特载、大事记、区情概况、政党政务、政法、综合经济管理、农业、工业、城建环保、服务业、社会事业、镇街道概况、石油、高等教育、人物、附录等栏目（个别栏目根据当年情况调整）。主体内容一般划分为栏目、分目、条目三个层次，少数条目下设子目。条目为年鉴内容的基本单元，分为事业发展综述和大事要事专题两种类型。为增加信息量、增强实用性，各部类使用了相关的数据资料。部分栏目编制了不同年份、不同地区相关数据对比统计表，以增加资料的深度、广度和可比性。为方便读者检索，卷首设中、英文目录，正文以栏目标题为书眉，部分交叉内容在文中设括号注释参见体系；卷末设按汉语拼音字母顺序排列的主题分析索引。

《东营区年鉴》特色鲜明。一是突出东营区年度工作特色。年鉴特设卷首图片、特载和大事记等栏目。卷首以70幅左右的图片集中展示东营区当年主要工作业绩，特载部分精选条目专门载录当年全区的重点创新工作。如《东营区年鉴》2014卷以“创建全国文明城市”“项目服务年”“第六届中国（东营）国际石油石化装备与技术展览会”等条目全面记述2013年全区最有亮点的年度工作。大事记栏目将全年大事一览无余。对全区性的其他年度创新工作和新生事物，都在相关内容中列为年鉴的重点篇目进行专题记述。2005年、2010年、2015年是东营区国民经济和社会发展五年规划结束之年，为突出这一特点，东营区年鉴都在前置彩页或内容中设立专题篇目，对五年全区经济社会发展进行总结对比，使读者了解五年的发展历程。二是突出东营区地方特色。特设“区情概况”栏目，将东营区“历史与区划”“自然环境”“人口民族”“国民经济和社会发展综述”进行全面记述。东营区是胜利油田发现地和胜利油田机关驻地，年鉴特设“石油”栏目，对胜利油田进行全面介绍，突出东营区石油之城的特色。东营区的“山东东营胜利经济开发区”是全国唯一一家以石油装备为主导产业的省级开发区，被中国设备管理协会命名为中国石油装备产业基地。年鉴在工业栏目中特设“山东东营胜利经济开发区”分目进行详细介绍。另外，年鉴特设“高等教育”栏目，对辖区内中国石油大学（华东）进行介绍，突出东营区教育事业发达的特点。

《东营区年鉴》图文并茂，印制精美。《东营区年鉴》选择方志出版社、中华书局、中国文史出版社等出版，确保年鉴的出版质量。年鉴的封面、彩页和文字经过精心设计制作，提高了年鉴的可读性和美观性。

《金州年鉴》简介

■ 大连金普新区地方志办公室

《金州年鉴》(《金普年鉴》) 于 1987 年创刊，因区划调整、行政管辖范围变化及管理机构变更，先后由大连市金州区委、区政府，大连金州新区、大连金普新区党工委、管委会主办，大连市金州区史志办公室（档案局）、大连金州新区史志办公室（地方志办公室、档案局）、大连金普新区地方志办公室（档案局）主持编纂，每年出版一卷。至 2016 年，累计连续出版 30 卷，总计 2420 余万字。2014 年 6 月，国务院批准成立金普新区，为第 10 个国家级新区。2015 年 8 月，金普新区党工委、管委会挂牌。因此，2016 年，《金州年鉴》更名为《金普年鉴》。

《金州年鉴》编纂工作起步较早，基础比较扎实，发展势头良好。近年来，金州区（金州新区、金普新区）年鉴、方志事业取得一些成绩，为宣传推介金州区（金普新区）、树立金州区（金州新区、金普新区）形象，促进金州区（金州新区、金普新区）改革开放和社会主义现代化建设，建设富裕文明和谐新金州区（金州新区、金普新区）发挥了积极的作用。30 年来，《金州年鉴》坚持实事求是、与时俱进、精益求精，编纂出版质量不断提高。在中指办、中国地方志协会组织的首届全国地方志系统年鉴评奖中，《金州年鉴（2004）》获特等奖。

《金州年鉴（2014）》为总第 28 卷，设有 29 个类目、172 个分目、90 个子分目、1709 个条目，收录表格 102 个、图片 243 幅，相关链接资料 25 个，全书总计 100.3 万字。2014 卷着重记述 2013 年金州新区经济和社会发展的基本情况。其中，封面构图新颖，配色和谐，特色鲜明，庄重大方；特载中收录调研报告，概貌中设有“政治文明建设”“生态文明建设”等分目；彩版照片主题突出，涉及面广，图像清晰，图片大小适中，文字说明规范、精炼，充分体现金州新区“五大新区”建设主题，展示经济、文化、交通、旅游、社会生活等各方面发展情况。全书框架设计合理、内容充实，体现时代特色、地方特色、行业特色和年度特点，能全面反映各行各业发展情况；全书综合情况、动态信息、附属资料、检索系统有机融合，一、二、三次文献配置合理，资料分类科学、严谨，类目、分目标引准确、简洁、规范;条目记述重点突出，符合选材原则，动态性选题较多，收录年度要事、大事、新事、特事，独立性、年度性、资料性较强，基础信息和大事要闻反映充分，条目内容要素规范、齐全，核心资料较完整，有效信息容量较大，体裁得当，文字表达通俗、朴实、简明、流畅；全书所用名词、名称和时间等表述统一、规范，量词基本一致。版面信息量较大，留白较少，各级标题设计合理，区别明显，美观大方，文字、表格、随文插图等资料形式丰富多彩，搭配得当，版面安排符合出版要求，视觉效果较好;装帧朴实无华，简洁实用，纸张选用得当；印刷质量较好，装订牢固结实，易于保存和翻阅；目录和条目编排得体，准确无误，易于检索;索引有一定深度，标引准确规范，检索方便;针对读者不同需求分别提供年鉴的纸质版本和电子版本，方便读者查阅、检索。

30年来，《金州年鉴》真实记载金州区（金州新区、金普新区）发展变化的轨迹，成为深受读者喜爱的地情百科全书。该年鉴凭借丰富全面的资料、翔实权威的数据、富有地方特色的内容、方便快捷的服务功能，为金州区（金州新区、金普新区）改革开放、现代化建设和跨越发展服务，在业内得到高度认可，从而成就了自身的成长与辉煌。

一、树立历史使命感和时代责任感，忠实履行编史修志的神圣职责

年鉴编纂质量是一部年鉴的生命之源，而年鉴编辑是决定年鉴质量的关键。这就要求年鉴编辑在认清年鉴编纂工作的性质和重要性基础上，牢固树立历史使命感和时代责任感，具有高度的敬业精神和对历史的敬畏之心，以满怀的热情和甘于寂寞的精神投入到工作中，全面提高年鉴编纂质量。

（一）把好政治关和史实关

年鉴是公开出版物，对于敏感性问题，需要慎重对待，注意公开范围，谨防泄密。条目中凡涉及安全内保、国际斗争、国防重地、军事设施、武装力量、国防科研、战备物资储备、粮食等重要物资的调运和库存量、某些重要矿产资源储量、国家规定不能公开的科研成果和特种工艺等，都严格保守国家秘密，不随便公开。在审校过程中，认真评估稿件内容的真实性，切实把好史实关。

（二）忠实记录金州区（金州新区、金普新区）改革开放和现代化建设的历史进程

《金州年鉴》从第一部起，就坚持反映全区改革开放、经济建设、城乡和生态环境建设、人民生活及精神风貌的发展变化。农村改革、企业改革、医疗保险制度改革、党政机构改革、人事制度改革等内容，在年鉴中均有体现。随着对外开放的深入，对外贸易、产业发展、内外资招商成为年鉴记述的重要内容。在 30 部年鉴中，金州区（金州新区、金普新区）的改革开放、社会主义市场经济建立完善得到多角度、全方位展现。从 1986 年全区社会总产值 17.23 亿元，到 2015 年地区生产总值 1611.27 亿元，30 部年鉴系统绘就了全区经济发展的曲线图，全面、准确记载了每年金州区（金州新区、金普新区）经济社会发展的业绩和各方面发展变化情况，如实反映人民生活的巨大变化，展示金州人民风貌，收录各行各业涌现出的风云人物，记录金州人民为建设和谐美好新金州而不懈奋斗的历程。

二、树立精品意识，努力追求年鉴整体质量提升

《金州年鉴》在编校过程中，始终秉承“年鉴编校质量至上”的原则，“出精品”是 30 年来所有年鉴工作者追求的终极目标。在编纂、校对直至下版印刷的全过程中，每一位责任编辑都认真对待每一个环节，并与时俱进，跟上时代发展的步伐。

（一）不断创新，合理设定框架结构

为了编好年鉴，编辑部在保持框架结构基本稳定基础上，结合实际，根据形势发展、年度特色、具体内容，适时调整框架结构，使框架结构更加合理科学。分目、

类目在保持相对稳定性的前提下，与时俱进，适当调整，确保同一主题稿件组合科学合理。2010 年，金州区与大连经济技术开发区合并成立金州新区，《金州年鉴》虽然名称保持不变，但在内容上已经由原来只记述金州区的历史扩大到整个金州新区范畴。年鉴执行主编立足本区实际，参考《大连年鉴》及全国市级、地州区县级优秀年鉴，对年鉴框架重新调整，由原先的 30 个类目调整为 29 个，将原来的“海洋渔业”类目并入“农业”类目，增加“产业园区”这一特色类目，用于介绍金州新区设立的十大产业园区，对其他如信息、交通、金融等方面也进行相应调整和重组，取消原有“民营经济”类目的内容。调整后的《金州年鉴（2011）》继续采用分类编辑法，分目由 2010 卷 145 个增至 167 个，子分目由 52 个增至 86 个，既保持合区前的版式和框架的相对稳定，又体现新区特色，更加突出时代特征、年度特点和地方特色。

（二）优化选题，精编条目

在编辑加工、进行组稿环节，条目标题尽量突出主题词，让读者能以最快速度发现中心词、关键词，节省查考时间，实现快速检索。重视条目选题的相对独立性，避免题目不同、内容重复的条目浪费版面。条目选题从读者的检索愿望、检索习惯出发，尽量选收读者普遍关注、查检率相对较高、能够独立检索的题材，将读者根本不关心、不感兴趣、无法检索、难以查考的题材删掉。条目选题立足新、特、大、要事，以基础信息和大事要闻作为选题的重点。适当改变老主题的切入角度，让老主题焕发新活力。

（三）拓宽资料来源，确保年度信息应收尽收

在各单位通讯员供稿的基础上，年鉴编辑人员与新闻中心、大连开放先导区报社取得联系，充分利用网络、报刊多种媒体，建立时事动态资料收集整理制度。平时加强对新闻和地情信息的关注了解，做到对一年的大事、要事心中有数，提高对入鉴资料的敏感性和辨别力，提高稿件质量和组稿效率，一旦面对通讯员缺乏新意的稿件，就能提出增补年度动态性条目或热门资料的具体意见，在通讯员的配合下，共同完善选题选材，确保稿件质量。

（四）综合运用多种手段，实现年鉴内容鲜活、直观

在条目设置清晰、新颖、合理的基础上，科学配置随文照片，选取主题突出、像素高、代表性强、与内文重要事件相互呼应的照片插入内文中，实现图文一体化，达到内容和形式相统一，图文并茂再现全区经济社会发展情况，反映时代精神风貌。综合运用相关资料链接、表格等辅助说明史实，让年鉴形式更加多样、鲜活，富有时代气息和生命力。数据尽量图表化，与纯文字相比，数据图表更加直观，容纳的信息量更大，更便于对比分析和寻找规律，方便读者检索。随着互联网的飞速发展，年鉴网络化、数字化成为趋势。《金州年鉴》(《金普年鉴》）顺应时代发展，推进数字化、多元化、网络化，全书内容收录书后配发的光盘中，文字稿件上传到本地区档案史志网，方便广大读者使用。

（五）精益求精，将差错降到最低

30 年来，《金州年鉴》始终将提高文字编校质量作为年鉴质量管理的难点和重点来抓，认为编校差错是编辑的失职行为，是对读者、对年鉴事业、对历史不负责任的表现。严格按照年鉴规范不厌其烦地进行校对，把握好文字编校关，不断提高自己的编校水平。吸取一些地方年鉴因编校失误而造成负面影响的教训，时刻提醒编辑人员加强责任意识，对待每一篇稿件都要做到“咬文嚼字”，绝不放过任何一个错别字，不漏字、不多字。年鉴条目文字表达贵在简约概括，按照择大而记、择要而录的原则，注意逻辑，讲究文法，榨干水分，力求简明扼要，避免空话、套话、废话、大话、形容词、溢美之词，避免冗长啰唆的罗列文字。对于过多的议论和评论，应当毫不留情地删除。删掉可要可不要的虚词、副词和连接词。同一类目与不同类目下设的条目内容、数据要前后呼应，分项和主项数据要吻合，在此基础上与地区《统计年鉴》严格核对，按照《统计年鉴》上的表格数据进行调整，表格没有的按照公报数调整。对于《统计年鉴》上没有的数据也要认真核对，并做好横向、纵向的比较，要保持对数据的敏感，要做到和文字一样深挖到底，绝不含糊。在后期校对排版稿件方面，《金州年鉴》(《金普年鉴》）历来极为重视。每位责任编辑对自己负责的类目稿件进行初审加工、组稿编排发印刷厂排版后，对纸质文稿校对 5 遍以上，之后由编辑部的几位编辑交叉审稿，深入发现存在的问题。在此基础上，由执行主编审阅，发现问题后，进一步核实。经过初审、复审、终审 3 个主要环节，供稿通讯员、编辑、

主编、主审层层校对把关，年鉴出版质量得到显著提升。

年鉴具有存史、育人、资政的作用。编纂出版年鉴，旨在通过年鉴，让了解金州区（金普新区）、为金州区（金普新区）发展做出贡献的人，从中看到自身奋斗的足迹；让不了解金州区（金普新区）的人，从中看到金州区（金普新区）不断进步、跨越发展的进程;让投资者看到金州区（金普新区）的潜力,让创业者看到金州区（金普新区）的前景，让老百姓看到金州区（金普新区）的希望。作为年鉴工作者，大连金普新区地方志办公室一定不辱使命，时刻牢记肩负的责任，始终保持高度的职业热情、神圣的历史使命感投入年鉴编纂工作中，为推动年鉴事业科学发展、创新发展作出应有的贡献。

《余杭年鉴》简介

杭州市余杭区史志办公室

1990年8月，《余杭县志》出版。为传承余杭的地方志事业，当年11月，余杭县委县政府批准决定："从1991年起逐年编写《余杭年鉴》，作为县志办公室的主要工作。"1991年，《余杭年鉴》创刊。1992年6月，余杭历史上第一本综合性年鉴《余杭年鉴（1991）》出版发行。此后，一年一鉴，不曾间断，已连续出版26卷。20多年来，几代余杭年鉴工作者淡泊明志，笔耕不辍，一步一个脚印地推动余杭年鉴事业从初创走向成熟。时至今日，余杭区史志办已经建立起一支相对稳定的编纂队伍和一套完整的编纂体系。

一、主要内容与特色

遵循年鉴编纂的基本规范，框架结构覆盖全面、层次清晰、领属得当。《余杭年鉴》正文采用栏目、分目、条目三级结构层次。以《余杭年鉴（2015）》为例，分设30余个栏目、200余个分目，收条目1700余条。卷首设特载、特辑、大事纪要、余杭总述，卷末设文件辑录、统计资料与分析、附录等内容。近年来，重点记叙余杭区全力攻坚"经济转型升级、城乡统筹发展、社会管理创新"三大重任，以及全区经济、政治、文化、社会和生态建设的新情况、新成绩、新经验，实事求是地反映在发展中遇到的新问题、新矛盾。

内容上注重推陈出新。如为更好地发挥年鉴的资政作用，将原来的"统计资料"

栏目改为“统计资料与分析”，增加统计分析内容；在附录中选录余杭区党政系统优秀调研论文，为地方领导及有关部门进一步掌握余杭情况、作出正确决策提供参考；增设《延伸阅读》，围绕余杭区委、区政府的中心工作，从国家及省市报刊中选取有关余杭的报道，放在与报道内容相关的栏目后，以不同于年鉴的记叙视角、记叙方式，与年鉴正文相互呼应。

突出余杭地方特色。以《余杭年鉴（2015）》“特辑”部分为例，收录余杭本地最新鲜的时讯或大事要事，如“五水共治”“特色小镇建设”等具有本地特色的内容。专设“良渚文化”栏目，余杭历史悠久，四五千年前的良渚人以“原创、首创、独创”的精神，创造“天人合一，天工巧夺”的良渚文化，托起中华的文明曙光，为后人留下宝贵的精神遗产。从《余杭年鉴（2002）》起，设立“良渚遗址”栏目。随着对良渚遗址的挖掘和研究，从《余杭年鉴（2009）》起改设“良渚文化”栏目，集中记载良渚文化的重大考古发现，及其研究、展示、保护、宣传和申遗等工作，彰显良渚文化的重要性和独特性。

二、指导思想与精神内核

《余杭年鉴》始终坚持正确的舆论导向，努力使年鉴成为社会主义核心价值观的忠实弘扬者。《余杭年鉴》自创刊之日起，就坚持不懈地用马克思主义中国化的最新成果作为年鉴编纂的指导思想，把它写入“编辑说明”，开宗明义，并一以贯之于年鉴的组稿、编纂、审稿和出版整个过程。坚持以人为本，与时俱进，开拓创新，体现年鉴为经济建设和社会事业发展服务的思想。关注余杭在社会主义意识形态领域产生的新思想、新事物、新情况，满腔热情地加以记述。如爱国主义教育基地建设、感动余杭人物评选、红色旅游、第一届余杭区道德模范评选等，展示余杭区开展社会主义和谐文化建设的过程。

《余杭年鉴》始终把与时俱进作为年鉴的精神内核，捕捉余杭经济社会发展变化的新趋势、新特点；始终把简朴、庄重，有重点、有亮点作为年鉴版式装帧设计的追求目标；始终坚持质量与时效相协调，在抓年鉴质量的同时，强调出版的时效性，努力把鲜活的资料及时呈现给读者。与此同时，《余杭年鉴》从大 32 开本到 16 开本再到大 16 开本，从黑白印刷到全彩印刷，从纯纸质到电子光盘制作，从边学习边起步到屡获全国大奖，一步一步走向成熟。

26年来，一茬又一茬余杭年鉴人经过努力与坚持，辛勤笔耕，为《余杭年鉴》在全国年鉴界赢得较高的知名度和美誉度。《余杭年鉴》多次获得年鉴质量评比特等奖、一等奖等奖项。下一步，在领导重视、队伍稳定、经费保障的情况下，余杭区史志办公室将继续深入贯彻落实国务院《地方志工作条例》和《全国地方志事业发展规划纲要（2015—2020年）》，再接再厉，不断推动余杭年鉴事业科学发展，充分发挥年鉴在余杭区经济社会发展和文化名区建设中的重要作用。

《北京统计年鉴》简介

北京市统计局

《北京统计年鉴》是按年连续出版的大型统计资料工具书，通过大量翔实的数据资料反映北京市一年来经济社会发展变化情况，是国内外各界人士了解北京、认识北京的重要资料，同时也是资政、存史的历史资料书。

一、发展概况

《北京统计年鉴》自1985年出版发行以来，其内容与形式都发生显著变化。开本从大32开调整到统一规范的大16开，页数由200页左右增加到近600页，篇章由十几个章节调整发展到二十多个章节，语言由“纯中文”演变到全部中、英文对照，载体也由单一纸质书籍发展到纸质、电子光盘、网络化数据等多种介质，印量由500册增加并稳定在2000册左右，发行方式由内部发行扩展到全社会的公开发行，最大限度地满足了社会各界对统计数据的需求，真正成为统计部门有影响力的拳头产品。

《北京统计年鉴》一般于每年8、9月出版发行。近些年来，为满足社会用户年度数据的需求，年鉴数据分别在6月、7月、8月三批提前在北京统计信息网、首都之窗等网站发布数据，每年发布时都受到媒体和社会公众的极大关注。为方便用户更加便捷地下载使用数据，北京统计年鉴网络版光盘在年鉴印制完成后一个月内也在网上公布。

二、主要内容

统计年鉴不同于一般书籍，作为重要的资料用书，年鉴的主体内容为统计表，全书基本框架多年保持稳定，2016 年章节主要内容包括：综合，国民经济核算，人口与就业，能源、资源和环境，全社会固定资产投资和房地产开发，财政与税收，价格指数，人民生活，城市公用事业，农业及农村经济，工业，建筑业，交通运输邮电，批发和零售业、住宿和餐饮业，对外经济贸易，旅游业，金融和保险，教育、文化，科技，卫生、体育，社会福利、社区、政法及其他，第三产业，开发区等。每一章节由简要说明、统计表和主要统计指标解释三部分组成，简要说明在每一章节首页，主要介绍该章节的主要内容、资料来源、统计范围、指标口径和历史数据调整方法，主要统计指标解释在每章节页尾，主要对本章节内所涉及的主要指标、计算方法等作简要解释。统计表是各章节的核心内容。每一章节注重从该领域主要情况出发，统计表排列顺序一般先是主要指标历史数据表，后为当年数据表。从多行业、多角度详细客观地反映北京市经济发展变化趋势。

三、主要特色与指导原则

为突出《北京统计年鉴》的时代感，从 2007 年开始保持封面色彩五年不变的特点，年鉴封面经过精心设计，重点突出北京元素，体现时代特点，突显统计特色。2016 年彩页内容作为《北京统计年鉴》的亮点之一，设计风格进行了全新设计，重点突出北京全貌和经济社会热点内容，辅以五年历史数据对比图片，简洁新颖、一目了然。

《北京统计年鉴》长期坚持的编辑原则是：以需求为导向，以数据质量为核心，以统一规范为重点，在保证数据的连续性和可比性的基础上，每年根据社会经济发展新情况、新特征，对统计表内容和指标进行更新、充实、完善。2016 年主要内容修订集中体现在三个方面：一是根据时代变化情况，不断充实年鉴内容；二是根据统计方法制度修订情况，及时调整统计表内容和历史数据；三是不断加强年鉴格式的规范统一性，针对年鉴中所有涉及统计分组内容、中英文字内容、数据格式内容等进行前后统一修订，确保整书的完整性和规范性。

《广东建设年鉴》简介

■ 广东建设年鉴编辑部

《广东建设年鉴》自2009年创刊以来，在编纂出版的规范与创新实践中不断探索年鉴事业可持续发展新路子和新方法。《广东建设年鉴》以“高起点、高规格、高质量”为出版目标，以“广东特色、时代特色、年度特色和行业特色”为体例规范，遵循“凸显特色、总体稳定、与时俱进”编纂要求，兼顾资料性工具书和政府官书的规范性与严肃性，以其时效性、科学性、资料性、全面性和权威性取得业界与社会大众的认可。

一、建章立制，强化保障，是保证年鉴质量的基础

（一）一以贯之的制度保障，是年鉴发展的基本保证

坚持政府主导，坚持广东建设年鉴编委会领导下的主编负责制，发挥编辑部统筹、协调和指导的作用，使年鉴编纂出版各项工作高效运作。《广东建设年鉴》通过整合专家资源，聘请年鉴界、出版界资深专家担任编委会顾问和副主编，为年鉴编纂工作提供强有力的技术支撑，实现年鉴事业的可持续发展。

（二）一如既往的精编细校，是提升年鉴质量的中心环节

在多年的编纂实践中，《广东建设年鉴》逐步形成一套行之有效的编校程序。

一是精心编辑。承编部门、单位主要撰稿人把好稿件的第一道关，对本部门、单位资料进行筛选，按年鉴体例和要求进行统稿。编辑部在编稿的过程中，既尊重原稿对相关内容的陈述，又对其进行必要的补充、删减、修改和整合。补充必要的时间、地点、人物等基本要素，删减具有修饰性的词语和过于烦琐的介绍，修改陈述不准确的内容，整合不同单位来稿中涉及同一事件的条目。尽量使语言精练、内容准确，提高有效信息含金量。二是严格规范。年鉴编纂具有很强的专业性，字词、语法、标点符号、数字用法、计量单位、版面格式等都需要按照国家标准执行。国家标准中未明确的事项，由编辑部集体研究讨论后加以细化和明确，并制定内部统一意见。虽然众手成鉴，但力求标准一致。平时定期组织年鉴编纂专业理论知识学习，建立每周例会制度，讨论交流稿件编纂中遇到的共性问题和容易忽略的问题，讲评重点稿件，提出下一步工作目标。例会注重互动性和参与性，起着交流工作、以老带新、以讲代训的作用，及时解决编纂工作中出现的新情况、新问题。同时重视对最新出版规范的吸收掌握，及时运用在稿件中，以符合国家出版物要求。

（三）一脉相承的队伍建设，是年鉴事业可持续发展的重要前提

年鉴须淡化“官书”意识，树立服务大众的理念，不可编成各部门的“功劳簿”，报喜不报忧。年鉴官味越浓，读者群体越小，常被束之高阁。为此年鉴质量的高低，很大程度上取决于参编人员的素质高低。为确保年鉴事业健康、稳定发展，《广东建设年鉴》坚持两手抓。一手抓好年鉴作者队伍建设。通过集中培训、以会代训、分类辅导、个别交流等方法，加强对撰稿人的业务指导。在组稿中，鉴于撰稿单位年鉴作者频繁更换，新手业务不熟，不善于收集整理具有重要价值的信息资源，常以“旧瓶”装“新酒”，生搬硬套，拼凑成篇，导致来稿质量参差不齐的情况，编辑部打破“守株待兔”式的被动工作模式，主动对基层作者进行业务辅导，指导他们如何撰稿，启发他们写作思路，征集优秀稿件。同时编辑与作者相互学习，尤其是对自己不熟悉的领域虚心求教。对来稿中需要做较大改动的地方，与作者商讨后再作修改。这种编辑与作者间的主动沟通与相互尊重，增强了编辑部的亲和力，提高了作者撰稿的积极性。另一手抓好年鉴编辑队伍的建设。年鉴编辑直接参与拟定框架、组稿编纂、排版付印等编纂工作的全过程。为此，在稳定年鉴编辑队伍、努力提高政治素质的同时，着重在增强编辑业务能力上下功夫。除积极派员参加全国性、地区性学术交流会议，还充分利用本地专家资源优势，邀请出版社、年鉴社专家结合实际编纂工

作中遇到的难题为编辑传导解惑，组织编辑人员学习、探讨，苦练基本功。

二、充实内容，完善结构，是体现年鉴特色的核心

年鉴是意识形态领域的重要出版物，在体例、内容、装帧、印刷、传播等方面须紧跟出版趋势，不断改进提升。《广东建设年鉴》注重内容的丰富和充实，追求体例的完善和表现形式的和谐统一，积极探索，大胆创新，力求全方位、多角度、深层次地反映广东省住房城乡建设改革和发展的新进展、新变化和新经验。

（一）充实框架内容，反映城乡建设发展特点

年鉴的“新”往往通过精心设计的框架结构体现出来。框架是年鉴的主体结构，是年鉴编纂的指导思想，须反复推敲、精心构筑，让年鉴从内容到形式不断出新，避免“老面孔”。《广东建设年鉴》秉承“常编常新”理念，当前中国经济社会发展步入“新常态”，在“新常态”下的广东省肩负着在地区生产总值和结构调整两个方面为全国提供支撑的重要任务。为此，编辑部适时优化篇目结构设计，合理谋篇布局，结合上一年度全省住房城乡发展变化情况，在全书框架结构基本保持不变的前提下，适度调整部分篇目、分目，以及时反映新兴事物的发展。此外，各卷年鉴框架尽可能贴近住房城乡建设客观发展实际，如实反映行业新变化、体制改革新情况，体现广东住房城乡建设专业特点和年度特色。作为存史和资政的参考性工具书，《广东建设年鉴》也注意追踪热点，在内容方面做好“两个处理”：一是处理好冷与热、点与面、历史与现实的关系，既避免浮光掠影、蜻蜓点水式的平铺直叙，又明确资料取舍标准，去粗取精、去伪存真；二是处理好文字精练与内容翔实的关系，在有限的版面里，尽量突出重点，提高有效信息容量，减少冗余信息，合理配置版面资源，增强年鉴实用性。

（二）创新表现形式，强化个性特色

《广东建设年鉴》注重年鉴版式与内容的协调统一。从 2014 年开始，委托设计公司完成《广东建设年鉴》未来五年的颜色规划。同时，在整体风格保持不变的前提下，内文版式和彩图版式均有微调，目录和索引尽量详细、准确、清晰，提高内容检索的便利性；在正文版式方面，根据框架和不同层次需要，利用全彩印的优势，

对篇目、分目、条目、资料等进行各具特色的装帧设计，不同级别标题文字的字体、字号予以明显区分；表格采用彩色印刷，表中的数字隔行衬上色块。不同篇目中涉及同一事件的，从不同角度记述，并标注互相参见，既避免重复记录，又方便读者了解事件全貌。这样的版面设计使各级内容和各类板块层次分明、一目了然，既符合年鉴作为资料性工具书的特点，又达到美观的效果。此外，为提高阅读舒适性，《广东建设年鉴》近年尝试采用不同的纸张印刷。卷首彩页仍用铜版纸印刷，以保证彩色图片印刷效果；内文采用雅质纸全彩印刷，既保证全书色彩明快、便于翻阅，也确保纸张不产生反光，还减轻书的质量。

结合大数据时代的要求，《广东建设年鉴》编辑部采用多媒体手段，利用自身单位信息化建设的优势，通过对原基于广东省住房和城乡建设厅官方网站“广东建设信息网”建设的《广东建设年鉴》（网络版）系统的深化设计与升级建设，构建《广东建设年鉴》网络信息平台，使年鉴表现形式、传播渠道逐步走向多样化、立体化，扩大年鉴的传播范围，创新、延伸和发展其传播利用方式。

三、继承传统，开拓创新，是提升年鉴品牌的关键

（一）提高研究与创新能力，树立打造精品年鉴的意识

这是体现编辑部编纂学术水准的重要指标。自创刊以来，编辑部不仅关注编纂年鉴的质量，还关注全国范围内年鉴的编纂情况、前沿理论动态，注意结合发展趋势和年鉴改革创新的要求，对年鉴框架结构、篇目设置、条目内容进行调整，使框架结构、栏目布局更趋合理；不仅关注文字加工，还关注封面、版面设计风格，使封面装帧及版面文字设计富有新意，以求吸引更多读者的关注，为打造精品年鉴夯实基础。同时，编辑部注意加强专业编辑对年鉴学习与研究的能力，关注理论前沿，在工作中勤于思考，具有提出问题、分析问题、解决问题的能力，能够撰写和发表具有鲜明时代特征与创新观点的理论文章，为年鉴事业的创新发展作理论探索。

（二）坚持整体风格，突出品牌特色

广东省是国家改革的先行地，生产总值和出口总额双双突破万亿美元，居全国首位。《广东建设年鉴》从争创住房城乡建设事业发展新优势出发，框架体例设计凸

显城乡规划、建设和管理等方面的发展特点，在保持总体风格连续性的前提下，选用反映重点工程、重要景点大幅照片作为年鉴封面图片。卷首彩页在设置“广东城乡建设要录”“广东城乡建设数字”“重点工程”“轨道交通建设”“城市路桥建设”“城市供水供气”“城市水环境建设”“工程勘察设计”“建设科技与建筑节能”“建设事业信息化”等若干专题，通过精美图片或组图勾勒出年度热点。

（三）创新组稿方法，适应框架调整

首先，继续开好组稿会。为办好《广东建设年鉴》，省住房和城乡建设厅办公室每年专门发文，召开全省年鉴编纂工作会议，由厅领导作总结部署，提出组稿要求，科学分解任务，明确承编单位、组稿内容与字数、截稿时间等，保证稿件来源与质量。各地级以上市建设行业实行由住房和城乡建设局统稿、各相关单位协助供稿的组稿机制，提高稿件质量。同时编辑部注意用心总结往年组稿会的好经验、好做法。在会议辅导资料方面下功夫，在会议培训方面下功夫，在与作者沟通互动方面下功夫，通过提升组稿会的质量，使年鉴组稿工作落到实处。一是会前由编辑部编印《〈广东建设年鉴〉编纂学习资料》，这是撰稿人员重要的学习资料，内容涵盖《广东建设年鉴》编纂规范、专家讲义、经验交流材料、领导讲话、工作报告5个方面的内容。其中，编纂规范相当于年鉴编纂出版的案头工具书，下一步要继续加强条目写作的辅导与指引内容，力求条目内容要素齐备。除理论指导外，还增加对上一年年鉴概况条目写作的点评、分析等实践探索。通过理论联系实践，为提高撰稿人员的年鉴编纂水平奠定基础。二是会上邀请年鉴编纂专家结合上年卷实际情况，按照年鉴条目选题、年鉴条目内容把握与篇幅控制等不同专题，对撰稿人员进行年鉴专业知识与编纂技能的系统培训，并在省住房和城乡建设厅官方网站“粤建网”及时载录年鉴专家讲义，为广大作者学习年鉴专业知识提供在线辅导。三是通过座谈会、电话回访等互动方式，及时倾听作者的心声，了解他们的困难与困惑，及时给予协调落实，增加他们对年鉴工作的归属感。这既是编辑部与各撰稿单位负责人交流沟通的机会，也是提高年鉴组稿效率的重要措施。

其次，创新年鉴信息采编新模式。对于某些新兴行业，传统的组稿渠道已难以满足需要。因此，编辑部创新思维，审时度势，在继续采用传统组稿方式的基础上，适时拓宽组稿渠道，改变纯官方供稿的被动工作模式，根据稿件内容和作者的不同特点，采取电话沟通、上门约谈、特邀组稿、收集报刊和利用新媒体获取资料等方

式创新组稿形式，有效保证稿件来源，着力打造反映现实、贴近社会、经得起历史检验的精品年鉴，提升广东城乡建设文化软实力。此外，平时责任编辑关注本省建设行业官方及主流媒体新闻，留意从报纸、电视、网络上寻稿。做好资料收集、网上复制下载等工作。多方收集“活”资料，经严格筛选后编入年鉴，尽力弥补供稿单位资料漏报之憾。

（四）规范入鉴资料内容，从源头控制稿件质量

以基础信息和大事要闻作为《广东建设年鉴》的记述重点，避免以部门日常事务和工作成绩代替的情况。在实际工作中，由于年鉴稿件主要来源于机关部门，这些部门编纂人员对于工作事务和工作成绩的记述有着内在的动力，部门工作总结、单位内部事务、各级领导人的行程及例行的各种会议、活动往往占有较大比例。为此编辑部指导他们注意资料收集的渠道和资料的取舍，引导作者着重记载全省住房城乡建设事业发展情况、经济变化情况、生产经营情况、存在问题与困难等，注意利用好工作总结和年度工作报告材料，抓住资料价值高、有代表性和标志性、读者比较关注的内容进行深度挖掘与拓展，把事物描述得深刻，把问题揭示得透彻，提高年鉴资料的利用价值和借鉴作用。避免年鉴内容停留在工作层面、工作事务的记载，通过总结、呈现事物发展的特点和规律，提供发人深思的资料，发挥年鉴的使用功能和借鉴作用，从源头上控制稿件质量。

（五）采用多重审校，提高年鉴质量

《广东建设年鉴》采用“三审”定稿和“五校法”保证审校质量。“三审”定稿即首先由各责任编辑初审，接着由承编单位领导、审稿会专家、编辑部主任复审，最后由主编终审。“五校法”即初稿经过单位负责人审核、责任编辑修改稿在编辑部内部交叉审核、承编单位审定盖章确认、专家审稿会集中审阅、样稿提交编委会审查。特别值得一提的是引入交互审核校对的方式，发挥编校人员各自优势，避免一个人由于视野有限，即使其对某一领域、某一行业、某一部门比较熟悉，也会因个人阅历、专业背景而出现纰漏；即使其编审若干遍，也会因思维、阅读习惯而在编校过程中出现错误与问题。每年的专家审稿会，邀请年鉴界专家对文稿内容进行全面“诊断”，同时开具“治疗”处方，编辑部针对处方“抓药”，及时纠正年鉴编纂中出现的不足与缺陷，进一步完善稿件质量。由于建立了一套责任明确、程序规范、行之有效的

编校流程，确保了年鉴编校质量的提高，差错率逐年减少。

四、加强宣传，扩大赠阅，是发挥年鉴资政功能的途径

为扩大宣传，充分发挥年鉴价值，《广东建设年鉴》赠阅对象包括住房和城乡建设部机关和领导、各省住房和城乡建设厅和信息中心，广东省委、省政府、省人大、省政协各部门，以及21个地级以上市市委书记、市长、分管城建的副市长，区县委书记、区长、县长，住房和城乡建设管理部门等。此外，还赠阅省内外学术专业机构，包括省内外地方志办公室、城建档案馆、各大高等院校等。

Ⅵ

研究与借鉴

西方大众年鉴的编纂模式

杨永成

提要：年鉴自西方社会起源之后，与社会结合最广泛、最紧密，使用人数最多的便是西方大众年鉴，它以普通百姓为主要服务对象，是推动西方年鉴从萌芽到成熟的最重要的动力。西方大众年鉴在几个世纪的广泛流行过程中，为整个西方社会营造和构建出一种年鉴使用氛围与编纂意识，使年鉴成为西方工具书家族中的一位重要成员。西方大众年鉴的编纂模式及其编纂体例最能反映西方年鉴的编纂特点，是西方年鉴编纂模式的最典型的代表。

关键词：年鉴　西方　大众年鉴　编纂模式

一、西方年鉴发展特点

西方年鉴形式多样、种类繁多，呈现出一种自由开放式的发展状态。这种年鉴出版格局由来已久，早在其刚刚形成时，由于所处时代、国家和社会背景不同，西方社会相继出现很多年鉴编纂样式，后经历史发展与演变，逐渐形成以Almanac、Yearbook、Annual为代表的三种年鉴形式。其中Almanac属于大众年鉴，多数为一般读者服务；Yearbook和Annual以专门年鉴居多，通常给特定领域和专门人士使用。西方社会目前出版最多的年鉴是Almanac和Yearbook两类，其中以Almanac类发行量最大，Annual类不太多见。此外，还有一些年鉴没有使用任何“年鉴”名称，如英国《简氏》(Jane's)、《人物》(Who's Who)、《吉尼斯世界纪录大全》

（Guinness World Records），法国《贵德》（Quid，2007年后改为电子版）等，也都是非常著名的年鉴。

西方社会是年鉴发源地，自古以来就有着很好的年鉴编纂出版传统以及使用氛围。他们把年鉴当作一种独立参考工具书，与词典、百科全书、地图册等并列，为人们即时提供各种有用社会信息和指南。其年鉴编纂出版者既可以是社会团体、出版社、报社、新闻通讯社，也可以是政府或私人等，这些年鉴制作者来自社会不同领域，有着不一样的专业背景和编纂目的，使西方年鉴在编纂出版方面形成一个社会化和多元化的局面。

西方年鉴从12世纪萌芽，到18、19世纪发展到鼎盛时期，美国贝尔·亚当（Bear Jr,James Adam）在他的《弗吉尼亚年鉴检索目录，1732—1850年》一书中描写当时年鉴流行情景，年鉴“是最大众化、通俗化的书籍，几乎每个农夫都将年鉴放在他家中的壁炉边”①。这一时期，西方年鉴影响巨大，开始向世界其他地方传播。19世纪中后期，在西学东渐过程中，日本在亚洲首先引进这类工具书，将之定名为“年鉴”，之后中国人在翻译日本年鉴时，将这一特定名词直接引入中国，并一直沿用至今。

在西方众多年鉴当中，与社会结合最广泛、最紧密的年鉴便是大众年鉴，它同时也是西方社会出版种类比较齐全、人们使用最多的年鉴，因此具有较高的代表性。西方大众年鉴纷繁多样，没有一个固定统一的编纂模式。单从编纂方法上来说，它使用条目、文章、图表、照片等几种形式来反映年鉴内容，其中以条目、文章为主要表现形式，在编纂年鉴时，有的年鉴以条目为主，有的年鉴以文章为主，一般根据年鉴和内容的性质决定；在通常情况下，多数年鉴采用条目和短文结合的方式来反映年鉴中的信息，只是在书中使用条目和短文的比例彼此不同而已。在年鉴内容时间范围上，有些年鉴记录刚刚过去的事情，这其中可以是过去一年、两年甚至是百年的资料，也可以是过去一月或者几个月的信息；有些年鉴侧重对未来发展变化的预测，比如天文天气的变化、科学技术的发展、社会生活的潮流及其趋向等。西方大众年鉴在使用“年鉴”名称方面也有较大的自由度，分有“名”年鉴和无“名”年鉴两种形式，其中有“名”年鉴比无“名”年鉴历史悠久，习

---

① Bear Jr, James Adam（贝尔·亚当），*A Checklist of Virginia Almanacs , 1732—1850* ,Literary Licensing, LLC,2013。

惯上多以“Almanac”命名，这与它的历史传统有关。Almanac 最初是历书，包含天文、天象、日历、占星术等方面内容，读者不是很多，到 16 世纪以后开始加入生产、生活指南，道德规范，节假纪念日，笑话，文学，统计等内容，逐渐演变成百姓通俗读物，读者人数陡增。今天 Almanac 仍有两种编纂形式：一种是传统年鉴形式，只记录天文、航海、航空、土地测量等方面内容。另一种是大众年鉴，在上述传统内容基础上增添许多社会方面信息，它既可以是综合年鉴，反映社会综合信息，也可以是专门年鉴，侧重反映社会某一领域或某一方面内容。

二、西方大众年鉴编纂体例

西方年鉴经过长期历史发展与实践，逐渐形成一套主动适应社会且拥有较高效率的年鉴编纂出版模式。其大众年鉴在出版目的、框架设计和内容编纂方面，拥有自身鲜明特点，一直受到西方社会的欢迎。总结起来，西方年鉴的成功与繁荣，和他们不断创新并采用一条较为科学完备的年鉴编纂体例有着很大的关系。

所谓年鉴编纂体例是指年鉴的总体编写格式，对于每一个条目或短文来说，又是它内容组成的形式。因此年鉴编纂体例在为全书内容和形式勾画出一个总体轮廓的同时，另一方面也为年鉴条目或短文的选收与定名、释文的范围和编写顺序、语言风格、统计数字、图表和照片使用格式，以及其他一般性技术规格等都制定出规则。年鉴编纂体例是一个比较全面的工具书编纂系统，它统领年鉴各个方面，主要由年鉴编纂主导思想、框架设计和内容编纂三个方面所控制。西方社会在编纂大众年鉴时，按照其传统习惯和现代年鉴发展特点，制定出一套具有西方特色的年鉴编纂体例，这种体例符合西方读者的使用习惯，可以较好地满足市场需求。总结其大众年鉴中一些优秀年鉴编纂体例，可以看出西方大众年鉴的编纂规律，见图 1。

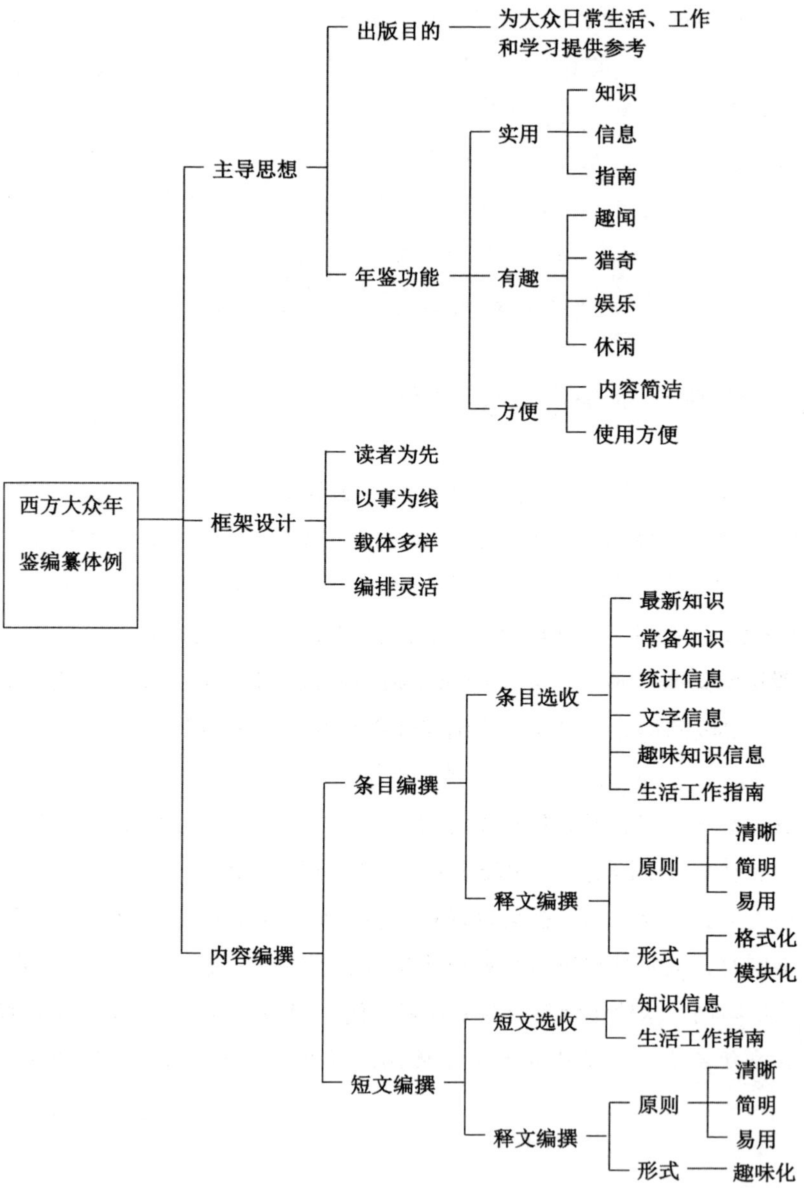

图 1　西方大众年鉴编纂体例简图

以下按上图结构顺序对西方大众年鉴编纂体例进行说明，阐述西方社会在大众年鉴编纂方面的特点。

西方大众年鉴出版目的就是为百姓提供各种年度社会知识和信息，从过去到今天一直秉承这个传统，内容跟随社会文明进步不断变换与更新，总是尽可能为读者搜寻到适合他们需要的内容。其从历书等古旧形式演变成年鉴后，至迟于18世纪进入图书销售市场，当时年鉴编纂者和出版商为更多更快出售年鉴，主动迎合社会普通大众相对较低的文化水平，一度将年鉴变成百姓喜爱阅读的通俗读物。这方面例子可以从18世纪英国《穷人罗宾年鉴》(Poor Robin's Almanack)、《老摩尔年鉴》(Old Moore's Almanac)，美国《穷人理查德年鉴》(Poor Richard's Almanack)、《老农夫年鉴》(The Old Farmer's Almanac)等看出一斑，因此那时“年鉴常常被看作是愚昧无知之人获取知识的唯一媒介”。[①] 在进入到现代社会以后，西方大众年鉴在继承这条传统的同时，开始扩大知识、信息收载领域和范围，注重科学性、规范性与趣味性，使其逐步成为人们日常工作、生活和学习的参考工具书。同时，因为市场竞争和注重内容针对性，其各部年鉴扬长避短，以最大限度凸显自身特色，使读者从中获得更多有用的信息。

西方大众年鉴最大特点就是它的实用性、可读性以及在使用上的方便性，其年鉴中的信息资料大多是人们在实际社会活动中需要了解和掌握的内容，为人们生活、工作和学习提供便利。读者通过查阅这些内容，不仅能够满足他们求知、问讯和寻求问题解决途径的愿望，且有些内容还能满足他们平时业余喜好和个人阅读上的乐趣。读者在购买和使用这些年鉴时，不但能够及时买得到年鉴，并且在查阅年鉴时可以轻松快速地找到他们想要查找的内容。西方大众年鉴这种实用、有趣和方便的功能是由它的年鉴出版目的决定的，其在实用性方面主要安排人们想要获得的各种社会知识、信息和生活工作指南，在有趣一面通常穿插各类社会趣闻、猎奇、娱乐、休闲和各行各业中人们感兴趣的一些事情，其年鉴内容大多朴实精悍、文字简洁，书中每条信息、资料或文章安排周到、检索方便、有较强的亲民性，再加上其多数年鉴开本小、重量轻、价格低，读者使用起来非常方便。随着西方现代电子科技和网络技术的发展，其中有很多大众年鉴正积极开发网上内容查阅、平板电子书阅览和音频听读形式，为读者提供更多的便利。西方大众年鉴这些特色促使其在工具书市场占有很大一块领地，其中美国《世界年鉴及实据工具书》(以下简称《世界年鉴》)、《老农夫年鉴》，英国《吉尼斯世界纪录大全》等一些畅销年鉴每年都能登上西方社会畅销工具书的排行榜(见本文附)。

---

① Bear Jr, James Adam (贝尔・亚当), *A Checklist of Virginia Almanacs, 1732—1850*。

西方大众年鉴的内容基本由知识、信息和指南三个部分构成。它在内容框架设计上主要包含两个方面：一是对全书类目的设置，二是对每个类目中条目或短文的设置。西方大众年鉴一般在类目、条目、短文设置上也都安排知识、信息、指南三个方面内容。换句话说，西方大众年鉴全书类目或每个类目当中的条目、短文大多由知识、信息、指南三个方面内容构成。其在设置类目时，或是根据内容性质和读者需要，在有些类目中安排上述三个内容当中的某一项，或是在有些类目中安排上述三个内容当中的全部内容。分析其年鉴内容框架设计原则，至少可以看到四条规律。第一，读者为先。年鉴根据其自身性质，在书中信息资料内容安排上大多以读者需要为先，其内容或是读者正在查找的，或是读者感兴趣的，在类目、条目以及短文编排上或增加内容，或减少内容，基本根据读者对某一类信息资料的索取要求加以取舍。第二，以事为线。年鉴在记载社会各类信息资料时，只是单独客观记述信息资料本身情况，一则信息资料在书中只记述一次。在编排年鉴内容时也是以信息资料自身逻辑关系为中心，而不是以掌管它们的各种社会主管部门或与之相关的其他一些社会单位为基本单元，然后再以这些部门、单位的管理或工作角度去记述各类事情发生发展的情况，避免发生信息资料在年鉴中的冗杂残缺、多处重复、相互矛盾和事情管理者喧宾夺主、夸功隐过、今是明非等各类混乱现象。第三，载体多样。年鉴根据全书性质和内容特点，采用多种形式，从不同角度对信息资料加以报道记述，通常设有特载、专文、新闻报道、热点话题、热点语录、统计信息、百科知识、指南、趣事轶闻、娱乐、名人、讣告、大事记等多种载体，形式多样，灵活多变。第四，编排灵活。年鉴对各个类目次序的安排没有一个固定的程式，比如有的根据读者对书中内容的检索率安排其前后顺序，有的按照英文 26 个字母顺序安排它们的先后位置，都是为了方便读者对年鉴内容的查找。

年鉴内容编纂是一部年鉴的核心所在，它一般分为条目编纂和短文编纂两个部分。其中，条目编纂由条目选收、条目定名、释文编纂三方面组成，是形成年鉴内容和功能的基础性工作。西方大众年鉴按其年鉴编纂主导思想和内容框架设计规定原则，在条目编纂方面根据类目性质和社会需要，于每个类目中安排相关知识、信息和指南性条目内容，一般条目选定后，在后来数年的年鉴中轻易不作变动，具有较强稳定性。其条目在选收知识性内容方面，不仅关注到年度社会各领域中涌现出来的新概念、新知识，也常备一些大众在实际社会活动中经常使用到的常识性知识和一些换算公式或方法，如地理历史常识、日月升落和海洋潮汐计算方法、生命急救知识、家居生活常识、度量衡换算公式、化学元素周期表等。在信息内容选取方面，一般分为文字信息和统计信息，其中文字信息主要用于对社会新闻、重要事件和一般社会信息的记载，它在记载一般社会信息时只选收那些在社会各领域中已显露出流行势头或业已发展成为趋势的事情。其统计信息繁博翔实，应有尽有，大到对社会各种宏观数据的统计，小到对百姓日常生活琐事的统计，诸如各类大学教师工资收入、学生高考各科平均成绩、各地有害垃圾场数量、各种人气犬种种类及豢养数等。其统计信息不仅有当年最新数据，也有历年甚至是20世纪或两三百年以前的数据，使读者能够看到某项统计指标在历史长河中的连续性变化。在指南性内容选取方面，它通常照顾到大众生活、工作和学习的需要，在大多数类目中适时安排一些跟其类目性质相关的指南性信息与资料，如美国《世界年鉴》在“教育”类目中列有美国“四年制大学和学院”一览表，其表下分设学校地址、邮政编码、建校时间、学费、住宿费、学位、学生数、教师数、学生毕业率，反映全美国近1800所大学情况，为学生和社会了解美国大学提供参考。在“税收”“健康”两个类目中设有如何缴纳个人所得税和疾病就医指南。同时它还在书中单独设置“机构名录”类目，内有全国协会团体、公益组织、商业企业、工会团体、职业运动、卫生组织共2000个机构与单位，分别注明它们创建时间、电话号码、网址、主营业务等，为读者了解并与这些机构联系提供指南。西方大众年鉴在各类目中还穿插一些有趣的知识与信息，如美国《世界年鉴》《老农夫年鉴》同时列有各种家养宠物和畜禽交配月份、怀孕或孵化天数、寿命等;《世界年鉴》列有19世纪以来每隔数年“美国男孩和女孩前10个最流行的名字”，世界及美国最高大楼、最长桥梁和隧道等，关于这方面的例子不胜枚举。

西方大众年鉴按照清晰、简明、易用的原则对条目释文进行编纂，其条目内容逻辑清晰、文字简单、数据充分，读者易于掌握和使用。它在进行条目编纂时，一般根据不同条目类型，将其释文格式化，以固定各个条目释文范围、编写顺序、语言风格、统计数字和图表使用等；其中对于大多数常规性条目，尽量采用表格化处理方式，一方面大量使用统计数字表格，另一方面将文字叙述型条目也进行表格化处理，使其释文内容简单明了、信息突出。比如，美国《世界年鉴》“美国各州与地区”类目中的条目就采用这种释文形式（下面例文中黑体字为原书所有，“(美国各州)”和省略号为笔者所加）。

阿拉巴马州（AL）

美国南部中心州、山茶花州

人口。人口数：4802740；（美国各州）**排名**：23；**人口变化**：（2000—2011）:8.0%；**人口密度**：每平方英里 94.8 人；**种族分布**：70.1% 白人，26.5% 黑人，1.2% 亚洲人，0.7% 美洲印第安人，1.4% 西班牙裔。

地理。面积：52420 平方英里；（美国各州）**排名**：30；**土地面积**：50645 平方英里；（美国各州）**排名**：28；**森林面积**：2290 万公顷；**位置**：东南部中心州，北连田纳西州，南接墨西哥湾；**气候**：夏季长、热，冬季温和，雨量充沛；**地势**：海岸平原，间有黑带草原、山丘和崎岖地带，海拔 2407 英尺；**首府**：蒙哥马利；**主要机场**：伯明翰、亨茨维尔。

经济。主要工业：化学、电子、服装、金属原料、林业和伐木…**主要工业产品**：家禽加工、纸与纸板、钢铁…**主要农作物**：棉花、温室苗圃作物…；**网络宽带**：70.9%；**非金属矿**：石子、水泥…，9.64 亿美元；**商业捕鱼**：2770 万美元；**主要港口**：莫比尔港；**州生产总值**：1731 亿美元；**消费税**：4.0%；**就业分布**：政府 19.9%、商业 19.4%、制造 12.8%...；**人均收入**：34650 美元；**新建私人住宅**：11667 套 /17 亿美元；**商业银行**：162 个，存款 831 亿美元；**存款机构**：11 个，存款 11 亿美元。

……

类似这种条目释文方式在西方大众年鉴中比比皆是。不仅如此，西方大众年鉴还将其中一些条目格式转变为模块，用于编纂其年鉴当中性质相同的条目内容。它使用这些模块编纂的内容既可以出现在同本年鉴其他不同地方，也可以出现在同本年鉴各个年度版本中，当这些条目出现时，它们除在具体内容上有些许变动外，在条目释文结构和格式方面基本没有变化，都是在同一个条目模板中进行的。西方大众年鉴使用这种条目编纂方式，不仅简化了条目编纂者的劳动，使其内容整齐统一，也为读者快速高效查检、使用、比对年鉴内容提供了极大方便。其条目模块化编纂方式表面看起来似乎呆板单调，但由于年鉴编纂者事先做了很好的布局与安排，且对每一个条目模块都进行过精心周到设计，使年鉴不仅在条目选入方面达到精准、有用、高效等要求，在条目释文方面也具备了清晰、简洁、条理、易检、整齐等多个方面的特点，提高和扩大了年鉴内容的规范性、科学性、稳定性和连续性。

西方大众年鉴在短文编纂方面采取的原则和方法与其条目编纂方式基本相同，

只是他们在编纂年鉴短文时非常注重文章的趣味性，其短文内容一般以社会热点、生活经验或指南、娱乐欣赏为重点，文章读起来轻松、风趣，读者能够从中获得很多知识、信息以及精神上的愉悦。在西方大众年鉴中，一般以普通百姓日常生活为其内容的年鉴较多使用短文形式，其他年鉴虽然也使用短文，但还是以条目为主要记载形式。

三、西方大众年鉴使用效果

西方大众年鉴编纂出版历史悠久，在经过不断市场竞争与磨合后，形成很多很好的成功经验。其中，在年鉴使用效果方面，因为其具有高密度存储、高效率利用和高速度检索三方面特点，一直是其他年鉴学习的榜样。所谓高密度存储，就是年鉴根据其书内容性质，高密度存储各种信息资料，使读者尽可能查阅到他们所需要的一切相关内容。所谓高效率利用，是指年鉴及其书中每个条目或短文内容都有很高使用率，读者在实际社会活动中能够时时想到并使用它们。所谓高速度检索，就是指年鉴查阅起来很方便，读者能够在较短时间内轻松快速地检索到书中任何一项内容和信息。西方大众年鉴因为具备这些优点，从而在实际社会活动中能够很好地发挥出它们借鉴参考的作用。一部好的工具书必须具备知识价值、信息价值、实用价值、鉴赏价值和文献价值，其中文献价值是建立在前面几种价值基础之上的，只有在实现前面几种价值之后才能体现出来。纵观整个西方大众年鉴的历史发展以及在现实社会活动中发挥的作用，它基本上实现了上述几种价值所提出的要求。西方大众年鉴由于注重其年鉴实用性、可读性和方便性，自问世以来就一直经久不衰。它在每个年度当中记载的知识、信息、指南和娱乐性内容，能够忠实完整地反映出各个年度当中整个社会大众的真实生活以及他们在各个方面的活动，从而很好地保存了西方社会各个时期的发展历史，不仅为当代也为后世了解西方社会各个时期人们的活动信息和整个社会发展内容，提供了十分翔实完整的年鉴资料。

附：

美国亚马逊图书网站最畅销的 100 本西方年鉴排行榜

美国亚马逊图书网是全球最大图书销售网站，以下表格为其英文官网对该网站在全球所售100本最畅销年鉴的统计，可看作是西方年鉴在出版与销售方面的一个缩影。亚马逊图书网在其所售“工具书(Reference)”栏目中，设有年鉴(Almanacs & Yearbooks)类图书专栏，内有Almanac、Yearbook、Annual等传统年鉴，也有和年鉴性质有关联的日历、指南等，笔者共查到37793条搜索结果，每条搜索结果代表一本相关书籍，这些书既可以是某一单本年鉴，也可以是某一系列年鉴，如《老农夫年鉴》最近几年出版的每一个年度当中的单本年鉴。亚马逊图书网在其年鉴类图书中设有“100本最畅销年鉴（Top 100 in Best Sellers）”排行榜，内中按销售册数依次列出各本年鉴当天销售位次，每天排名都有新的变化，下表为笔者对其5天排行榜的连续统计。由于本表只统计年鉴种类，故其排行榜中如出现一种年鉴好几个年度的版本，则取这种年鉴最畅销一个年度版本。表中“页数”是指各本年鉴总页数，“价格”是各本年鉴在亚马逊图书网上的美元价格，“排名”是指各本年鉴在“100本最畅销年鉴”排行榜中的排名位次，其中有少量书籍的价格、页数在该网站中没有显示，此表亦暂缺。

表1　Almanac类年鉴

序号	中文译名	英文原名	页数	价格（美元）	排名
1	老农夫年鉴2017	The Old Farmer's Almanac 2017	304	5.97	1
2	世界年鉴及实据工具书2016	The World Almanac and Book of Facts 2016	1008	8.38	3
3	卢埃林2017女巫一天一法年鉴	Llewellyn's 2017 Witches'Spell—A—Day Almanac	264	11.99	12
4	世界历史年鉴	Almanac of World History	396	26.95	13
5	狼年鉴	Wolf Almanac	288	15.54	14
6	大地讯息年鉴	Mother Earth News Almanac	240	14.11	17
7	肯·詹宁斯趣味琐事年鉴	Ken Jennings's Trivia Almanac	544	20.45	23
8	股票交易员年鉴2016	Stock Trader's Almanac 2016,	192	—	25
9	营养年鉴	Nutrition Almanac	384	14.23	30
10	女巫年鉴	The Witches' Almanac	208	11.25	31
11	穷人理查德年鉴	Poor Richard's Almanack	144	2.25	39
12	美国政治年鉴2016	The Almanac of American Politics 2016	2084	72.34	41
13	航海天文数据年鉴2000—2050	Long Term Almanac 2000—2050	120	32.90	43
14	2016航海天文年鉴	2016 Nautical Almanac	350	23.49	45
15	道格·威尔士德克萨斯州园艺年鉴	Doug Welsh's Texas Garden Almanac	512	20.17	48

续表

序号	中文译名	英文原名	页数	价格（美元）	排名
16	职业篮球超级年鉴	The Macrophenomenal Pro Basketball Almanac	224	—	49
17	CQ 年鉴	CQ Almanac		575.22	50
19	卢埃林草药年鉴 2017	Llewellyn's 2017 Herbal Almanac	312	11.99	53
20	越南战争年鉴	Vietnam War Almanac	608	17.95	56
21	农家小病偏方年鉴	The Country Almanac of Home Remedies	288	12.31	62
22	体育画报年鉴 2015	Sports Illustrated Almanac 2015	528	29.99	64
23	2016 棒球名人纪念馆年鉴	2016 National Baseball Hall of Fame Almanac	552	16.98	68
24	宠物交易计划年鉴 2017	Pet Business Planning Almanack — 2017	180	14.95	70
25	阿拉斯加年鉴	The Alaska Almanac	252	34.66	74
26	飓风年鉴：有关历往、当前和将来风暴的精美指南	Hurricane Almanac：The Essential Guide to Storms Past，Present，and Future	352	22.99	76
27	德克萨斯州年鉴 2016—2017	Texas Almanac 2016—2017	752	30.62	80
28	2016 天主教年鉴	2016 Catholic Almanac	120	35.95	88
29	樱桃山养马年鉴	Cherry Hill's Horsekeeping Almanac	576	6.47	94
30	2017 农夫年鉴	2017 Farmers'Almanac	216	6.09	1

备注：亚马逊图书网站拥有专门 kindle 电子书阅览器，《2017 农夫年鉴（2017 Farmers' Almanac）》位列该电子书阅览器“年鉴”类图书排行第 1 名

Yearbook 类年鉴

表 2 **单位：美元**

序号	中文译名	英文原名	页数	价格	排名
1	1936 美国年鉴	1936 U.S. Yearbook	56	16.00	9
2	百老汇节目单年鉴：6.2006—5. 2007	The Playbill Broadway Yearbook:6. 2006—5. 2007	525	34.99	26
3	1946 美国年鉴	The 1946 U.S. Yearbook	58	20.00	58
4	（重印）1965 年鉴：德克萨斯，休斯敦，斯普林高中分校	（Reprint）1965 Yearbook :Spring Branch High School，Houston，Texas	408	79.95	72
5	世界图书出版公司年鉴	The World Book Year Book		36.99	85
6	1956 美国年鉴	1956 U.S. Yearbook	64	20.00	86
7	大英百科全书年鉴 2001	Britannica Yearbook: 2001	936	42.82	88
8	（重印）1967 年鉴：俄亥俄，奥托维尔，奥托维尔高中	（Reprint）1967 Yearbook: Ottoville High School，ottoville，ohio	96	79.95	92
9	（重印）1949 年鉴：加利福尼亚，奥克斯纳德，奥克斯纳德高中	（Reprint）1949 Yearbook :Oxnard High School，Oxnard，California	108	79.95	103

Annual 类年鉴

表 3

序号	中文译名	英文原名	页数	价格	排名
1	私家侦探卡通年鉴 2016	Private Eye Annual 2016	96	9.32	67
2	Viz 年鉴 2012——广告张贴人聚宝盆	The Viz Annual 2012 — The Billposter's Bucket	300		88

其他年鉴、日历和指南

表 4 单位：美元

序号	中文译名	英文原名	页数	价格	排名
1	吉尼斯世界大全 2017	Guinness World Rec. rds 2017	256	21.25	2
2	里普利信不信由你	Ripley's Believe It or Not	256	14.97	8
3	老农夫年鉴 2017 每天日历	The Old Farmer's Almanac 2017 Everyday Calendar	—	9.93	21
4	万物前十事 2016	Top 10 of Everything 2016	320	14.68	23
5	被审核掉的新闻 2017	Censored 2017	448	16.07	29
6	重回 1946	Live It Again 1946	130	19.99	32
7	美国航海图第一号	U.S. Chart No. 1	129	14.95	33
8	费舍尔小姐探案日历 2017	Miss Fisher's Murder Mysteries 2017 Calendar	28	14.99	34
9	今日必到之美地	The Best Place to be Today	272	13.97	37
10	约翰大叔金榜厕所读物	Uncle John's 24—Karat Gold Bathroom Reader	540	11.75	40
11	2017 夜空指南	2017 Guide to the Night Sky	96	14.95	44
12	伦纳德·马尔丁经典电影指南	Leonard Maltin's Classic Movie Guide	864	17.82	45
13	特里·普拉切特碟形世界收藏者日历 2017	Terry Pratchett's Discworld Collectors' Edition Calendar 2017	—	8.12	47
14	蔡斯 2017 大事日历	Chase's Calendar of Events 2017	752	74.22	49
15	1966 生日卡片必备手册	1966 Birthday Notebook	60	5.99	50
16	通往百年护照的旅行	The Journey to Centennial PASSPORT	122	20.20	51
17	挑剔的猫咪	The Fastidious Feline	28	5.00	52
19	简氏战舰年鉴 1997—1998	Jane's Fighting Ships 1997—98	912	18.93	57
20	军人福利	The Military Advantage	400	22.11	58
21	威拉米特河流域指南	The Willamette River Field Guide	220	24.95	60
22	销售丛书——怎样确保销售更营利	The Sales Series — How to Make More Money in Sales Guaranteed	音频	29.97	71
23	美国统计摘要 2012—2013	Statistical Abstract of the United States 2012—2013	1008	11.90	76
24	西弗斯世界海军评论 2017	Seaforth World Naval Review, 2017	192	41.43	77

续表

序号	中文译名	英文原名	页数	价格	排名
25	20世纪美国新星历表，1900—2000子夜	The New American Ephemeris for the 20th Century, 1900—2000 at Midnight	620	29.95	78
26	维斯医疗保险公司评级指南，2016春季	Weiss Ratings Guide to Health Insurers, Spring 2016	500	249.00	80
27	职业安全健康要素指南	Fundamentals of Occupational Safety and Health	556	70.96	85
28	密苏里州公务员指南手册2015—2016	Official Manual of the State of Missouri, 2015—2016	1464	15.00	86
29	人马星座占星学	Zodiac Astrology All About Sagittarius	26	2.99	87
30	2017水手航海日志	Mariner's Book of Days 2017	76	16.95	90
31	非洲年鉴2016—2017——今日世界丛书	Africa 2016—2017：The World Today Series	374	20.50	93
32	美国橄榄球联盟实录2014	NFL Record & Fact Book 2014	688	40.00	95
33	百年记忆：1916—2016	100 years of Memories: 1916 — 2016	92	16.99	104

国外年鉴选介

——《老农夫年鉴》与《世界年鉴及实据工具书》

杨永成

提要：作为西方工具书家族中的重要成员，西方大众年鉴在几个世纪的编纂出版过程中受到读者的热烈欢迎。本文选取历史悠久、知名度高、实用性强的两部年鉴，即《老农夫年鉴》和《世界年鉴及实据工具书》作简单介绍，在了解此类年鉴编纂特点的同时，以期给我国年鉴事业的发展带来有益的启示。

关键词：年鉴　西方大众年鉴　《老农夫年鉴》《世界年鉴及实据工具书》

一、《老农夫年鉴》简介

《老农夫年鉴》（The Old Farmer's Almanac）为美国大众生活年鉴，由美国扬基出版公司（Yankee Publishing，Inc）出版发行，是目前美国仍在出版的持续时间最长的年鉴。它创刊于1792年，每年连续出版，迄今已整整225年，为此《老农夫年鉴》在2017年特别出版三种版本，一种是常规版，另两种分别是内容加长版和珍藏版，以纪念和宣传它的辉煌历史。

《老农夫年鉴》一年一卷，于每年9月第二个星期二出版，读者主要为美国郊区居民、农场经营与生产者、家庭主妇等，读者中有一半以上为女性。它在美国家喻户晓，是美国最受欢迎的年鉴之一。关于它的来历和故事颇有一点传奇色彩。

18 世纪中期以后，西方年鉴发展到鼎盛时期，此时美国乡间出版有许多农夫年鉴，但销量平平。1792 年，《老农夫年鉴》创始人罗伯特 · 托马斯（Robert B. Thomas）根据平时对太阳活动、天体运行和气象规律的观察，发明一套天气预测计算方法，并创办《农夫年鉴》，从此一跃而起。第二年，他创办的年鉴就发行到 9000 册，是第一年的三倍，从此一发不可收，成为当时最畅销的年鉴。1832 年，罗伯特·托马斯为夸耀其年鉴能够连续出版 40 年，击败同时代许多年鉴，就在其年鉴标题前加了一个“老”字,以示其年鉴的成功以及和其他同类年鉴的区别,遂成为今天《老农夫年鉴》。他发明的天气预测计算方法也一直被视为秘方，至今仍锁在《老农夫年鉴》总部的一个黑色铁皮箱里,秘不示人,依然是《老农夫年鉴》的看家至宝。《老农夫年鉴》在其后来出版历史中又经历两个神奇故事：一个是 19 世纪美国前总统林肯在做律师时，用其中月亮运行周期表为他的朋友打赢官司；另一个是二战时期一位德国间谍，利用其中的天气预测作为指南，于深夜乘海上小型潜艇登陆到美国纽约长岛,后被联邦警察局抓住。这两个故事使《老农夫年鉴》更是名声大振，从此销量一再翻番。

当今西方大众年鉴中的一些知名年鉴都有很长的出版历史，其中有相当一部分创刊于 19 世纪，唯有《老农夫年鉴》是创刊时间最早、连续出版时间最长的年鉴，然而在它两个多世纪的出版历程中，也经历过一些波折。20 世纪初，当它刚刚挺过一次世界大战和美国经济大萧条带来的危机之后，到 1936 年，由于新上任的总编执意删掉年鉴中有关天气预测的内容，使年鉴销量大滑，其 1938 年版仅卖出 8.8 万册，与 1863 年的 22.5 万册相差甚远，以至年鉴资金不足，一蹶不振。次年，扬基出版公司创始人罗伯 · 萨根多夫（Robb Sagendorph）趁机买下《老农夫年鉴》，并亲自担任总编，在他的改革下，将《老农夫年鉴》恢复到 100 年前传统风格，使其起死回生。1942 年，因为德国间谍事件，《老农夫年鉴》被美国政府怀疑向敌人提供情报，差点遭到查封，罗伯 · 萨根多夫再次将其从危险中解救出来。虽然如此，《老农夫年鉴》为适应时代发展需要，也在进行不断的更新和对内容的扩充，比如它从最初以预测天气和天文运行规律为主，到后来加强农业方面内容，直至后期添加许多现代生活知识。它在改革历程中也曾有一两次试图改变年鉴原来风格，但每次改革都遭到失败，于是又恢复到原来的传统。在两百多年出版历程中逐渐摸索出规律，只有保持传统风格才能继续向前发展。这方面最突出的例子就是，它从 1851 年起都使用同一个封面，上有春夏秋冬四季图案，中间左右各有一幅头像，左为本杰明·富兰克林，右为《老农夫年鉴》创始人罗伯特·托马斯，以突出其年鉴在内容上的特色和它对传统的坚持。到20世纪90年代，其年鉴每年销量达到40多万册，10年间共销售400多万册。

《老农夫年鉴》为典型西方大众年鉴，体现出西方大众年鉴一般性特点，具有较强的实用性、可读性以及使用上的方便性。以下为《老农夫年鉴》2015年卷目录的中文翻译，从中可看出其年鉴编纂特点和内容风格。年鉴原目录为双栏，并配有彩色插图；为节省篇幅，译文只保留其中文字内容。

饲养

配种与妊娠表

杂录

家庭日用品

度量衡换算表

老农夫总店邮购

广告分类索引

老农夫总店商品分类

书店特品参考目录

户外

鹌鹑到底怎么了

哪些天最适合钓鱼

试试夜晚钓鱼

浪漫

渴望获得爱

特别报道

时间去了哪里

天气

风什么时候冷，为什么冷

冬夏季气象地图

天气预报总况

我们怎样预测天气

我们去年冬季预报准吗

地区天气地图

地区天气预报

《老农夫年鉴》是一部生活型年鉴，其书不厚，只有 304 页，为 32 开本，由目录和正文两部分组成。内容涉及天、地、生活，其中“天”指自然运行规律，包括天气、日月升落、昼夜长短、海洋潮汐和日历等；“地”主要指农艺、园艺，以及畜禽饲养；“生活”涉及范围比较广，包括食物、时尚、运动、宗教、迷信、心理、谚语、箴言、娱乐、节假日、技术、家庭生活、商品广告等。其书在内容形式上由短文和条目构成，并伴有彩色插图，其中短文比例相当大，是年鉴的主要载体形式，几乎在每个类目中都能看见短文，特别是“娱乐”“历史事件周年纪念”“园艺”三个类目，全部由短文构成。因此在年鉴类型上，《老农夫年鉴》是一部带有通俗读物性质的工具书，它保留了早期西方大众年鉴在 18—19 世纪作为百姓通俗读物的一些特征，代表了西方大众年鉴当前的另外一种编纂形式。

和一般年鉴不同，《老农夫年鉴》目录中的各个类目是以英文 26 个字母顺序排列的，它这样做能够方便读者快速地找到他们要查找的内容，比如它第一个类目标题“关于本年鉴（About This Almanac）”首字母是“A”，最后一个类目标题“天气（Weather）”首字母为“W”，它通过这样方式来确定各个类目在目录里面的前后位置。并且，其类目下的各项内容也不是以页码为序，它们分散在正文不同地方，位置互有交错，目录根据它们的内容性质，将其重新归类，分别放在不同类目下，比如其第一个类目“关于本年鉴”下的“联系我们”同时有“1”“98”“100”三个页码，第二个类目“娱乐”下的各项内容也分别散见在其书前、书中和书后不同的位置上。

《老农夫年鉴》作为一部带有通俗读物性质的年鉴，本身具有很强的趣味性，其创始人罗伯特·托马斯在创立之初，曾就它的功能说道：“我们主要目标就是实用,但必须还要有相当程度的幽默。”① 如今,《老农夫年鉴》仍以这句话为出版导向，在年鉴中通过安排大量短文，用说故事、讲笑话和插趣闻的方式，为读者提供知识、信息和各种有意思的事情。其短文按照内容性质可划分为三种类型：一是趣味类，如“娱乐”“浪漫”中的内容;二是知识类，如“历史事件周年纪念”“占星学”“关于宇宙24件怪事”“鹌鹑到底怎么了”“风什么时候冷，为什么冷”等；三是经验指南类，如“种植‘伟大’”“让菜园产生一些变化”“试试夜晚钓鱼”“根据月相种庄稼”等。这些短文大多由年鉴读者提供，文章风趣、智慧、实用，让人在轻松快乐中得到一些有益的东西。

《老农夫年鉴》核心内容是对天气、海洋潮汐、日月升落、昼夜长短的预测，这些自然现象或有规律或无规律，对农业、渔业、园艺以及户外活动有重要影响，是其各卷年鉴中的固定条目。它将这些预测内容进行格式化，每年通过图表形式反映各个自然现象的变化与规律，其中以天气预测内容关心的人最多。它在天气预测时间跨度上以一年为单位，从每年11月起到下年10月止，通过天气预报和气象地图的方式，展示全国及其16个地区每年天气变化的情况。下面是该年鉴2015年卷对美国拉斯维加斯、凤凰城等几个城市所在地的西南沙漠地区2014—2015年天气预测节选，通过此例可看到其天气预测条目内容的一般规律。

2014年11月：气温，55°②（比平均气温低1度）;降水，1.2″（高于平均降水0.2″）。1—6日雨转晴，温暖。7—17日雨转晴，较冷。18—21日东部下雪，中部、西部晴天。22—27日季节性局部阵雨，28—30日西部晴天，东部雨加阵雪，较冷。

《老农夫年鉴》天气预测计算方法为其独家秘籍，准确率据说达到80%，使用这个计算方法能够预测到很久以后的天气状况。据传它的创始人罗伯特·托马斯

① http://www.almanac.com/content/about-us。
② 55° 为华氏温度，相当于摄氏18° 。

在生命最后时期，用这种方法预测了未来好几年的天气情况，为他去世后年鉴继续出版做了充分准备。《老农夫年鉴》2014年卷对2013年冬季天气预测得较为准确，为此它在2015年年鉴中专门刊登一则条目“我们去冬预报准吗”，详细记述这次预测情况，显露出一丝得意。《老农夫年鉴》对每天日月升落时间、月相规律及月亮在天空位置、昼夜长短、海洋潮汐等，也都设计了非常好的表格，读者可根据它各个表中的内容以及提供的方法，很容易算出美国任一地点上述现象的每天情况。“日历分页”设计也十分有意思，里面除有常规日历所有内容外，还有每天太阳、月亮、星星、潮汐变化信息，并且在每个日期旁附有和当天有关的宗教、历史、种植、格言、占星学等多个方面情况，观一天日历，可了解自然、历史、科学、人文等各个方面信息和知识，既实用也有趣。此外，书中“食物”“植物种植图表”“家庭医疗”“饲养”“杂录”“度量衡换算表”等内容都有较强的实用性。在这些类目中，它对饮食、时尚、家庭装潢、科技、日常起居等下一年的潮流走向进行了预测，为读者掌握未来信息提供了参考。

从年鉴编纂角度来说，《老农夫年鉴》为我们提供了年鉴信息资料在时间跨度范围方面的例子，其年鉴不仅记载年鉴出版年度以前内容，还预测年鉴出版年度以后内容，将一部年鉴所记内容的时间跨度向未来延展了很多。它认为“从定义上来讲，年鉴就是记录和预测天文方面的事情（比如太阳升起）、潮汐、天气和其他与时间有关的现象”①，这或许反映了西方社会对Almanac类年鉴的看法。

今天，《老农夫年鉴》仍归罗伯·萨根多夫后代掌管，它在225年出版过程中一共经历13位总编。如今《老农夫年鉴》继续扩大发行范围，它每年出版4种常规版，分别为全国版（东北部）、南部版、西部版和加拿大版，这几个版本的主要区别在上述四地天文数据算法和海洋潮汐资料的不同。近些年来，扬基出版公司还出版《老农夫年鉴》系列产品，比如《老农夫儿童年鉴》《老农夫年鉴四季园艺》及《老农夫年鉴》系列日历、《老农夫年鉴》系列食谱、《屋主指南》等。其中《老农夫儿童年鉴》（The Old Farmer's Almanac for Kids）创刊于2003年，每两年出版一卷，其首卷年鉴为32页，第六卷年鉴是192页，内容寓教于乐，其中第六卷内容涉及天文、日历、健康、天气、食物、社交、自然、园艺、运动、娱乐等多方面内容。《老农夫年鉴》于1996年设立网站，读者能够在上面查阅到天气、天文、日历、园艺、

① http://www.almanac.com/content/about-us。

食物和售书等方面的信息。它还在美国几地开设了老农夫连锁商店，主要出售《老农夫年鉴》系列产品和家庭日用品等，因此它在年鉴“杂录”里刊登了许多有关连锁商店的广告和销售的产品信息。

二、《世界年鉴及实据工具书》简介

《世界年鉴及实据工具书》(The World Almanac and Book of Facts)简称《世界年鉴》，由美国世界年鉴编辑部编纂出版。该年鉴创刊于1868年，于1876—1885年停刊，后于1886年复刊，并一直出版至今，前后跨过148个年头，共有138年出版历史。

第一版《世界年鉴》由美国《纽约世界报》(The New York World)创建，书名源自其报纸，共120页，随后每年一卷，连续出版8年，其后停刊10年。1886年美国匈牙利裔报业巨头约瑟夫·普利策(Joseph Pulitzer)买下《纽约世界报》，恢复《世界年鉴》出版，并对其中内容进行改革，把它打造成了一本名副其实的“世界知识概览”，销量猛增。据称，到1894年经常使用《世界年鉴》的读者就达到了50万人。1894年和1923年，《世界年鉴》先后易名为《世界年鉴和百科全书》(The World Almanac and Encyclopedia)、《世界年鉴及实据工具书》，后者一直沿用到今天。从1993年起，《世界年鉴》几经转手，到2009年，被美国信息出版集团(Infobase Publishing)购得。

《世界年鉴》为大众综合性年鉴，一年出版一卷，于每年11月中旬问世，出版年度与年鉴所记内容的最新年度为同一年。其内容包罗万象，具有百科性质，记载世界和美国最新社会发展信息资料，其中世界内容占30%，美国内容占70%，阅读人群主要针对美国大众。《世界年鉴》为美国最畅销年鉴之一，据其宣传广告称，平均每年发行量有100万册，年年登上美国工具书发行排行榜第一名。① 目前，我国年鉴界对《世界年鉴》有较多关注，已发表相关述评文章数篇。《世界年鉴》前副总裁、编辑部主任罗伯特·法米盖蒂还受邀专门为中国年鉴界撰写文章，介绍《世界年鉴》编纂出版情况②。他曾经还有过在中国出版《世界年鉴》中文版的想法，

① http://www.worldalmanac.com/index.aspx

② 《年鉴信息与研究》1999年第3期，第55—57页。

后因多种客观原因未能实现。

《世界年鉴》体现西方大众年鉴出版传统与习惯，在年鉴制作风格上走亲民路线，其年鉴开本小、价格低，内容实用、有趣，读者在使用年鉴时感到方便好用，符合西方大众对年鉴的一向要求和使用偏好。它在编纂年鉴内容时，一般从知识、信息和指南三个角度去记载反映美国以及世界每年出现的新情况，内容覆盖自然、政治、经济、文化、社会等各个领域，为读者生活、工作、学习提供真实、可靠、有用的参考资料。

《世界年鉴》为32开本，近年每年出版的新卷大约有1000页左右，书中分目录、正文和索引三个部分。目录非常简单，只有一个页码，仅按全书页码顺序列出各个类目名称，其中在某些类目下还列出一些重要条目名称，对读者了解全书内容起到一个导向作用，检索功能较为有限。下文为《世界年鉴》2013年卷目录的中文翻译，为节省篇幅，译文省略原文每行文字后面标出的页码，文中括弧里的内容为笔者所注，其余格式基本保留不变。

《世界年鉴》目录版式近几年有较大变动，增加了黑体字部分，其目录只是展示书中内容结构范围以及一些读者比较关注的内容亮点，没有严格按照类目、条目次序去排列。比如目录中“2012: 特载与回顾”“体育”下的各行文字基本是条目，其中“大事记”“2012’大选”是一个类目;“犯罪”“军事”本身是类目;“科学技术”下的各行文字也是类目；其他目录中的各行文字基本都是按照这种方式去排列的。它对全书内容排列的先后位置有较多考虑，比如把读者查阅频率较高的“2012: 特载与回顾”“体育”两块内容分别排在书中前后两个位置上，把读者查阅频率较低的内容放在书的中间位置上，如“美国地情”“世界地图与国旗”“美国政府”“美国城市、州与人口”“世界历史与文化”等，以方便读者翻阅。

《世界年鉴》书中类目和一些常规性条目多数比较稳定，几乎经年不变，从而保持其信息资料的连续性和完整性。其书每年有 20% 内容固定不变，有 50% 内容部分更新，有 30% 内容全部更新。它在设置类目时，一方面兼顾到社会各个领域，另一方面采用不同角度去展现这些领域中的相关内容，其类目在年鉴内容记述分类上可划为知识、信息和指南三种类型，在各个不同类目中都有一些内容上的侧重。其中，有些类目只是这三个类型当中的一种，比如上述目录中“重量与度量衡”“美国地情”“世界历史与文化”是知识型类目，主要介绍相关领域中各种常规性知识或新知识；“经济”“贸易”“名人、艺术与媒体”属于信息型类目，通常记载相关领域每年涌现出的各种信息与统计数字；“卫生”“机构名录”以指南件内容为主，专门提供相关领域行动指南和一些指导性资料。除此之外，其大多数类目都是上述三种内容类型的混合，在每个类目中都安排有知识、信息和指南等内容，以照顾到读者各种实际需求。《世界年鉴》在安排内容时还特别注意实用性和可读性，其内容大多是读者在实际社会活动中需要的资料，能够对读者生活、工作和学习起到真正帮助和借鉴参考作用。同时，它还在可读性方面考虑到内容的趣味性，照顾到西方读者在使用年鉴时长期保留下来的习惯。比如其年鉴“奖励、奖章和奖品”“建筑、桥梁与隧道”“体育”等类目中的内容，都和读者的阅读兴趣有关。此外，它也同时还在很多类目中安排一些趣味内容，将这些类目中有关知识、信息、指南三个方面内容按实用、有趣两个方面，通过一定比例搭配，适时增加一些趣味。比如其在“2012: 特载与回顾”首个类目中就有“十大新闻”“世界一瞥”“美国经济：

重要统计数字”“流行语录”“历史纪念日”“时间胶囊[①]”等条目，都是读者非常感兴趣的内容。

《世界年鉴》按照各个信息资料之间的逻辑关系以及读者需要，安排其前后位置。它在类目和条目设置上直接以社会各种事物和事件为线索，而非以掌管它们的政府、部门或其他相关单位为基本设置单元。其类目通常由数个条目组成，每个条目记载一件事情，每件事情在年鉴中只记述一次；如果碰到一些条目内容复杂，它或在某个条目下面设置更小条目，或在某些条目之上设置更大的分目，但这两种情况在年鉴中所占比例不大，其年鉴条目内容通常只涉及一个主题词，很少有概况、综述性内容，易于读者检索使用。

《世界年鉴》条目简短，内容精炼，书中有大量图表。其信息资料一般分为动态和静态两种。所谓动态信息，是指每年出现的新闻事件和各类社会活动；所谓静态信息，是指一般常规性知识、指南和社会各领域统计信息。其年鉴利用“十大新闻”“大事记”“讣告”“最高法院判决”“国会主要活动”“流行语录”等几个类目和条目反映动态信息，利用书中其余类目和条目记载静态信息。其书中统计信息分为统计数据和统计性文字信息，全部使用图表反映，这些统计信息来源于政府各部门，具有较高的权威性和可靠性。不仅如此，它还将书中大量条目释文简单化、格式化，采用图表方式去反映；将同一类型条目格式上升为模块，不论是在每年年鉴还是同一本年鉴不同地方，都使用相同模块去编纂同一类型条目，使条目释文内容排列有序、文字整齐、信息突出，为读者检索查阅年鉴内容节省很多时间与精力。

《世界年鉴》由于在年鉴所记年度当年出版，其书中内容记载的是该年 10 月之前的信息，这些信息除大部分为本年信息外，也包括上一两个年度没有来得及记载的内容。同时，它在这些条目中继续保留以往历年甚至是几百年前的统计资料，对条目中反映的各种社会情况、事业以及自然现象等进行跟踪式记录，体现了西方大众年鉴在历书上的一些特点。

《世界年鉴》书后有极其丰富细致的索引，不仅如此，它还在书中一些重要章节设置快速索引，方便读者查阅，其书索引率为每页 9 个词。

---

① 时间胶囊（Time Capsule）是指将现代一些有代表性意义的物品装入容器内，密封后深埋地下，并设置一个在未来能够将其打开的时间。《世界年鉴》每年都制作一些“时间胶囊”，并设定在将来某一特定时间将它们打开。

从 1995 年起,《世界年鉴》开始发行《世界年鉴儿童版》(The World Almanac For Kids),内含几千个条目,包括动物、体育、比赛、时尚、电影、电视、博物馆、天气、地图、网页、字谜、儿童游戏、课外活动、学校作文、家庭作业等,这些内容寓教于乐,受到美国儿童及其家长、学校老师们的喜爱。截至 2014 年,《世界年鉴儿童版》共销售 350 多万册,平均每年 19 万册。同时,它还开设“世界年鉴”网站,读者可以从中了解《世界年鉴》出版信息,并订购《世界年鉴》和《世界年鉴儿童版》。

2016年国内年鉴理论研究综述

范锐超

提要：本文从年鉴编纂基础理论、年鉴编纂应用理论、年鉴工作保障体系、年鉴信息化建设与发展、年鉴资源开发与利用5个方面对2016年年鉴研究情况进行梳理，论述重心是公开发表的有关年鉴编纂与研究的期刊论文。通过梳理和考察有关研究论文，反思年鉴理论研究存在的不足，提出针对性建议和措施，以期对提高年鉴理论研究水平有所裨益。

关键词：年鉴　理论研究　综述

年鉴作为一种独特的历史文化载体，具有很强的社会属性，从事年鉴事业并非闭门造车，而是社会性的活动。年鉴研究者必须具有开阔的视野，对于同行的研究成果有广泛的关注，才能真正做出创新性的贡献。2016年，为贯彻落实《全国地方志事业发展规划纲要（2015—2020年）》（以下简称《规划纲要》）中提出的"到2020年，做到地方综合年鉴由地方志工作机构组织编纂，一年一鉴，公开出版，实现省、市、县三级综合年鉴全覆盖"目标，年鉴编纂的地区和部门日益增多，年鉴研究的积累也日益深厚。

本文从年鉴编纂基础理论、年鉴编纂应用理论、年鉴工作保障体系、年鉴信息化建设与发展、年鉴资源开发与利用5个方面对2016年年鉴研究情况作简要梳理，梳理的对象主要是国内公开发表的期刊论文，有关研究著作仅作简要介绍，有关学术研讨会议论文、论文集论文不在研究范围之内。

一、年鉴编纂基础理论

年鉴编纂理论的高低决定着年鉴整体水平高低。认识年鉴学基础理论的品格基于年鉴出版事业基础之上。坚实的年鉴编纂理论能够保障和促使年鉴研究体系更加完整和严谨，促进中国年鉴事业健康发展。

（一）年鉴学基础认识

专家学者主要围绕年鉴的属性、功能、地位以及年鉴与志书的关系等问题进行讨论。在这方面，研究论文有 15 篇。许辰君《论提高年鉴出版的时效性》一文指出年鉴内容信息的年度性特点决定年鉴要实现功能价值的最大化，就必须重视年鉴出版的时效性。要改善当前年鉴界出版周期的现状，必须对年鉴各个工作流程的工作方法加以改进。要提高组稿效率和编辑工作效率，提高编辑队伍专业水平和优化编辑工作流程，缩短出版印刷时间，重视利用网络发布年鉴书稿。[①] 李春玲《地方综合年鉴及其重要作用的发挥》一文指出应充分发挥年鉴的资政、教化、存史、窗口的功能和作用，年鉴工作者应把好年鉴政治质量关，不断提高年鉴的实用性、时效性，扩大对年鉴的宣传与推介。[②] 刘善泳《论地方综合年鉴的独立地位》一文从我国地方综合年鉴的渊源、发展和愿景三个方面对地方综合年鉴的独立地位问题进行探讨，指出年鉴发展的方向。[③] 蔡兆银、韩朝晖《年鉴应重视民生资料的收录》一文指出年鉴民生资料构成包括物质生活、精神文化、政治参与、民生热点等方面。年鉴编辑应到基层群众中去，了解民情民意，记载民生资料可多利用图片，创新篇目设置。在年鉴中增设机动栏目、记载民生特色等方式来反映民生现实。[④] 周春玲《利用档案资源 选择年鉴资料》一文指出编辑年鉴的重要资料来源是档案，只有充分挖掘和利用档案文献及相关渠道，多方面选择科学、准确的资料，使年鉴发挥现实作用。[⑤] 刘朝《地方文献资源建设中关于年鉴的认识

① 许辰君：《论提高年鉴出版的时效性》，《中国地方志》2016 年第 2 期。

② 李春玲：《地方综合年鉴及其重要作用的发挥》，《云南社会主义学院学报》2016 年第 3 期。

③ 刘善泳：《论地方综合年鉴的独立地位》，《福建史志》2016 年第 2 期。

④ 蔡兆银、韩朝晖：《年鉴应重视民生资料的收录》《江苏地方志》2016 年第 1 期。

⑤ 周春玲：《利用档案资源 选择年鉴资料》，《黑龙江档案》2016 年第 1 期。

和采访策略》一文从地方文献资源建设的角度来剖析年鉴类文献的采访。明确年鉴类文献非公开文献的属性，促进采访人员在充分了解库藏的基础上积极探索采访策略，通过亲身采访、网络资源和个体书商等多种渠道，完善年鉴类文献的来源。[①] 沈永清《地方综合年鉴文本美探究》一文指出地方综合年鉴文本美是年鉴美学研究的主体。文本美要从年鉴所载内容和表现形式两个方面进行探索研究。内容与形式互为映衬，在创造文本美的实践中编者既要着力于内容美，亦应在形式美上下功夫，使之贯通，呈现地方综合年鉴文本美。[②] 李春玲《简论地方综合年鉴与地方志书的异同》一文阐述地方综合年鉴与地方志书的共同点及各自的特点和优势，通过对地方综合年鉴和地方志书的异同进行分析比较，指出二者只有相互促进，才能更好地为社会现实服务。[③] 吕鸿雁《我国年鉴编辑出版存在的问题与成因》一文认为我国缺乏名鉴虽有历史原因，究其根本是体制机制的僵化。内容重复刊发、出版普遍滞后、发行量普遍偏少和缺少数字化是我国年鉴事业存在的主要问题。[④] 曾淑华《论企业志鉴在企业文化建设中的地位和作用》一文就企业年鉴在企业文化建设中的独特作用和创新企业志鉴编修，以及更好发挥企业年鉴"存史、资政、教化"作用提出论述和探讨。[⑤] 周萍《检察志、检察年鉴资源综述》一文通过对检察志、检察年鉴编撰内容、体例、条目设置等资源特征以及保存价值的分析研究，探讨构建检察年鉴特色资源库，以期为检察系统内用户提供便捷、个性化的信息资源服务。[⑥]

（二）中外比较

年鉴起源于西方国家，探寻和借鉴西方年鉴的功用和发展规律，进一步推进我国年鉴研究向深度发展和向广度拓展。在这方面，研究论文 10 余篇。王师师《国外传统代表性年鉴发展趋势及特点》一文归纳总结国外代表性年鉴发展特点与编写经验，给国内年鉴编纂带来借鉴与启示。[⑦] 杨永成《中西方对年鉴的认知和定位》

① 刘朝：《地方文献资源建设中关于年鉴的认识和采访策略》，《农业图书情报学刊》2016 年第 2 期。
② 沈永清：《地方综合年鉴文本美探究》，《史志学刊》2016 年第 6 期。
③ 李春玲：《简论地方综合年鉴与地方志书的异同》，《时代金融》2016 年第 18 期。
④ 吕鸿雁：《我国年鉴编辑出版存在的问题与成因》，《现代传播（中国传媒大学学报）》2016 年第 12 期。
⑤ 曾淑华：《论企业志鉴在企业文化建设中的地位和作用》，《管理观察》2016 年第 10 期。
⑥ 周萍：《检察志、检察年鉴资源综述》，《中国检察官》2016 年第 1 期。
⑦ 王师师：《国外传统代表性年鉴发展趋势及特点》，《中国地方志》2016 年第 10 期。

一文讨论中西方年鉴不同的发展历程，双方在年鉴认知和定位的影响下，中西方综合年鉴各自编撰和出版的境况；重点比较分析双方综合年鉴的编撰体例及其对各自年鉴的影响，并就此提出我国地方综合年鉴应打破当前僵化局面。① 杜峰、张英、苏雅洁《中美高校年鉴比较研究》一文重点从编纂主体、功能定位、类型框架、载体周期等四方面剖析中美高校年鉴各自的特色与不足，指出我国高校年鉴在时效性、便捷性、专业性发展方面仍有提升空间。② 杨鑫、黄世印、李自清《美国高校教育技术竞争格局和发展趋势——基于对 35 ~ 39 期〈教育媒体与技术年鉴〉的内容分析》一文对美国高校（科研机构）教育技术学专业在《教育技术研究与发展》及《学习科学杂志》两本核心刊物的载文数量、赠款与合同款额、专职教师人数、博士毕业人数、硕士毕业人数等方面进行分析，梳理探讨美国高校教育技术的竞争格局与发展态势。③

二、年鉴编纂应用理论

年鉴编纂应用理论研究主要解决各级各类年鉴编纂出版过程中的技术性问题，最终形成一系列年鉴编纂规范，以提高年鉴编纂的效率和质量。年鉴编纂事业的发展，要求年鉴编纂理论研究与时俱进，用不断发展的理论指导创新的实践，用不断创新的理论支撑迅速发展的年鉴事业。

（一）编纂认识

年鉴编纂是年鉴研究中理论与实践结合最为密切的部分，其中地方专业年鉴的编纂逐步进入规范提升阶段并取得一定的阶段性成果。在这方面，研究论文有 20 余篇。王韧洁、姜坤、崔震《从部分地方综合年鉴在中国知网的引证情况看年鉴编纂工作》一文强调年鉴在论文中被引证的情况体现了年鉴的利用价值。从中国知网所收录的论文对省级综合年鉴、副省级综合年鉴和北京市区县综合年鉴这三大类地方综合年鉴进行引证的量化分析发现，年鉴的被利用率与其出版时间、

① 杨永成：《中西方对年鉴的认知和定位》，《中国地方志》2016 年第 11 期。

② 杜峰、张英、苏雅洁：《中美高校年鉴比较研究》，《兰台世界》2016 年第 12 期。

③ 杨鑫、黄世印、李自清：《美国高校教育技术竞争格局和发展趋势——基于对 35 ~ 39 期〈教育媒体与技术年鉴〉的内容分析》，《软件导刊（教育技术）》2016 年第 3 期。

所处地区、获奖情况无逻辑关联，而多数地方统计年鉴的被利用率要高于同级地方综合年鉴。这为地方综合年鉴在内容选取、保持连续性、注重差异、适应时代发展、加强宣传等工作方面提供有益的参考和启示。[①] 包桂霞《年鉴编纂琐谈》一文指出翔实的资料是编纂年鉴的基础。强调只有在条目撰写上下功夫，才有可能编纂出高质量的年鉴。[②] 曲巍《"互联网 +"时代的年鉴编纂模式构想——以〈中国地方志年鉴〉为例》一文强调"互联网 +"时代为年鉴编纂运作模式创新提供技术支撑，年鉴编纂应该充分利用互联网技术，开发在线编辑系统，实现跨界融合，提高年鉴编纂出版速度。[③] 俞富江《浅谈信息时代与年鉴编纂》一文认为提高思想认识、创新组稿模式、优化篇目设计、加快编纂进度、革新传播手段是信息时代下做好年鉴编纂工作新的关键。[④] 张昆《新闻传播教育年鉴编纂的必要性论析》一文对中国新闻传播教育年鉴的编纂理念、体系建构、编写思路及原则等进行思考，指出中国新闻传播教育年鉴的写作必要性与写作思路。[⑤] 黄凯《新时期高校年鉴编纂可持续发展的思考》一文指出高校年鉴编纂工作中存在的问题，提出新时期高校年鉴编纂可持续发展的有关建议，以适应高校自身和社会发展的需要。[⑥] 付圆圆《做好县级统计年鉴编辑之我见》一文指出总结经验打基础、分工到人强责任、与时俱进勇创新、凝心聚力促合作、从严审核提质量、严格把控出版关是编纂好县级统计年鉴的关键。[⑦]

（二）框架设计和条目编写

框架结构承载年鉴的内容，条目构成年鉴的基本部件，如何设计好框架、编写好年鉴条目受到学者们越来越深入的探讨。在这方面，研究论文共 13 篇。周宏文《浅析近几年地方综合年鉴的纲目设计》一文指出纲目设计是编好地方综合年鉴不可缺少的一环，一些地方综合年鉴纲目分类不合理，层次不够分明，缺乏科

① 王韧洁、姜坤、崔震：《从部分地方综合年鉴在中国知网的引证情况看年鉴编纂工作》，《中国地方志》2016 年第 9 期。

② 包桂霞：《年鉴编纂琐谈》，《新疆地方志》2016 年第 3 期。

③ 曲巍：《"互联网 +" 时代的年鉴编纂模式构想——以〈中国地方志年鉴〉为例》，《史志学刊》2016 年第 3 期。

④ 俞富江：《浅谈信息时代与年鉴编纂》，《黑龙江史志》2016 年第 6 期。

⑤ 张昆：《新闻传播教育年鉴编纂的必要性论析》，《现代传播（中国传媒大学学报）》2016 年第 11 期。

⑥ 黄凯：《新时期高校年鉴编纂可持续发展的思考》，《兰台世界》2016 年第 3 期。

⑦ 付圆圆：《做好县级统计年鉴编辑之我见》，《中国信息报》2016 年 7 月 5 日。

学性、连续性，特点不突出，标题欠准确等问题突出。地方综合年鉴纲目设计应当分类科学、层次分明、特色鲜明，纲目相对稳定、有连续性，标题准确。[①] 杜育和《地方综合年鉴框架设计中的常见问题评析》一文认为地方综合年鉴的框架设计是决定编纂质量的重要因素。解决年鉴框架覆盖内容不全面、年鉴内容分类不够科学、类目编排逻辑性不强等常见问题，要在明确年鉴基本内容构成的基础上，按照分类法的编排方式，遵循分类科学、门类齐全、归属得体、编排有序、层次分明、特色鲜明的原则，将年鉴的资料信息形成一个科学的逻辑系统。[②] 曹宇《试论〈兵团年鉴〉编纂工作的实践和探索》一文强调《兵团年鉴》立足特殊体制、履行特殊职责使命，在年鉴条目标题和编写方面具有兵团特色。[③] 俞富江《浅谈年鉴数字条目标题的制作》一文指出年鉴数字条目要给人以清晰感、形象感、真实感、对比感和经验感。数字条目标题直接关系到年鉴的内在质量，成功的数字条目标题具有“画龙点睛”之功效。[④]

（三）编辑说明、索引、彩页及排版

从细节入手提升年鉴整体品质、打造精品年鉴成为专家学者的思考方向。在这方面，研究论文共 9 篇。唐之剑《关于年鉴编辑说明编制规范的思考》一文指出年鉴编辑说明是全书的纲领性文件，对全书编纂作出说明和规定，其地位和作用十分重要。年鉴每年都有调整，应用编辑说明，不宜用凡例。由于对年鉴编辑说明重视不够。其存在问题较多，也比较突出，年鉴的编纂出版质量受到影响。因此，规范年鉴编辑说明的编制能有效提高年鉴质量。[⑤] 陆奇《〈北京社会科学年鉴〉索引编制体现哲学社会科学规律特点》一文指出《北京社会科学年鉴》以创新编制“社会科学索引”，将文章体与条目体相结合的检索体系，对于年鉴文章体的索引编制提供有益的尝试与借鉴。[⑥] 文国庆《浅谈年鉴彩页编辑的基本方法》一文结合工作实际，探讨年鉴彩页编辑的基本要求，指出年鉴彩页编辑存在的问题和基本

① 周宏文：《浅析近几年地方综合年鉴的纲目设计》，《中国地方志》2016 年第 11 期。
② 杜育和：《地方综合年鉴框架设计中的常见问题评析》，《新疆地方志》2016 年第 1 期。
③ 曹宇：《试论〈兵团年鉴〉编纂工作的实践和探索》，《新疆地方志》2016 年第 4 期。
④ 俞富江：《浅谈年鉴数字条目标题的制作》，《黑龙江史志》2016 年第 8 期。
⑤ 唐之剑：《关于年鉴编辑说明编制规范的思考》，《中国地方志》2016 年第 5 期。
⑥ 陆奇：《〈北京社会科学年鉴〉索引编制体现哲学社会科学规律特点》，《黑龙江史志》2016 年第 8 期。

方法。[1] 李煜静《浅谈医院年鉴设计中的要素和排版艺术》一文阐述医院年鉴编写的篇目结构和版式构成要素。从体现简约美、一体美、精致美和留白美等方面分析医院年鉴设计中的排版艺术。[2]

三、年鉴工作保障体系

工作保障体系是一套行之有效的行政和业务管理手段。作为一项复杂的社会化工程，年鉴工作保障体系越来越为各年鉴工作机构决策层、管理层所重视，运用工作保障体系管理年鉴的编纂工作将会事半功倍。

（一）队伍建设

年鉴编辑人员的自身素质和队伍建设决定年鉴的质量，抓好年鉴队伍建设是繁荣年鉴事业的大计。在这方面，研究论文共 17 篇。牟国义《浅谈地方综合年鉴主编素养》一文提出一名称职的年鉴主编，要不断提升编辑技艺，讲求历史智慧、开阔视野、独到眼光、规范意识，永葆年鉴的生机和活力。[3] 王世伟《试谈年鉴编辑的意识》一文指出提高年鉴的整体质量，必须提高年鉴编辑人员的综合素养。年鉴编辑人员必须具备强烈的主体意识、团队意识和创新意识，才能把所编纂的年鉴打造成为精品。[4] 张永兴、刘刚《浅谈年鉴撰稿人如何编写优质年鉴稿件》一文指出撰稿人如何编写优质年鉴稿件取决于编辑部如何培养年鉴编辑队伍。这支队伍培养好，年鉴的基础资料就能得以保障，才相对减少编辑部的工作负担和压力。[5] 詹跃华《谈年鉴文献信息选辑》一文认为编纂人员要认识区分文献信息的类型，合理配置一、二、三次文献的比例，把握选辑文献信息的环节是保证年鉴质量的关键。[6] 孟春《探究年鉴编辑的素养》一文指出年鉴编辑人员的素质直接影响着企业年鉴质量的高低。年鉴编辑不仅要有过硬的文字功底和业务知识，更要保持高度的责任心，用科学的发展观统领企业年鉴的编纂工作，并在实践中不断学

① 文国庆：《浅谈年鉴彩页编辑的基本方法》，《数字传媒研究》2016 年第 5 期。
② 李煜静：《浅谈医院年鉴设计中的要素和排版艺术》，《办公室业务》2016 年第 13 期。
③ 牟国义：《浅谈地方综合年鉴主编素养》，《福建史志》2016 年第 5 期。
④ 王世伟：《试谈年鉴编辑的意识》，《广西地方志》2016 年第 4 期。
⑤ 张永兴、刘刚：《浅谈年鉴撰稿人如何编写优质年鉴稿件》，《黑龙江史志》2016 年第 5 期。
⑥ 詹跃华：《谈年鉴文献信息选辑》，《黑龙江史志》2016 年第 6 期。

习和创新，提升自身的综合素质。[①]

（二）经验交流

2016年，高等院校、科研机构年鉴工作学术研究不断加强，基层和企业在年鉴工作方面的经验交流也受到重视。在这方面，研究论文共19篇。田润宇《试析地方综合年鉴工作中的四个基本问题》一文探讨年鉴工作中功能定位、内容选取、编纂水平、作用发挥4个基本问题，并从这四个问题入手解析提升年鉴工作水平的路径。[②] 马艾民《县级年鉴如何充实入鉴内容》一文指出县级地方综合年鉴应该从增强实用性、增加自采自编内容及挖掘记述深度、努力呈现地方年度亮点等三个方面入手，充实入鉴内容。[③] 杨卓轩《谈地方综合年鉴编纂工作中存在的问题与对策》一文阐述当前地方综合年鉴编纂工作存在的问题，提出充分认识年鉴编纂的重要性，培养创新意识，注重人才，树立质量第一的原则等相关建议。[④] 郭嘉《关于地方性社科年鉴编纂的思考——以〈新疆社会科学年鉴〉为例》一文认为只有熟悉地方性社科年鉴特殊价值，加强编纂的理解，树立目标，始终坚持正确的政治导向，才能增强年鉴编撰人员的责任心，加强年鉴编撰队伍建设，才能熟练使用社科年鉴来检索需要的资料，更好地发挥其作用。[⑤] 范军《传承新疆监狱历史文脉做好监狱志鉴编修工作》一文阐述新疆监狱充分认识编纂年鉴的重要意义，扎实做好编修志鉴的各项基础工作，真实客观公正地记录历史，传承新疆监狱历史文脉。[⑥] 杨天龙《企业年鉴编纂工作的体会和思考——以〈中国石油天然气集团公司年鉴〉为例》一文指出编撰年鉴的企业应结合各自的实际情况，通过培育一支强有力的编纂队伍、在规范中创新、获取领导支持、积极奖励年鉴工作者等措施强化年鉴编纂工作。[⑦] 刘波《夯实志鉴编修 助力企业发展》一文结合《华东石油年鉴》的编修工作，探讨如何做好企业文化基础工作，发挥并拓展志鉴功能，促进企业

① 孟春：《探究年鉴编辑的素养》，《时代金融》2016年第15期。

② 田润宇：《试析地方综合年鉴工作中的四个基本问题》，《广西地方志》2016年第3期。

③ 马艾民：《县级年鉴如何充实入鉴内容》，《新疆地方志》2016年第2期。

④ 杨卓轩：《谈地方综合年鉴编纂工作中存在的问题与对策》，《史志学刊》2016年第3期。

⑤ 郭嘉：《关于地方性社科年鉴编纂的思考——以〈新疆社会科学年鉴〉为例》，《新疆社科论坛》2016年第6期。

⑥ 范军：《传承新疆监狱历史文脉 做好监狱志鉴编修工作》，《新疆地方志》2016年第3期。

⑦ 杨天龙：《企业年鉴编纂工作的体会和思考——以〈中国石油天然气集团公司年鉴〉为例》，《企业改革与管理》2016年第20期。

创新发展，实现可持续发展方面。[①]

（三）质量保证

年鉴编纂质量关系到年鉴的生存和发展，随着《地方志工作条例》和《规划纲要》的颁布实施，年鉴事业得到长足发展。年鉴编纂数量不断增长的同时，质量问题更加不容小觑。在这方面，研究论文共14篇。舒启东《制订年鉴篇目要处理好五种关系》一文阐述篇目制订在年鉴中的先导性作用。在制订篇目时要辩证看待，处理好“快”与“慢”、“粗”与“细”、分类与分工、全面与重点、“变”与“不变”的关系，对年鉴编纂工作的开展和质量的提高有重要意义。[②] 苏炎灶《严格质量控制 打造年鉴精品》一文提出“全过程质量控制”模式是解决年鉴质量工作的关键。该模式的核心在于建立质量控制管理体系，坚持质量第一的地位不动摇。[③] 冯松《浅谈地方综合年鉴的编写与规范》一文指出地方综合年鉴应该从规范要求、资料选取、表述和规范等方面来提高编纂质量。[④] 王玉琴《影响省级综合年鉴品质的四个因素——以〈宁夏年鉴〉为例》一文指出品质是省级综合年鉴的根本。在提升省级年鉴品质过程中，应认识到篇目的稳定性和创新性是灵魂，信息员的理念意识和理论知识是基础，编辑的政治素质和专业化水平是根本以及“依法编鉴”“依法治志”是省级年鉴又好又快发展的动力。[⑤]

四、年鉴信息化建设与发展

成倍增长的信息、快速更新的技术、瞬息万变的市场对年鉴的编纂工作，以及其创新和应变能力提出更高的要求。为迎接年鉴信息化时代，年鉴工作者有必要理顺年鉴信息化和年鉴发展利用的关系，年鉴开发利用的效率受信息技术发展水平影响，年鉴信息化建设推动年鉴理论发展和经济社会发展有重要意义，给年鉴事业的发展带来新的机遇。加快年鉴信息化建设，迎接年鉴信息化带来的挑战。

---

① 刘波：《夯实志鉴编修 助力企业发展》，《中外企业家》2016年第24期。

② 舒启东：《制订年鉴篇目要处理好五种关系》，《中国地方志》2016年第2期。

③ 苏炎灶：《严格质量控制 打造年鉴精品》，《福建史志》2016年第5期。

④ 冯松：《浅谈地方综合年鉴的编写与规范》，《福建史志》2016年第5期。

⑤ 王玉琴：《影响省级综合年鉴品质的四个因素——以〈宁夏年鉴〉为例》，《新疆地方志》2016年第3期。

（一）数字化和网络化

"互联网 +"模式的迅速发展使数字化建设、信息化公开成为年鉴工作研究和探索的方向。在这方面，研究论文共12篇。张军《大数据时代年鉴面临的挑战与机遇》一文提出大数据时代对年鉴编辑与利用的启示：一是拓宽年鉴资料收集的时间和空间范围；二是要逐步创建年鉴利用与交流的大数据平台；三是充分发挥年鉴自身的存史特性。[①] 王文灿《地方综合年鉴网站功能布局刍议》一文提出地方综合年鉴网站可按照形象宣传新载体、采编导航新阵地、编纂工程新干线、资讯发布新平台、发行传播新捷径、搜索引擎好帮手的思路进行功能开发和栏目设置。[②] 文国庆《浅谈年鉴的数字化发展》一文对目前年鉴数字化的瓶颈作简单分析，提出年鉴数字化的发展应加强年鉴编辑的数字化意识、发挥年鉴的内容优势、加强传统纸质媒介与新媒体的融合、发挥年鉴的政策优势等对策。[③] 高兰会《互联网时代的年鉴模式的读者连接》一文提出年鉴要实现读者连接，就必须有连接的平台，树立服务意识，吸引读者视角，能够满足读者的需求，加强对外宣传，最大限度地吸引读者的注意力。[④] 田愉、樊红梅《数字化统计年鉴系统的构建及功能开发》一文指出统计年鉴纸质出版向数字化出版转型，需借助网络技术，开发系统，界面友好、信息查询灵活、方便，数据存储安全可靠，实现科技统计数据的快速查询、海量存储、数据共享。[⑤]

（二）发展与创新

年鉴要发展也必须转型，转型的关键是创新，如何在发展中创新、在创新中发展，如何拓展年鉴的深度与广度，是年鉴工作经久不衰的课题。在这方面，研究论文共20余篇。张燕、崔敏、华沈洁《年鉴文化观：职业重塑的新契机》一文阐述文化传承视角下的年鉴规范和文化创新视角下的年鉴创新的必要性。年鉴创新要基于文化特色的年鉴机制项目化、文化整合的年鉴资源多元化、数字文化的年鉴编纂信息化、文化资本的年鉴开本立体化四个方面。[⑥] 朱崇飞《浅谈地方综合

① 张军：《大数据时代年鉴面临的挑战与机遇》，《江苏地方志》2016年第2期。
② 王文灿：《地方综合年鉴网站功能布局刍议》，《福建史志》2016年第5期。
③ 文国庆：《浅谈年鉴的数字化发展》，《数字传媒研究》2016年第11期。
④ 高兰会：《互联网时代的年鉴模式的读者连接》，《江苏地方志》2016年第2期。
⑤ 田愉、樊红梅：《数字化统计年鉴系统的构建及功能开发》，《甘肃科技》2016年第8期。
⑥ 张燕、崔敏、华沈洁：《年鉴文化观：职业重塑的新契机》，《社会科学报》2016年1月14日。

年鉴英文版的编辑与出版——以〈江苏年鉴〉英文版为例》一文探讨地方综合年鉴外文版的目标定位的分析、框架结构的编排、主题内容的选择、翻译质量的把控、"互联网 +"传播利用等方面内容。[①] 茆贵鸣《〈盐城年鉴〉全面创新的探索与实践》一文指出《盐城年鉴》在体例结构、板块内容、装帧设计、载体形式等方面进行创新。它的创新模式影响并带动周边市县年鉴的发展。[②] 刘书峰《专业年鉴理念创新——以台湾〈出版年鉴〉改版历史为视角》一文探讨台湾《出版年鉴》历次改版背后的理念和意图，探索专业年鉴创新的可能性，对年鉴工作及研究者了解台湾专业类年鉴的编纂理念和发展方向等方面提供参考。[③] 陶丽《网络时代高职院校图书馆年鉴采访与利用问题研究》一文针对高职院校图书馆年鉴采访和利用工作中存在的采访无连续性、编目数据和管理混乱低等问题，提出年鉴分级化采购，制度化、标准化管理和"摘录式"宣传等措施来有效挖掘年鉴价值。[④] 武丽娜、范爱红、庄玫《图书馆年鉴编写模式的创新与实践》一文从开放程度和栏目设置角度介绍当前国内外高校图书馆年鉴报告情况，分析影响图书馆年鉴编写质量和效率的主要原因，列举清华大学图书馆提升年鉴质量、改进年鉴编写效率采取的多项举措。对图书馆年鉴的揭示与利用进行研究，并对年鉴编写工作总结提出体会与思考。[⑤] 许仁康、任晓东、陆建伟《浅谈水文年鉴复刊中数据的修改方法》一文通过对水文年鉴复刊数据修改工作的总结分析，提出对已进入到汇编软件数据库中的水文数据的修改方法，为水文年鉴复刊成果刊印成册提供参考。[⑥] 陈婉婉、李士进等《一种新的水文年鉴数字化方法》一文提出基于版面分析的多特征融合数字识别方法，并结合水文年鉴中数值的时间序列相关性提出后期纠错机制来提高识别的正确率。[⑦] 谢运山、马玮《水文年鉴中编印说明数据统计探讨》一文结合水文年鉴的有关内容利用 VFP 编程语言进行编程试算，完成对资料索引、各参编单位测站数统计和刊印资料站年数统计表的统计、水雨情等方面的资料统计，根据具体情况进行补

① 朱崇飞：《浅谈地方综合年鉴英文版的编辑与出版——以〈江苏年鉴〉英文版为例》，《江苏地方志》2016 年 5 期。

② 茆贵鸣：《〈盐城年鉴〉全面创新的探索与实践》，《江苏地方志》2016 年第 3 期。

③ 刘书峰：《专业年鉴理念创新——以台湾《出版年鉴》改版历史为视角》，《史志学刊》2016 年第 6 期。

④ 陶丽：《网络时代高职院校图书馆年鉴采访与利用问题研究》，《无锡职业技术学院学报》2016 年第 6 期。

⑤ 武丽娜、范爱红、庄玫：《图书馆年鉴编写模式的创新与实践》，《数字图书馆论坛》2016 年第 12 期。

⑥ 许仁康、任晓东、陆建伟：《浅谈水文年鉴复刊中数据的修改方法》，《江苏水利》2016 年第 6 期。

⑦ 陈婉婉、李士进、胡金龙、高祥涛：《一种新的水文年鉴数字化方法》，《计算机与现代化》2016 年第 12 期。

充完善。[①]

五、年鉴资源开发利用

年鉴资源的开发与利用对于我国现今社会主义阶段的国情具有特殊的意义，是适应社会顺应历史的举措。积极有效合法地开发与应用年鉴中丰富的资源，促进和推动年鉴资源进行最大限度的开发利用是年鉴工作的核心使命和根本出路。只有有效利用年鉴的资源，才能更有效地对年鉴资源进行深度开发。加快年鉴资源的开发与利用成为国家文化发展软实力的有效途径。

（一）资源开发

年鉴资源与信息模式结合更紧密的同时，注重民国时期年鉴的开发与研究，在这方面，研究论文共 10 篇。赵群虎《关于“互联网＋”时代地方综合年鉴资源开发利用的思考——以山西省综合年鉴发展为例》一文强调年鉴资源的开发利用要顺应时代要求，积极同信息技术相融合，拓展发展空间。[②] 孙长青《让年鉴超越传统纸质出版物观念》一文针对年鉴编纂中发现各自区域存在的突出问题，可以分若干专题进行有针对性的地情调查，形成有助于区域发展和领导决策的地情产品。[③] 罗婧《开埠初期的上海租地及洋行——基于 1854 年〈上海年鉴〉的研究》一文论述《上海年鉴》作为开埠早期编年的材料，对复原上海开埠初期的历史具有不可替代的作用，揭示《上海年鉴》在上海史研究中的重要意义。[④] 刘善泳《浅议民国〈无锡年鉴·第一回〉卷首题词》一文指出 1930 年出版《无锡年鉴·第一回》是我国较早的县级地方综合年鉴，蔡元培、宋子文、孙科等各界知名人士为其题词。这些题词集中反映了对地方综合年鉴及其编纂活动的认识和评价，对地方综合年鉴的再认识和新实践有所启发。[⑤] 闫浩、杜小军《简析民国时期多版本〈中国年鉴〉的编辑与出版》一文指出民国时期，英国编辑出版的英文版《中国年鉴》，商务印

---

① 谢运山、马玮：《水文年鉴中编印说明数据统计探讨》，《吉林水利》2016 年第 7 期。

② 赵群虎：《关于“互联网＋”时代地方综合年鉴资源开发利用的思考——以山西省综合年鉴发展为例》，《史志学刊》2016 年第 1 期。

③ 孙长青：《让年鉴超越传统纸质出版物观念》，《社会科学报》2016 年 8 月 11 日。

④ 罗婧：《开埠初期的上海租地及洋行——基于 1854 年〈上海年鉴〉的研究》，《史林》2016 年第 3 期。

⑤ 刘善泳：《浅议民国〈无锡年鉴・第一回〉卷首题词》，《江苏地方志》2016 年第 4 期。

书馆等出版机构编辑出版中文或英文版的《中国年鉴》，日本编辑出版《中国年鉴》及《大陆年鉴》等多卷本的《中国年鉴》，都在客观上忠实记录了中国不同时代的社会经济特色和政治文化状况；在编撰体例和方法、性质和规模、范围和原则等方面，对当代开展中、英文年鉴的编写工作具有直接的影响。①

（二）资源利用

专家学者侧重对专业年鉴的资源利用，在这方面，研究论文9篇。房存、唐晴川《文艺论争视域下的20世纪30年代〈中国文艺年鉴〉解读》一文指出通过20世纪30年代由现代书局出版的《中国文艺年鉴（第一回）1932年》以及北新书局的杨晋豪编纂的1933—1936年度《中国文艺年鉴》，可以看到当时文坛的驳杂景象，微妙的偏重与忽视。② 杨默、郭栋、龚璞《正式制度与非正式制度如何影响政治不稳定风险——基于2000—2015年世界竞争力年鉴的面板数据分析》一文分析世界竞争力年鉴2000—2015年的面板数据，指出正式制度与非正式制度对于政治不稳定风险均有显著影响。③ 田梦、冯建新《浅析西北民族地区师资情况——基于年鉴数据的量化分析》一文分析西北民族地区专任教师数量、质量、结构现状等年鉴数据，梳理当前师资队伍建设中存在的问题，提出师资队伍建设必须以政府为主导、创新师资配置机制、提高教师专业能力水平的建议。④ 苏隆中、赵峰《我国农村学前教育发展水平评价及区域的异质性——以2013年国家相关统计年鉴数据为基础》一文通过对统计年鉴数据进行分析，指出东部地区的农村学前教育综合发展水平普遍高于中部和西部地区，东、中、西部在农村学前教育发展水平上又呈现出各自的特质。⑤ 史礼婷、张骞等《双向模式匹配在年鉴数据预处理平台中的应用》一文对实验数据录入的匹配结果进行分析。明确指出双向匹配算法能满足年鉴录入的需求，提高年鉴数据预处理工作的效率，实现年鉴指标数据的结构

---

① 闫浩、杜小军：《简析民国时期多版本〈中国年鉴〉的编辑与出版》，《编辑之友》2016年第8期。

② 房存、唐晴川：《文艺论争视域下的20世纪30年代〈中国文艺年鉴〉解读》，《哈尔滨师范大学社会科学学报》2016年第2期。

③ 杨默、郭栋、龚璞：《正式制度与非正式制度如何影响政治不稳定风险——基于2000—2015年世界竞争力年鉴的面板数据分析》，《经济社会体制比较》2016年第4期。

④ 田梦、冯建新：《浅析西北民族地区师资情况——基于年鉴数据的量化分析》，《民族高等教育研究》2016年第2期。

⑤ 苏隆中、赵峰：《我国农村学前教育发展水平评价及区域的异质性——以2013年国家相关统计年鉴数据为基础》，《求索》2016年第12期。

化存储，完成年鉴数据的更新录入。[①]

（三）年鉴评价

实事求是的、有见识的分析年鉴的形式和内容，对年鉴进行价值判断和评价参考，探求年鉴编纂的学术性、创新性和知识性，构建年鉴交流的渠道。这方面论文共 7 篇。陈富瑞《资料丰富　眼光独到　体例新颖——评古远清教授〈世界华文文学研究年鉴·2014〉》一文指出世界华文文学成为文坛中的重要文学现象，《世界华文文学研究年鉴·2014》是一本富含个性又不失客观，兼具学术性与资料性、延续性与创新并存的年鉴，反映“世界华文文学”学科 2014 年的基本状况和重要成果，汇集有关重要信息，让广大读者了解该学科的最新动向，为世界各地学者研究时参考和使用。[②] 沈永清《一部编纂特色鲜明、基本属性凸显的省级年鉴——读〈广西年鉴（2014）〉札记》一文指出《广西年鉴（2014）》框架结构科学合理，年度特点、地方志特色突出、领属得当，是一部编纂特色鲜明的省级年鉴。该书向读者显现的是区域性、年度性、连续性、资料性文献的基本属性，是一部具有为现实服务和存史价值的资料性文献。[③] 史地《整合力量　打通界限　推进研究——〈辽金西夏研究年鉴〉读后》一文肯定《辽金西夏研究年鉴》的编辑为弘扬辽金西夏所作的历史贡献。指出该书栏目设置会根据读者的需要而调整，展示辽金西夏研究的最新成果。[④]

此外，在高校学位论文中年鉴作为重要的资料也得到更广泛的重视和利用。戚李瑶《切斯特曼翻译规范理论指导下的联合国年鉴翻译策略——以〈简明年鉴 2010〉翻译为例》一文在翻译规范理论的指导下，总结《简明年鉴 2010》翻译过程中遇到的重点和难点。[⑤] 翟钰英《中国省际环境治理的有效性及影响因素分析》以《中国统计年鉴》及《中国能源统计年鉴》等统计类年鉴 2006—2013 年的相关

① 史礼婷、张骞、钟永恒、胡思思、李贞贞：《双向模式匹配在年鉴数据预处理平台中的应用》，《现代图书情报技术》2016 年第 9 期。

② 陈富瑞：《资料丰富 眼光独到 体例新颖——评古远清教授〈世界华文文学研究年鉴·2014〉》，《世界文学评论》2016 年第 2 期。

③ 沈永清：《一部编纂特色鲜明、基本属性凸显的省级年鉴——读〈广西年鉴（2014）〉札记》，《黑龙江史志》2016 年第 2 期。

④ 史地：《整合力量　打通界限　推进研究——〈辽金西夏研究年鉴〉读后》，《东北史地》2016 年第 3 期。

⑤ 戚李瑶：《切斯特曼翻译规范理论指导下的联合国年鉴翻译策略——以〈简明年鉴 2010〉翻译为例》，苏州大学 2016 年硕士论文。

统计资料为数据来论证度量环境治理的有效性。[①] 王慧慧《功能翻译理论指导下的年鉴翻译研究——以〈淮北年鉴 2014〉工业经济部分（节选）英译为例》一文阐述在功能翻译理论的文本类型说和翻译目的论的指导下，围绕年鉴的翻译展开探讨如何结合年鉴的特点探索其词汇、句子和语篇的翻译方法和策略来提高年鉴翻译质量。[②]

综上所述，2016 年年鉴研究取得较为可观的成绩，在不断加强专业年鉴理论创新的同时，注重基层年鉴特别是县区级年鉴编纂理论的发展。有关年鉴编纂注意事项、存在的问题、开发利用和中外年鉴交流等方面取得丰硕的成果。不但论文总量在增长，而且研究的角度有所开拓，研究人群和受众面不断拓宽，研究水平有一定提高，年鉴研究的态势良好，给地方志事业带来诸多有益的参考。但是，我们仍然要反思年鉴理论研究存在的不足，以进一步推动年鉴理论研究水平：一是在选题方面，有些论文所讨论的内容近于陈词滥调，没有多少参考价值；二是在论文规范方面，部分论文思路、层次不清，没有足够的论据来支撑观点，主题不突出、题文不符、逻辑不顺等情况时有发生；三是相对国内综合年鉴的发展而言，专业年鉴目前还存在一些问题，更需专业年鉴理论研究越来越成体系；四是学术规范方面，一稿多发现象仍然存在。

有鉴于此，当前亟须要强化学术规范意识，通过搭建年鉴学术理论争鸣的平台，彰显年鉴的可贵价值及广泛开发利用年鉴的必要性。在国际视野下布局的“一带一路”倡议引领中国年鉴“走出去”，加强年鉴领域的国际学术交流，切实推动年鉴理论研究稳步前进。培养专业的学术人才，便于研究上的创新，取得更好的学术成果，为年鉴事业发展提供有力的理论支撑。

① 翟钰英：《中国省际环境治理的有效性及影响因素分析》，哈尔滨工业大学 2016 年硕士论文。

② 王慧慧：《功能翻译理论指导下的年鉴翻译研究——以〈淮北年鉴 2014〉工业经济部分（节选）英译为例》，北京交通大学 2016 年硕士论文。

Ⅶ

附录

2016年全国年鉴工作大事记

杨卓轩

1月

1月7日 山西省人民政府办公厅印发《山西省地方志事业发展规划纲要（2015—2020年）》。规划纲要要求，到2020年，全面实现省、市、县三级综合年鉴全覆盖，做到一年一鉴，公开出版。加快年鉴信息化建设，加强对综合年鉴的指导和管理。

1月11日 福建省代省长于伟国在政府工作报告中强调，传承优秀传统文化，做好第二轮志书和综合年鉴编纂工作。

1月13日 辽宁省省长陈求发主持召开省长办公会议并指出，地方志工作是基础性的工作，虽然是小部门但也可以有大作为。地方志办公室要做好两方面工作，一是要继续做志鉴编纂工作，二是要做好开发利用工作。同时，要注意把过去好的做法用于指导以后的工作实践。

1月13日 广西壮族自治区人民政府办公厅印发《广西贯彻落实全国地方志事业发展规划纲要（2015—2020年）实施方案》。方案要求，大力加强年鉴工作。依法加强地方综合年鉴编纂主体管理，做到地方综合年鉴由地方志工作机构组织编纂。推进地方综合年鉴编纂出版，到2020年，全面实现自治区、市、县三级地方综合年鉴一年一鉴、公开出版。实施年鉴精品工程，不断提高编纂质量。促进行业年鉴、专业年鉴等编纂出版和质量提升，进一步繁荣广西的年鉴事业。

1月14日 全国公开出版的第一部村级年鉴广东省东莞市大朗镇《巷头年鉴》创刊号首发仪式举行。

1月14日 广西地方志办公室主办、广西年鉴社编辑的《广西年鉴（2015）》出版。

1月18日 广西壮族自治区地方志机构主任工作会议在南宁召开。会议强调，市县综合年鉴编纂要全面铺开，创新工作机制，确保质量。

1月19日 江西省地方志机构主任工作会议暨干部培训班、省地方志学会第三次会员代表大会和全省方志理论研讨会在南昌举行。会议要求，要扎实推进年鉴编纂工作，坚持年鉴编辑常编常新。

1月19—20日 山东省各市史志办主任工作会议在济南召开。会议指出，2018年完成县级综合年鉴编纂“全覆盖”任务相当艰巨，要切实做好年鉴工作。

1月20日 2016年度四川省地方志工作会议在成都召开。会议要求，要突出重点、突破难点，强力推进滞后志书及年鉴编纂出版工作，全面提升年鉴编纂出版质量与水平。

1月25日 辽宁省政府办公厅印发《关于促进全省地方志事业发展的意见》。意见提出，到2020年，确保实现省、市、县三级综合年鉴全覆盖，做到地方综合年鉴一年一鉴，公开出版。

1月28日 湖南省人民政府办公厅印发《关于进一步加强地方志工作的意见》。意见要求，到2018年，省、市州、县市区三级地方综合年鉴实现"一年一鉴"全覆盖。

2月

2月14日 吉林省地方志编纂委员会印发《吉林省地方综合年鉴编纂出版流程》。

2月22日 江西省政府办公厅印发《江西省地方志事业发展规划纲要（2016—2020年）》。规划纲要要求，抓好地方综合年鉴编纂工作。各级地方志工作机构切实担负起组织编纂地方综合年鉴的职责，加强年鉴管理，实现一年一鉴，推动设区市和有条件的县（市、区）公开出版。至2020年，实现县（市、区）地方综合年鉴全覆盖。

2 月 23 日 江苏省委副书记、省长石泰峰对地方志工作作出重要批示，要求扎实推进第二轮修志，精心编纂综合年鉴，注重方志文献资源开发利用，不断推动地方志事业繁荣发展，为“迈上新台阶、建设新江苏”提供历史借鉴和智力支持。

2 月 26 日 《珠江三角洲城市群年鉴（2016）》组稿会召开。

3 月

3 月 10 日 北京市地方志办公室召开 2016 年《北京年鉴》主编会议。

3 月 10 日 海南省地方志办公室召开 2016 年《海南年鉴》组稿会议。

3 月 11 日 广东省地方志办公室举办《广东年鉴（2016）》撰稿人员培训班。

3 月 14—15 日 北京市地方志办公室举办 2015 年北京年鉴工作会暨 2016 年《北京年鉴》组撰稿会。

3 月 15 日 宁波市鄞州区地方志办公室举办年鉴工作暨编纂业务培训会。

3 月 19 日 大连市地方志办公室举办《大连年鉴（2016）》编纂工作暨年鉴通讯员培训会议。

3 月 20 日 宁夏回族自治区地方志办公室主任负有强一行到沙坡头区督查年鉴编纂工作。

3 月 23 日 宁夏回族自治区总工会举办志鉴编纂业务培训班。

3 月 26 日 北京市昌平区滨河幼儿园编纂的北京市第一部幼儿园年鉴《昌平区滨河幼儿园年鉴 2016 卷》内部创刊出版。

3 月 29 日 广东省地方志办公室印发《关于印发 2016 年度全省综合年鉴工作计划的通知》。

3 月 山东省地方史志办公室自主研发的《山东年鉴（2015）》原版显示功能在山东省情网省情资料库专版年鉴库发布。

4 月

4 月 7 日 宁波市地方志办公室举办《奉化年鉴（2013）》首发式暨年鉴业务培训会。

4 月 7 日 根据山东省机构编制委员会办公室批复，山东省地方史志办公室省情资料处不再与年鉴工作处合署，更名为信息工作处，并相应增加处级领导职数。

4月10—11日 厦门市地方志办公室举办《厦门年鉴（2016）》撰稿培训班。

4月13日 全国精品年鉴指导培训暨《中国年鉴发展报告》启动会议召开。

4月19日 广东年鉴编纂委员会编纂的《广东年鉴（2015）》英文版出版。

4月21日 江苏省地方志办公室召开全省乡镇年鉴编纂工作座谈会。

4月28日 广东省东莞市麻涌镇《麻涌年鉴》编纂暨自然村落历史人文普查启动仪式举行。

4月29日 黑龙江省人民政府办公厅印发《黑龙江省地方志事业发展规划纲要（2016—2020年）》。规划纲要要求，要强化年鉴编纂管理工作，依法积极推进年鉴编纂工作，提高年鉴编纂质量。要建立健全地方综合年鉴评议、审批、出版、备案、交流、发行工作机制。

4月 北京市旅游委编纂的《北京旅游年鉴（2012）》创刊出版。

4月 深圳市坪山新区地方史志办公室编纂的《坑梓办事处年鉴（2015）》出版。

4月 深圳市龙岗区地方史志办公室编纂的《龙城街道年鉴（2015）》《坂田街道年鉴（2015）》出版。

5月

5月4—6日 《福建年鉴（2016）》撰稿人业务培训班举办。

5月6日 新疆维吾尔自治区第十二届人民政府审议通过《关于贯彻落实〈全国地方志事业发展规划纲要（2015—2020年）〉的实施意见》。意见要求，大力推进地方综合年鉴的编纂工作。夯实自治区年鉴事业发展基础，构建完整的地方综合年鉴编纂体系。到2020年，做到自治区、地（州、市）、县（市、区）三级综合年鉴全覆盖，实现一年一鉴，公开出版。不断提高各级年鉴的思想性、资料性、科学性、实用性、权威性，争创在全国具有较大影响力的新疆年鉴品牌。

5月10日 河北省地方志办公室和河北省年鉴学会联合举办2016年《河北年鉴》省直撰稿人培训会。

5月24日 新疆柯坪县举行《柯坪年鉴（2015）》首发式暨《柯坪年鉴（2016）》组稿培训会。

5月27日 海南省委办公厅、海南省人民政府办公厅印发《海南省2016—

2020年史志工作规划》。规划要求，要抓好地方综合年鉴、专业年鉴编辑出版工作，夯实史志资料征集管理基础。

5月27日 新疆维吾尔自治区召开全疆地方志机构主任工作会议。会议要求，要扎实推进年鉴工作，确保2020年达到中央规定的全面完成第二轮修志任务，全面完成地方综合年鉴全覆盖任务目标。

5月30日 青岛市人民政府办公厅印发《青岛市地方史志事业发展规划纲要（2016—2020年）》。规划纲要要求，要提升年鉴编纂工作水平。继续做好市、区（市）两级地方综合年鉴“一年一鉴、公开出版”工作。建立完善年鉴质量保障体系，提高编纂质量，缩短出版周期，每一年度市级综合年鉴于次年8月底前出版，每一年度区市级综合年鉴于次年10月底前出版。加强对专业（行业）年鉴工作的指导和管理，鼓励和支持具备条件的企事业单位开展专业年鉴编纂工作。

5月30日 广西年鉴精品工程领导小组召开精品工程项目评审会，会议研究确定《南宁年鉴》《玉林年鉴》《岑溪年鉴》《东兰年鉴》《青秀年鉴》《广西财政年鉴》6部年鉴为2016年广西年鉴精品工程项目。

5月31日 黑龙江省地方志机构主任工作会议召开，会议印发《黑龙江省地方志事业发展规划纲要（2016—2020年）》。规划纲要要求，强化年鉴编纂管理工作。全省各级地方志工作机构要依法积极推进年鉴编纂工作，加强管理，提高年鉴编纂质量，对尚未开展年鉴编纂工作的地区和单位，地方志工作机构要结合实际，研究切实可行的推进方案，重点推进县级地方综合年鉴编纂工作，力争在2020年前实现全覆盖。要建立健全地方综合年鉴评议、审批、出版、备案、交流、发行工作机制，实现地方综合年鉴编纂和管理法治化、规范化。

5月 北京年鉴社编纂的便携式《北京年鉴简本（2015）》出版。

6月

6月1日 河北省政府印发《河北省地方志事业发展规划（2016—2020年）》。规划要求，实现地方综合年鉴全覆盖。依法理顺地方综合年鉴工作管理体制，做到省、市、县（市、区）地方综合年鉴均由地方志工作机构组织编纂；2020年前，实现省、市、县（市、区）地方综合年鉴全覆盖，争创全国年鉴知名品牌。各级地方志工作机构要加强对各类专业年鉴编纂工作的指导。

6 月 1—5 日　全国地方志优秀成果（年鉴类）评审会议召开。

6 月 14—16 日　吉林省地方志办公室举办吉林省年鉴业务交流培训班(2016)。

6 月 16 日　福建省地方志办公室召开福建省年鉴精品工程试点工作座谈会。

6 月 17 日　全国地方志优秀成果（年鉴类）终审委员会召开会议，对专家评审小组提名的通报表扬年鉴进行审核。

6 月 22—24 日　福建省地方志办公室举办福建省地方综合年鉴主编、编辑培训班。

6 月 24—28 日　青海省地方志办公室举办青海省志鉴编纂业务培训班。

6 月 25 日　青海省地方志编纂委员会办公室印发《青海年鉴大事记内容收录标准（试行）》《青海年鉴照片选录要求（试行）的通知》。通知就《青海年鉴》大事记、照片收录内容及标准等作出规定和要求。

6 月 27 日　深圳市地方史志办公室召开深圳市年鉴编纂质量评议会。

6 月 28 日　《上海年鉴（1854）》（英文版）整理出版暨《上海年鉴》创刊 20 周年学术研讨会召开。

6 月 29 日　山东省地方史志办公室编纂的《山东年鉴（2016）》出版。

6 月 30 日　深圳市光明新区编纂的《光明年鉴（2015）》创刊出版。

6 月　北京市城市管理综合行政执法局组织编纂的《北京城管年鉴（2015）》创刊出版。

7 月

7 月 11 日　广东省人民政府办公厅印发《广东省地方志事业发展规划（2016—2020 年）》。规划要求，要建设年鉴强省。坚持“目标在强、关键在法、活力在新、价值在用”的年鉴发展思路，2016 年县级以上综合年鉴全面实现一年一鉴、公开出版。健全综合年鉴出版前评议、出版后审读制度，制定乡镇综合年鉴编纂管理办法。到 2020 年，全省年鉴编纂数量达 400 种以上。

7 月 15 日　第一次全国年鉴工作会议召开。中国社会科学院副院长、中指组常务副组长李培林出席会议并讲话，宣读《中国地方志指导小组关于对全国地方志优秀成果（年鉴类）的通报表扬》。

7 月 16 日　中国地方志学会年鉴研究会（以下简称年鉴研究会）第三届会员

代表大会暨第三届理事会第一次会议在太原召开。会员代表大会通过《中国地方志学会年鉴研究会第三届会员登记办法》《中国地方志学会年鉴研究会第三届理事、常务理事、会长、常务副会长、副会长、秘书长、副秘书长和部门负责人产生办法》；产生年鉴研究会第三届理事会，选举中指组秘书长兼办公室党组书记、主任赵芮为第三届会长；中指组副秘书长兼办公室副主任冀祥德为常务副会长。

8月

8月3日 第一期全国年鉴主编培训班举办。

8月23日 广西壮族自治区人民政府办公厅印发《广西地方志事业发展规划（2016—2020年）》。规划要求，要大力推进地方综合年鉴工作。到2020年，做到地方综合年鉴由地方志工作机构组织编纂，一年一鉴，公开出版，实现自治区、市、县三级综合年鉴全覆盖。

8月26日 陕西省政府办公厅印发《陕西省地方志事业发展规划（2016—2020年）》。规划要求，大力推进地方综合年鉴工作。地方综合年鉴由地方志工作机构组织编纂，一年一鉴，公开出版，省地方志办公室负责对全省年鉴的管理和指导。在办好《陕西年鉴》的基础上，鼓励各地、各部门编纂出版部门、行业和专业年鉴。

8月26日 青海省政府办公厅印发《青海省地方志事业发展“十三五”规划纲要的通知》。通知要求，大力推进年鉴编纂出版工作。到2020年，全面实现省、市（州）、县（区）三级综合年鉴全部由各级地方志工作机构组织编纂，一年一鉴，公开出版。《青海年鉴》要在规范提质上下功夫，编纂出版质量要进入全国前列。市（州）力争到2017年、尚未启动年鉴编纂工作的县（区）力争到2018年全面实现各级综合年鉴“一年一鉴、公开出版”。

8月 深圳市光明区地方史志办公室编纂的《光明年鉴（2015）》简本出版，这是广东省首卷区级年鉴简本。

9月

9月5日 青海省地方志编纂委员会办公室印发《加强和改进年鉴工作的意见（试行）的通知》（青志办〔2016〕41号）。通知就进一步加强年鉴工作的组织领导，强化依法治鉴的主体责任意识，推进年鉴事业科学发展，充分发挥年鉴在全省经济社会发展中的重要作用等方面提出了意见。

9 月 9 日 海南省首届市县地方综合年鉴质量评比活动结果揭晓。《海口年鉴（2015）》获一等奖,《五指山市年鉴(2014)》《三亚市年鉴(2015)》《三沙年鉴(2013)》获二等奖,《陵水黎族自治县年鉴(2012)》《琼海市年鉴(2013)》《东方市年鉴(2015)》获三等奖。

9 月 13 日 深圳市政府办公厅印发《深圳市地方志事业发展规划（2016—2020 年）》，规划要求，推动年鉴编纂出版全覆盖。自 2016 年起，市、区综合年鉴全面实现一年一鉴、当年公开出版。积极推动和指导专业年鉴、街道年鉴编纂，制定街道综合年鉴编纂管理办法。

9 月 20 日 广东省地方志办公室举办年鉴主编培训班。

9 月 宁波市海曙区地方志办公室编纂的《海曙年鉴（2016）》出版。

10 月

10 月 16 日 西藏自治区颁布施行《西藏自治区实施〈地方志工作条例〉办法》。办法指出，地方综合年鉴每年组织编纂，一年一鉴，公开出版。办法要求，以县级以上行政区域名称冠名的地方综合年鉴实行审定出版制度。

10 月 19 日 西藏自治区地方志办公室下发《关于地方志工作有关事宜的通知》（藏志办发〔2016〕14 号），对依靠社会文化公司、采用市场化模式运作修志编鉴工作提出意见，要求加强地方志队伍建设，规范地方志工作秩序，严把政治、史实、保密、质量和廉洁关，对社会文化公司进入修志市场采取慎重态度，并加强管理。

10 月 20 日 青岛市地方史志办公室举办青岛市年鉴编纂业务研讨会。

10 月 25 日 根据广西壮族自治区人民政府权责清单权力下放要求，广西地方志办公室修订印发《广西壮族自治区综合年鉴编纂规定》。

10 月 27—28 日 中国年鉴精品工程专家评稿会议召开。

10 月 黑龙江省地方志办公室编纂的《黑龙江年鉴（2015）》出版，这是《黑龙江年鉴》编纂体制捋顺后出版的第一部年鉴。

10 月 宁波市地方志办公室编纂的《宁波年鉴（2016）》出版。

11月

11月9日 深圳市地方史志办公室编纂的《深圳年鉴（2015）》英文版出版，这是深圳市首部、广东省第三部英文版本综合年鉴。

11月11日 青岛市机构编制委员会印发《关于调整青岛年鉴社机构编制有关事项的批复》，将青岛年鉴社的经费形式由自收自支调整为财政拨款，事业编制调整为12名。

11月13—14日 中国年鉴精品工程专家指导会议召开。

11月15日 第一次全国省级综合年鉴编纂研讨会召开。

11月16日 广东省地方志办公室编纂的《广东年鉴（2016）》大开本和简本出版。

11月20日 西藏自治区机构编制委员会《关于区党委党史研究室（区地方志办公室）设立年鉴编纂处的批复》决定：同意设立年鉴编纂处，为区党委党史研究室（区地方志办公室）正处级内设机构。核定事业编制3名，县级领导职数1名。

11月22日 上海市地方志办公室举办《上海年鉴（2016）》首发座谈会。

11月 吉林省地方志编纂委员会编纂的《吉林年鉴（2016）》出版。

11月 宁波市宁海区地方志办公室编纂的《宁海年鉴（2016）》出版。

11月 湖南省地方志办公室编纂的《湖南年鉴（2016）》出版。

11月 新疆生产建设兵团办公厅编纂的《兵团年鉴（2016）》出版。

12月

12月2日 上海市人民政府办公厅印发《上海市地方志事业发展规划纲要（2016—2020年）》。规划纲要要求，创新年鉴编纂工作。鼓励探索创新，优化体例结构，突出内容特色，拓展形式载体，扩大应用范围，服务社会发展。提高市、区县综合年鉴的时效性、权威性、影响力。加强业务指导和质量管理，支持行业、部门年鉴编纂工作，打造品牌年鉴。

12月7—9日 山东省地方史志办公室举办全省优秀年鉴评审会议。

12月15—16日 中国高校年鉴发展与现状论坛暨纪念中国新编高校年鉴30

年研讨会召开。会议要求，要进一步促进高校年鉴工作者间的交流，搭建研讨交流的平台，提升高校年鉴编纂质量。

12 月 16 日 吉林省地方志办公室举办《吉林年鉴（2017）》撰稿人培训班。

12 月 22 日 中指组印发《全国年鉴事业发展规划（2016—2020 年）》。规划紧紧围绕《全国地方志事业发展规划纲要（2015—2020 年）》确定的到 2020 年实现“年鉴全覆盖”核心任务，提出了 2016—2020 年年鉴事业发展的总体目标：到 2020 年，全面实现省、市、县三级综合年鉴全覆盖，推动年鉴工作改革创新，加强对各类专业年鉴编纂的业务指导和管理，加快信息化建设，基本形成包括年鉴编纂体系、理论研究和学科建设体系、质量保障和评价体系、资源开发利用体系、工作保障体系在内的年鉴事业综合发展体系，努力实现全国年鉴事业发展新跨越。

12 月 26—28 日 宁夏地方志办公室举办全区年鉴编纂业务培训班。

12 月 28 日 青岛市地方史志办公室召开区市年鉴工作座谈会及《山东年鉴 2017》供稿会。

12 月 28 日 湖南省地方志编纂委员会召开湖南省第四届年鉴奖评审会议。

12 月 上海市虹口区地方志办公室编纂的《虹口年鉴（2016）》及配套光盘出版。

12 月 上海市黄浦区史志编纂委员会编纂的《黄浦年鉴（2016）》出版。

12 月 上海市宝山区史志编纂委员会编纂的《宝山年鉴（2016）》出版。

12 月 宁波市镇海区地方志办公室编纂的《镇海年鉴（2016）》由方志出版社出版。

2016 年全国年鉴论文索引

■ 杨卓轩

一、综论

检察志、检察年鉴资源综述　周萍　《中国检察官》2016 年第 1 期

地方文献资源建设中关于年鉴的认识和采访策略　刘朝　《农业图书情报学刊》2016 年第 2 期

一部编纂特色鲜明、基本属性凸显的省级年鉴——读《广西年鉴（2014）》札记　沈永清　《黑龙江史志》2016 年第 2 期

如何理解《上海年鉴（1854）》的重要价值　黎文　《文汇报》2016 年 6 月 24 日

西方年鉴与《上海年鉴（1854）》　裘晓燕　《文汇报》2016 年 6 月 24 日

简论地方综合年鉴与地方志书的异同　李春玲　《时代金融》2016 年第 6 期

简析民国时期多版本《中国年鉴》的编辑与出版　闫浩 杜小军　《编辑之友》2016 年第 8 期

福建省年鉴精品工程试点工作座谈会综述　欧长生 林忠玉　《福建史志》2016 年第 8 期

茅盾研究的文学政治学路径——兼评《茅盾研究年鉴（2012—2013）》　董琳钰　《名作欣赏》2016 年第 10 期

承续・思考・接通，交流・碰撞・包容——《中国音乐年鉴》第十二届学术研

讨会述评　齐江　《中国音乐学》2016 年第 10 期

国外传统代表性年鉴发展趋势及特点　王师师　《中国地方志》2016 年第 10 期

中西方对年鉴的认知和定位　杨永成　《中国地方志》2016 年第 11 期

二、年鉴框架设计

制订年鉴篇目要处理好五种关系　舒启东　《中国地方志》2016 年第 2 期

地方综合年鉴框架设计中的常见问题评析　杜育和　《新疆地方志》2016 年第 3 期

浅析近几年地方综合年鉴的纲目设计　周宏文　《中国地方志》2016 年第 11 期

三、年鉴条目编写

年鉴编写四忌　李启宇　《福建史志》2016 年第 2 期

浅谈年鉴数字条目标题的制作　俞富江　《黑龙江史志》2016 年第 8 期

四、地方综合年鉴编纂

创新发展 年鉴事业大有可为——省级综合年鉴编纂众人谈　高生记 宋向阳 樊誉　《史志学刊》2016 年第 12 期

年鉴编纂应当强化连续性　黄铭　《福建史志》2016 年第 12 期

《盐城年鉴》全面创新的探索与实践　茆贵鸣　《江苏地方志》2016 年第 6 期

县级年鉴如何充实入鉴内容　马艾民　《新疆地方志》2016 年第 6 期

玉林市县区年鉴编纂质量刍议　许家康 刘慧　《广西地方志》2016 年 6 月

试析地方综合年鉴工作中的四个基本问题　田润宇　《广西地方志》2016 年第 6 期

浅谈县级综合年鉴如何凸显地方特色　邓水燕　《福建史志》2016 年第 8 期

年鉴编纂琐谈　包桂霞　《新疆地方志》2016 年第 9 期

浅谈地方综合年鉴英文版的编辑与出版——以《江苏年鉴》英文版为例　朱崇飞　《江苏地方志》2016 年第 10 期

浅谈地方综合年鉴的编写与规范　冯松　《福建史志》2016 年第 10 期

提升综合年鉴编纂质量　吕鲜林　《社会科学报》2016 年第 11 期

地方综合年鉴文本美探究　沈永清　《史志学刊》2016 年第 12 期

五、专业年鉴编纂

新时期高校年鉴编纂可持续发展的思考　黄凯　《兰台世界》2016 年第 2 期

关于地方性社科年鉴编纂的思考——以《新疆社会科学年鉴》为例　郭嘉　《新疆社科论坛》2016 年第 12 期

图书馆年鉴编写模式的创新与实践　武丽娜 范爱红 庄玫　《数字图书馆论坛》2016 年第 12 期

我国大学年鉴编撰工作存在的问题及对策研究　姚植兴　《兰台世界》2016 年第 6 期

中美高校年鉴比较研究　杜峰 张英 苏雅洁　《兰台世界》2016 年第 6 期

做好县级统计年鉴编辑之我见　付圆圆　《中国信息报》2016 年 7 月 5 日

尚在起步阶段的区域年鉴　张建明　《社会科学报》2016 年第 9 期

企业年鉴编纂工作的体会和思考——以《中国石油天然气集团公司年鉴》为例　杨天龙　《企业改革与管理》2016 年第 11 期

新闻传播教育年鉴编纂的必要性论析　张昆　《现代传播（中国传媒大学学报）》2016 年第 11 期

中医药年鉴编撰的思考　高欣　《全国中医药治未病养生康复学术交流大会暨期刊图书编辑与信息专业委员会 2016 年年会论文选集》2016 年 12 月

关于地方性社科年鉴编纂的思考——以《新疆社会科学年鉴》为例　郭嘉　《新疆社科论坛》2016 年第 12 期

图书馆年鉴编写模式的创新与实践　武丽娜 范爱红 庄玫　《数字图书馆论坛》2016 年第 12 期

六、年鉴图照、编辑说明、附录、索引及装帧

关于年鉴编辑说明编制规范的思考　唐之剑　《中国地方志》2016 年第 5 期

谈年鉴文献信息选辑　詹跃华　《黑龙江史志》2016 年第 6 期

浅谈医院年鉴设计中的要素和排版艺术　李煜静　《办公室业务》2016 年第 7 期

浅议民国《无锡年鉴・第一回》卷首题词　刘善泳　《江苏地方志》2016 年第 8 期

《北京社会科学年鉴》索引编制体现哲学社会科学规律特点　陆奇　《黑龙江史志》2016 年第 8 期

提高县（区）《统计年鉴》编印水平之浅见　章涛　《经营管理者》2016 年第 8 期

年鉴图照存在的问题与编辑　王志迁　《江苏地方志》2016 年第 12 期

七、年鉴质量

对历史负责 使领导满意 让读者喜爱 努力编纂出权威性精品化特色型年鉴　朱克雄 史华丽　《黑龙江史志》2016 年第 1 期

我国年鉴编辑出版存在的问题与成因　吕鸿雁　《现代传播（中国传媒大学学报）》2016 年第 12 期

影响省级综合年鉴品质的四个因素——以《宁夏年鉴》为例　王玉琴　《新疆地方志》2016 年第 9 期

严格质量控制 打造年鉴精品　苏炎灶　《福建史志》2016 年第 10 期

浅谈以优选题材提升地方综合年鉴质量　李雯　《黑龙江史志》2016 年第 12 期

八、年鉴数字化、网络化

关于"互联网 +"时代地方综合年鉴资源开发利用的思考——以山西省综合年鉴发展为例　赵群虎　《史志学刊》2016 年第 2 期

浅谈年鉴的数字化发展　文国庆　《数字传媒研究》2016 年第 11 期

互联网时代年鉴图片编辑的实践研究　文国庆　《数字传媒研究》2016 年第 6 期

"互联网 +"时代的年鉴编纂模式构想——以《中国地方志年鉴》为例　曲巍　《史志学刊》2016 年第 6 期

谈地方综合年鉴编纂工作中存在的问题与对策　杨卓轩　《史志学刊》2016 年

第 6 期

地方综合年鉴网站功能布局刍议　王文灿　《福建史志》2016 年第 10 期

浅谈年鉴的数字化发展　文国庆　《数字传媒研究》2016 年第 11 期

九、年鉴工作经验交流

年鉴文化观：职业重塑的新契机　张燕 崔敏 华沈洁　《社会科学报》2016 年第 1 期

《柯坪年鉴》（创刊号）编纂工作经验体会及做法　吐尔逊·库尔班　《新疆地方志》2016 年第 9 期

从部分地方综合年鉴在中国知网的引证情况看年鉴编纂工作　王韧洁 姜坤 崔震　《中国地方志》2016 年第 9 期

试论《兵团年鉴》编纂工作的实践与探索　曹宇　《新疆地方志》2016 年第 12 期

关于省级综合年鉴编纂工作的理性思考　田润宇　《黑龙江史志》2016 年第 12 期

十、年鉴发展与创新

年鉴应重视民生资料的收录　蔡兆银 韩朝晖　《江苏地方志》2016 年第 2 期

利用档案资源 选择年鉴资料　周春玲　《黑龙江档案》2016 年第 2 期

专业年鉴理念创新——以台湾《出版年鉴》改版历史为视角　刘书峰　《史志学刊》2016 年第 12 期

试论信息化时代年鉴发展的新态势　林忠玉　《福建史志》2016 年第 6 期

浅谈信息时代与年鉴编纂　俞富江　《黑龙江史志》2016 年第 6 期

年鉴编纂事业发展重在创新　董如 董居正　《山西科技》2016 年第 9 期

十一、年鉴队伍

探究年鉴编辑的素养　孟春　《时代金融》2016 年第 5 期

试谈年鉴编辑的意识　王世伟　《广西地方志》2016 年第 8 期

浅谈地方综合年鉴主编素养　牟国义　《福建史志》2016 年第 10 期

年鉴编辑应注重“十种素质”培养　王志迁　《新疆地方志》2016年第12期

关于年鉴编辑素质及其提高之我见　俞富江　《新疆地方志》2016年第12期

十二、年鉴资源开发利用

西部地区小学教师资源配置状况之比较研究——基于《中国教育统计年鉴·2011》的相关数据　张传月　《钦州学院学报》2016年第12期

我国农村学前教育发展水平评价及区域的异质性——以2013年国家相关统计年鉴数据为基础　苏隆中 赵峰　《求索》2016年第12期

利用好《年鉴》为政法综治工作创新发展提供经验支持理论支撑　王治国　《检察日报》2016年5月23日

从1850年代《上海年鉴》看洋行兴衰　罗婧　《文汇报》2016年6月24日

让林业年鉴成为生态文明建设的助力者　杜艳玲 何蕊　《中国绿色时报》2016年7月15日

地方综合年鉴及其重要作用的发挥　李春玲　《云南社会主义学院学报》2016年第8期

盛世修史 以启未来让《中国林业年鉴》成为生态文明建设的助力者　彭有冬　《宁夏林业》2016年第8期

增强文化积累 重视文化提升让《中国林业年鉴》成为生态文明建设的传播者　金旻　《宁夏林业》2016年第8期

中国大陆沿海省份高等教育入学率研究——基于《教育统计年鉴（2010）》的数据分析　施骏栋　《开封教育学院学报》2016年第8期

网络时代高职院校图书馆年鉴采访与利用问题研究　陶丽　《无锡职业技术学院学报》2016年第11期

示范建设后川内高职院校实践育人条件状况报告基于统计年鉴数据的分析　邓秀琼 邵红梅 张寒露　《成都航空职业技术学院学报》2016年第12期

西部地区小学教师资源配置状况之比较研究——基于《中国教育统计年鉴·2011》的相关数据　张传月　《钦州学院学报》2016年第12期

十三、其他

年鉴应在践行核心价值观上发挥正能量　赵丽　《江苏地方志》2016 年第 2 期

论提高年鉴出版的时效性　许辰君　《中国地方志》2016 年第 2 期

浅析西北民族地区师资情况——基于年鉴数据的量化分析　田梦 冯建新　《民族高等教育研究》2016 年第 3 期

浅谈水文年鉴复刊中数据的修改方法　许仁康 任晓东 陆建伟　《江苏水利》2016 年第 6 期

年鉴记载京津冀一体化研究成果　陆奇　《黑龙江史志》2016 年第 6 期

开埠初期的上海租地及洋行——基于 1854 年《上海年鉴》的研究　罗婧　《史林》2016 年第 6 期

一部年鉴，记录在澳华人光辉史　李锋　《人民日报》2016 年 7 月 3 日

水文年鉴复刊中引排水（潮）量数据的快速校核方法　颜小华 任晓东 唐晓春　《治淮》2016 年第 7 期

水文年鉴中编印说明数据统计探讨　谢运山 马玮　《吉林水利》2016 年第 7 期

正式制度与非正式制度如何影响政治不稳定风险——基于 2000 ~ 2015 年世界竞争力年鉴的面板数据分析　杨默 郭栋 龚璞　《经济社会体制比较》2016 年第 7 期

让年鉴超越传统纸质出版物观念　孙长青　《社会科学报》2016 年第 8 期

马克思关于出版《德法年鉴》的书信　陈力丹　《新闻前哨》2016 年第 8 期

《德法年鉴》时期马克思共产主义转向的主体根据　潘中伟　《科学社会主义》2016 年第 8 期

双向模式匹配在年鉴数据预处理平台中的应用　史礼婷 张骞 钟永恒 胡思思 李贞贞　《现代图书情报技术》2016 年第 9 期

《德法年鉴》时期马克思宗教批判思想的价值意蕴　司律　《喀什大学学报》2016 年第 9 期

《德法年鉴》时期的马克思和费尔巴哈思想关系研究　刘海江　《前沿》2016 年第 11 期

土地伦理视野中《沙乡年鉴》和《丰盛的夏天》的比较研究　付文中　《外语与翻译》2016 年第 12 期

全国省、市、县三级综合年鉴启动编纂覆盖率排名表

排名	地区	省级		地市级		县区级		合计		覆盖率（%）
		应编纂	启动编纂	应编纂	启动编纂	应编纂	启动编纂	应编纂	启动编纂	
1	北京	1	1	—	—	16	16	17	17	100.00
1	上海	1	1	—	—	16	16	17	17	100.00
1	安徽	1	1	16	16	105	105	122	122	100.00
1	福建	1	1	10	10	83	83	94	94	100.00
1	河南	1	1	17	17	158	158	176	176	100.00
1	广东	1	1	21	21	119	119	141	141	100.00
1	广西	1	1	14	14	111	111	126	126	100.00
1	重庆	1	1	—	—	38	38	39	39	100.00
1	贵州	1	1	10	10	88	88	99	99	100.00
1	宁夏	1	1	5	5	22	22	28	28	100.00
11	湖北	1	1	13	13	103	102	117	116	99.15
12	江苏	1	1	13	13	97	95	111	109	98.20
13	云南	1	1	16	16	129	126	146	143	97.95
14	吉林	1	1	10	10	60	58	71	69	97.18
15	山东	1	1	17	17	137	129	155	147	94.84
16	天津	1	1	—	—	16	15	17	16	94.12
17	新疆	1	1	14	14	96	89	111	104	93.69
18	甘肃	1	1	14	14	86	79	101	94	93.07
19	浙江	1	1	11	11	90	82	102	94	92.16
20	四川	1	1	21	21	183	164	205	186	90.73
21	青海	1	1	8	8	43	38	52	47	90.38
22	湖南	1	1	15	15	122	105	138	121	87.68
23	江西	1	1	11	11	100	86	112	98	87.50
24	山西	1	1	11	11	119	101	131	113	86.26
25	海南	1	1	4	4	23	19	28	24	85.71
26	黑龙江	1	1	13	13	130	1 07	144	121	84.03
27	河北	1	1	12	12	170	134	183	147	80.33
28	陕西	1	1	10	10	107	83	118	94	79.66
29	西藏	1	1	7	7	74	50	82	58	70.73
30	内蒙古	1	1	12	12	103	64	116	77	66.38
31	辽宁	1	1	14	14	100	61	115	76	66.09
32	兵团	1	1	14	7	—	—	15	8	53.33
合计		32	32	353	346	2844	2543	3229	2921	90.46

备注：1. 本表“启动编纂”数据来源于各省（自治区、直辖市）地方志编委会（办公室）根据《关于制定到2020年实现“两全”目标“时间表”“路线图”及转发西藏、青海相关材料的通知》（中指组字〔2017〕1号）报送的统计结果，时间截至2017年5月。

2. 本表“应编纂”数目依据《中华人民共和国行政区划简册2016》（中国地图出版社，2016年8月）。

3.《天津年鉴》《辽宁年鉴》《浙江年鉴》《云南年鉴》尚未划归该省地方志编委会（办公室）编纂

全国省、市、县三级综合年鉴公开出版覆盖率排名表

排名	地区	省级		地市级		县区级		合计		覆盖率（%）
		应出版	公开出版	应出版	公开出版	应出版	公开出版	应出版	公开出版	
1	上海	1	1	—	—	16	16	17	17	100.00
1	福建	1	1	10	10	83	83	94	94	100.00
1	河南	1	1	17	17	158	158	176	176	100.00
4	广东	1	1	21	21	119	118	141	140	99.29
5	贵州	1	1	10	10	88	86	99	97	97.98
6	北京	1	1	—	—	16	15	17	16	94.12
7	吉林	1	1	10	10	60	55	71	66	92.96
8	新疆	1	1	14	14	96	88	111	103	92.79
9	江苏	1	1	13	13	97	88	111	102	91.89
10	山东	1	1	17	17	137	119	155	137	88.39
11	四川	1	1	21	21	183	158	205	180	87.80
12	安徽	1	1	16	16	105	87	122	104	85.25
13	云南	1	1	16	16	129	106	146	123	84.25
14	浙江	1	1	11	11	90	73	102	85	83.33
15	广西	1	1	14	14	111	89	126	104	82.54
16	海南	1	1	4	4	23	18	28	23	82.14
16	宁夏	1	1	5	5	22	17	28	23	82.14
18	湖南	1	1	15	12	122	63	138	76	55.07
19	辽宁	1	1	14	14	100	48	115	63	54.78
20	兵团	1	1	14	7	—	—	15	8	53.33
21	山西	1	1	11	11	119	54	131	66	50.38
22	湖北	1	1	13	11	103	45	117	57	48.72
23	河北	1	1	12	12	170	68	183	81	44.26
24	陕西	1	1	10	7	107	31	118	39	33.05
25	天津	1	1	—	—	16	4	17	5	29.41
26	西藏	1	1	7	5	74	16	82	22	26.83
27	重庆	1	1	—	—	38	9	39	10	25.64
28	青海	1	1	8	6	43	5	52	12	23.08
29	江西	1	1	11	4	100	17	112	22	19.64
30	甘肃	1	1	14	8	86	9	101	18	17.82
31	黑龙江	1	1	13	7	130	6	144	14	9.72
32	内蒙古	1	1	12	5	103	1	116	7	6.03
合计		32	32	353	308	2844	1750	3229	2090	64.73

备注：1. 本表“公开出版”数据来源于各省（自治区、直辖市）地方志编委会（办公室）根据《关于制定到2020年实现“两全”目标“时间表”“路线图”及转发西藏、青海相关材料的通知》（中指组字〔2017〕1号）报送的统计结果，时间截至2017年5月。

2. 本表“应出版”数目依据《中华人民共和国行政区划简册2016》（中国地图出版社，2016年8月）。

3.《天津年鉴》《辽宁年鉴》《浙江年鉴》《云南年鉴》尚未划归该省地方志编委会（办公室）编纂

编后记

编纂出版《中国年鉴发展报告》是全国年鉴事业发展的创新之举。本报告创办的目的是力争全面反映当前年鉴事业的发展形势，在科学实践与调查研究的基础上针对年鉴现状展开分析和预测，并提出具有较强针对性、可行性的对策建议。《中国年鉴发展报告（2017）》由2篇总报告、11篇区域报告、8篇专题报告，以及若干篇子报告和附录组成。

2016年4月，《中国年鉴发展报告》编纂启动会议在北京召开，就报告的编写框架和主体内容进行讨论。会后，中指办组建《中国年鉴发展报告》编委会，主要依托中指办年鉴处成立编辑部，组织编写撰稿方案，确定撰稿单位和人员。5月，中指办印发开展《中国年鉴发展报告》编写工作的函。随后，各撰稿单位和撰稿人开始撰稿。8—9月，稿件陆续收齐，编辑部组织力量就稿件的撰写主题、框架结构、主要内容等进行初步审读。9月底，编辑部邀请方志出版社地情与专业年鉴编辑部李静、张昊等召开稿件讨论会议，就稿件提出修改意见或建议。会后，将修改意见或建议反馈给作者。10月上旬，收集作者修改稿并进行加工编辑。11月中旬，经作者再次审定后，编辑部安排专人进行统稿，主要就体例格式等问题进行统一规范。12月，专门邀请北京市地方志办公室原主任王铁鹏进行审读，部分稿件据此作了进一步修改完善。2017年5月，《中国年鉴发展报告》编委会决定增加反映2016年全国年鉴事业发展形势的内容。6月，编辑部对新增内容进行汇总整理。7月底，稿件主编、副主编商谈后报中指办领导终审。随后，送交方志出版社。

《中国年鉴发展报告》是全国地方志“一体两翼”用志工程中的重要一翼（另

一翼为《中国方志发展报告》)。《中国年鉴发展报告(2017)》是其首卷,在前期策划、组织、编纂过程中，中国社会科学院院长、中指组组长王伟光，中国社会科学院副院长、中指组常务副组长李培林高度重视这项工作，多次就编纂工作提出要求。中指组原秘书长、办公室原党组书记赵芮多次听取编纂工作汇报，提出指导意见。中指组秘书长、中指办党组书记、主任冀祥德，中指办副主任刘玉宏、邱新立十分关心本报告的编纂进展情况，多次召开会议，研究推进编纂工作。冀祥德还对全书进行了审定。此外，各级地方志工作机构和各类专业年鉴编纂单位负责人也大力支持编纂工作，为有关撰稿人员提供了很多便利条件。

在各级领导的关心和帮助下，各位撰稿人和课题组人员齐心协力，克服了报告初创阶段的很多困难,认真收集资料、撰写稿件并不断打磨修改,保证了这部《中国年鉴发展报告(2017)》顺利编纂出版。在此,向有关人员一并表示诚挚的谢意。

受资料所限，加上编者的经验和水平有限，本报告一定还存在不少问题，恳请广大读者、年鉴界同仁批评指正，以便我们更好地做好下一年度的《中国年鉴发展报告》编纂出版工作。

《中国年鉴发展报告》编辑部

2017年12月